GIUSEPPE SCARVAGLIERI

# SOCIOLOGIA DELLA RELIGIONE

EDITRICE PONTIFICIA UNIVERSITÀ GREGORIANA
ROMA 2005

ISBN 88-7839-054-2

© 2005 – E.P.U.G. – ROMA

EDITRICE PONTIFICIA UNIVERSITÀ GREGORIANA
Piazza della Pilotta, 35 - 00187 Roma, Italia

# PRESENTAZIONE

Fin dal sorgere della sociologia vari autori hanno affrontato studi e ricerche, ma anche in questi ultimi anni sono stati pubblicati lavori generali e specifici che hanno contribuito ad maggiore comprensione del fenomeno religioso. Gli apporti parziali e tematici hanno la loro importanza, ma risulta utile anche la presentazione di un'opera che offra un approccio completo e circostanziato al fenomeno religioso dal punto di vista sociologico. Tale prospettiva di trattazione orienta verso la concezione e impostazione al fenomeno religioso nella sua problematicità ed attualità, ma anche nella sua complessità ed articolazione interna, pur restando sempre aderenti all'esigenza di aggancio alla teoria sociologica generale.

Tra le diverse opere, peraltro strutturate in vario modo e con differente consistenza, sembrava che mancasse un'impostazione organica, sistematica e globale che desse un'idea d'insieme dei problemi teorici e delle esigenze epistemologiche attuali, in vista di una valida applicazione in ricerche concrete nei diversi contesti socioculturali. L'impostazione quindi si presenta fondamentalmente come una risposta alle esigenze teoriche e pratiche appena enunciate, e intende configurarsi come una trattazione della sociologia della religione completa ed aggiornata. Pertanto, accanto alla prospettiva di compiutezza organica ed trattazione articolata si colloca l'esigenza di accuratezza epistemologica che salvaguardi lo statuto scientifico dell'approccio sociologico.

Il testo quindi risponde a tali istanze attuando una sorta di mediazione tra varie esigenze fondamentali e rilevanti sia dal punto di vista espositivo che da quello epistemologico. Questo però ha comportato varie scelte concrete perché la trattazione risultasse bilanciata tra l'esigenza una presentazione panoramica e la necessità di l'approfondimento dettagliato, così da offrire una corretta ed adeguata comprensione del fenomeno religioso nel suo complesso e dei singoli temi. Tale caratteristica coniuga insieme le istanze di trattazione globale con le esigenze di approfondimenti monoculturali, includendovi, oltre ai problemi derivanti da un solo contesto ambientale, anche le questioni più complesse provenienti dalle richieste di scambi interculturali.

In questa ottica era importante anche realizzare un'impostazione che armonizzasse l'istanza sistematica con quella storica. Tale prospettiva considera che i due approcci sono ambedue legittimi e validi, ma che utilizzati da soli perdano di funzionalità. Ci è sembrato utile quindi non perdere del tutto i vantaggi dei due metodi attraverso una particolare attenzione alle rispettive esigenze. La soluzione è stata trovata nella prospettiva di svolgere un'impostazione sostanzialmente sistematica ed organica, introducendo però un apposito capitolo storico si cui sono evidenziate le fasi, gli autori più importanti con i rispettivi apporti e contributi contenutistici e metodologici, e quindi integrando la trattazione dei diversi argomenti con l'aggiunta di proporzionate citazioni dei vari autori che hanno contribuito alla rispettiva genesi e al successivo sviluppo concettuale.

Un ultimo elemento importante è stato quello di proporre i vari argomenti nella loro problematicità, tentando di completare e concretizzare offrire l'enunciazione teorica e astratta che un'esposizione sistematica sempre comporta con il ricorso costante ad esemplificazioni concrete ed empiriche. Per questo il testo, in modo molto diversificato, risulta utile allo studio e alla consultazione, offrendo anche piste e suggerimenti per ulteriori approfondimenti. In tale prospettiva lunga la trattazione saranno offerti ulteriori elementi complementari e saranno aggiunti successivamente come prospettive di chiarimenti ed esplorazioni concettuali. In questo senso servono specialmente i riferimenti a ricerche empiriche attuate dal sottoscritto o da altri, che saranno citate nelle note e nella bibliografia, per evidenziare le potenzialità euristiche e i limiti procedurali dell'applicazione sul campo.

Per questo abbiamo evitato costantemente impostazioni di tipo falsamente apodittico, ma esponendo i vari contenuti abbiamo mantenuto sempre l'eventuale problematicità contenutistica e metodologica che essi ancora presentano, stimolando peraltro all'ulteriore ricerca e al necessario consolidamento che i vari argomenti ancora aspettano. Infatti, sono ancora molti gli argomenti che necessitano di ulteriori chiarificazioni e di approfondimenti, di puntualizzazioni teoriche e di nuovi schemi operativi, di adeguate giustificazioni teoriche e di costanti rinvii a verifiche ancora necessarie.

La concretizzazione effettiva di questa visione e delle istanze derivanti da tali preoccupazioni, costituiscono la piattaforma di base che dà al testo una sua originalità d'impostazione e una caratterizzazione di completezza. Pertanto pur coscienti che si tratti di una trattazione veloce e sommaria e che i singoli soggetti potrebbero richiedere ulteriori approfondimenti, ci sentiamo confortati dalla prospettiva di presentare un quadro di riferimento generale entro cui collocare in modo adeguato e ordinato i vari temi. Tale prospettiva peraltro incoraggia e permette di accostarsi allo studio globale in modo contenutisticamente corretto e metodologicamente produttivo.

L'Autore

… CAP. I
## L'APPROCCIO SOCIOLOGICO

Nei confronti della religione si verifica, a parere di molti studiosi, la prospettiva di poter individuare contemporaneamente un oggetto specifico e un metodo particolare. Tale prospettiva risponde all'esigenza universale che ogni scienza per acquisire uno statuto epistemologico valido delimiti bene il suo contenuto, e vi si accosti con modalità specifiche. Queste affermazioni contengono le condizioni minimali per stabilire lo *status* epistemologico di una scienza o di una branca autonoma di essa[1]. Da ciò deriva la molteplicità delle scienze che s'interessano ad un medesimo oggetto, del quale rilevano componenti specifiche o cui si accostano con modalità distinte.

Più in particolare si può affermare che dal punto di vista sociologico il fenomeno religioso sia colto per quegli aspetti che possono essere approfonditi attraverso gli strumenti della ricerca empirica. In questo senso, del tema religioso vanno evidenziate le manifestazioni di natura attitu-

---

[1] Rimandando l'approfondimento di questo argomento alle pagine successive, per ora possiamo limitarci a tali pochi accenni, prospettandoci, da una parte, ulteriori riferimenti e citazioni lungo tutta la trattazione e, dall'altra, rimandando ad opere più pertinenti che trattano tale aspetto dal punto vista della filosofia delle scienze sociali A tal fine si può far riferimento a qualcuna delle opere del relativo settore, tra cui: RUDNER R. H., *Filosofia delle scienze sociali*, Bologna, Il Mulino, 1968, 40-46.

dinale e comportamentale, strutturale e dinamica derivanti dalla natura sociale dell'uomo. Tali aspetti, infatti, sono in linea con la natura e le potenzialità del metodo empirico, che trova i vari elementi del fenomeno religioso congeniali con le sue esigenze logiche ed applicative. In altri termini, non sono studiati i contenuti dogmatici e valoriali in se stessi, né le realtà meta-storiche e meta-empiriche in quanto tali, ma piuttosto le modalità secondo cui essi sono presenti e vissuti concretamente entro una data cultura.

In questo senso la sociologia della religione si rivolge agli aspetti quantificabili ed osservabili delle manifestazioni religiose sia individuali che collettive, caratterizzate dal sociale e plasmate dal culturale[2]. A tal fine si usano le varie modalità e potenzialità del metodo basato sull'osservazione concreta dei fatti, prescindendo esplicitamente dalle implicazioni di natura filosofica e teologica[3]. Questo significa che ci si accosta ai temi religiosi con il metodo proprio delle scienze dell'osservazione e quindi basandosi su un'impostazione di tipo induttivo. In questo senso si utilizzano le diverse tecniche di rilevazione: analisi del contenuto, osservazione diretta, sondaggio su opinioni e comportamenti, in

---

[2] Anche a questo riguardo risulta utile rinviare ai diversi manuali di metodologia sociale, che mettono a fuoco i diversi problemi epistemologici. Elementi essenziali si possono ritrovare anche nel nostro testo, *Metodologia della ricerca sociale*, Roma, PUG, 1985.

[3] Cfr. CANTONE C., (ed), *Le scienze della religione oggi*, Roma, LAS, 1978, passim

vista di un processo d'analisi e interpretazione dei dati elaborati e trattati in modo empirico⁴.

Questa prospettiva può considerarsi come l'impostazione che, dal punto di visto teorico e pratico appare ottimale, per il fatto che tiene in conto la complessità e polivalenza contenutistica del fenomeno religioso⁵ e delle sue istanze di tipo operativo e procedurale⁶. Pertanto in questo capitolo, dopo alcune puntualizzazioni preliminari, proporremo una prima delimitazione del concetto di religione, per passare quindi alla puntualizzazione dell'oggetto dell'approccio sociologico e delle ulteriori distinzioni di esso dalle altre scienze vicine.

## I. PUNTUALIZZAZIONI PRELIMINARI

Trattandosi però di un settore in cui è normale essere coinvolti, in modo profondo sul piano personale, alcuni pensano che sia difficile per il sociologo arrivare a delle conclusioni oggettive⁷. Di fatti in concreto non mancano ostacoli sia euristici sia interpretativi, che se, da una parte,

---

⁴ Si può cfr. a questo riguardo un qualche manuale di ricerca, tra cui BAILEY K. D., *Metodi della ricerca sociale*, Bologna, Il Mulino, 1985.

⁵ Cfr. SCARVAGLIERI G., *Impatto sociale delle nuove vie di Salvezza*, in AA. VV. 1985, 18-23.

⁶ AMPOLA M. – MARTELLI S., *Questioni e metodi in sociologia della religione*, Tacchi, Pisa, 1991.

⁷ BROTHERS J., *Religious Institutions*, London, Longman, 1971, 5.

non vanno minimizzati, tuttavia, dall'altra, non vanno neppure esagerati. È opportuno quindi in funzione introduttiva chiarire bene tali difficoltà sia *contenutistiche* sia *metodologiche* per sgombrare il terreno da eventuali fattori di distorsione nell'impostazione della ricerca, nell'applicazione sul campo e nell'esecuzione concreta[8].

Ne derivano una serie di precisazioni e puntualizzazioni nei due ambiti che non devono essere sottovalutate e trascurate, ma attentamente analizzate nella loro consistenza specifica ed attuate in modo adeguato. Esse, infatti, da una parte, richiamano aspetti del fenomeno religioso connessi con le strutture della psicologia umana e, dall'altra, incidono sullo statuto epistemologico della sociologia[9].

### A. Precisazioni contenutistiche

Nella prima serie di precisazioni va fatto riferimento all'aspetto contenutistico. Vi rientrano aspetti e problemi riguardanti la possibilità di uno studio empirico del fenomeno religioso esso e altre implicazioni operative funzionali ad una sistematizzazione razionale e positiva del suo contenuto effettivo. Nell'esplicitare tale serie di considerazioni,

---

[8] Cfr. a questo riguardo il grande dibattito sul metodo relativo alle varie differenze, nell'approccio scientifico, tra le scienze della natura e le scienze dello spirito.

[9] Cfr. GOULDNER A., *La crisi della sociologia*, Bologna, Il Mulino, 1970, 35,94.

si tiene debitamente conto della natura e portata dell'analisi sociologica e degli strumenti con cui essa può essere attuata concretamente.

1) Un primo chiarimento riguarda una certa *imperizia*, della sociologia della religione nel senso che è ancora una scienza piuttosto giovane. Ciò, infatti, comporta che essa ha ancora bisogno di mettere a fuoco in modo più puntuale e significativo il proprio oggetto di studio e il proprio metodo di ricerca. Tale vicinanza nel tempo, ovviamente, va intesa in senso relativo, in quanto nell'evoluzione delle scienze non va considerato l'aspetto cronologico, ma l'ammontare totale delle ricerche attuate in un dato campo. Nel nostro caso, infatti, il complesso delle ricerche non ha fatto superare ancora le difficoltà riguardanti la definizione operativa del contenuto globale (ciò che è religioso e ciò che non lo è), tenuto conto di quanto a tale riguardo è proposto dalle singole religioni sia in modo ufficiale sia in modo pratico e concreto[10]. Inoltre rimane aperto il problema dell'efficacia effettiva dell'applicazione di certe tecniche ai diversi temi della vita religiosa, spesso molto delicati e quasi imponderabili, cui faremo riferimento più articolatamente nella sezione successiva[11].

---

[10] Cfr. quanto diremo nel cap. IX sulla religiosità popolare.
[11] MARTELLI S., *La religione nella società post-moderna*, Bologna, Dehoniane, ⁻ 1990, 14-26.

2) Un altro aspetto difficile fa riferimento alla *consistenza strutturale* differente che possono presentare le diverse religioni in base al processo d'istituzionalizzazione. Per questo occorre distinguere tra religione istituzionalizzata e religione non istituzionalizzata. Se, infatti, è relativamente facile distinguere e cogliere le manifestazioni religiose istituzionalizzate, è molto più difficile individuare ciò che si presenta in modo nuovo ed inedito. Per questo spesso risulta arduo qualificare come religiose le singole manifestazioni recenti o mai viste e "diverse" o comunque, non istituzionalizzate[12]. In altre parole, la presenza di nuove religioni entro una determinata cultura, comporta che queste si presentino come una realtà di non facile comprensione ed identificazione "oggettiva"[13].

3) Un'ulteriore preoccupazione riguarda l'*ambivalenza delle manifestazioni* per cui, in certi casi, possono constatarsi situazioni che presentano espressioni di religione non autentica. Questa, infatti, è usata spesso come metro di valutazione del prestigio, dell'accettabilità e dell'importanza delle persone. Può capitare che alcuni ostentino ciò che in realtà non possiedono, o attuino in modo solamente culturale (in modo, cioè, esterno e basato solo sulla tradizione)

---

[12] Cfr. FICTHER J. (ed), *Alternatives to American mainline Churches,* New York, The Rose of Sharon Press, 1983, 23-42; INTROVIGNE M., *Le sette cristiane,* Milano, Mondadori, 1990, 7-26.

[13] VAN DER LEEUW G., *La fenomenologia della religione,* Torino, Boringhieri, 1960, 7 e ss.

gli atti di culto o comunque, religiosi. Inoltre il fenomeno religioso attinge tutte le componenti della personalità dei soggetti, per cui anche aspetti comportamentali di un certo genere possono essere considerati aspetti estranei, nella misura in cui mancano altri coefficienti importanti che lo qualifichino sufficientemente[14].

4) Un ultima questione riguarda il *contenuto meta-empirico* presente ineluttabilmente nel fenomeno religioso. Nella religione è centrale il rapporto con entità e realtà che, per definizione, non sono raggiungibili con gli strumenti di analisi empiriche, per cui il loro studio diretto esula dal campo della sociologia[15]. Tale carenza richiede che sia evidenziato un modo chiaro ed inequivocabile che il contenuto diretto della sociologia della religione consiste nel complesso di manifestazioni religiose, mediate dalla coscienza delle persone e delle collettività umane. Nonostante tali limitazioni, gli argomenti risultano non solo numerosi, ma anche organici e sistematici, per cui adeguatamente rispondono alle istanze epistemologiche che supportano una scienza. In questo senso, la condizione della sociologia rassomiglia quella di molti altri approcci scientifici che, pur non potendo studiare direttamente i contenuti noumenici

---

[14] BROTHERS J., *Religious Institutions*, London, Longman, 1971, 10-12. BELLAH R., *Al di là delle fedi*, Brescia, Morcelliana, 1975, 270-290.

[15] Questa affermazione è normalmente condivisa da quasi tutti gli autori, tuttavia non manca qualcuno che ha parlato di "Sociologia del soprannaturale", da intendere come esigenza di studiare le mediazioni del soprannaturale.

del loro ambito, tuttavia sono considerati scienze a tutti gli effetti. Infatti, la sociologia della religione si applica alle mediazioni psicologiche e socioculturali derivanti da realtà meta-storiche e meta-empiriche che sono indiscutibilmente aspetti quantificabili e misurabili.

### B. Chiarimenti metodologici

Nella seconda serie di precisazioni rientrano alcuni problemi di natura metodologica che possono condizionare la corretta impostazione scientifica dell'approccio sociologico alla religione. Per questo sarà necessario stare attenti ad evitare orientamenti che potrebbero pregiudicare o l'autonomia o la validità di tale approccio. A nostro parere tale pericolo ci sarebbe se non si evitano alcuni scogli per la corretta impostazione e interpretazione cui il processo di ricerca può pervenire. In particolare è necessario evitare:

1) La *prospettiva apologetica*. Da questo punto di vista il fenomeno religioso è studiato in modo subordinato alle esigenze di una data religione per evidenziarne i cosiddetti preamboli e/o predisposizioni ad essa[16]. In tale senso, contemporaneamente al nascere della sociologia, si tendeva a mostrare la bellezza, la coerenza, la rispondenza alle attese personali o collettive e quindi arrivare alla credibilità della religione (J. De Maistre, E. De Bonald, V. Gioberti). In realtà però occorre sottolineare che la sociologia non

---

[16] Questo corrisponde al ramo della teologia chiamato teologia fondamentale.

può affrontare il problema della "verità" o "falsità" delle religioni. I sostrati sostantivi (che rimandano a temi soprannaturali) in questo caso esulano dalle sue competenze e dalla sua prospettiva di avalutatività da parte del ricercatore[17]. Tale impostazione, dal punto di vista sociologico, va quindi giudicata come un presupposto non propriamente scientifico.

2) La *concezione positivista*. Essa si limita all'accettazione dei fenomeni che sono sperimentalmente osservabili pervenendo all'affermazione che tutto quello, che va al di là di tale osservabilità, neppure esiste. Si tratta di un'im-postazione antimetafisica ed antiteologica che considera i fenomeni religiosi restandone alla periferia, negandone pregiudizialmente il contenuto fondamentale e considerandone irrazionali e senza fondamento le manifestazioni. Per questo tale impostazione vede la religione come qualcosa di negativo e di disfunzionale allo sviluppo dell'umanità e del suo progresso. Per i seguaci di tale impostazione quindi il fenomeno religioso andava combattu-to perché legato a periodi superati dell'evoluzione storica (A. Comte, C. Marx, H. Spencer). Per altri autori, tra cui specialmente E. Durkheim, la componente fenomenica costituisce un fattore immanente importante per la vita so-ciale nella sua genesi e nel suo sviluppo, anche se ne escludono

---

[17] Cfr. MANCINI I., *Filosofia della Religione*, Roma, 1968, 25-45.

la componente trascendente riguardante, cioè, l'esistenza stessa di entità meta-empiriche e metastoriche[18].

3) L'*approccio storicista*. Tale impostazione consiste in uno studio storico comparato, che parte da particolari presupposti e vuole raggiungere specifici obiettivi di comprensione del fenomeno religioso dal punto di vista storico. Sebbene siano parecchi i punti di contatto di questo approccio con quello sociologico, tuttavia non coincide esattamente con l'ottica teorica e metodologica della sociologia. Pertanto, sia sul piano del contenuto sia del metodo, vanno sottolineate le convergenze e le divergenze tra sociologia della religione e storia comparata delle religioni, come si riscontrano tra sociologia e storia (W. Schmidt, R. Pettazzoni, M. Eliade)[19]. Mentre la storia intende studiare i fatti come unici e globali, la sociologia invece vuole sottolineare le regolarità e le costanti che spiegano il comportamento concreto nell'ambito di singole culture.

4) L'*impostazione ideologica*. Questa modalità di studio inquadra il fenomeno religioso in un'ottica fortemente critica e tendenzialmente negativa a riguardo delle possibilità di studio empirico del fenomeno religioso. Tale tipo di approccio sottolinea ed esaspera le consuete e persistenti dif-

---

[18] MESLIN M., *Per una scienza delle religioni*, Assisi, Cittadella, 1975, 58-69; MARTELLI S., *La religione nella società post-moderna*, Bologna, Dehoniane, 1990, 32-66.

[19] SCALICKI C., *Alle prese con il sacro*, Roma, Herder - Università Lateranense, 1982, 135-173.

ficoltà di natura epistemologica delle scienze empiriche, impedendo così l'osservazione concreta dei fenomeni da studiare. Esso inoltre non perviene ad un'adeguata operazionalizzazione dei concetti fondamentali, per cui le tecniche e gli strumenti induttivi risultano inadeguati. Tale prospettiva, in pratica, rende difficile: l'individuazione delle variabili, la scelta degli indicatori, la possibilità di raccolta dei dati, l'elaborazione dei risultati, la validità dell'interpretazione[20]. Queste obiezioni sottolineano dei limiti oggettivi, ma non propri della sola sociologia della religione, ma di tutte le scienze del comportamento. Pertanto, come per altre branche, nonostante certi limiti, si attribuisce lo statuto epistemologico di scienza (ad es. la psicologia, la pedagogia), così va anche accettata la plausibilità della nostra scienza, anche se alcuni aspetti "meta-reali", non siano direttamente accessibili.

Questi atteggiamenti di fondo, sia in rapporto al contenuto che al metodo, appaiono oggi pregiudiziali e infecondi e in un certo senso anche antiscientifici. È necessario quindi affrontare i fatti in sé e darne una spiegazione, tenuto conto sia del proprio contenuto sia del proprio tipo di approccio. In altre parole appare più produttivo accostarsi ai fatti religiosi nella loro storicità ed attualità, de-

---

[20] Vi rientrano diverse opere della corrente marxista pubblicate negli anni '70 e '80, da una parte, ma anche alcune impostazioni di tipo spiritualista di alcuni, magari impegnati sul piano religioso, dall'altra, ma ostili allo studio sociologico della religione.

mandando ad altre scienze eventuali giudizi globali che sostanzialmente sarebbero anche di natura teologica e/o metafisica. Pertanto nonostante le difficoltà enunciate, è possibile affrontare lo studio della religione sotto l'aspetto sociologico, impostandolo in modo teoricamente valido e praticamente corretto, sia dal punto di vista contenutistico che da quello metodologico[21].

Così la sociologia della religione, ad una prima approssimazione e delimitazione concettuale, si presenta come: una vera e propria scienza che, partendo da propri assunti e ipotesi, tende ad offrire un'*adeguata* comprensione del proprio oggetto di studio cogliendone *costanti e regolarità*, di cui interpreta la genesi, i rapporti, le dinamiche, ecc., nella loro presenza e consistenza, nella rispettiva direzione e intensità, per arrivare a generalizzazioni o teorie e modelli esplicativi della realtà religiosa in questione, come vedremo più dettagliatamente in tutto il nostro corso[22].

## II. VERSO UN CONCETTO SOCIOLOGICO

Il problema della definizione sociologica della religione è uno dei più scabrosi[23]. Infatti, tutti gli autori l'hanno

---

[21] In riferimento all'aspetto metodologico, cfr. DE SANDRE P., *Sociologia della religiosità*, Roma, AVE, 1967.

[22] Questa delimitazione va considerato un primo passo che sarà completa dagli altri due che affronteremo nelle pagine seguenti.

[23] ROBERTSON R., *Sociological interpretation of religion*, Oxford, Blackwell, 1972, 34 e ss.

tentato, pur senza raggiungere grandi risultati. G. Simmel già condensava tali difficoltà sottolineando come non fosse stato fino ad allora raggiunto un risultato adeguato a tale scopo: "Finora nessuno è riuscito ad offrire una definizione, non vaga, ma allo stesso tempo sufficientemente generale, che dica una volta per tutte che cos'è la religione nella sua essenza, ciò che è comune alla religione di cristiani come quella degli abitanti delle Isole dei Mari del Sud, al Buddismo come all'idolatria messicana"[24].

Altre posizioni tipiche sono quelle che, come per altri aspetti in tema di sociologia della religione, si rifanno a M. Weber e ad E. Durckheim. Il primo è del parere che non sia possibile, all'inizio, definire cosa è la religione. Al più qualcosa del genere potrebbe essere tentata efficacemente solo alla fine di tutto un itinerario concettuale sull'argomento[25]. Il secondo invece pensa che ciò sia non solo utile, ma perfino necessario. Durkheim invece parte da una sua definizione, anche se problematica e criticabile[26], su cui si poggia per sviluppare le sue analisi e interpretazioni della religione, specialmente nella sua genesi come fenomeno creato dalla società e finalizzato alla sua sussistenza e persistenza nel tempo.

---

[24] Citato da ZADRA D. (ed), *Sociologia della religione*, Milano, Hoepli, 1969, 71.
[25] WEBER M., *L'etica protestante e lo spirito del capitalismo*, Firenze, Sansoni, 1965, cap. I.
[26] DURKHEIM E., *Le forme elementari della vita religiosa*, Milano, Comunità, 1969, 56.

Pertanto rimane in partenza l'esigenza di avviare sistematicamente un processo che gradualmente arrivi ad una delimitazione più significativa e appropriata del concetto di religione in senso sociologico[27]. Tale prospettiva tuttavia non va considerato un ripiego, ma la premessa per un discorso che realizzi un procedimento effettivo di ulteriore precisazione ed approfondimento del concetto. Infatti, sarebbe impossibile raggiungere traguardi sufficientemente significativi senza avere in mente "un qualche cosa" che dovrà essere studiato e analizzato. D'altra parte occorre distinguere tra una vera e esaustiva definizione da una delimitazione del campo di studio come base di avvio del nostro approccio, ripromettendoci di arrivare ad una definizione completa e consistente alla fine di tutto il cammino. In questo senso dopo aver accennato ad alcune impostazioni, piuttosto limitate, vogliamo proporre un nostro itinerario ed attuare un tentativo per una prima delimitazione dell'argomento.

### A. Impianti discutibili

Sulla base di tali precedenti si sono sviluppate varie opinioni circa il modo metodologicamente corretto, secondo il quale si possa intendere il concetto sociologico di religione. Il tentativo può essere avviato in base

---

[27] Nel paragrafo seguente proporremo un procedimento per la puntualizzazione più completa ed ampia dell'oggetto dell'approccio scientifico che ne consegue.

all'etimologia della parola "religione". Esso pur offrendo alcuni spunti interessanti, tuttavia non è sufficiente ad offrire quelle prospettive adeguate per fondare la comprensione della sociologia della religione come scienza. Superando l'impo-stazione della definizione etimologica ci soffermiamo, per restare entro al nostro ambito sociologico, sulle opinioni correnti a tale riguardo. Esse fondamentalmente possono raccogliersi in tre posizioni teoricamente più importanti: la visione sostantiva, la concezione funzionalista, l'impo-stazione operativa[28].

### 1. La concezione sostantiva.

Alcuni si sono orientati verso definizioni che possiamo chiamare sostantive, cioè che colgono l'essenza della religione in sé e la pongano come postulato per ogni ulteriore approfondimento. Vi rientrano le definizioni essenzialistiche che comprendono sia le precisazioni concettuali di ambito filosofico e teologico (Dio inteso come Trascendenza o come Immanenza), ma anche quelle che sottolineano intuizioni di rapporti definiti primordiali con realtà fondamentali spirituali (anime, spiriti buoni o cattivi). Vi rientrano anche gli autori che dal punto di vista fenomenologico, arrivano ad una concezione della religione partendo dall'esperienza, come sentimento della creatura-

---

[28] Per un panorama sulle varie definizioni di religione, dal punto di vista etimologico, si può cfr. SCALICKI C. *Alle prese con ...*, op. cit., 9-30.

lità percepito e vissuto più o meno profondamente nei confronti del *Misterium tremendum et fascinosum*[29].

Questo procedimento è di natura esclusivista in quanto comporta delle definizioni reali e accetta come fenomeni religiosi solo quelli che rientrano chiaramente all'interno della definizione enunciata. Un tale orientamento normalmente viene giudicato (e rischia di esserlo realmente) aprioristico, fortemente condizionato dal background intellettuale e di fede proprio del singolo ricercatore. Ciò in realtà delimita fin troppo il campo di applicazione e potrebbe essere causa di distorsioni sistematiche nella stessa valutazione dei dati empirici. Inoltre tale concetto di religione non può essere applicato a tutti i fenomeni che in realtà dovrebbero entrarci evidenziando chiaramente una cernita caratterizzata da una forte precomprensione.

## 2. La prospettiva funzionalista.

Altri invece propongono una concezione in cui è possibile far rientrare i fenomeni che vengono incontro ai bisogni umani fondamentali sia individuali sia collettivi. Come diremo meglio in seguito, questa impostazione sviluppa due modalità principali di approccio.

---

[29] Tra le definizioni sostantive sono fatte rientrare: *La religione e la credenza in esseri spirituali*, (I. TYLOR 1882, 13); *La religione è un sistema solidale di credenze, di pratiche relative a cose sacre, cioè separate e interdette, le quali uniscono in unica comunità morale chiamata chiesa tutti quelli che vi aderiscono,* (E. DURKHEIM ,1950, 50); *La religione è l'esperienza del sacro, Il sacro,* (R. OTTO, 1973, 130).

Una prima modalità mette in evidenza situazioni o contesti in cui l'uomo non riesce a darsi una giustificazione soddisfacente di alcuni problemi. Si postula quindi una risposta che appunto sarebbe data da un cosmo sacro, e cioè, da un complesso di contenuti, elementi e valori totalizzanti che vengono percepiti come qualcosa di sacro e di realtà ultime[30], nei confronti dei quali gli uomini sviluppano atteggiamenti esistenziali profondi e coinvolgenti.

Una seconda modalità di questo orientamento accentua ancora di più la precarietà della situazione umana nel quotidiano, arrivando a considerare fenomeno religioso qualunque esperienza riesca a suggerire e ad offrire una sorta di trascendimento della propria componente biocosmologica. Tale esperienza permetterebbe una visione particolare della vita e dell'uomo per cui i soggetti raggiungerebbero un senso di trascendimento delle categorie di tempo e di spazio e degli altri limiti insiti nella natura umana dal punto di vista biologico e psicodinamico[31].

---

[30] Vi rientrano, oltre agli antropologi culturali come: (la religione) *è una parte del sistema culturale destinato al soddisfacimento dei bisogni fondamentali legati alla sopravvivenza*, (B. MALINOWSKI ); *è una parte importante o addirittura essenziale del meccanismo sociale, ... che consente agli esseri umani di vivere insieme in un sistema ordinato di rapporti sociali*, (e A. R. RADCLIFFE-BROWN ), le varie concezioni funzionaliste tra cui basta citare quella di C. GEERTZ: *è un sistema di simboli che mira a stabilire negli uomini delle disposizioni e delle motivazioni potenti, pervasive e durevoli attraverso la formulazione di concezioni di un ordine generale di esistenza e racchiudendo queste concezioni in un'aureola di fattualità tale che i modi e le motivazioni sembrano realistici in maniera unica*, 1967, 86.

[31] In tale posizione si colloca T. LUCKMANN che connota come "religiosi" tutti i

Dal punto di vista critico si può affermare che questa impostazione appare piuttosto inclusivista specie quella più estremizzata. Infatti, perverrebbe ad abbracciare non solo i reali fenomeni "religiosi", ma anche i fenomeni pseudo-religiosi: "sostituti funzionali" della religione e i fenomeni magici. In questo contesto ci troveremmo talvolta nella situazione di dover chiamare impegno religioso anche sistemi ideologici, come il comunismo, il nazionalismo, ecc. i cui seguaci espressamente rifiutano di definirsi o di essere chiamati tali. Per questo non basta insistere sul concetto di funzione, cioè di una certa risposta ai bisogni umani più importanti e fondamentali sia individuali che collettivi. Tale impostazione non spiega inoltre le molte disfunzioni che la religione porta ugualmente con sé[32].

### B. Un itinerario concreto

L'impostazione operativa, ricalcando il processo di enucleazione concettuale fondata sull'induzione propria delle scienze positive, mette in evidenza il processo di enucleazione del proprio oggetto attraverso la via induttiva, che è più propria della sociologia. Essa può essere ricavata cogliendo i diversi aspetti positivi dei due precedenti e ag-

---

fenomeni di trascendimento biologico e psichico: amore, famiglia, droga, scienza, potere, cfr. *La religione invisibile*, Bologna, Il Mulino, 1962, 95 e ss.

[32] Cfr. CIPRIANI R., *Il funzionalismo*, in PIZZUTI D., (ed), *Sociologia della religione*, Torino, Borla, 1987), 47-51.

giungendovi una propria specificità procedurale[33]. Questo procedimento si configura come una scelta intermedia che concilia le prime due posizioni e garantisce un approccio specifico nuovo che evita gli svantaggi di ciascuno di essi singolarmente presi e potenzia invece gli aspetti positivi.

In concreto questa combinazione dovrebbe basarsi su una serie di passaggi che possono così essere riassunti: partire dalla osservazione dei vari fenomeni, attuare una cernita critica tra essi, individuare le componenti più rilevanti del fenomeno religioso, pervenire ad una delimitazione valida. Tali singoli passi, evitando ogni scelta pregiudiziale manifesta una capacità euristica adeguata, è sostanzialmente caratterizzato da un primo momento empirico ed ampiamente comprensivo, da un successivo momento critico e discernente basato su criteri di natura storica, dottrinale, culturale e, infine, da un momento contenutistico e funzionale da cui ricavare una delimitazione del concetto di religione ampia e selettiva, popolare e critica, contenutisticamente ricca e metodologicamente operativa.

## 1. Osservazione concreta della realtà.

Il primo passo consiste nell'accettazione come fenomeni religiosi di tutti quei contenuti sui quali può essere ottenuto l'accordo della maggioranza degli studiosi o che la

---

[33] Cfr. BECKFORD J. A., *Religion and advanced industrial society*, London, Unwin Hymam, 1989, 170 e ss.

gente considera tali. In questo caso si verificherebbe un accostamento intuitivo e generale e forse anche sulla base di un concetto di religione approssimativo e comune, ma ugualmente utile, che include fenomeni che si possono definire religiosi.

In questo concetto intuitivo e generale hanno peso le varie tradizioni storiche come colte dai principali autori del passato e del presente di sociologia della religione. In questo senso può essere utile un'ampia ricognizione a due livelli: il primo è quello storico che fa riferimento ai principali autori di sociologia della religione i cosiddetti "padri fondatori" e i loro seguaci. Il secondo è quello empirico, in cui si osserva quali siano i campi attuali di indagine e di applicazione e quali contenuti siano trattati nei diversi manuali. Questa impostazione è consueta nella delimitazione del concetto di una scienza, anche se non va usata da sola.

In tale prospettiva si coglie quello che possiamo considerare il denominatore comune dei fenomeni religiosi: il rapporto (reale o pensato) con realtà meta-empiriche come fatto o come esigenza di una visione del mondo, della storia, della società e, in ultima analisi, della esistenza umana[34]. Esse poi possono essere viste come risposte a problemi fondamentali dell'uomo che possono sintetizzarsi nel biso-

---

[34] In questa impostazione possono farsi rientrare gli apporti più disparati sia dei sostanzialisti che dei funzionalisti. Questo primo passo può dare un'impressione di nominalismo; ma occorre sottolineare che questo è ancora un primo passo e che esso non sarà il solo.

gno di "significato" e di "trascendimento di sé". In questo senso vi rientrano anche aspetti che, a seconda delle diverse ottiche, possono essere qualificati, dal punto di vista anche "sociale", come fenomeni "pre-religiosi" o "post-religiosi" o anche "para-religiosi".

## 2. Attuazione di una cernita critica.

Un secondo passo si basa sulla valutazione del complesso dei fenomeni raccolti per vedere se e come essi presentano le condizioni fondamentali per cui sono compresi entro la concezione di fenomeno religioso. Tale procedura richiede alcuni criteri fondamentali che permettono di attuare una cernita seria e puntuale. Così non vengono accettati tutti i casi in un primo momento inclusi, ma solo quelli che rispondono a certe caratteristiche, indicate in base ai diversi criteri che di seguito esponiamo.

Un primo criterio è costituito dalla presenza del concetto di "Sacro" o di "Assolutamente Altro", o di "forze meta-empiriche" e "meta-storiche" con cui l'uomo viene a porsi in contatto, in un modo o nell'altro. Tale Realtà va vista in questa fase come criterio e non come oggetto. In questa considerazione non va sottolineato il contenuto metafisico delle entità con cui si tenta di venire a contatto, ma il fatto di intravedere, concepire le realtà meta-empiriche, o, comunque di sentirsene interpellato, attratto, ecc. Quello che interessa pertanto consiste nel possesso di tali rappresentazioni mentali e dei conseguenti atteggiamenti o condotte, percepite e vissute come fatti sociali. Essi, infatti, costituiscono l'oggetto della sociologia per cui quei fenomeni che ammettono un tale rapporto con realtà meta-storiche vanno considerati "religiosi", gli altri, invece, vengono esclusi da questo tipo di qualificazione[35].

Un secondo criterio consiste nel vedere ed osservare in che senso e in che misura tali fenomeni, che sono considerati religiosi, vengono incontro alle esigenze fondamentali ed ultime, individuali e/o collettive, dell'uomo. In questo senso le religioni offrono un "significato", danno delle risposte agli interrogativi di fondo della vita, offrono dei sostegni all'esistenza umana: genesi iniziale, finalità ultima dell'uomo e del cosmo, e quindi senso dell'esistenza. Molto importante è anche la funzione in relazione alle due istanze fondamentali della produzione e riproduzione socioculturale: persistenza e trasformazione sociale. Benché ciò possa sembrare contraddittorio, tuttavia storicamente e fenomenicamente si osserva costantemente l'azione della religione in ordine a tali due istanze. Tale funzione è praticamente attuata sia come offerta di stimoli e motivazioni, valori e suggerimenti operativi, sia come giustificazione e legittimazione[36].

Un ulteriore criterio deriva dalle diverse impostazioni teologiche delle singole religioni, in quanto sarebbe difficile

---

[35] Questo può essere il punto di contatto e l'utilizzo dell'apporto di è orientato verso l'impostazione sostantivista.

[36] Tale impostazione utilizza l'apporto della concezione funzionalista. Cfr. O' DEA T., *Sociologia della religione*, Bologna, Il Mulino, 1971, 32. Cfr. anche YINGER J. M., *Sociologia della religione*, Torino, Boringhieri, 1965, 57-84.

dall'esterno trovare le ragioni per una tale qualificazione. Questo criterio è importante perché permette di considerare la natura dei singoli fenomeni già preliminarmente, ma ancora acriticamente inclusi, e distinguerli in base a considerazioni specifiche ed entro i contesti in cui essi si collocano. I teologi, infatti, sono gli specialisti della propria religione e più facilmente colgono ciò che è accettabile e rientrante nel sistema della rispettiva religione. Pertanto una norma di prudenza e nello stesso tempo di interdisciplinarietà suggerisce la plausibilità di questo criterio che però va usato contemporaneamente agli altri. In questo senso quei fenomeni rientranti entro i limiti di una data tradizione e contesto culturale sono inclusi nella misura in cui essi sono accettati dai relativi esperti sia delle religioni storiche sia dei nuovi movimenti religiosi[37].

## 3. Individuazione delle componenti basilari

Nel passaggio successivo di questo iter si individuano le componenti che caratterizzano i fenomeni dichiarati religiosi. Si tratta di notare gli elementi che vi sono presenti e che li differenziano da altri fenomeni. Infatti, quelli che sono chiamati religiosi presentano alcuni tratti costanti di natura strutturale e relazionale[38]. Normalmente sono indivi-

---

[37] Cfr. MESLIN M., *Per una scienza delle religioni*, Assisi, Cittadella, 1975, pp. 98-113.

[38] Questo è il passo centrale, tuttavia esso va visto nell'ambito di tutto l'iter, altrimenti si trasforma solo in elemento autoproiettivo.

duate diverse caratteristiche importanti perché sostanzialmente riproducono i parametri fondamentali della personalità sociale. Si possono quindi evidenziare diversi piani principali: intuitivo-cognitivo, simbolico-rituale, organizzativo-relazionale e comportamentale-etico. Accenniamo brevemente al significato fondamentale di tali piani rimandando alla trattazione sulla multidimensionalità del fenomeno religioso l'esposi-zione più ampia ed esauriente[39].

1) Sul piano cognitivo-intuitivo vi si riscontra una serie di credenze e/o dottrine circa l'essere o esseri o, comunque, realtà meta-empiriche. Vi rientra il concetto di *sacro* come realtà (cosa, persona, avvenimento, tempo...) che contiene, manifesta o comunica tali realtà meta-empiriche sopraccennate; e la concezione circa il rapporto tra l'uomo e queste entità meta-empiriche e la risposta a determinate istanze. Di questi ultimi aspetti è importante vedere le modalità concrete secondo cui essi si presentano: visione o proposta ufficiale (e dottrinale); interiorizzazione effettiva da parte dei fedeli; permeazione e incidenza sul comportamento.

2) Sul piano simbolico-rituale vi rientrano azioni, condotte, che mettono in rapporto con il sacro. Vi rientrano quindi tutte le azioni rituali sia legate ai passaggi da una fase ad un'altra della esistenza o dell'assunzione di nuovi impegni rilevanti nella vita (riti di iniziazione o di passaggio) che alle situazioni comuni della vita di ogni

---

[39] Cfr. quanto sarà detto in seguito nel cap. III.

giorno o ciclicamente ritornanti (riti ripetitivi). Nel comportamento concreto poi si può studiare sia la diversità di autenticità (impostazione religiosa o magico-sacrale) sia il vario impegno nella frequenza (regolarità o meno della partecipazione), e la comprensione teologica (motivazioni valide o meno).

3) Sul piano organizzativo-relazionale si constata la regolarità, la costanza di fenomeni associativi (e le relative forme strutturali e funzionali, le gerarchizzazioni e le divisioni di ruoli e competenze). In questo senso si può vedere la dimensione macro-sociale (comunità religiose globali e modalità della loro strutturazione territoriale e settoriale) e dimensione micro-sociale con i relativi problemi di organizzazione interna e di rapporti interpersonali. Inoltre va notata, sul piano micro-sociale e personale la problematica dell'appartenenza con le diverse modalità di identificazione concettuale e comportamentale e le forme di corresponsabilità e partecipazione, di coinvolgimento nei ruoli, o di collaborazione parziale.

4) Sul piano etico-valoriale si nota la connessione tra una data religione e un relativo progetto di uomo e di società. Ne derivano pertanto modalità complesse di definire e valutare i comportamenti umani in rapporto ai valori e che in concreto abbracciano tutti gli aspetti e i momenti della vita. A questo riguardo si possono distinguere modalità diverse di traduzione in pratica. Così si può riscontrare: un'impostazione precettistica e formale o una visione profetica; oppure un differente rapporto con il mondo, come impegno verso la realtà sociale (concezione

"mondana") o come disinteresse verso di essa (concezione "extra-mondana").

## 4. Enunciazione di una prima descrizione.

Attraverso questi momenti logici emergono delle caratteristiche costanti dei fenomeni religiosi la cui presenza non può essere attribuita dovuta a situazioni incidentali, ma alla reale presenza di somiglianza concettuale. Si perviene così ad una formulazione che pur restando abbastanza ampia per farvi rientrare fenomeni anche molto distanti tra loro, tuttavia rappresenta in modo adeguato il fenomeno religioso. Nello stesso tempo esclude altri fenomeni che solo apparentemente sono religiosi, mentre in realtà non lo sono, come, ad esempio, i cosiddetti sostituti funzionali della religione e i fenomeni magici in senso stretto, come preciseremo nelle pagine seguenti.

Ci sembra quindi che, come conclusione di questo iter, una buona descrizione di religione (non vorremmo chiamarla propriamente una definizione) possa essere così espressa: *la religione si configura come un complesso di realtà (credenze, valori, azioni, ruoli, gruppi, organizzazioni) che hanno come loro presupposto o ragion d'essere l'accettazione di entità meta-empiriche concepite come realmente esistenti, nei confronti delle quali l'uomo percepisce in un modo o nell'altro la sua dipendenza; tali manifestazioni hanno quindi espressioni comunitarie, e sono in corrispondenza ai bisogni fondamentali dell'uomo e della società*[40].

Questa descrizione ha il vantaggio di poter facilmente raccogliere un notevole consenso, ma anche di essere la base per la puntualizzazione dell'oggetto di studio di cui ci occuperemo qui di seguito. Peraltro descritto a questo modo il fenomeno religioso si presenta come una realtà ampia e complessa, in quanto attinge situazioni personali e collettivi, elementi conoscitivi e rituali, aspetti comportamentali che attitudinali, componenti motivazionali e implicazioni morali. Pertanto esso va ulteriormente sviluppato per cogliere meglio la sua portata concettuale e pratica per cui è studiato dalla branca della sociologia a ciò deputata.

### III. L'OGGETTO DI STUDIO

Per sviluppare ancor più l'impostazione del nostro studio del fenomeno religioso basato sull'approccio sociologico occorre fare un altro passo avanti: distinguere il concetto sia pure sociologico di religione dall'oggetto che la sociologia come scienza può e deve abbracciare e considerare proprio. La prospettiva definitoria, infatti, riguarda l'individuazione del fenomeno religioso e la relativa de-

---

[40] Si tratta di una prima approssimazione che integrata con quanto diremo nelle pagine seguenti.

nominazione, e comprende la sua identità specifica come realtà considerata in se stessa, mentre la preoccupazione di descrizione dell'oggetto fa riferimento al contenuto, alle implicazioni e ai rapporti che il nucleo concettuale centrale presenta con tutti gli altri aspetti della vita sociale. Tra i due il secondo è più plausibile e produttivo, in quanto include il primo e ne sviluppa anche le connessioni e interazioni del tema centrale religioso con la realtà che lo circonda e con cui viene a rapporto.

Pertanto per indicare l'oggetto della sociologia della religione occorre allargare il ventaglio dei contenuti da affrontare. È importante cogliere le caratterizzazioni interne derivanti dalla socialità di tali aspetti e problemi, ed accostarvisi con intendimento e terminologia più tecnici e più congeniali al linguaggio sociologico. Nello stesso tempo risulta indispensabile ad una concretezza storica e contestuale mettere in evidenza che la stessa presenza entro un dato ambiente è un fenomeno che va studiato. Ne conseguono due grandi ambiti: configurazione costitutiva, la componente relazionale. Ne deriva che l'oggetto della sociologia della religione vada enucleato approfondendo le implicazioni che derivano da tali due ambiti.

### A. La configurazione costitutiva

Una prima esigenza fa riferimento al fatto che ogni identificazione richiede, innanzi tutto, la focalizzazione sostanziale del fenomeno, ed attuando tale orientamento euristico rimanendo ancorati alle istanze di fondo della sociologia e del suo linguaggio. In questo senso diventano importanti i riferimenti a due ambiti concettuali e relativi termini connotativi, che nel nostro caso richiamano i concetti e le implicazioni dei termini centrali nell'approccio sociologico: *struttura* e *cultura*. Nel riferimento *strutturale* sarebbero conglobati le implicazioni aggregative e organizzative interne e relazionali, variamente configurantisi ed esprimentisi secondo i tempi e i luoghi, anche se non mancano aspetti che possono essere perenni, specie perché dipendenti da istanze istituzionali e fondazionali. Nel riferimento *culturale* invece rientrerebbero tutte le modalità concettuali e valoriali variamente insistenti e manifestantisi entro una data cultura (e nelle varie culture) in cui una religione è presente. Ovviamente tali aspetti vanno considerati sia nella relativa genesi iniziale e nella rispettiva evoluzione dinamica.

## 1. La dimensione strutturale

Con questa espressione vogliamo fare riferimento alle componenti costitutive del fenomeno religioso in relazione alla struttura sociale e ai reciproci rapporti tra esse. Tali elementi derivano dal fatto che gli uomini sperimentando la vita sociale, come una realtà co-essenziale alla propria natura, riproducono anche queste istanze nell'ambito delle esigenze e manifestazioni religiose. Vi rientrano quindi le modalità delle relazioni interpersonali nella ricezione, assimilazione, interiorizzazione dei contenuti culturali religiosi. Questi poi possono presentarsi sia in forme inter-individuali sia in dimensioni collettive e massive.

Più in concreto si può notare tutta una serie di fenomeni relazionali (interni) e/o micro-aggregativi che vanno dalla convergenza in piccoli gruppi (o anche piccolissimi, ad esempio nel rapporto: maestro-discepolo) fino alla convergenza in grandissime strutture e complicati organismi sociali, come le chiese. La socialità è tuttavia presente in tutte le espressioni: nelle forme individuali in quanto piattaforma implicita e coscienza che gli altri (sia pure il proprio partner) sono solidali nei contenuti, nelle finalità, nei mezzi, ma che sostanzialmente la divisione strutturale è soltanto a livello di dinamica psicologica; nelle forme più ampie in quanto presenza di esigenze proprie del funzionamento del gruppo.

Importante è rilevare le esigenze strutturali che de- rivano dalla impostazione aggregativa più o meno ampia dei gruppi e che comporta: divisione dei ruoli, dei compiti, e la relativa stratificazione e comunque modalità di sovraordinamento o subordinazione. Tale articolazione di funzioni inoltre va anche vista nelle diverse unità territoriali e in tutti gli altri aspetti finalizzati al mantenimento della coesione, attuazione dei compiti e scopi della comunità, all'apprestamento dei mezzi per garantire e potenziare la vitalità di tutta la comunità e dei singoli membri (aspetto operativo o pastorale), al mantenimento della coerenza dottrinale (trasmissione della fede e ortodossia), al controllo e alla spinta alla conformità (controllo sociale o disciplina) ecc. Insomma vi rientrano tutti i fenomeni riguardanti la struttura sociale e cioè la religione come sistema sociale, con le sue dinamiche aggregative per durare nel tempo (nuove adesioni: per nascita o per "conversione") e per mantenersi come realtà strutturata ed organizzata (problema del governo e del coordinamento) e per svilupparsi (formazione dei nuovi venuti e sviluppo della loro identificazione con la comunità)[41].

Questi problemi tuttavia vanno visti e studiati non solo singolarmente e quindi in modo da individuarne le componenti, la gerarchizzazione concettuale ed operativa, ma anche l'interconnessione interna tra essi e cioè in modo da vedere come l'uno influisce sull'altro o dipende da esso. Tale fenomeno si esplica secondo due tipiche tendenze: da una parte si verifica l'esigenza di relazione con le attinenti implicazioni comunionali, e dall'altra la territorializzazione e le forme aggregative settoriali. Nascono le circoscrizioni e divisioni a vari livelli dalle conferenze, alle province, alle diocesi, ecc. Si costata anche la nascita di forme aggregative di specialisti (persone e/o gruppi particolarmente preposti all'uno o all'altro aspetto). La creazione degli specialisti è richiesta dalle nuove esigenze che il sistema nel suo ampliarsi e nel suo articolarsi richiede. Sorgono quindi persone o gruppi esclusivamente dedicati al governo generale, o al governo locale; persone e gruppi dedicati allo sviluppo dottrinale; alla cura pastorale dei membri, alla espansione

---

[41] Cfr. quanto diremo nel cap. V a proposito della integrazione strutturale della religione.

esterna; alla maggiore coerenza ideale, alla maggiore attuazione del servizio[42]. In sintesi si verificano una pluralità di fenomeni aggregative e stratificativi che rendono una religione ampia e diffusa, un vero micro-cosmo sociale.

## 2. Il significato culturale

Un'altra componente importante è quella culturale. Essa è analoga e collegata con la cultura generale e quindi, anche se in gradi e con modalità diverse, ha un significato culturale, in quanto si presenta come commisto e interpenetrantesi con il resto della cultura anzi co-estensivo e co-significante con la stessa cultura[43]. Tale significato è poi operante sui due piani propri della cultura stessa: il piano oggettivo riguardante il fatto della presenza in sé dei vari contenuti e delle sue concezioni e delle sue caratteristiche, a prescindere dalle intenzionalità esplicite, il piano soggettivo relativo alla percezione di bisogni religiosi le forme di relazionalità intenzionale e l'enucleazione di motivazioni relative per l'azione.

Più in dettaglio, quanto al piano oggettivo, è importante accennare alle caratteristiche delle componenti religiose che nello stesso tempo hanno caratteristiche culturali. In questo ambito macroscopico rientrano la concezione fondamentale circa la natura e il significato di religione, il

---

[42] SIGMOND R., *Sociologia della religione*, Roma, Ut unum sint, 1973, 2-15.
[43] GEERTZ C., *Interpretazione di culture*, Il Mulino, Bologna, 1987, 1-42.

concetto di trascendenza e di sacro presenti in un dato contesto storico determinato. In tale prospettiva va anche rilevata la funzione del cosiddetto *grounding meaning* che tali concetti hanno in ordine alla proposta di "significato" da dare all'esistenza dal quale derivano i valori specifici, le norme, i mezzi per raggiungere le finalità della vita umana.

Questo nucleo fondamentale tuttavia, anche nelle religioni più primitive, è ulteriormente arricchito da altre componenti sia cognitive sia comportamentali. Il piano cognitivo comprende l'illustrazione circa i contenuti propriamente legati al messaggio di una data religione, ma anche a riguardo della genesi delle idee stesse (enucleazione razionale o rivelazione) e le modalità di presenza, di incidenza sulla cultura, delle esigenze che esse impongono all'uomo: accettazione, assimilazione, traduzione in pratica di condotte rituali e/o morali. In questo senso è importante mettere in evidenza il complesso dei modelli di e per il pensiero e il comportamento, le loro aggregazioni in clusters o sistemi più ampi e correnti, la loro trasformazione in istituzioni. Non è esclusa la problematica della loro espressione e sistematizzazione razionale, la loro comunicabilità e comunicazione di fatto sia in modo diretto che simbolico e infine le altre componenti della religione che rientrano nell'ambito della cultura cioè come sistema (o sub-sistema) culturale[44].

---

[44] Cfr. BENSON P. H., *Religion in contemporary culture*, New York, Harper – Bro-

In relazione al piano soggettivo, invece va sottolineato che il significato culturale si basa sulla percezione o constatazione di un'uguale situazione esistenziale e di rapporto con le realtà meta-storiche e meta-empiriche, sulla presenza di bisogni e le relative motivazioni (di varia natura e di varia manifestazione). Tali significati peraltro essendo interiorizzati acquistano anche aspetti così estremamente personali e individuali che sono vissuti (e quindi operano) non come realtà esterne ed inibenti la propria libertà, ma piuttosto come fattori di autenticità e di auto-affermazione e crescita. Tale sensazione poi cresce nella misura in cui essi non appaiono realtà solo individuali, ma sono percepiti come condivisi, partecipati, modellati e quindi non solo comuni, ma anche socializzati e interiorizzati (plausibili e legittimati) e propri delle realtà culturali intermedie (grandi realtà storiche o attuali) legate a sub-culture particolari entro una data e macroscopica o globale cultura di una data religione.

Un fenomeno importante riguarda la mediazione tra il piano oggettivo e quello soggettivo e quindi le modalità concrete della trasmissione socializzante, dei contenuti e strutture religiosi che si presentano come indicazioni culturali religiose normative e quindi come fonte di obblighi morali. In tal senso appare legittima anche l'azione di controllo da parte delle autorità preposte. In tutto questo ha poi rilevanza notevole il processo di interiorizzazione che si attua

---

thers, 1985, 720-735.

nella fase evolutiva della vita per cui, da una parte, gli elementi religiosi sono trascritti come paradigmi personali e personalizzati (auto-direzione) e non più intesi come esterni (etero-direzione). Da un'altra parte invece si sviluppa il senso della propria identificazione con la religione che spesso diventa una forza sia per l'identità individuale che per quella di gruppo fino, talvolta, ad allargarsi al piano nazionale.

### B. La dinamica relazionale

Le realtà religiose, oltre che avere un significato culturale, possono essere viste, come "altro" rispetto alla cultura stessa e più in genere rispetto alla vita quotidiana. Ne deriva una serie di relazioni che caratterizzano la religione in rapporto alla società. Questo tipo di rapporto poi va visto sia nell'importanza e nelle manifestazioni teoriche centrali per la spiegazione sociologica della stessa religione: per la dimensione conoscitiva di tale rapporto, nella dimensione storica e nelle varie forme e modalità secondo cui esse sono venute a contatto con le diverse società.

Tutti gli elementi cui è stato fatto riferimento vanno intesi non solo in senso statico o puntuale, ma anche in senso dinamico ed evolutivo. Vi si possono, infatti, cogliere aspetti puntualizzati nel tempo che rappresentano uno spaccato della vita sociale (attuale o storico). In tale impostazione emergono le componenti strutturali e funzionali, le relazioni interne ed esterne che caratterizzano o costituiscono e sostengono il fenomeno religioso nel suo essere "sociale".

Ma è importante sottolineare il riferimento dinamico e quindi l'esigenza di vederne anche i problemi legati al cambiamento sociale. In ordine a tale approfondimento va fatta attenzione ai diversi aspetti o elementi che costituiscono il fenomeno religioso come inquadrabile dall'approccio sociologico. Per questo vi si devono includere i processi di sviluppo e di istituzionalizzazione, ma anche quello che riguarda l'incidenza e la portata del significato culturale e le diverse modalità e forme di presenza del fatto religioso nella vita sociale[45].

Il piano relazionale pertanto comporta problematiche molto importanti e complesse in rapporto all'approccio sociologico[46]. Del resto non può essere diversamente in quanto la socialità stessa del fatto religioso non sta solo nella paradigmatica riproduzione interna dello schema sociologico, ma nel costante contatto e la continua interdipendenza tra religione e società, per cui si configura come relazione di alterità con la prospettiva di una partnership complessa. Questa connessione inoltre, per alcuni aspetti, può intendersi come rapporto tra il tutto e la parte. Ne consegue che la relazionalità può essere vista sul piano globale e quindi

---

[45] Questo aspetto e molto importante e sarà ripreso diverse nel contesto della nostra trattazione per puntualizzare meglio il rapporto tra religione e società

[46] Cfr. SCARVAGLIERI G., *Religione e società a confronto*, Reggio Emilia, Bizzocchi, 1982, 34-48.

tra due totalità, ma anche nella relazionalità tra tutto e parti e delle parti tra loro[47].

## 1. La configurazione globale

Una prima riflessione va fatta considerando *la configurazione globale dei rapporti*. Dagli apporti finora realizzati si sono evidenziate alcune costanti e grandi tendenze che vedono il rapporto tra religione e società caratterizzato da diverso grado di articolazione. Da una parte si possono notare forme di simbiosi e di fusione, mentre dall'altra si costatano modalità di distanziamento e di separazione, mentre in posizione intermedia si registrano impostazioni di una certa autonomia e distinzione. A tali situazioni strutturali corrispondono, sul piano dinamico, processi di inserimento e inculturazione oppure di dissociazione e separazione. Questi vari modi vanno approfonditi, vedendo come concretamente si sviluppano processi più specifici di influenze reciproche e/o incrociate tra cultura generale e struttura sociale e i corrispondenti aspetti culturali e sociali del fenomeno religioso.

Infine va sottolineato il diverso grado di ampiezza secondo cui i vari tipi di rapporti possono intendersi. Possiamo quindi avere un approccio macro-sociale e un approccio

---

[47] Di tali elementi inoltre si potrà cogliere la loro compresenza simultanea, sia tra gli elementi tra loro contemporanei (aspetto sincronico), sia in quelli storici ed evolutivi (aspetto diacronico).

micro-sociale. Sul piano macro sociale sono comprese tutte le riflessioni tra religione nella sua globalità e nelle sue grandi concretizzazioni storiche e contesto socioculturale in tutta l'estensione del suo significato strutturale e dinamico. Pertanto sia la religione sia la società sono considerati come sistemi globali. L'esigenza pertanto di una costante collocazione della religione entro un dato contesto e nei diversi momenti o stadi e i cambiamenti che ne derivano dal variare di tali condizioni non sono una moda o un'esigenza di una certa contestualizzazione utile ma accessoria alla comprensione della vitalità religiosa. Essa è nello stesso tempo necessaria entro una teoria completa e soddisfacente della religione dal punto di vista sociologico.

In questo contesto un'interpretazione di tali modalità sottolinea *i diversi ruoli* che essi possono avere reciprocamente e che vede i principali autori che se ne sono interessati, distinti in diverse posizioni. Da una parte abbiamo l'impostazione della relazione in cui la società viene concepita come il fattore dinamico autonomo, mentre la religione ne sarebbe la realtà destinataria (teoria della *religione* come *variabile dipendente*). Dall'altra parte non manca un'impostazione di direzione opposta che attribuisce alla religione la capacità di fungere da fattore di innovazione e trasformazione e assegna alla società il ruolo corrispondente che recepisce tali influenze (teoria della *religione* come *variabile indipendente*). Una terza impostazione sottolinea i reciproci rapporti, ma sottolinea la non univocità e unidirezionalità dell'influenza: le due realtà più o meno fungono, contemporaneamente e/o alternativamente, da poli di riferimento e quindi sorgente di influenza o da destinatari dei rapporti e influssi o condizionamenti reciproci (teoria della *religione* come *variabile autonoma*)[48].

## 2. La connessione per aspetti parziali

Un secondo modo di cogliere la relazionalità riguarda un'altra serie di rapporti di ampiezza più limitata della religione e singoli suoi aspetti ed aggregazioni con situazioni e problemi, come anche della società e i suoi singoli aspetti o settori e segmenti che la costituiscono e la caratterizzano, ovviamene considerati nella loro singolarità. Su tutti e due i piani considerati possono riscontrarsi una serie di problemi e rapporti che quindi sono fondamentali per la comprensione del fenomeno stesso religioso.

In questo contesto rientrano una serie di rapporti che riguardano, in modo incrociato: la società o la religione con le istituzioni specifiche dell'altro partner, da un lato, e le interdipendenze delle singole istituzioni sociali e religiose tra loro, dall'altro. Esempi concreti di tale relazionalità possono riscontrarsi tra il contesto sociale e le realtà parziali

---

[48] Questa ultima impostazione ci sembra la più valida, completa e generale. Essa poi ha anche un ulteriore sviluppo interpretativo con l'applicazione del modello cibernetico come sarà detto nel cap. VIII. Cfr. SCARVAGLIERI G., *Religione e società a confronto*, Reggio Emilia, Bizzocchi, 1982, 34-48; IDEM (in AMPOLA M. - MARTELLI S., *Cibernetica e religione: significato e problemi metodologici*, in AA. VV. *Questioni e metodi in sociologia della religione*, Pisa, Tacchi, 1991, 105-120).

dell'articolazione territoriale della religione: società e diocesi o parrocchie, società e forme aggregative religiose, come istituti, gruppi e movimenti religiosi. Infatti, tali entità hanno molteplici interrelazioni con tutto l'ambiente circostante presente nel territorio e con la realtà sociale e politica sia generale che locale.

Lo stesso si può evidenziare nel rapporto e reciproca influenza che possono determinarsi tra religione nel senso globale e singole realtà sociali. In tale contesto esempi possono ritrovarsi nell'interazione tra religione e politica, economia, famiglia, istituzioni espressive, ecc. Anche a tale riguardo, infatti, possono cogliersi diversi elementi, secondo cui il fenomeno religioso influenza la natura e la struttura, ma anche la dinamica e il funzionamento di tali aspetti. Basta pensare all'influenza da parte della religione sulla politica, sulla filosofia, le scienze e le arti, sulla famiglia, e finanche sull'economia, oltre che nella comunicazione sociale, nella legislazione civile e penale, e perfino nella moda. Sia nel passato che al presente, sono ancora moltissime le situazioni in cui si costata una tale interdipendenza, come dimostrano i rapporti sociali all'interno dei popoli caratterizzati dalla predominanza di una data religione.

### C. I TRATTI FONDAMENTALI

L'approccio sociologico alla religione trova la sua giustificazione e il suo fondamento nella caratterizzazione dei fenomeni religiosi, come fatti socioculturali siano essi statici o dinamici. Essi quindi costituiscono l'oggetto diretto ed immediato della sociologia della religione[49]. Pertanto l'analisi concreta coglie ed evidenzia: la dimensione strutturale (elementi del fenomeno religioso in sé); la componente culturale (significato e rilevanza individuale-collettiva); la caratterizzazione relazionale (cioè collocazione e rapporti tra fenomeno religioso e società). Lo studio inoltre riguarda sia la loro dimensione statica che quella dinamica, le loro modalità di essere e le loro forme e tappe di evoluzione e cambiamento.

Riprendendo in modo unitario le riflessioni sviluppate nelle tre grandi aree di collocazione dei contenuti della sociologica della religione (strutturale, culturale e relazionale) possiamo enucleare una nuova modalità di impostazione dell'oggetto della nostra scienza. Possiamo, infatti, evidenziare il concetto di oggetto diretto ed oggetto indiretto. Il primo indica il contenuto fondamentale immediato e specifico della sociologia della religione, il secondo invece coglie altri aspetti che, in modo secondario e mediato ed anche meno determinato, debbono essere presi in considerazione dal nostro tipo di approccio. Accanto a tali puntualizzazioni concettuali e previe, va colto anche il rapporto tra i singoli elementi, nel senso che le componenti dell'oggetto diretto ed indiretto sono tra loro collegati, connessi ed interdipendenti tra di loro.

---

[49] ROBERTSON R., *Sociological interpretation of religion*, Oxford, Blackwell, 1972 66 e ss.

Dalle indicazioni che emergono dalle varie riflessioni che fin qui abbiamo svolto, possiamo delineare una descrizione abbastanza circostanziata di sociologia della religione, anche se ancora non la consideriamo una definizione. Essa potrebbe essere così espressa:

È una scienza empirica ed autonoma che ha per oggetto le realtà sociali e culturali con caratteristiche religiose e le realtà religiose con caratteristiche sociali e culturali, di cui studia, analizza e interpreta la presenza, il significato, la dinamica e la funzione, sia considerati nella loro dimensione o configurazione statica e sistematica che nel loro evolversi evolutivo e storico.

La descrizione proposta, anche se non si può connotare come definizione, pertanto sottolinea alcune caratteristiche importanti della sociologia della religione, come fenomeno sociale, caratterizzato dalla storicità che diventa un fatto scientifico. Chiariamo meglio tali componenti fondamentali, che ricapitolano la trattazione fin qui svolta.

1. L'ambito della socialità.

Tale espressione indica che la sociologia della religione seleziona quelle componenti che siano nello stesso tempo sociali e culturali ma con elementi qualificanti derivanti dal rapporto con il sacro e con il religioso. Inoltre entro le tematiche e i fenomeni religiosi considera propri quelli che nello stesso tempo si configurano come dotati di caratteristiche sociali e culturali. In questo senso allora la sociologia della religione si distingue dalle scienze come la filosofia o la teologia, ma anche da quelle che sono orientate alla dimensione normativa (come la morale religiosa, la dottrina sociale della chiesa e la pastorale). Per una diversa puntualizzazione del proprio oggetto inoltre la sociologia della religione si distingue sia dalla storia comparata delle religioni e così anche dalla etnologia e antropologia religiose.

Ovviamente l'affermazione della distinzione non esclude i diversi punti di contatto che si realizzano nella concretezza della vita sociale per il fatto stesso che il soggetto è sempre la persona umana. In questo senso anche la sociologia della religione coglie l'uomo nella sua concretezza esistenziale e quindi anche storica e socioculturale. In altre parole studia gli aspetti religiosi della vita umana nel contesto delle sue interconnessioni con gli altri aspetti della sua vita, come membro di una comunità, che lo circoscrive, lo condiziona, lo sostiene, ma anche ne permette la crescita e lo sviluppo.

## 2. La caratterizzazione della storicità.

Come le altre scienze sociali, anche la sociologia della religione affronta il proprio contenuto non in modo astratto e a-temporale, ma evidenzia il carattere reale e concreto del proprio oggetto. Pertanto accanto alla capacità di cogliere sul piano orizzontale il proprio oggetto (componente strutturale), ne studia e ne osserva l'evoluzione nel succedere del tempo e nel variare delle culture (componente dinamica). La considerazione della storicità comporta peraltro che lo stesso oggetto sia visto, oltre che nella sua dimensione statica, anche nell'espressione vitale, dinamica e relazionale.

Pertanto accanto alla esigenza della organicità e sistematicità è importante anche la correlazione costante con i diversi contesti socioculturali e le loro relative evoluzioni. In altre parole la sociologia si presenta come un approccio all'esistenziale e non all'essenziale delle religioni. Dei fatti socio-religiosi pertanto studia *la presenza, il significato, la dinamica, la funzione* entro un'impostazione sociologica più ampia, cioè con aggancio con la teoria sociologica generale e con l'evidenziazione della dinamica storica che lo accompagna e lo caratterizza nei vari periodi storici.

Consideriamo "essenziale" in questo caso il complesso dottrinale e valoriale delle religioni i cui contenuti sono di per sé fuori dell'analisi sociologica. Questa considerazione tuttavia non va intesa come una svalutazione della sociologia della religione in quanto essa costituisce invece la specificità dell'approccio stesso sociologico per distinguersi non solo dalla teologia, ma anche dalla filosofia della religione[50].

---

[50] Come evidenzieremo abbondantemente nel prosieguo del presente studio.

## 3. La prospettiva dell'ermeneutica.

In esso si sottolinea innanzitutto che si tratta di un fatto conoscitivo intellettuale sistematico ed organico come è necessario che sia un approccio scientifico. In questo senso si distingue dalle forme esistenziali e comunque non organiche e sistematiche, che non possano dare una prospettiva di analisi e di studio. Si distingue pertanto da tutte le forme di attività pratiche (quelle che nella terminologia classica sarebbero state chiamate "arti"). Inoltre tra le varie scienze la sociologia della religione si configura come scienza empirica e basata sostanzialmente sui metodi che fanno dell'induzione la forma principale e specifica di spiegazione del proprio contenuto nelle sue molteplici modalità di presentarsi.

Pertanto la sociologia non si limita ad un semplice censimento ad una pura descrizione dei fenomeni, ma si propone l'analisi e l'interpretazione dei fenomeni in vista e nel contesto di una spiegazione di una parte dell'esistenza umana. In questo senso si distingue dalle scienze che pur trattando eventualmente uguali temi, tuttavia li trattano in modo solo descrittivo e censuale o comunque diverso (ad esempio, sociografico). Queste due sottolineature infine offrono una terza caratteristica, quella di essere una scienza autonoma rispetto alle altre scienze. Ciò non esclude la prospettiva di un coordinamento interdisciplinare, ma evidenzia la consistenza e la validità sia del proprio oggetto che del proprio metodo.

## IV. ULTERIORI PRECISAZIONI

Il procedimento, che abbiamo utilizzato per identificare i fenomeni religiosi e per puntualizzare il modo di studiarli, oltre che essere coerente con le caratteristiche metodologiche della sociologia, ci permette di individuare il significato e la portata della sociologia della religione come scienza. Ma è possibile per comprendere meglio il suo contenuto e la sua qualificazione epistemologica estendere la riflessione ad altri aspetti che permettono di distinguere i fenomeni propriamente religiosi da altri che invece lo sono in modo apparente, incompleto o distorto (fenomeni pseudo-religiosi), e di evidenziare le differenziazioni rispetto ad altre scienze che le sono piuttosto vicine. A tal fine facciamo riferimento a due ordini di manifestazioni: a) i sostituti funzionali, b) fenomeni magici.

### A. I SOSTITUTI FUNZIONALI

Come la stessa espressione intuitivamente suggerisce si tratta di fenomeni che offrono la prospettiva di trascendere la propria limitazione a riguardo della condizione biocosmologica e storica e di arrivare ad una forma di estasi personale o sociale. Sono sostituti funzionali in quanto si pongono come alternativa alla soddisfazione di bisogni che in realtà non sono loro propri[51]. Normalmente sono considerate rilevanti le due grandi accezioni dell'espressione "sostituti funzionali":

Un secondo significato è rappresentato invece dal piano ideologico e politico ed è formato dalle ideologie come: liberalismo, nazismo, comunismo, nazionalismo, ecc. Il fondo comune è costituito da una risposta di salvezza completa che risolve tutti i problemi. Comportano l'attuazione o di un nuovo ordine sociale di giustizia e di perfezione della razza (nazismo), o di liberazione totale (liberalismo), o di uguaglianza completa (marxismo), o di gratificazione totale con la grandezza della propria patria (nazionalismo)[52]. Le ideologie in quanto sostituti funzionali presentano delle caratteristiche che vanno evidenziate, per comprenderne meglio la portata e l'incidenza:

a) Si presentano come sistemi totalizzanti di significato, in quanto offrono una risposta a tutte le situazioni ed aspettative dell'uomo sul piano dei problemi esistenziali e dottrinali, offrono, infatti, un loro fondamento ai valori, regolano e giustificano la coscienza. Prospettano una visione dell'uomo, del mondo, della storia al di fuori di reali spiegazioni razionali, concepiti, nello stesso tempo, come sistemi assolutistici ed esclusivistici.

---

[51] Alcuni li denominano invece "equivalenti funzionali", in quanto la risposta che darebbero rientrerebbe tra le rispettive funzioni latenti e non fra quelle manifeste.
[52] YINGER J. M. *Sociologia della religione*, Torino, Boringhieri, 1961, 138-144.

b) Richiedono dedizione, slancio, accettazione incondizionata della loro concezione del mondo. Inoltre propongono obiettivi utopici che non sono oggetto di attività concettuale razionale, ma che vanno condivisi in modo profondo e senza riserve. Del resto l'assenza stessa di queste prerogative del rapporto sarebbe un ostacolo al raggiungimento delle loro finalità. Propongono ed impongono forme d'identificazione profonda e globale così da offrire loro un senso di autotrascendimento individuale e collettivo.

c) Sono caratterizzati da forme organizzative complesse ed articolate che corrispondono alle analoghe configurazioni delle chiese. Tale dimensione viene ad avere una funzione di rinforzo e di sostegno oltre che di centri propulsori della socializzazione ideologica. A questo fine orientano la loro organizzazione nella forma e con il pathos di una "mistica", per arrivare all'acquisizione e al mantenimento del consenso creando nuove "chiese", nuovi riti, nuovi miti, nuovi calendari e modalità di scansione del tempo, nuovo olimpo di eroi[53].

d) Infine presentano una specifica impostazione che determina e caratterizza il comportamento individuale e collettivo. Vi si riscontrano indicazioni operative che deri-

---

[53] Ciò rimane vero nonostante che tali sistemi totalizzanti neghino di essere religiosi (e di fatto non lo sono) in quanto non accettano l'esistenza di realtà meta-empiriche ed ovviamente escludono qualunque rapporto con tali realtà. Tuttavia la loro concezione di tipo "sacrale" dei contenuti ideologici li fa appunto fungere da "sostituti funzionali" della religione.

vano da una particolare gerarchia di valori e sono basati su una visione globale dell'uomo, della società e della storia. Per questo impongono precetti ed obblighi che oltrepassano le vicende quotidiane e stabiliscono anche date sanzioni positive e negative di natura "morale" per coloro che si dimostrano incoerenti e anticonformisti comunque deviano dalle impostazioni "ortodosse".

Una seconda accezione individua e richiama altri fenomeni la cui qualifica come sostituti funzionali è non del tutto condivisa. Infatti, anche se contengono alcuni caratteristiche sopra elencate, appare arduo compararli in modo globale e completo alle forme di esperienza religiosa. Tuttavia va fatto cenno ad essi, visto che alcuni autori vi riscontrano qualche somiglianza o affinità.

Vi sono inclusi argomenti come: droga, amore, immersione nella natura, creazioni artistiche, di vario genere, l'uso dei mass-media come intrattenimento, la preferenza dei romanzi gialli e polizieschi come forme di catarsi, le forme esagerato del tifo sportivo, i grandi concerti di musica rock, ecc.[54]. Questi fenomeni provocano una rottura della quotidianità, riportano in uno stato quasi di "trance" sia pure momentaneo, danno la sensazione che tutto ricominci, sia fresco e nuovo, danno una sorta di abolizione del senso del dolore, della sofferenza, della monotonia della vita[55].

---

[54] Cfr. LUCKMANN T., *La religione invisibile*, Bologna, Il Mulino, 1968, 149-164.
[55] ELIADE M., *Mito e realtà*, Torino, Borla, 1966, 69-71.

Vi rientrano anche fenomeni che si pongono sul piano micro-sociale dove si riscontrano dei rapporti intimi ed intensi, basati sui legami parentali come: la famiglia, la parentela, l'etnia, ecc. Infine viene fatto riferimento alla partecipazione a movimenti estatici e con forte senso di effervescenza sia politici e sociali che edonistici (hippies, punks, ...). Per tali situazioni "l'estasi" o l'esperienza di auto-trascendimento avviene come ebbrezza momentanea che dà l'impressione di realizzare dei valori condivisi, personalmente securizzanti o altruisticamente stimolanti[56].

Questo complesso di fenomeni sostitutivi sono ritenuti e vissuti, spesso a livello inconscio, come un'alternativa all'esperienza religiosa, anche se ovviamente non la sostituiscono del tutto. Infatti, offrono una visione del mondo, dell'uomo e della storia analoga a quella religiosa, ma senza la prospettiva e l'accettazione della "trascendenza", ma forse solo, come abbiamo detto, in termini di auto-trascendimento biologico e storico.

### B. I FENOMENI MAGICI E SUPERSTIZIOSI

Secondo W. Goode le differenze tra religione e magia sono molte[57]. I fenomeni magici sono dei modi di mettersi in rapporto con la realtà sovra-empirica nel tentativo di

---

[56] Idem, *Sacro e profano*, Torino, Boringhieri, 1967, 206-207.
[57] GOODE W., *Religion among the primitives*, New York, 1951, 135-137. Cfr. LUZBETAK L. Y., *The Church and cultures*, Techny, D.W.P., 1970.

dominarla, di manipolarla e di imporre ad essa le proprie aspettative; mentre la religione riconosce la dipendenza dalla realtà sovra-empirica[58]. Ciò non toglie che ambedue abbiano in comune alcune caratteristiche operative e funzioni importanti e diffuse in una certa comunità, ma che presentino alcune differenze.

1. A livello *dei fini* si constata che la magia si presenta come un'utilizzazione individualistica degli atti che pone il soggetto, che ha quindi fini specifici, concreti, personalistici, mentre la religione ha fini globali e generali (Gloria di Dio) e insiste sull'aspetto comunitario.

2. Sul piano degli atteggiamenti si nota che la magia suppone l'esistenza di forze impersonali e fataliste, misteriose e manipolabili; mentre la religione fa riferimento a realtà personali e dotate di un progetto per degli uomini e suggerisce atteggiamenti di supplica.

3. In riferimento all'efficacia, la magia suppone un'azione meccanica e ripetitiva, che sortisce l'effetto per la sola posizione degli atti; la religione invece distingue l'azione dal conseguimento, il dono richiesto nella preghiera è sempre dipendente dalla volontà di Dio.

4. In *relazione ai riti* la magia ha la tendenza alla fissazione di gesti e simboli e parole e quindi a ripetersi, a mantenere le stesse formule; mentre la religione si può anche

---

[58] *Le forme elementari della vita religiosa*, Milano, Comunità, 1969, 45-48.

sviluppare, e di fatto, cambia, in modo più o meno evidente ed ampio, anche le modalità cerimoniali.

5. In *rapporto ai* sentimenti la magia è basata sul timore dipendente da una concezione fatalista dell'evolversi del mondo; la religione invece sottolinea il sentimento di amore o comunque di fiducia in corrispondenza ad un piano di intervento "provvidenziale" di Dio.

Generalmente quindi va accettata la distinzione tra religione e magia, anche se talvolta la distinzione non risulta molto facile e attuabile in relazione a singole manifestazioni. Infatti non sempre risulta facile escludere significa la prospettiva di presenza di contaminazione tra magia e religione. In un contesto "religioso" si possono riscontrare pratiche discutibili (uso magico della religione, come ad es. l'atteggiamento verso le molte devozioni popolari, o le benedizioni).

A sua volta anche in contesto magico, talvolta si può riscontrare qualche elemento che è usato in modo più congeniale al rito religioso. Tale possibilità di contaminazione ha spinto qualcuno a negare la distinzione specie per il fatto che presso i popoli primitivi non esisterebbe la distinzione tra empirico e sovra-empirico. Wach[59] invece afferma però che la distinzione non va ricercata nelle azioni, ma nelle intenzioni degli agenti.

---

[59] WACH, *Sociologie de la religion*, Paris, Payot, 1955, 15-18.

## C. Distinzione dalle scienze affini

Prima di esporre le differenze tra la sociologia della religione e le altre scienze affini, è bene considerare le accezioni fondamentali dei termini: "religione" e "religiosità", "religione e "religiosa". Da tale distinzione si evidenzia il significato dell'espressione con cui denotare la nostra scienza aggiungendo al termine sociologia o il complemento di specificazione (sociologia della religione) oppure il relativo aggettivo (sociologia religiosa)[60].

a) In relazione alla prima differenziazione notiamo che alcuni distinguono tra sociologia della religione e sociologia della religiosità. Con la prima espressione: sociologia della religione intendono " lo studio del problema del rapporto tra uomo e trascendenza, tra uomo e credenza", mentre con la seconda: sociologia della religiosità fa riferimento a "lo studio delle effettive attualizzazioni della religione nei comportamenti umani". In realtà i due termini possono essere usati indistintamente purché al termine "religione" non si attribuisca solo un significato astratto e al termine "religiosità" non si annetta solo un senso psicologico.

b) In rapporto alle due espressioni: "sociologia della religione" e "sociologia religiosa", va detto che di per sé non si tratta di una questione molto importante per il fatto che sul piano linguistico le due espressioni indicano la stessa realtà (non c'è distinzione tra "sociologia della città" e "so-

---

[60] MILANESI G. C. - BAJESEK J., *Sociologia religiosa*, Torino, .LDC, 1990, 71-80.

ciologia urbana", "sociologia dell'industria" e "sociologia industriale", ecc.)[61]. Altri invece vorrebbero vedervi una certa differenza ed indicano dei contenuti leggermente diversi con le due espressioni, specialmente dal punto di vista storico. In questo senso le due espressioni significano:

1. *Sociologia della religione*: studio empirico di fenomeni religiosi nei loro aspetti, presupposti, prospettive, e manifestazioni concrete sia individuali che collettive, attuato con la metodologia propria delle scienze empiriche, in altre parole, la religione come fenomeno sociale e culturale (di cui ci occuperemo in tutto il presente lavoro).

2. *Sociologia religiosa*: studio empirico dei fenomeni religiosi ispirata dalla fede determinata (normalmente la fede cristiana) per una migliore intelligibilità del mistero divino e dell'azione di Dio nell'uomo e come strumento della pastorale[62].

In quanto scienza positiva ed empirica rientrante nella metodologia e nei fini dell'approccio sociologico, la "sociologia della religione" va distinta da altre scienze affini. Quindi bisogna prestare attenzione a non confondere tra: varie scienze con proprio contenuto e tra il "tutto" di una scienza e le sue parti. La distinzione però non esclude che

---

[61] Il complemento di specificazione oggettivo, dal punto di vista linguistico, può essere sempre sostituito dal relativo aggettivo.

[62] Questa espressione pertanto avrebbe un maggiore riferimento ad una specifica fase dello sviluppo storico di questa nostra materia.

vi siano contatti, influenze vicendevoli, scambio di elementi, ecc., ma che, in sé stessi, i concetti indicano due campi distinti.

## 1. Dalla pastorale

La parola pastorale ha diversi significati, in quanto in essa si possono considerare diverse accezioni di cui più importanti e centrali sono quelle che contemplano la pastorale, da una parte, come scienza e dall'altra invece fanno riferimento ad essa come prassi.

Come scienza, cioè disciplina scientifica. Essa pertanto si distingue dalla sociologia per il fatto che deriva dalla teologia e quindi partecipa della sua natura di scienza deduttiva e non induttiva. Essa attinge ed organizza le conoscenze circa i fini, i mezzi, gli obiettivi dell'azione pastorale cioè ordinata al raggiungimento della santificazione e al potenziamento della vita spirituale dei fedeli e li organizza in un sistema di sapere sistematico ed organico.

Come prassi, cioè applicazione pratica. In questo senso la pastorale riguarda l'attività di santificazione dei fedeli. Essa quindi sottolinea la componente tecnica operativa della pastorale come azione concreta. In questo senso essa si configura come un'*arte*, cioè una modalità di agire utilizzando i contributi di molte scienze: teologia, diritto, pedagogia, psicologia, storia, e anche sociologia, ecc.[63].

## 2. Dalla dottrina sociale della chiesa

La dottrina sociale della chiesa è una scienza piuttosto recente. Essa raccoglie sistematicamente i vari pronunciamenti del magistero in materia sociale. Pertanto si presenta come: a) enucleata dai documenti ecclesiastici e, pur basandosi su fatti storici e concreti, arriva ad una sintesi teologica. b) Essa inoltre ha come finalità il conseguimento dei valori cristiani e soprannaturali. c) In modo particolare insiste sulla trattazione di problemi connessi con l'aspetto economico. d) Ha infine la caratteristica di essere normativa (comporta e sottolinea forme di obbligatorietà in coscienza) e teologica (deriva dalle ispirazioni della rivelazione). Di fatti alcuni autori la chiamano anche teologia sociale[64].

## 3. Dalla antropologia religiosa.

L'antropologia religiosa[65] studia il fenomeno religioso nei suoi vari aspetti, nelle sue dinamiche, relazioni con il

---

[63] A questo riguardo si può consultare qualche manuale di pastorale dove l'argomento è sviluppato più ampiamente, qualche utile indicazione si può trovare anche nel mio studio sulla Sociologia della parrocchia, Roma, PUG, 1991.

[64] PAVAN P., 1971.

[65] LUZBETACK L. I., *The Church and cultures*, Techny, D.W.P., 1970, GEERTZ C., *Interpretazione* ... op. cit., passim.

proprio contesto, evidenziando come tali aspetti siano un'esternazione o conseguenza della configurazione della natura fondamentale dell'uomo. Essa si distingue quindi dalla sociologia per vari aspetti che fanno riferimento: a) all'ambito di applicazione che normalmente è delimitato ai contesti dei cosiddetti popoli primitivi; b) alla preferenza circa i contenuti più solitamente studiati, e cioè, gli aspetti tradizionali, folcloristici, popolareggianti anche presso i popoli sviluppati specie in relazione agli aspetti simbolici, alle tradizioni collegati con aspetti magici, ecc.; c) alla differenza di metodo: l'antropologia si basa normalmente sull'uso dell'osservazione partecipante; d) alla differenza di prospettiva: l'antropologia tende alla ricostruzione globale del fenomeno all'interno di piccole popolazioni, e non tanto all'evidenziazione di costanti e regolarità, come invece di solito si procede nel campo della ricerca sociologica.

## 4. Dalla fenomenologia religiosa

La fenomenologia religiosa[66] come scienza, quanto all'oggetto, studia empiricamente le diverse manifestazioni religiose, colte nelle loro strutture fondamentali e nel loro significato oggettivo e soggettivo, ripercorrendo le modalità, le tappe della formazione del fenomeno a partire dalla prima inserzione o apparizione di essi. Pertanto evidenzia il

---

[66] AA. VV. *Le scienze della religione...*, 1978, cfr. MAGNANI G., *Introduzione storico-fenomelogica allo studio della religione*, 1977, passim.

radicamento antropologico e il collegamento con la socialità e la reciproca influenza anche se tale aspetto non viene studiato direttamente. Il metodo che questa scienza usa presenta delle differenze che convergono nelle seguenti; esso è: *storico* (in quanto si basa su risultati oggettivi che analizza ed accerta), *comparativo* (in quanto sottolinea le somiglianze dei fenomeni presenti e più o meno condivisi dalle diverse religioni) *classificatorio* (in quanto li ordina e li organizza in maniera sistematica distinguendoli rispetto agli altri elementi simili e complementari), *comprendente* (in quanto sottolinea l'intuizione "delle essenze empiriche" dei fenomeni stessi, attraverso il "metodo comprendente" che parte dall'interno di essi e si configura come atteggiamento simbiotico: averne esperienza).

## 5. Da altri campi sociologici

Espressioni come: sociologia del mito[67], sociologia del rito[68], sociologia degli Istituti religiosi[69], sociologia dell'arte religiosa[70], sociologia della parrocchia[71], ecc. non vanno intese denominazioni cui corrisponde una scienza autonoma rispetto alla sociologia della religione. Esse piuttosto vanno

---

[67] ELIADE M., *Mito e realtà*, 1968.
[68] CAZANEUVE I., *Sociologia del rito*, Milano, Il Saggiatore, 1968.
[69] SCARVAGLIERI G., *L'istituto religioso come fatto sociale*, Padova, Laurenziane, 1973.
[70] DUVIGNAUD J. *Sociologia dell'arte*, Il Mulino, Bologna, 1969.
[71] SCARVAGLIERI G., *Sociologia della parrocchia*, Roma, PUG, 1991.

intesi come aspetti distinti, come settori particolari che rientrano nell'ambito della sociologia della religione. Pertanto esse rappresentano quelle parti della sociologia della religione che attua applicazioni ed approfondimenti concreti, di singoli aspetti. Esiste quindi un rapporto tra tutto e parte

Questa modalità di delimitare l'oggetto della sociologia della religione va inteso come un tentativo necessario e sintetico, ma anche di natura piuttosto provvisorio e approssimato ma sufficiente per inquadrare in un modo adeguato il nostro corso. Questa impostazione dell'approccio quindi vuole essere una premessa alla comprensione più completa delle modalità concrete, delle scelte operative e strumentali, delle varie istanze conoscitive e metodologiche che a loro volta fondano legittimano e spiegano le situazioni socio-religiose concrete.

In tal modo le ricerche non si presentano come un coacervo di dati, più o meno giustapposti tra loro, ma un contributo documentato e fondato che intende arrivare alla spiegazione o comunque alla comprensione delle realtà locali. Attraverso la loro raccolta ed analisi di essi ci si vuole rendere conto delle situazioni di fatto nella loro complessità, comprese le loro componenti strutturali, le impostazioni funzionali, la presenza e l'azione dei fattori e rispettiva dinamica nel tempo e le differenze in base alla categorie di persone, nonché anche della capacità di influenza concreta e delle proiezioni verso il futuro delle realtà osservate.

Questo itinerario per la puntualizzazione dello statuto epistemologico e dell'oggetto teorico e pratico della sociologia della religione pertanto giustifica la concezione e l'affermazione di tale approccio come scienza autonoma sia per il suo contenuto sia per il suo metodo. L'esposizione inoltre offre un'idea d'insieme e compendia i diversi punti fondamentali che man mano andremo ampliando e sviluppando nei capitoli successivi.

# CAP II
# LO SVILUPPO STORICO

L'esposizione della sociologia della religione, come per tutte le altre scienze, può essere sviluppata secondo due direttrici diverse: l'impostazione storica e la presentazione sistematica. Gli esiti finali delle rispettive presentazioni sono però differenti e variamente apprezzabili in rapporto alla comprensione della natura e della problematica globale. Per questo le due prospettive hanno non solo i loro vantaggi e svantaggi, ma anche i loro cultori ed ammiratori. Pertanto emerge che la scelta di seguire l'uno o l'altro itinerario, probabilmente, dipende dal background culturale dei singoli studiosi e dalla loro diversa sensibilità verso i due orientamenti che pertanto sono ambedue legittimi e validi. Inoltre l'opzione può dipendere dalle prospettive epistemologiche generali e dall'esigenza di un adeguato inquadramento epistemologico o anche accademico.

L'impostazione storica è quella che è svolta in base all'evoluzione delle componenti tematiche della materia studiata, di cui s'indicano circostanze e problemi del momento in cui gli autori hanno apportato i loro contributi. In tale ottica la materia cresce gradualmente per arrivare alla fine alla visione d'insieme di tutta la problematica. In realtà la panoramica finale in tale procedimento risulta piuttosto laboriosa a meno che non si riprendano e si ripetano le diverse tematiche con il rischio di un'esposizione che diventa un doppione di quanto già presentato precedentemente[1].

L'impostazione sistematica è basata su un approccio organico che espone in modo ordinato il complesso della concettualizzazione già raggiunta. Nell'insieme prevale l'esigenza di una trattazione completa e panoramica, in quanto offre un quadro articolato della materia nella sua globalità e nelle diverse componenti contenutistiche e metodologiche. Tale procedimento però smarrisce il senso della fatica e del travaglio che lo sviluppo della materia ha registrato. Tale impostazione, infatti, tende a cogliere i risultati ottenuti attraverso l'evoluzione storica e mette insieme le diverse concretizzazioni ormai condivise circa i diversi contenuti e in rapporto all'efficacia dei metodi che normalmente sono utilizzati.

D'altra parte anche una soluzione intermedia potrebbe dare adito a ripetizioni continue delle stesse idee, per cui bisogna fare una scelta, pur dichiarando che tutte e due sono legittime ed accettabili, anche se non sono del tutto ugualmente funzionali.

In concreto ci sembra opportuno la soluzione ottimale per noi, consiste nell'impostare la trattazione in modo sistematico e includervi la dimensione storica con indicazioni nelle note quando man mano si andranno citando i vari contributi. Tale modalità potrà mettere in evidenza la genesi e lo sviluppo, ma anche le circostanze e le situazio-

---

[1] Un'articolata storia della sociologia della religione ci si può riferire a MARTELLI S., *La religione nella società postmoderna*, Bologna, Dehoniane, 1990.

ni che hanno visto la nascita e hanno determinato l'evoluzione delle singole tematiche Per questo nel presente contesto vogliamo prospettare tale impostazione di fondo, in quanto tiene conto della sistemazione organica e panoramica raggiunta attualmente e non trascura la dimensione storica.

Inoltre, siccome la storia di una scienza è sempre molto importante in quanto essa è parte della scienza stessa, rimane utile conoscerla per non ridurre l'esposizione sistematica quasi che si trattasse di una realtà a-storica e i suoi contenuti nati ex abrupto. In questo senso risulta utile un capitolo breve e compendioso che dia una visione d'insieme di tutto il processo storico e le sue fasi fondamentali e rilevanti. Avviando quindi la trattazione includiamo questo capitolo storico che pur, sottolineando l'importanza dei dati storicamente accertati dello sviluppo della sociologia della religione.

Per avviare la trattazione in modo organico e completo non si dovrebbe tralasciare qualche accenno, come avviene anche per la sociologia generale, alla presenza di riflessioni che si perdono lontane nel tempo. Non vogliamo però che questa affermazione sembri dettata dalla preoccupazione di darsi degli antenati illustri, o quanto meno, che indichino un'ascendenza lontana nel tempo. In realtà non è questo proprio l'intendimento, quanto piuttosto l'esigenza di evidenziare che in realtà ci troviamo di fronte ad istanze di comprensione sociologica della realtà "ante litteram", che è sempre esistita. Si tratta di un complesso di osservazioni che in un modo o nell'altro spesso è riproposto in saggi di analisi storico-sociologica[2]. Pertanto è doveroso tener conto della grande mole di informazioni di prima mano che tali fonti contengono, anche se non sempre sono utilizzabili per carenza di sistematicità e di completezza[3].

Tale complesso di osservazioni sui fenomeni religiosi lontani nel tempo costituisce quella che solitamente è chiamata la fase *protostorica*. Essa è caratterizzata dalla presenza di approcci da parte di altre scienze, che possiamo chiamare matrici rispetto alla sociologia della religione. Si constata, infatti, la presenza di dati sociologici in opere di storia, di filosofia, di teologia, in componimenti poetici, fin dall'antichità si riscontrano osservazioni ed analisi che riguardano i fenomeni religiosi come vissuti dalla gente. Tale presenza ha quindi un doppio valore: rappresenta come una raccolta di dati, da una parte, ma spesso riporta sintesi e valutazioni che i rispettivi autori vi hanno ricavato[4].

Sebbene tali dati offrano un'informazione interessante sui rispetti periodi, tuttavia normalmente il complesso di tali indicazioni non costituiscono una documen-

---

[2] Un esempio autorevole lo troviamo frequentemente nelle diverse opere di M. Weber.

[3] In particolare si può fare riferimento alle diverse opere dei moralisti, dei predicatori, ai contenuti delle visite pastorali vescovi e a molti altri documenti d'archivio. Cfr. a questo riguardo DE ROSA G., *Vescovi popolo e magia nel Sud*, Napoli, Guida, 1971, pp. 275-294.

[4] Non mancano infatti studi di natura storica a questo riguardo, specie nel contesto cristiano, magari come prospettiva

tazione proporzionata alle esigenze metodologiche di un'analisi scientifica dei fatti e del tempo cui fanno riferimento. Infatti, tali dati spesso non sono né sufficienti, né raccolti in maniera organica, né organizzati con quelle garanzie necessarie e corrispondenti alle esigenze sistematiche della metodologia come oggi l'intendiamo e l'applichiamo. Essi quindi risultano abitualmente come non completi, non organici, non sistematici, e quindi non in grado di presentare un materiale adeguato per una loro analisi scientifica.

Lo studio ordinato dei fenomeni religiosi dal punto di vista sociologico è cominciato, ovviamente, da quando la sociologia generale s'è andata affermando come scienza distinta ed autonoma. Infatti, quasi tutti i primi sociologi svolgono un qualche studio che tocca in un modo più o meno centrale il fenomeno religioso e ne attuano una qualche trattazione collegata con la loro analisi della società, con i relativi condizionamenti derivanti dal clima filosofico e scientifico del secolo scorso. Il crescere poi dell'interesse e della continuità di tali studi ha permesso la puntualizzazione di un contenuto e l'affinamento della metodologia che ha contribuito in modo determinante alla strutturazione di una branca che acquistava sempre più rilievo ed autonomia, dal punto di vista epistemologico.

L'affermazione che al sorgere della sociologia emerge l'interesse dello studio anche in rapporto alla religione e alla sua presenza nella società è giustificata dal fatto che i primi sociologi già si imbattono nella esigenza dello studio della religione. Dopo si moltiplicano i tentativi di approccio sociologico alla religione da parte di diversi autori. È confermata la connessione tra concezione della scienza e concezione della società, che ulteriormente si sviluppa come concezione della religione in corrispondenza della comprensione dell'una e dell'altra. Ciononostante dando uno sguardo al modo di applicare la sociologia ai fenomeni storici e religiosi si notano subito diverse forme evolutive, per cui dalla prima impostazione piuttosto globalista si procede verso un atteggiamento più circoscritto, ma anche più critico ed equilibrato, e nello stesso tempo, più positivo al fatto religioso. Il processo di sviluppo tuttavia è stato lento sia in molti sociologi come anche in uomini di chiesa e responsabili a vari livelli[5].

Progressivamente si coglie nel suo corretto valore epistemologico l'approccio al fenomeno religioso cosicché si evidenzia meglio il valore e la collocazione della sociologia della religione come branca di studio sociologico. Cresce l'interesse di vari autori per cui si realizzano forme di cumulabilità da una parte e accentuazioni di modalità d'approccio diversificate, dall'altra. Constatiamo in altre parole che si è realizzata come una storia della sociologia della religione che ha quindi le sue tappe, i suoi autori, i suoi indirizzi metodologici e interpretativi. Benché non molto lunga la storia della sociologia della religione, comunque esiste già la possibilità di un'impostazione articolata in vari periodi e in vari orientamenti, che si susseguo-

---

[5] Cfr. CARRIER H., *Psicosociologia dell'appartenenza religiosa*, Torino, L.D.C., 1988, 11-27.

no nel tempo e che presentano peculiari caratteristiche per cui ogni orientamento corrisponde anche ad una fase particolare.

In tal senso si determinano tre orientamenti principali che costituiscono tre grandi periodi, anche se con contorni non sempre molto netti, e quindi con qualche sovrapposizione tra i diversi stadi. Essi possono così prospettarsi: a) l'approccio "teorico" proprio dei primi autori più importanti che sono considerati come i "padri fondatori"; b) l'indirizzo "empirico" come fase intermedia e tendente ad un accostamento più immediato alla realtà concreta; c) l'impostazione "integrata" come momento culminante attuale che intende recuperare la funzione della teoria e le esigenze applicative.

Questo capitolo intende dare una breve sintesi di tali orientamenti, comprendendo i maggiori autori che hanno contribuito a crescita teorica e metodologica della sociologia della religione. In questo compito amplieremo lo schema articolato in tre grandi momenti o fasi fondamentali come li abbiamo appena indicati anche perché essi si dispongono, oltre che in modo logico, anche secondo una successione cronologica.

## I. L'APPOCCIO TEORICO

Studiando il fenomeno religioso nel periodo di tale orientamento è approfondito specialmente il rapporto tra religione e società nei loro elementi culturali e strutturali. In tale analisi il fenomeno religioso è visto intimamente collegato con la vita sociale e quindi con la stessa sociologia. Questo periodo è chiamato anche il periodo "classico" sia per l'importanza dei suoi autori che per la portata delle loro opere in cui emerge l'esigenza di affrontare le grandi questioni teoriche sia della vita sociale che della religione[6]. Esso quindi si caratterizza come un approccio che sviluppa la teoria nel senso più ampio del termine fino talvolta a configurarsi come approccio teorico globale. Pertanto tra i temi principali affrontati dagli autori che vi rientrano riscontriamo i problemi della natura della società e della religione, la sua origine, la sua dinamica e presenza successiva.

L'entità e la natura dei contributi sono molto varie e differenziate, in quanto i diversi autori trattano i vari argomenti, secondo propri assunti fondamentali. Anche senza accorgersene sono influenzati dalle condizioni generali del loro tempo, dalle impostazioni generali del proprio pensiero sociologico generale espresso in altre opere, oltre che dalle eventuali finalità che si propongono e comunque dalle preoccupazioni da cui partono[7]. Così il panorama di questo periodo è piuttosto ampio e complesso ed una sintesi appare un'impresa piuttosto ardua. Tuttavia facendo lo sforzo necessario per non venire meno al nostro tipo di approccio sintetico ed essenziale, cogliamo

---

[6] I due autori più importanti E. DURKHEIM e M. WEBER pubblicavano le loro opere rispettivamente nel 1912 e nel 1920.

[7] Così è importante tener conto dell'aspetto storico generale e della "storia" biografica ed intellettuale di ogni autore. Per questo rimandiamo ad opere di storia della sociologia.

gli aspetti fondamentali distinguendo due correnti, caratterizzate dal modo di concepire i rispettivi ruoli della religione e della società[8].

La prima corrente sottolineando la centralità della funzione della società nel condizionare le forme e le modalità della vita religiosa è chiamata: *teoria della variabile dipendente*. Con questa espressione si vuole indicare che la società svolge un ruolo "causante" primordiale e fondamentale rispetto a quello della religione che invece sarebbe sostanzialmente "recettivo" e secondario. La società sarebbe quindi la variabile indipendente, mentre la religione, che è condizionata dalla evoluzione della impostazione sociale, sarebbe la variabile dipendente.

La seconda corrente, al contrario, ponendo in risalto la funzione "attiva" della religione nello sviluppo e nella guida della vita sociale e della storia, è chiamata: *teoria della variabile indipendente*. La religione vi è concepita ed è inclusa tra quelle realtà concettuali che sono più influenti e capaci anche che incidere sui vari aspetti della vita sociale nel suo complesso. Così la religione svolgerebbe una funzione di variabile indipendente, mentre la società sarebbe destinataria delle influenze che derivano dalla presenza di tali idee ed impostazioni, fungendo quindi da variabile dipendente.

Così sintetizzati i due orientamenti appaiono piuttosto riduttivi e semplicistici. In realtà la concezione degli

---

[8] Vogliamo tuttavia accennare subito che più recentemente tali due indirizzi sono stati fatti convergere nella teoria della variabile autonoma. Cfr. quanto diremo nel capitolo VIII.

uni e degli altri è più complessa e corredata da molteplici sfumature e da molteplici ragionamenti che rendono più ragione della complessità costante della vita sociale e in particolare del rapporto tra società e religione. È importante quindi, pur nell'esigenza di affrontare in modo sintetico una così ampia materia ed essendo coscienti di non poter sviluppare in modo adeguato le molteplici implicazioni di tale approccio, dar conto degli aspetti specifici dei due orientamenti.

### A. LA RELIGIONE COME VARIABILE DIPENDENTE

In questo orientamento teorico si sostiene che la religione sia essenzialmente un prodotto delle condizioni della vita sociale. La denominazione è derivata dalla estensione della formulazione logica del rapporto tra "causa" ed "effetto". Per variabile indipendente quindi si intende il "fattore" che esercita un'influenza su un altro "fattore". Nel nostro caso, la società è considerata il fattore causante una certa religione e/o le sue modalità di espressione. Questa quindi esiste e permane come fenomeno prodotto dalla società e subisce anche le influenze dell'evoluzione e delle trasformazioni che essa registra con il passare del tempo.

## 1. I primi autori

In questa impostazione rientrano diversi autori tra cui vanno notati, sia pure per ragioni diverse, A. Comte, H. Spencer e C. Marx. La loro reale collocazione ed importanza nel campo anche della sociologia della religione non è molto rilevante, tuttavia va fatto un cenno anche a loro, tenuto conto del loro peso e della loro influenza in altri campi della sociologia e che sono alla base della concezione stessa che essi hanno della sociologia della religione. Pertanto, rimandando ad opere specifiche sulla storia della sociologia, ci limitiamo agli accenni essenziali circa la rispettiva concezione della religione nella vita sociale.

A. Comte basandosi sulla legge dei tre stadi, concepita come strumento per capire l'evoluzione della storia e del pensiero umano, pone la religione e la scienza che se ne interessa (la teologia), come legati al primo stadio. Il secondo stadio sarebbe centrato sulla riflessione della comprensione dei concetti fondamentali della natura cui corrisponde come scienza la filosofia. Nel terzo stadio invece ha rilevanza la scienza positiva che abbraccia tutti gli ambiti della vita e del sapere e le reciproche influenze per cui si prepara una nuova impostazione globale della vita sociale. La scienza particolare che se ne interessa è la sociologia, per cui essa è anche la nuova scienza egemone. Questo terzo stadio completa e perfeziona l'itinerario evolutivo umano esso pertanto corrisponde alla maturità della storia. La religione in particolare è destinata a scomparire nel corso dell'evoluzione e del progresso. In altri termini Comte pensa che il fenomeno religioso è sostanzialmente legato ad impostazioni teologiche e metafisiche e prescientifiche. Ne *Il sistema di politica positiva* e ancor più nel *Catechismo positivo*, tuttavia contraddicendo le affermazioni passate, Comte tenta di fondare una nuova religione del

**Grande Essere**. Di tale religione egli stesso si dedicherà alla fondazione di cui diventa "teologo" e primo pontefice[9].

H. Spencer presenta un impianto teorico generale che si incanala nell'impostazione evoluzionistica, propria del suo tempo e che egli estende alla vita sociale, mutuando principi e postulati già applicati al contesto scientifico naturale da C. R. Darwin. Il suo obbiettivo è di trovare il modo di fondare in modo autonomo la vita della società, tenendo conto dello sviluppo industriale e del progresso scientifico considerati come i fattori caratterizzanti ed esaustivi della spiegazione della attuale fase evolutiva dell'umanità. Tuttavia non esclude che ci possano essere dei "residui" che sfuggono all'analisi scientifica. Tramite lo studio di queste entità egli pensa di arrivare alla individuazione di un "Inconoscibile" che sarebbe la fonte della spiegazione di tali aspetti imponderabili. Nel complesso però egli pensa che tale esigenza ed istanza fondamentalmente religiosa, nelle determinazioni storiche concrete, è sottomessa all'influsso dei fattori determinanti del progresso che ridurrà sempre più i margini non razionali della realtà [10].

Secondo C. Marx, che pur sostanzialmente si muove su un analogo schema evolutivo, ma rilevando diversi contenuti e fattori strutturali ed economici del progresso, la religione in primo luogo parte della sovrastruttura di un determinato assetto socioeconomico. Essa quindi va con-

---

[9] Cfr. COMTE A., *Cours de philosophie positive*, Paris, Rouen, 1830-1842.

[10] SPENCER H., *Principles of sociology*, London, Williams & Norgate, 1882-85.

cepita come un prodotto di una determinata struttura produttiva cioè di una particolare distribuzione delle forze produttive in una società. In tale concezione confluiscono gli influssi derivanti dalla filosofia idealista hegeliana, da una parte, e dal capovolgimento materialista che ne opera L. Feuerbach, dall'altra. La religione sarebbe quindi una variabile dipendente, cioè, sottoposta a cambiamenti a seconda dell'evolversi della situazione economica e in particolare il modo di atteggiarsi nei confronti dei mezzi di produzione. Dio stesso è creato dall'uomo e così anche la religione. Essa è quindi una forma, anzi una fonte, di alienazione.

Al religione inoltre ha altre connotazioni a seconda dei soggetti che la utilizzano. Per gli sfruttati essa quindi è "oppio dei popoli", in quanto perpetua lo stato di illusione e di alienazione inibendo le energie liberanti derivanti dalla presa di coscienza della propria situazione. Rimanendo l'uomo ad aspettarsi la ricompensa nell'altra vita la religione lo priva delle motivazioni e della forza per lottare per la sua liberazione in questa vita (alienazione estesa anche alla religione). Per gli sfruttatori la religione è uno strumento di potere non solo perché parte da una falsa coscienza e è affermata in funzione della difesa dei propri interessi precostituiti, ma anche perché difende le diverse sovrastrutture e le forme culturali del diritto e della morale, della filosofia imperanti e assoggettate alla difesa della classe dominante. Tuttavia siccome non è la coscienza che crea la vita, ma la vita che crea la coscienza con il cambiare delle condizioni di vita anche tali superfetazioni saranno cambiate fino alla loro scomparsa.

Non va dimenticato, tuttavia, un terzo accenno alla religione che Marx fa quando definisce la religione come grido di protesta della creatura oppressa. In questo senso non poche volte nel passato, ma anche al presente, la religione può essere alla base di vari movimenti di lotta per la liberazione economica e politica[11]. Questa impostazione sia in Marx che in altri autori che lo seguono è rimasta la meno sviluppata nella fase centrale di influenza del marxismo, ma è stata recuperata in più recenti elaborazioni e tentativi di conciliazione tra religione e marxismo, da autori che vi hanno trovato alcuni pilastri della teologia della liberazione.

I seguaci di Marx hanno sviluppato, sulla base di tali assiomi, considerazioni ed analisi i cui punti fondamentali oltre a quelli accennati sopra, possono essere ricondotti alla critica sul piano storico come lettura negativa della religione sugli avvenimenti passati. Una prima critica è pertanto sviluppata sul piano filosofico nella prospettiva di un nuovo illuminismo. Un'altra critica riguarda il piano sociale attribuendo alla religione e più precisamente alla chiesa la funzione di conservazione e di ritardo del progresso sociale. Infine è sviluppata una critica storica che concepisce la chiesa come alleata degli sfruttatori, di cui protegge gli interessi e diventando così fonte di illu-

---

[11] MARX C. - ENGELS *Scritti sulla religione*, Roma, Savelli, 1973. Ritorneremo in seguito sull'impostazione marxista attuale nel capitolo X.

sione per i poveri ai quali propone un'al di là irreale in funzione consolatoria. Per il complesso di queste critiche la religione e la chiesa vanno tollerate come nella fase di passaggio alla società socialista, senza avere alcuna incidenza sul piano pubblico.

Tale complessa articolazione peraltro non è seguita da tutti i marxisti con uguale accentuazione per tutti i punti. Pertanto si determinano diverse correnti[12]. Da una parte abbiamo i cosiddetti ortodossi, che ripetono gli assunti marxiani con poca o nessuna originalità, i critici che sottolineano la precarietà della posizione marxiana e specialmente la sua carica "profetica" più che scientifica, e infine i conciliatoristi che assumono gli spunti della terza funzione della religione come base per un impegno, a nome della religione stessa, per le idee di progresso e di liberazione.

## 2. La concezione di E. Durkheim

Per la sua importanza il pensiero di Durkheim va più ampiamente illustrato. Per una più completa e realistica comprensione della sua concezione occorre evidenziare alcune osservazioni preliminari. La sua concezione, infatti, costituisce uno dei contributi più rilevanti, anche se non mancano le riserve e le perplessità, nello sviluppo della sociologia della religione. Durkheim, infatti, è tra i primi che affronta organicamente il tema della socialità del fe-

---

[12] Cfr. SCARVAGLIERI G., *Religione e società a confronto*, Reggio Emilia, Bizzocchi, 1982, 27-28.

nomeno religioso e vi dedica non solo delle osservazioni lungo la trattazione delle sue diverse opere, ma lo tratta ampiamente in un'opera molto ampia e importante. Nell'insieme però il suo pensiero è anche abbastanza complesso sia per la sua impostazione che in relazione alla reale spiegazione sociologica del fenomeno religioso. Infatti, la conclusione finale mostra che la religione come una modalità di sentire e di vivere la socialità anzi d'ipostatizzazione della socialità stessa che poi diventa u-n'autodivinizzazione della società. Infine la modalità di connessione della religione con la vita sociale è tale che lo porta ad una visione sui generis circa il concetto stesso di religione.

Come per altri autori, così anche per Durkheim non si può capire il suo pensiero relativo al nostro tema (la religione e la sua funzione nella società) senza tener conto della concezione generale che egli ha della società e in essa delle dinamiche integrative concepite come condizioni per il suo sussistere, per cui mentalmente va fatto riferimento alle altre sue opere[13] mentre analizziamo il pensiero che egli ha esposto nella sua opera fondamentale in relazione alla sociologia della religione che è: *Le forme elementari della vita religiosa*[14]. Fondamentalmente egli vuole dimostrare: 1) l'importanza per ogni società della distinzione tra ciò che è

---

[13] Tali idee sono sviluppate specialmente ne *La divisione sociale del lavoro*, ma anche ne *Il suicidio*, cui quindi va fatto riferimento per capire i diversi passaggi della nascita e della persistenza della religione nella società.

[14] DURKHEIM E., cfr. traduzione italiana edita da Comunità, Milano, 1967, passim.

profano e ciò che è sacro. 2) La connessione strettissima tra sacro e religione e la loro connotazione sociale in quanto originati dalla società e orientati a servizio della società. 3) La necessità di una religione e della sua pratica per il mantenimento e lo sviluppo della vita sociale. A questo modo la funzione della religione anche nella società a solidarietà organica (cioè la contemporanea) rimane ugualmente importante perpetuando la sua funzione morale ed obbligante e quindi salvaguardando la persistenza della società.

Per dimostrare i suoi assunti egli studia la religione "totemica", che egli considera la forma più primitiva di religione, utilizzando studi di antropologia ed etnologia di suoi contemporanei. Egli parte dalla riflessione sulla religione totemica perché pensa che tale forma offra contemporaneamente il vantaggio di essere una forma elementare e iniziale da cui poi quasi analogicamente passare alla riflessione sulle situazioni successive ed anche attuali. I punti principali della concezione Durkheimiana possono così sintetizzarsi:

a) La religione è un fatto sociale perché nasce, si afferma e si sviluppa in funzione delle esigenze del gruppo o del clan. Questo, infatti, nonostante la sua compattezza iniziale rischia di trovare sempre al suo interno delle forze disgregatrici e centrifughe (forme passate e presenti: individualismo, concorrenza, corruzione, edonismo, svalutazione dei valori). Esse sono neutralizzate nei momenti di identificazione collettiva (infatti, essa emerge nei momenti di effervescenza collettiva) dando nuovo impulso alla esigenza di sopravvivenza sociale.

b) Questa particolare condizione di paura e di preoccupazione per l'avvenire in cui i membri del clan vengono, più o meno ritmicamente, a trovarsi diventa la molla che fa emergere uno stato di coscienza nuova o "coscienza di gruppo" (quasi un'ipostatizzazione del gruppo stesso) come qualcosa di superiore, intangibile, diverso, sacro. Il sacro in fondo è la società stessa vista come un bene che non si può e non si deve perdere e le cui caratteristiche sono protette da tabù che ne garantiscono l'intangibilità e la perennità nel tempo. Anzi esso (e anche la religione) è potenzialmente eterno o di uguale durata temporale della società.

c) Ma la coscienza collettiva non può rimanere soltanto a livello interiore e intuitivo: sarebbe poco efficace ed evanescente. È importante che il Totem (che può essere una cosa, un animale, una persona) richiami alla coscienza del gruppo la sua presenza e cogenza attraverso interdizioni ed obblighi di varia natura ed entità anche queste a sua volta concretizzate in cose o regole che manifestano la presenza simbolica del sacro. Nasce così il simbolismo che rappresenta, si identifica con la coscienza del gruppo. Essa è come un concentrato di concezioni e di energie. Durkheim, infatti, pensa che il Totem irradi come una forza immateriale, un'energia spirituale o comunque morale che attira a sé e rende gli uomini dipendenti da sé e li spinge sia alla venerazione in varie forme di culto sia alle altre azioni religiose.

d) Perché il Totem possa realizzare una capacità di presa nella coscienza individuale è necessaria: una serie di conoscenze o nozioni o narrazioni e miti (racconti delle varie vicende della vita del gruppo e delle sue modalità di sopravvivenza), un complesso di riti (azioni con cui i soggetti rivivono i significati delle azioni rituali che attuano) e cose sacre (cioè separate, distinte dalle cose di tutti i giorni), con forme e modalità istituzionali. A questo modo quello che era la coscienza ipostatizzata diventa anche la coscienza operante nell'interiorità dei singoli. Infatti, da un lato i sentimenti collettivi per agire e durare nel tempo devono oggettivarsi nei simboli religiosi e dall'altro da essi si sprigiona tutta una serie di indicazioni esistenziali ed operative. I miti, i riti pertanto attuerebbero una sorta di nuova presenza della coscienza collettiva a quella individuale nei momenti più vivi della vita della comunità salvaguardandone la sopravvivenza.

e) Ma questo non avviene solo spontaneamente sia per la tendenza egoistica, sia per la monotonia del quotidiano, sia per le forze antisociali che persistono in agguato. Pertanto diventa necessaria un'organizzazione particolare di membri della società che sono preposti a tale funzione indispensabile. Nasce la chiesa che Durkheim concepisce come la manifestazione storica e la concretizzazione sociale della religione. E, infatti, la definisce come "un sistema solidale di credenze, pratiche relative a cose sacre, cioè separate, e tabù che uniscono in una sola comunità, chiamata chiesa, tutti coloro che vi aderiscono".

La religione è quindi un fatto sociale nella sua origine e nella sua natura, nella sua finalità. Ha pertanto le stesse caratteristiche e prospettive di durata della stessa società. Questa, infatti, non sopravvivrebbe senza i fenomeni sopra descritti. Inoltre essendo dipendente dalla società essa è accessibile sul piano scientifico da quella scienza che è a ciò destinata, cioè la sociologia. Questa peraltro studia ed interpreta i vari temi della problematica della sociologia della religione: la sua genesi, la sua evoluzione, la condizione, il suo rapporto con la vita quotidiana, le componenti o dimensioni di cui la religione risulta composta, ma specialmente il suo rapporto con la società visto e interpretato secondo le implicazioni della teoria della variabile dipendente. Secondo questo schema interpretativo la religione è presente costantemente nella vita sociale (non solo primitiva con la solidarietà meccanica, ma anche attuale con la solidarietà organica), che a sua volta ne garantisce la permanenza nel tempo (futuro della religione).

L'influsso di Durkheim è stato notevole lungo il filone antropologico, e ancor più lungo quello funzionalista. La sua concezione è stata ricca di stimoli per lo studio sociologico della religione anche in tempi recenti. Tuttavia sono però diverse le critiche che si possono avanzare nei suoi confronti che ne delimitano la portata e l'applicabilità.

Innanzitutto si può sottolineare che la sua ricerca non si può definire una ricerca di prima mano. Egli, infatti, utilizza materiali antropologici raccolti da altri e quindi rimane il problema degli eventuali filtri della raccolta e della conseguente sistemazione. Inoltre dal punto di vista storico e etnologico, appare difficile dimostrare la "primitività" di una cultura come quella "totemica". Anzi sembra proprio che tale religione sia già abbastanza complessa e "razionale" e non si può affermare che essa possa essere frutto di un pensiero collettivo solamente "pre-logico"[15].

La sua interpretazione è valida per spiegare la genesi e la persistenza del fenomeno religioso tra le popolazioni primitive, caratterizzate dalla "solidarietà meccanica", ma non spiega la situazione della religione nelle società sviluppate e industrializzate (società a "solidarietà organica"). In questo secondo contesto le funzioni attribuite alla religione sarebbero piuttosto di difficile attuazione o non necessarie. Un'altra critica che si può avanzare è quella già prospettata da Malinowski e cioè che la stessa sacralizzazione della società seppure può essere valida in alcuni momenti tipici e rivoluzionari, non spiega come essa possa permanere nei periodi meno intensi[16].

Inoltre è insostenibile la pretesa di Durkheim a ridurre la religione a categoria unicamente sociologica. In essa possono e devono anche essere sottolineati, come dimostra la psicologia e la fenomenologia, altri aspetti e fondamenti basati sul sentimento, emozioni e conflitti, da una parte ed esigenze razionali e logiche e teologiche, dall'altra. In altre parole la vita concreta è anche influenza da fattori di ordine psicologico, biologico, cosmologico. La presenza di tali aspetti e fenomeni sarebbe arbitrariamente

---

[15] SCHMIDT W., *Manuale di storia comparata delle religioni*, Brescia, 1912.
[16] MALINOWSKI B., *Gli argonauti del Pacifico occidentale*, Roma, Newton Compton, 1973. In tale opera egli evidenzia che alcuni fenomeni individuali sono molto religiosi, ad es. il fenomeno della morte.

esclusa nell'impostazione tipica proposta dal *positivismo assoluto*[17].

Durkheim accetta il contributo simbolico della religione in riferimento alla realtà sociale da cui deriva, ma non è in grado di spiegare il rinvio ad altre realtà irriducibili al sociale, che sono parte dell'esperienza religiosa. Per questo ci troviamo in una delle classiche posizioni pansociologistiche, che appunto postulano l'esclusività del dato sociologico. Tra queste il riferimento al "radicalmente Altro" che trascende la stessa società[18]. Infine l'analisi Durkheimiana è fondamentalmente ed esclusivamente funzionalista che sottolinea solo la capacità della religione di dare risposta alle esigenze umane (della società), senza che però sia possibile distinguerle dai fenomeni pseudoreligiosi (ideologie e fenomeni magici)[19].

### B. LA RELIGIONE COME VARIABILE INDIPENDENTE

Molto significativo e consistente è anche l'apporto di coloro che impostano il rapporto religione società capovolgendo lo schema di fondo e attribuendo alla religione la funzione di variabile indipendente. In questo senso questa impostazione prescinde dalla questione della genesi delle religioni, reputando che tale questione non do-

---

[17] DEMERATH N. J. - HAMMOND P.E., 1969.

HAMMOND P.E., *The sacred in secular age. Toward revision in the scientific study of religion*, Berkeley, University of California Press, 1985.

[18] HABERMAS J., 1960; OTTO R. *Il sacro*, Milano, Feltrinelli, 1927.

[19] Cfr. quanto sarà detto appresso a proposito dell'impostazione funzionalista.

vrebbe essere affrontata dalla sociologia, ma da altre scienze. Pertanto essa propone di studiare la dinamica storica ed attuale delle religioni, la loro presenza e il loro ruolo nella vita sociale. Tale ruolo, infatti, è capace di imprimere alla società orientamenti e scelte culturali tali da condizionarne effettivamente sia l'esistenza che lo sviluppo.

## 1. Vari contributi

Secondo questa concezione la religione svolge un ruolo di spinta rispetto alla vita sociale. In tale visione, molto diversa dalla prima, che insiste sulla funzione che hanno sulla vita sociale gli elementi ideativi. Così la religione non sarebbe una "conseguenza" di uno stato particolare della società, ma essa influirebbe e determinerebbe l'evoluzione della società. La religione in rapporto alla società agisce come fattore di cambiamento e dà una spiegazione dei punti di rottura, cioè di quelle situazioni che sfuggono al dominio della scienza e che postulano la presenza di valori. La religione agisce sulla vita sociale tramite le proprie concezioni metafisiche ed etiche che orientano la condotta degli uomini. Sono parecchi gli autori importanti di questo orientamento interpretativo.

L. T. Hobhouse afferma che il progresso deriva dal crescente controllo dell'uomo sulla natura, ottenuto mediante l'accettazione di idee morali religiose e l'interazione tra queste e i diversi sistemi che l'uomo ha di controllare la natura. Le idee morali e religiose pertanto hanno un ruolo fondamentale nello sviluppo culturale dei popoli e, mediante esso, alla evoluzione globale dei medesimi. E.

Troeltsch, oltre al merito di aver studiato le organizzazioni religiose (è lui, infatti, che ha dato avvio alla tipologia "chiesa-setta"), ha evidenziato l'influsso delle dottrine sociali sugli aspetti organizzativi delle collettività religiose e ha sottolineato le conseguenti questioni morali e l'intreccio degli interessi anche materiali. R. H. Twaney, che ha scritto dopo Weber, ne segue l'impostazione generale ma si diversifica nella puntualizzazione spazio-temporale della nascita del capitalismo, collocandola nel passaggio dal medioevo all'evo moderno e ne rende protagonista l'Inghilterra. Anche A. Fanfani ritocca l'impostazione situandola tra il periodo di Weber e quello di Twaney e cioè al tempo del Rinascimento, trasportando il teatro di attuazione nell'Italia delle Repubbliche rinascimentali[20].

Più recentemente, e quindi anche più vicini al nostro contesto storico, altri studiosi hanno puntualizzato partendo da altri punti di vista e sviluppando altre considerazioni la funzione della religione come fattore di sviluppo e di cambiamento sociale. In questo senso vanno citati autori come S. N. Eisenstadt, F. Houtart, G. Lensky, i teologi della liberazione, e, per altri versi, V. Lanternari. In un modo o nell'altro essi sottolineano come dalla religione può desumersi una capacità di legittimare in termini religiosi o ideologici, lo sviluppo di nuove motivazioni, attivi-

---

[20] HOBHOUSE L. T., *Principles of sociology*, London, 1918-24; TROELTSCH E., *Le dottrine sociali delle chiese e dei gruppi cristiani*, Firenze a Nuova Italia, 1960; TWANEY R. H., *Religion and the rise of capitalism*, London, Murray, 1926; FANFANI A., 1939; LENSKY G., *The religious factor*, New York, Garden City, 1963.

tà e istituzioni che concretizzano quella che si può chiamare la capacità trasformativa e stimolativa. Partendo da alcuni nuovi contenuti religiosi possono ricavarsi istanze ed ispirazioni, ma anche direzioni di cambiamento ed infine scelte non solo di campo, ma anche operative, che hanno come oggetto e sbocco finale la creazione di nuove condizioni ed istituzioni sociali e culturali.

Per far questo è importante che una data religione abbia come punto di partenza sia una proiezione trascendente che una valida concezione dell'uomo e del cosmo almeno come capacità di recettività e di metabolizzazione di istanze legittime ed autentiche e antropologicamente fondate. In questo senso si riesce a superare le concezioni magico-sacrali che si impelagano nella tentazione rituale ed emotiva e le impediscono l'utilizzazione ottimale delle potenzialità umane, proiettate verso sintesi culturalmente più valide cioè rispondenti alle situazioni presenti.

Queste premesse peraltro offrono la possibilità di individuare le direzioni del cambiamento sociale non solo come indicazione di cammino ma anche come creazione degli strumenti adatti ed efficaci del cambiamento stesso. Esse consistono principalmente nella creazione di nuove istituzioni, nuovi ruoli, nuove strategie che presentano e sottolineano la stessa originalità della religione (trascendenza ideologica e della prassi) da una parte, rispetto alla società, ma nello stesso tempo capacità di inserimento in aspetti centrali e della vita sociale, politica, economica del momento (inserimento e coinvolgimento operativo). Difatti nei periodi di grande trasformazione o nei periodi di diffusione di nuove culture la religione spesso è fattore di un rinnovamento anche sociale[21].

## 2. L'apporto di M. Weber

L'autore più importante in questa impostazione è però Weber i cui contributi alla teoria sociologica si inseriscono tra i più fecondi e ricchi, in riferimento allo studio del fenomeno religioso. Dall'analisi della funzione delle idee nella vita sociale egli perviene alla puntualizzazione di una caratterizzazione costante in tal senso con il concetto di "razionalizzazione". Tale concetto, egli pensa, è capace di spiegare l'evoluzione e lo sviluppo del mondo occidentale, e così anche la sua assenza è la chiave di interpretazione di altre situazioni che tale evoluzione non hanno registrato. Entro la concezione della natura e del ruolo della razionalizzazione egli sottolinea la funzione svolta dalla religione[22].

La razionalizzazione, infatti, è concepita da Weber come un complesso processo di chiarificazione, sistemazione delle idee viste nella loro forza obbligante (normatività), per cui diventano motivazioni presenti ed efficienti

---

[21] Cfr. a questo riguardo: HOUTART F. *Chiesa e società in mutamento*, Bologna, Dehoniane, 1974, 305-328; EISENSTADT S. N., 1968; LANTERNARI V. *Movimenti religiosi di libertà e di salvezza dei popoli oppressi*, Milano, Feltrinelli, 1960. Questi autori, pur condividendo aspetti dell'analisi marxista, tuttavia sottolineano la funzione propulsiva della religione chi avvicina in un certo senso all'impostazione della variabile indipendente. Per questo ne facciamo cenno in questo contesto.

[22] Cfr. 1982, passim.

dell'agire. Ma le idee però non sono realtà chiuse e statiche ma variamente in movimento e in un costante processo evolutivo. Tale concezione peraltro trova una rilevante applicazione alla religione, per cui questa svolge in rapporto alla società e alla storia un ruolo innovatore ed è fattore di cambiamento, sia pure in modo differenziato.

Avendo accettato ed incluso la religione nel concetto di razionalizzazione egli logicamente sottolinea nel fenomeno religioso la presenza di istanze razionalizzatrici. Tali istanze la distinguono, da una parte, dalla magia e dai fenomeni pseudo-religiosi e, dall'altra spiegano la sua capacità di incidenza sui diversi aspetti della vita sociale non escluso quello economico. Ciò peraltro si verifica in un modo più o meno efficace ed incisivo sulla base della diversa piattaforma che presentano i differenti sistemi religiosi. Questi vanno distinti sia in relazione ai loro contenuti metafisici (visione generale della realtà nelle sue varie dimensioni di fondo) e secondo le diverse impostazioni etiche (implicazioni operative che derivano dai presupposti religiosi). Tale caratterizzazione delle religioni è molto importante per M. Weber, per questo la volgiamo articolare e spiegare meglio in modo da cogliere i diversi tipi sia in base alla visione metafisica sia in rapporto alla concezione etica.

1. Per *l'aspetto metafisico* le religioni tendono a risolvere il problema del rapporto tra mondo reale e mondo ideale cogliendone la discrepanza e i punti di sutura e connessione. Questi aspetti peraltro includono il rapporto con la Divinità e le modalità di realizzarlo, come anche il

rapporto con il mondo e la storia e l'impegno che in esso l'uomo potrebbe e/o dovrebbe mostrare. A seconda del modo di interpretare e prospettare tali elementi si possono distinguere due tipi fondamentali: la concezione immanentistica e la visione trascendentale.

a) Concezione immanentista. Essa risolve il problema della discrepanza tra mondo ideale e mondo reale con concetti passivi e di acquiescenza (con il concetto di Karma). Tale concetto indica la massa degli atti compiuti nel corso della vita anteriore che occorre "bruciare" per aver accesso alla liberazione. In questa concezione il modo di vivere la dimensione religiosa è basato sulla devozione. Essa si configura come una specie di partecipazione dell'uomo al principio divino (una sorta di panteismo) e si concretizza nella fiducia e nell'amore. In tale impianto concettuale ha una notevole valorizzazione la contemplazione della divinità e vi è connessa la concezione di un'evoluzione automatica e meccanica, per cui il soggetto non deve impegnarsi in prima persona. In tale impostazione si collocano specialmente le religioni orientali.

b) Concezione trascendentale. Essa pone alla base di tutta la sua impostazione il concetto di creazione e quindi il principio della distinzione tra l'uomo e Dio pur nella esigenza di realizzare la proiezione finalistica della vita in Dio. La vita è concepita come una realtà in cui si deve attuare l'impegno concreto dei soggetti per cogliere l'eventualità della predestinazione da parte di Dio nei propri confronti ed esservi fedeli. La fedeltà poi può comportare sia la crescita nella fede, ma anche nell'attuazione della carità e della giustizia che in un modo o nell'altro proiettano la vita del soggetto in un ruolo più o meno attivo (impegno nel sociale) per la realizzazione della trasformazione del mondo. Questa impostazione è propria delle religione monoteistiche e basate sulla Trascendenza, come sono le religioni sviluppatesi nel mondo occidentale.

2. La *dimensione etica* dà origine ad un'altra serie di riflessioni ed ad un'altra tipologia interessante. Secondo Weber l'incidenza della religione sulla realtà sociale consiste principalmente nel maggior impegno e coscienza di coinvolgimento nell'attuazione di un proprio ruolo religioso nel rapporto con il mondo. Con tale impostazione Weber coglie i diversi sistemi etici che si realizzano secondo le modalità di concepire il rapporto con il mondo e l'azione che in esso l'uomo deve compiere. Egli connota tale rapporto con i termini: misticismo ed ascetismo:

a) Il *misticismo* si configura una prospettiva di orientamento verso come l'unica realtà vitale valida e significativa, mentre il mondo è inteso come l'opposto di Dio e quindi fonte del male. Diventa quindi necessaria l'esigenza di allontanamento non solo culturale, ma spesso anche fisico da esso (fuga dal mondo). Ma tale orientamento si può presentare in modo più o meno accentuato per cui abbiamo due soluzioni. Si ha il *misticismo mondano* quando si pone l'accento principalmente su Dio, che rimane centrale e fondamentale e solo in modo secondario sul mondo che risulta non del tutto negativo. Invece in caso contrario si ha il *misticismo extramondano* quando si pone l'accento su Dio e si esprime giudizio negativo sul mondo, anzi la condizione di salvezza è data dal superamento dei condizionamenti di natura biologica, cosmologica, psicologica, per arrivare alla contemplazione.

b) L'*ascetismo* invece prende come punto di partenza che l'impostazione religiosa della vita comporta la necessità di rinunciare ai piaceri fisici e culturali e caratterizzare la propria vita con la semplicità, la disciplina e l'autocostrizione e quindi di vivere nel mondo per controllarlo (impegno verso il mondo). Anche i relazione all'ascetismo si registrano due orientamenti in base alla diversa insistenza di tale impegno. Si ha pertanto *ascetismo mondano* quando si sente un impegno in ordine alla trasformazione del mondo, nel senso che si può raggiungere Dio attraverso un proprio impegno nella realtà terrestre, attuando la contemplazione nell'azione. Si ha invece *ascetismo extramondano* quando viene sottolineato l'orientamento teocentrico, e l'azione nei confronti del "mondo" è un'azione di eliminazione degli ostacoli al raggiungimento di Dio. Tuttavia non si ha un concetto negativo del "mondo" ed è necessaria una certa azione verso di esso.

Nell'ambito di questa concezione generale Weber inquadra la tesi svolta nella sua opera, divenuta classica: *L'etica protestante e lo spirito del Capitalismo*[23]. In essa è proposta una tesi di fondo molto famosa circa l'influsso della religione sulla società. Weber. Egli, anzi, capovolgendo l'impostazione di Marx, afferma che sono le idee a muovere il mondo (in genere), ma anche i suoi vari aspetti, non

---

[23] Pubblicata nella traduzione italiana da Sansoni, Firenze 1965.

esclusa l'economia. Nel complesso delle idee che svolgono tale funzione egli include in posizione preminente le idee religiose, specie alcune collegate con particolari caratteristiche che le fanno rientrare nel tipo di ascetismo mondano. In questo senso egli evidenzia un rapporto di dipendenza tra lo sviluppo economico di certe parti d'Europa (Svizzera, Olanda, Inghilterra ecc.) e la presenza della religione, specie della denominazione calvinista, anche delle confessioni protestanti: quacqueri, puritani, metodisti.

Weber in tale opera sottolinea che l'incidenza della religione sulla realtà sociale consiste principalmente nel maggior impegno e coscienza di coinvolgimento nella attuazione di un proprio ruolo religioso nel rapporto con il mondo. Questo è dato principalmente da quello che egli chiama ascetismo mondano che sostanzialmente sottolinea la forte identificazione tra i concetti di professione e di vocazione (in tedesco espressi dallo stesso termine: Beruf) in senso religioso. Secondo Weber, la visione "predestinazionista" della salvezza e l'impegno "di tipo religioso" nella propria professione (vocazione) del Calvinista porta questi alla concezione ascetica del lavoro e dei suoi frutti e alla percezione che il successo nel lavoro sia da usare come indicatore della benevolenza di Dio nei propri confronti. Il profitto pertanto dovrà servire non ad un prestigio in senso mondano ma in senso ascetico per avere altro successo (e quindi conferma della propria salvezza).

Tale procedimento quindi comporta il reinvestimento dei profitti e quindi il processo di accumulazione capitalista (inteso in senso ascetico), come conferma della sua "predestinazione" alla salvezza eterna. Pertanto la concezione religiosa si trasforma in motivazione operativa (economica) e in interpretazione religiosa del successo e in uso ascetico del profitto. Per cui si verifica un accrescimento continuo del capitale (capitalismo originario).

Sono molti altri i settori in cui Weber ha dato un contributo importante alla sociologia della religione. Tra questi va notato il tema: degli aspetti organizzativi delle religioni che offre un fondamento per lo studio delle collettività religiose nella loro globalità secondo le esigenze della tipologia: chiesa-setta[24]; dell'analisi della dinamica interna e quindi relativa ai ruoli principali: profeta (carisma), sacerdote (ufficio)[25]. Infine importante è stato il contributo di Weber nello studio dello sviluppo delle religioni e della loro istituzionalizzazione attraverso varie fasi: a) fase carismatica; b) routinizzazione del carisma; c) formalizzazione e burocratizzazione, d) crisi ed eventuale risoluzione della religione stessa[26].

Anche l'influenza di M. Weber è stata rilevante, determinante e continua nello sviluppo ulteriore della sociologia della religione. Assieme a Durkheim, ma in posizione antitetica a lui e a Marx, molti altri autori hanno seguito l'ottica che egli ha proposto per interpretare il fenomeno

---

[24] Cfr. quanto diremo nel cap. VI.
[25] Cfr. cap. III.
[26] Vi si possono inquadrare anche la genesi e lo sviluppo successivo dei singoli Ordini o Istituti religiosi.

religioso nella sua globalità e per lo studio di singoli aspetti e problemi.

Sono parecchie però le critiche che si possono avanzare alla impostazione di Weber. Innanzitutto alcuni studiosi, tra gli stessi suoi seguaci, affermano che il fenomeno del capitalismo è anteriore al protestantesimo: R. H. Twaney lo colloca nel passaggio dal medioevo al Rinascimento; A. Fanfani lo inquadra in Italia tra il '400 e il '500, al tempo delle signorie rinascimentali (Firenze, Venezia) e dello sviluppo del commercio, delle banche e del primo "industrialismo"... Altri autori come L. von Brentano e H. M. Robertson sono del parere che l'influenza sia derivata anche dalla presenza di altri fattori economici e altri orientamenti religiosi[27]. Comunque va sottolineato che si tratta di un processo più complesso e articolato. Può esserci influenza parziale o solo indiretta e coadiuvante, o legittimante. Infine può essersi trattato solo di una forma di sincronizzazione di fenomeni senza una vera e propria "causalità"[28].

Inoltre si può osservare che l'impostazione stessa di Weber della religione come variabile indipendente può peccare di monocausalismo; mentre la realtà è sempre molto più complessa. Pertanto può essere più valida la concezione della interdipendenza e quindi di prospettiva alternata di influsso. Questa peraltro sembra l'interpretazione prevalente che giustifica quello che affermeremo

---

[27] Vedi nota n. 16.
[28] Sono molti gli autori che sostengono tale critica.

in un capitolo successivo relativamente ai rapporti tra religione e società, in cui svilupperemo le interazioni nell'ottica dell'applicazione del modello cibernetico[29].

Altre critiche sono state mosse alle forme contraddittorie interne e alla natura e funzione della religione nell'ambito della razionalizzazione. Questa infatti non si autogiustifica, ma esige una ricerca di significato che venga dall'esterno altrimenti si trasforma in razionalismo che porta quindi alla marginalizzazione della religione nella società capitalistica e industriale. La smentita inoltre deriverebbe dal fatto che la razionalizzazione determinerebbe il disincanto del mondo, ma che, nello stesso tempo i valori, come fattori centrali dello sviluppo richiedono un significato a - o super - razionale. Comunque il mondo industriale non ha prodotto un vero disincanto ma ne ha cambiato contenuti e modalità, come si rileva dal risorgere della religiosità popolare, dalla nascita dei nuovi movimenti religiosi e dallo stesso ricorso alle più varie forme di parapsicologia, di divinazione presenti nella società industriale[30].

Tuttavia il pensiero di Weber ha lasciato una traccia importante non solo in relazione alla teoria sociologica in generale, ma anche più specificamente in relazione alla teoria sociologica della religione come fatto sociale. I suoi apporti riguardano anche altri aspetti specifici come, ad es.: la puntualizzazione circa i

---

[29] SCARVAGLIERI G., *Religione e società a confronto*, Reggio Emilia, Bizzocchi, 1982, 70-80, IDEM *Sociologia della parrocchia*, Roma, PUG, 1991, 105-120.

[30] Cfr. quanto diremo nel cap. 10 a proposito della crisi della modernità che trovava nella razionalizzazione uno degli elementi più caratterizzanti

ruoli del sacerdote e del profeta, la teoria del carisma e le sue implicazioni nel cambiamento sociale e politico, il processo di istitu-zionalizzazione, i rapporti con politica, l'economica, ecc.

## II. L'INDIRIZZO EMPIRICO

Nella sociologia si sviluppa contemporaneamente l'esigenza di partire sempre più frequentemente dall'osservazione empirica dei fatti. Ciò si ripercuote anche in riferimento allo studio del fenomeno religioso. Tale tendenza però presenta modalità articolate e complesse di traduzione in pratica per cui ne sono derivati orientamenti diversificati. In concreto si sono affermate due impostazioni di fondo che fanno capo, da una parte, al funzionalismo, e all'approccio sociografico, dall'altra. Il primo continua l'orientamento teorico di Durkheim, puntualizzando l'impostazione secondo cui la religione serve alla società e alla sua integrazione[31]. Il secondo invece, preoccupato di recuperare credibilità entro i quadri ecclesiastici, incomincia un suo approccio, si direbbe dal basso, sottolineando alcuni aspetti e/o manifestazioni che potrebbero apparire meno impegnative (pratica religiosa) ma che nello stesso tempo siano utilizzabili ai fini pastorali[32].

Prima di avviare la trattazione più ampia e articolata di tali due indirizzi va sottolineato il fatto che tali due

---

[31] O' DEA T., *Sociologia della religione*, Bologna, Il Mulino, 1968, 10-36.
[32] LE BRAS G., *Studi di sociologia religiosa*, Milano, Feltrinelli, 1969; BOULARD F., *Primi risultati della sociologia religiosa*, Milano, Vita e pensiero, 1955.

indirizzi anche se mostrano punti di contatto più o meno espliciti con l'uno o l'altro orientamento classico non sono tuttavia da interpretare come influenza unilineare ed esclusiva. In molti autori funzionalisti (più in linea con Durkheim) non sono da escludere influenze da parte di Weber, come anche in autori che più si avvicinano a Weber, non mancano spunti funzionalisti e dipendenze nei confronti di Durkheim. Ciò detto presentiamo articolatamente tali due indirizzi nell'ambito di quello che chiamiamo l'orientamento empirico.

### A. Il funzionalismo

Sulla scia di Durkheim si è sviluppato l'approccio funzionalista che vede la religione, in una determinata società, come un'istituzione interrelata con le altre. Si tratta dell'applicazione alla sociologia della religione dell'impostazione generale del funzionalismo sia antropologico che sociologico[33]. Nell'ambito del funzionalismo si tenta di spiegare in quale modo le religioni (o la magia) siano interrelate con le altre istituzioni e come esse sono tenute assieme da idee e da aspettative comuni e interdipendenti. Questo approccio vede la religione come un'istituzione e cerca di individuare quali funzioni manifeste o latenti essa compie.

Vi si possono notare due modalità prevalenti di impostazione degli studi: l'impostazione antropologica[34] e

---

[33] Cfr. O' DEA T., *The catholic crisis*, Boston, Beacon Press, 11966, 29-30.
[34] SCALICKI C., *Alle prese con...*, op. cit. 2321- 245.

quella più propriamente sociologica[35]. Tali due impostazioni per gli ambiti stessi di applicazione sottolineano due rispettivi ordini di problemi: quello antropologico che insiste di più sul tema dell'origine della religione, e quello sociologico tenta di spiegare maggiormente la persistenza del fenomeno religioso.

## 1. Il funzionalismo antropologico

Accenniamo brevemente ai due autori più importanti di questa impostazione che rispondono ai nomi di B. Malinowski e R. Radcliffe-Brown che hanno proposto ciascuno una propria interpretazione del funzionalismo antropologico, per alcuni aspetti, anche contrastante.

B. Malinowski intende la religione non come sinonimo di ignoranza nei confronti della natura, come costata dall'uomo primitivo, ma piuttosto come un aiuto per superare certe difficoltà ed ostacoli nella vita quotidiana. Essa è un aiuto per maneggiare le esperienze che sono normalmente al di là del controllo dell'uomo. Essa quindi serve per superare l'angoscia, la paura che si verifica nel pericolo. Anche gli uomini primitivi conoscono infatti le regole della pesca, dell'agricoltura, tuttavia adempiono dei riti per superare lo sforzo ed assicurarsi il successo nelle loro imprese. In ordine a tale obbiettivo servono sia la magia che la religione, più o meno commiste tra loro per cui per es. in occasione della nascita del bambino i riti ma-

---

[35] CIPRIANI R., *L'approccio funzionalista*, in PIZZUTI D. (ed), *Sociologia della religione*, Torino, Borla, 1986, 37-80.

gici servono a prevenire la morte del bambino, mentre quelli religiosi servono ad esprimere i sentimenti della famiglia o del gruppo (o clan). Nei confronti della morte i riti servono ad affrontare la paura della morte e dell'annichilamento.

R. Radcliffe-Brown invece rileva che la funzione dei riti è ambivalente. Essi infatti in un primo momento, sono considerati come qualcosa che bisogna fare e ricevuti dalla tradizione creano il senso di insicurezza nei soggetti. Il fatto stesso di essere presenti ed obbligatori comporta che anche coloro che conoscono bene le regole del loro mestiere pensano che se non attuano i riti previsti per una determinata attività il successo della loro azione non è assicurato. Ne risulta quindi uno stato di insicurezza che porta alla celebrazione dei riti suggeriti ed opportuni con l'effettiva tranquillizzazione che ad essi in un secondo momento deriva. In altre parole i riti attuati danno una risposta, nel senso che attraverso di essi potrà essere raggiunta il fine o l'obiettivo che si prefiggono.

L'impostazione antropologica spiega in qualche modo le religioni primitive (o la magia), tuttavia non può far capire altri aspetti: lo sviluppo della religione, il persistere nonostante il progresso delle scienze, la presenza delle religioni in contesti socioculturalmente avanzati. A tale serie di problemi tenta di dare una risposta il funzionalismo sociologico applicato al fenomeno religioso.

## 2. Il funzionalismo sociologico

L'approccio funzionalista ha spostato il punto focale delle sue osservazioni verso quelle che potrebbero essere considerate le funzioni perenni ed universali della religione[36]. Per far questo rileva quindi l'esistenza nella vita umana di alcuni momenti o situazioni tipiche e liminali cui l'uomo da solo non riesce a dare una risposta. Quelle più tipiche sono:

a) il contesto della incertezza: le attività per quanto ben preparate sono soggette alla possibilità della delusione, dell'insuccesso. Il futuro infatti riserva sempre delle sorprese e non si può sapere cosa potrà accadere.

b) il contesto dell'impotenza: non tutto quello che gli uomini desiderano è ottenibile; vi si oppone sia una serie di fattori cosmo-bio-psicologici come la malattia, la sofferenza, la morte, ecc. sia l'azione di fattori come le ingiustizie, la concorrenza sleale e cattiva, la sopraffazione dei potenti, ecc.

c) il contesto dell'indigenza: cose e successi sono limitati come quantità e come possibilità di conseguimento (successione o esclusione delle altre prospettive nell'ipotesi di un conseguimento di una di esse). Ne deriva frustrazione piuttosto continua a causa di tali privazioni.

d) il contesto dell'insignificanza: ad un primo sguardo la vita appare senza una spiegazione sufficiente: la sua origine, il suo fine, il raggiungimento delle mete; la presenza, il significato e le relazioni con gli altri; il

---

[36] Cfr. O' DEA T., *Sociologia della religione*, Bologna, Il Mulino, 1968, 10 24.

senso del mondo, della storia; il superamento della banalità, ecc.

La religione assolve queste funzioni in quanto il suo contenuto si poggia su una realtà trascendente e sull'aldilà. In tale prospettiva c'è spazio sia per un'accettazione della reale esistenza di tali Entità sia per coloro che le pensano come realmente esistente, sia per coloro le accettano solo come dati di ragione. Nell'un caso e nell'altro esse sfuggono alla provvisorietà, alla frustrazione, alla contraddittorietà del mondo empirico. Importanti sono anche le funzioni in relazione alla dimensione psicologica individuale e collettiva come anche in rapporto alla integrazione dei soggetti nel gruppo o comunque in relazione al tema della integrazione sociale.

Ecco come T. O' Dea sintetizza le principali funzioni svolte dalla religione entro un dato contesto culturale, riassumendo e specificando meglio le diverse impostazioni degli autori più importanti entro i termini dell'impostazione funzionalista[37].

1. La religione fornisce ai suoi fedeli consolazione, sostegno, sicurezza favorendo il superamento di situazioni carenti o negative, (funzione di integrazione nel sistema della personalità).

2. Offre un rapporto trascendentale (mediante il culto) proiettando le problematiche quotidiane del soggetto verso una prospettiva di eternità e proponendo una valutazione "ricca di significato" delle vicende della vita

---

[37] IDEM, pp. 33-34.

quotidiana (funzione di gratificazione simbolica e relazionale).

3. Attribuisce normalmente un carattere sacro alle norme e ai valori, garantendo così l'ordine della società, giustificandone l'esigenza di controllo sociale (funzione di protezione strutturale sociale).

4. In altri casi, specie in contesti di ingiustizie, dà una spinta al rinnovamento delle strutture sia economiche che politiche, porta alla contestazione della società ingiusta (funzione di proposta profetica).

5. Dà un senso sacro all'appartenenza ad una comunità particolare con la quale ci s'identifica, offrendo la continuità della percezione comunitaria e individuale nel processo della propria storia (funzione di identità personale e culturale).

6. Facilita la crescita e il consolidamento e dà efficacia all'azione di socializzazione garantendo la presa di coscienza del proprio valore, della propria capacità (Funzione di maturazione e socializzazione).

Il funzionalismo concepisce quindi la religione come un grande e articolato sistema di orientamenti, credenze dottrinali, morali, valori esistenziali, riti simbolici, aspetti organizzativi, che hanno influenza sulla impostazione della vita sociale. Più in particolare queste funzioni sono attuate per il fatto che i sistemi complessi che:

a) danno un significato totale all'esistenza e sono quindi in grado di far superare i momenti critici dell'incertezza, dell'impossibilità, della penuria, che caratterizzano l'esistenza umana. Tale funzione è realizzata con la proposta a livello conoscitivo delle credenze entro le quali questi "momenti" sono incastonati e spiegati e considerati un qualcosa di transitoria e di passeggero. È previsto il superamento in un intervento divino o nell'altra vita ("rifugio" nel soprannaturale, "escape" nell'aldilà, ecc.).

b) orientano la condotta dell'individuo in modo che egli si dia da fare per contribuire al superamento dei momenti critici ed acceleri la situazione ottimale. La religione stimola ad un impegno per la trasformazione della vita personale (funzione di integrazione psicologica) e sociale (funzione di integrazione culturale). Tali funzioni derivano dalla forza legittimante che la religione dispiega nei confronti delle norme e aspettative presenti nella società che regolano i rapporti sociali, politici, economici, ecc.

Attorno a questo orientamento c'è un dibattito riguardante l'esistenza effettiva di una corrente con tale denominazione e della plausibilità circa gli autori da includervi. Sono molti gli autori che, sia pure con accentuazioni diverse e con diverse impostazioni metodologiche e tecniche, hanno studiato il fenomeno religioso secondo l'impostazione funzionalista evidenziando delle sfumature diverse perciò si può distinguere tra; funzionalisti[38] e neofunzionalisti[39].

Naturalmente queste funzioni della religione nono sono adempite né tutte, né tutte allo stesso grado da tutte le religioni. La differenza tra le religioni sta quindi nelle differenze di funzioni e nella loro gerarchizzazione a seconda del grado del loro adempimento. È possibile inoltre rilevare diverse disfunzioni che in un modo e nell'altro sono attribuibili alla religione ed esposti dallo stesso O' Dea sotto l'etichetta di *dilemmi* del processo di istituzionalizzazione della religione[40].

Il funzionalismo ha avuto molta importanza ed ha dato notevoli contributi alla comprensione del fenomeno religioso. Tuttavia, come tema generale e ante litteram va sottolineata la difficoltà del principio stesso del funzionalismo (la tendenza verso l'integrazione delle varie componenti della società) che è stato messo sotto accusa dagli stessi funzionalisti per spiegare la presenza e l'incidenza

---

[38] La loro impostazione mette in evidenza un tipo d'impostazione piuttosto globalista, attribuendo alla religione risposte ampie e complete alla condizione umana generale. Tra essi si possono citare: W. Herberger, T. Parsons, J. M. Yinger, K. Davis, T. O' Dea,

[39] I neofunzionalisti, propongono un'impostazione meno ampia, indicando anche risposte più parziali. Basta pensare ai tre set di desideri (SPIRO M. 1966), ai modi di "trascendimento" i (LUCKAMNN T., 1962, P. BERGER 1968), alle implicazioni della complessità e della contingenza (LUHMANN N. 1977), ecc.

[40] O' DEA T., *Sociologia della religione*, Bologna, Il Mulino, 1968, 155-156. Per l'enunciazione di tali funzioni e disfunzioni cfr. il cap. IV.

di diverse disfunzioni (oltre che dalla plausibilità, sia pure parziale, del conflitto)[41].

Più in particolare e in riferimento alla religione, l'approccio funzionalista non spiega le disfunzioni macrosociali come: la contrapposizione tra varie religioni (guerre di religioni, persecuzioni, disintegrazione sociale per ragioni religiose) e il contrasto tra religione e società in vista della difesa della propria autonomia auspicata individualmente da parte dell'una o dell'altra. Le disfunzioni sociali di medio livello (contrasto tra gruppi, contese tra membri dei vari gruppi, ecc.). Disfunzioni di ordine psicologico si verificano in riferimento ai singoli individui: assenza di integrazione personale, conflitto nel senso di appartenenza, constatazione di grande stanziamento tra l'essere e il dover essere.

Tale impostazione inoltre è criticata in relazione alla sua impostazione di fondo che in realtà appare piuttosto caratterizzata da apologismo e di conservatorismo. Presuppone infatti una sorta di armonia prestabilita forse più di origine ideologica che effettivamente derivante dalla osservazione storica della vita sociale nel suo complesso, nella vita individuale e nel rapporto tra gli individui e le forme aggregative in base a varie motivazioni anche quelle di natura religiosa

Infine non riesce ad evidenziare la distinzione tra fenomeni religiosi autentici dai fenomeni pseudo-religiosi (fenomeni magici, e sostituti funzionali della religione).

---

[41] MERTON R. *Teoria e struttura sociale,* Bologna il Mulino, 1966, 83-135.

Tale difficoltà non va vista solo sul piano pratico (interesse degli ecclesiastici), ma anche sul piano teorico (complessità della problematica) e quindi come carenza interpretativa nei confronti di fenomeni che seppure tra loro avvicinabili per qualche aspetto, tuttavia sono distinti e diversi.

### B. L'Impianto sociografico

Contemporaneamente a tale indirizzo, se ne andava affermando un altro che era più finalizzato alla presa di coscienza delle situazioni concrete sia del passato che del presente e che voleva offrire anche un sussidio all'azione pastorale. Così dopo i tentativi di nuove sintesi, variamente composite e derivanti da diverse fonti: filosofiche, teologiche, antropologiche, fenomenologiche, specie da parte dei cattolici, come G. Toniolo, L. Sturzo, (Italia), W. Schmidt (Austria), H. Pinard de la Boullaye (Francia), e di G. Mensching e J. Wach (Germania), si è sviluppato l'impostazione sociografica in cui prevale l'orientamento che privilegiava la rilevazione diretta attuale (o storica) di situazioni particolari, specie a riguardo della pratica religiosa, per vedervi come era concepito e vissuto il fenomeno religioso.

Dal complesso delle caratteristiche del suo contenuto e del metodo usato, basato principalmente sulla descrizione più che sulla spiegazione dei fenomeni, tale indirizzo fu denominato "sociografico".

## 1. Lo studio della pratica religiosa

L'iniziatore di questa impostazione è stato G. Le Bras, che si proponeva di ricostruire mediante l'analisi storica, il comportamento religioso. Nel 1931 pubblicava nella rivista "Revue d'Histoire de L'Eglise de France" un questionario di statistica e storia religiosa, per un esame dettagliato e una spiegazione storica delle condizioni del cattolicesimo nelle diverse regioni della Francia. All'inizio il suo tentativo non ebbe molto seguito. Continuò da solo attuando diversi studi sui vari aspetti del fenomeno religioso che ha poi condensato nella sua opera principale dal titolo: "Etudes de sociologie religieuse", in due volumi[42].

Successivamente parecchi studiosi seguirono la sua impostazione che ha predominato fino agli anni sessanta. Tale indirizzo pertanto si è andato sempre più diffondendo in Europa (Francia, Belgio, Italia, Germania...) e si sono moltiplicati gli autori che se ne sono interessati e gli ambiti di applicazioni degli studi.

Sul piano del contenuto sono state svolte una molteplicità di ricerche sulla pratica religiosa e sui vari atti di culto: messa domenicale, precetto pasquale, la ricezione dei Sacramenti di iniziazione: battesimo, cresima, matrimonio, ma anche quelli ripetitivi: confessione, comunione, ecc. Altre indagini riguardano le diverse devozioni e forme di aggregazioni religiose: associazioni, gruppi, confraternite. Importante e frequente è stata, specie dopo la se-

---

[42] Una sintesi dell'opera è stata tradotta in italiano e pubblicata con il titolo *Studi di sociologia religiosa*, Milano, Feltrinelli nel 1965.

conda guerra mondiale, l'estensione degli studi ad altri campi come le vocazioni, l'inserimento nelle opere sociali, ecc. Questo primo livello di approccio viene poi ulteriormente approfondito con l'aumento del numero dei parametri usati, quali: il rapporto tra religione e industrialismo, l'incidenza dell'urbanizzazione, l'influsso derivante alla struttura organizzativa sociale ed ecclesiale con conseguente studio della struttura organizzativa (parrocchie, organizzazioni varie di tipo ministeriale e caritativa, ecc.);

Sul piano metodologico invece sostanzialmente si tratta di un approccio di tipo quantitativo in cui quindi emergono principalmente i temi più quantificabili, mentre vi si riscontrano difficoltà concettuali e metodologiche nella scelta dei temi qualitativi. Le varie rilevazioni sono poi articolate secondo parametri demografici e territoriali, per cui ne derivano forme di classificazioni che mostrano come e in quale categoria di persone (sul piano individuale) o in quale regione o in quale gruppo o strato sociale un dato tipo di pratica è più o meno diffusa. Molto rilievo è dato ai fattori geografici e socioeconomici che vi hanno influenza per le singole zone, per cui il fenomeno più o meno recente del calo dell'adesione alla religione in occidente è attribuita al fenomeno della emigrazione sia interna che estera. Ne deriva molta diligenza nella costruzione di carte geografiche e di mappe basate sui diversi gradi di frequenza alla Messa, agli altri obblighi sacramentali o devozionali, alla partecipazione ai gruppi, ecc.

## 2. Lo sviluppo successivo

Intorno agli anni 50 un po' ovunque erano attuati delle ricerche secondo questo indirizzo. Essi sono seguiti da studiosi delle diverse confessioni, specialmente protestanti e cattolici che rispettivamente studiano problemi e situazioni legati alla loro congregazione. Vi prevale la "Commissione" di ricerche da parte di Enti religiosi (diocesi ed altri organismi che quindi sottolineano così la tendenza a servire all'azione concreta (pastorale) e alla specificazione confessionale.

Sebbene convergenti sulla scelta dell'oggetto di studio, tuttavia si evidenziano alcune accentuazioni, mentre in Europa continua la puntualizzazione della pratica negli Stati Uniti, specie dopo la seconda guerra mondiale, si sviluppano studi con agganci all'anche al tema della dimensione comunitaria. Un ambito interessante è stato lo studio dell'appartenenza religiosa nelle sue componenti strutturali e caratterizzazioni dinamiche e nella conseguente tipologia dei fedeli costruita su tale base. La confluenza anche di autori di varia confessione aveva come conseguenza lo studio del fenomeno del pluralismo religioso (diverse chiese e sette). Un più recente aspetto riguarda il fenomeno della passaggio dalla componente rurale a quella urbana e dall'agricoltura all'industria, ed infine è stato studiato anche il tema della secolarizzazione[43].

---

[43] CARRIER H. - PIN E., *Saggi di sociologia religiosa*, Roma, AVE, 1967; BOULARD F., *Primi risultati della sociologia religiosa*, Milano, Vita e pensiero, 1955.

Nel complesso sono stati molti gli autori che hanno sviluppato al massimo questo indirizzo con grande impegno dal punto di vista contenutistico e metodologico, pur rimanendo nell'alveo delle impostazioni descritte. Tale tipo d'impostazione nel recente passato è stato quello più utilizzato e sfruttato specialmente dai vari sociologi legati a vario titolo ad una data confessione religiosa. Esso peraltro si presta per una presa di contatto della situazione comportamentale e aggregativa della religione, specie in funzione di una loro utilizzazione in vista dell'azione pastorale della chiesa[44]. Specialmente cattolici e protestanti hanno sviluppato delle ricerche secondo questo tipo di approccio, ma non sempre con la dovuta oculatezza contenutistica e metodologica.

Per questo, a tale impostazione è stata attribuita una prevalente connotazione limitativa e riduttiva, se non propriamente negativa[45]. Infatti, a suo riguardo sono state avanzate parecchie critiche. Le osservazioni più ricorrenti al metodo usato negli studi di questo indirizzo di sociologia religiosa possono così sintetizzarsi:

---

[44] I principali autori dell'orientamento sociografico, oltre a G. Le Bras sono: F. Boulard, J. Labbens, D. Chenu, F. Isambert, J. Remy, F. Houtart, A. Rimoldi, S. Burgalassi, J. Pin, H, Carrier, G. C. Milanesi, E. Pin, R. Doucastella, J. Fichter, C. Glock. Cfr. le opere nella bibliografia.

[45] Tuttavia non si può sottacere il merito che tale impostazione ha avuto in rapporto alla riconciliazione tra l'apparato ecclesiale e la sociologia, precedentemente guardata con sospetto a causa della sua origine prevalentemente antimetafisica e antiteologica.

a) sul piano del contenuto: sopravvalutazione della forza di indicatore della pratica religiosa. Essa è concepita come sufficiente da sola a far capire tutto il fenomeno religioso, mentre in realtà una tale analisi rende indebite e sproporzionate le illazioni verso la prospettiva di una comprensione adeguata della dimensione religiosa della vita dei fedeli;

b) sul piano metodologico: carenza nel cogliere il rapporto e il collegamento con la teoria sociologica generale. Per questo i dati raccolti rimangono facilmente un assemblaggio di tipo solo censuale e senza la possibilità di inferenze esplicative rendendo la spiegazione dei fatti osservati estremamente semplice e talvolta solo apparente;

c) sul piano epistemologico: assenza di autonomia dell'approccio (livello applicativo e quindi carenza di sintesi tra teoria e metodologia) e subordinazione alle esigenze dell'azione pastorale (o finalizzazione in vista di interessi confessionali) e condizionamenti da esigenze esterne alla ricerca.

Questo riferimento è giusto se è visto come la finalizzazione operativa di un'indagine conoscitiva completa autonoma e metodologicamente corretta. Invece, in questi autori la subordinazione si verifica come preselezione dei temi, trattazione di quelli che servivano all'edificazione, sia dei responsabili sia dei fedeli, escludendo dall'esposizione quelli che potevano produrre un influsso negativo. Tale prospettiva, infatti non offre un'immagine completa della realtà.

## III. L'IMPOSTAZIONE INTEGRATA

L'approccio sociografico aveva spianato la strada allo sviluppo della sociologia della religione e aveva permesso una maggiore presenza nel contesto delle chiese cristiane. Esse la riscoprivano non più come una minaccia o un nemico, ma come uno strumento di conoscenza della situazione per una migliore attività pastorale. Tuttavia le modalità concrete di attuazione ne avevano anche impoverito i contenuti da studiare ed abbassato lo status epistemologico globale.

Ne è derivata pertanto una certa reazione perché in realtà tale tipo di approccio rimaneva ai margini di una vera e propria comprensione del fenomeno religioso, sia in rapporto al contenuto che in rapporto al metodo, come anche in riferimento allo statuto epistemologico della sociologia della religione. In altri termini, i passi realizzati risultavano piuttosto limitati ed incompleti, come si può dedurre anche dalle critiche avanzate alla fine del paragrafo precedente. Tale complesso di limiti, in questi ultimi anni, ha portato ad una svolta significativa sia in rapporto al contenuto sia in relazione al metodo, nelle ricerche applicate al fenomeno religioso.

In tal senso la modalità che si va profilando, specie a partire dagli anni sessanta, fonde i vari apporti e ne completa l'itinerario evolutivo. In altre parole, appare importante realizzare un'impostazione più fondata, completa e bilanciata. Ne risulta una sorta di ritorno ai classici, ma senza ripeterne il globalismo, un recupero degli empirici, ma senza riproporne le superficialità. Tale impostazione a buon diritto va connotata con l'aggettivo di "integrato", che accenna al consolidamento contenutistico e al potenziamento metodologico, secondo cui è impostato l'approccio al fenomeno religioso, che ormai si può considerare maturo.

Data l'importanza sia teorica che applicativa di tali due aspetti e momenti dello sviluppo della storia della sociologia della religione ci sembra importante chiarirne meglio i contenuti, evidenziarne di più la plausibilità logica ed esporne le potenzialità euristiche, e capace di supportare una forma di ricerca scientifica autonoma[46].

### A. LA PUNTUALIZZAZIONE DEL CONTENUTO

La caratteristica più rilevante dal punto di vista del contenuto è quella che riguarda l'ampliamento della problematica nel suo complesso ma anche l'emersione di nuove tematiche e la possibilità di ricerche più valide e complete. Tale aspetto appare così evidente che quasi si arriva ad una sorta di frammentazione tematica, cui peraltro si aggiunge anche una diversificazione anche metodologica.

In questo senso va visto l'accostamento alla teoria sociologica che vede il fenomeno religioso collegato intimamente al contesto socioculturale concreto e ne evidenzia il reciproco condizionamento tenendo con-

---

[46] SCARVAGLIERI G., (Cfr. le varie opere nella bibliografia generale: 1977, 1980, 1982, 1987, 1992, 1997).

to delle sua evoluzioni e trasformazioni. In questa ottica vanno riviste le teorie classiche e vanno e riprovoste altre impostazioni che siano più adatte ad una visione più ampia e comprensiva, sia in relazione alla prospettiva storica sia in rapporto alla nuova situazione. Tale esigenza interpretativa, mette in evidenza l'inadeguatezza dell'impostazione classica basata sul concetto di variabile dipendente ed indipendente, dato che spesso la situazione si configura in termini più complessi e con caratteristiche più eterogenei.

Occorre quindi trovare un'impostazione quindi più applicabile in contesti anche storicamente e culturalmente distanti tra loro con l'evidente vantaggio di possibili comparazioni longitudinali (storiche e presenti) e latitudinali (interculturali ed attuali). Pertanto diventa importante accennare ad alcuni di tali aspetti contenutistici, richiamandoli sebbene brevemente nei tre paragrafi seguenti.

## 1. Le implicazioni della complessità

Particolare rilievo acquista in questo contesto la presa di coscienza della complessità della religione come oggetto di studio. Si è così pervenuti all'impostazione multidimensionale che abbraccia contemporaneamente i diversi aspetti fondamentali del fenomeno religioso. Vi sono comprese sia le credenze che costituiscono il contenuto della fede e della dottrina, sia la partecipazione alle pratiche religiose ordinarie e straordinarie e alle relative motivazioni. Inoltre vi si fanno riferimenti sia alla dimensione etica che deriva dalla connessione del messaggio della propria religione con la vita quotidiana, sia agli aspetti comunitari basati sul senso di coinvolgimento nella vita della comunità religiosa e sullo sviluppo della presa di coscienza della propria appartenenza.

Più specificamente sono emerse tematiche riguardanti la religiosità popolare, il confronto tra ritualità religiosa e ritualità civile o profana, che in questi ultimi tempi ha registrato un certo incremento quantitativo[47]. Basta pensare non solo ai riti patriottici, alla riscoperta delle tradizioni locali, ma anche agli aspetti della dimensione culturale vissuto un certo pathos e una partecipazione intensa come le grandi manifestazioni sportive, i concerti rock, le forme di trasgressione sessuale senza controllo, in vista del raggiungimento di qualche forma di auto-trascendimento. Importante e anche fare riferimento ai nuovi movimenti religiosi, alla nuova ricerca e ricorso ad operatori dell'occulto (magia, oroscopi), che interessa sempre più grandi fasce di popolazione dei contesti sociali (ambiente rurale, cittadino. Non si possono trascurare i problemi derivanti dalle grandi problematiche legate all'ecologia, alla contestazione, specie giovanile. Infine molto importanti sono anche le tematiche relative alla comunicazione sociale e i nuovi strumenti tecnologici che vi sono riferibili (specie radio-telivisive, ed informatiche).

---

[47] Cfr. RIVIERE C. *I riti profani*, Roma, Armando, 2002.

Molto evidente è stato anche la nuova impostazione dei rapporti tra religione e filosofia, religione e scienze. In tale ultimo riferimento non va dimenticato il complesso dei problemi derivanti da alcune scienze fondamentalmente evoluzionistiche come le scienze naturali e le scienze astronomiche, da una parte ma anche le implicazioni delle scienze biologiche e le connessioni con le manipolazioni genetiche. Tali aspetti pongono grossi problemi a tutte le religioni. Tali prospettive ha operato forti divisioni entro le diverse religioni con forme varie di movimenti tradizionalisti e fondamentalisti, da una parte, e movimenti progressisti e conciliatoristi, dall'altra.

## 2. Le incidenze della post-modernità

La post-modernità è un concetto complesso e recente che sebbene non privo di contraddizioni tuttavia non può essere del tutto trascurato. Esso comporta caratteristiche di discontinuità rispetto alla modernità anche se si constatano forme e modalità di compresenza. Nel nuovo contesto pertanto emergono alcuni fenomeni che riguardano sia il sapere filosofico come deperimento della metafisica ("pensiero debole") che evita o non sa o non vuole affrontare visioni del mondo o Weltanschauungen totalizzanti, che il sapere scientifico considerato come parzialità della tecnicità della scienza che evita o reputa inaccessibili o comunque inutili le spiegazioni oggettive e si limita a spiegazioni concettuali entro i rapporti tra sistemi limitati e chiusi e che non presuppongano dati oggettivi e "naturali"[48].

Tra i vari tratti che condizionano e spiegano il rapporto tra società e la presenza della religione oggi ci sembra importante sottolinearne alcuni. Innanzitutto va fatto riferimento al disincanto della ragione e alla perdita del fondamento stabile, del famoso punto di appoggio, in quanto tutto sembra caratterizzato dall'indeterminazione, dalla discontinuità, dal pluralismo. Più in particolare da tale situazione dipende anche il senso della incapacità strutturale dell'uomo di controllare i processi sia fisici che sociali, da cui deriva il rifiuto delle grandi sistemazioni totalizzanti tra cui anche quelli religiosi.

Tale impostazione interessa molti temi religiosi che vengono messi in crisi per cui il suo impatto della postmodernità ha influenza sia sul contenuto che sul metodo della ricerca da parte della sociologia sulla componente religiosa. Vi si possono scorgere elementi interessanti relativi alla visione della precarietà della situazione storica dell'uomo, dell'impropria attribuzione a sé da parte della scienza di poteri sproporzionati, che vorrebbe sostituire Dio e la sua provvidenza. Benché siano interessanti le tendenze a riconoscere i valori: dell'essere al posto di quelli dell'avere, del comprendere empaticamente (misticamente) al posto dello spiegare intellettualmente, tuttavia si potrebbe evidenziare una visione dal punto di vista religioso.

---

[48] Una introduzione più ampia alla comprensione della post-modernità va ricercata in autori come: G. VATTIMO, J. F. LYOTARD, G. LEPTVOSKI, J. BRAUDILLARD, ecc.

Non si può negare che tale impostazione risulta esiziale ad una ricerca di senso dell'esistenza e una visione del mondo entro i termini della religione, per il fatto che tali tratti spengono ogni istanza verso una trascendenza. Tutto questo sembra piuttosto racchiuso entro i limiti della cultura generale con forte tensione verso una nuova auto-religione sociale senza alcuna realtà meta-storica e meta-empirica[49].

## 3. Le conseguenze della globalizzazione

Nello stesso tempo però, queste specificazioni hanno colto i nuovi fenomeni di carattere globale che rappresentano il nuovo clima mondiale e che si esprime come forme di globalizzazione. Essa comprende una serie di tendenze particolari che fanno riferimento alla multietnicità, multiculturalità, multireligiosità. L'attuale e imponente trasmigrazione dei popoli, infatti, è di tale portata quantitativa e culturale che trascina con sé non tanto fenomeni di inserimento di piccoli nuclei etnici, linguistici, ecc., ma rende chiaro che i nuovi gruppi hanno tale consistenza da incidere nella culturale ospitante, sia dal punto di vista della legislazione, della costume, e degli usi. Ne deriva un'esigenza di adeguamento che ancora sembra solo agli inizi, ma che certamente si protrarrà nel tempo e nella capacità di rendere in qualche modo paritetici i vari gruppi[50].

---

[49] Cfr. MARDONES J. M., *El desafio de la postmodernidad al cristianismo*, Santander, Sal Terrae, 1988.

[50] Va notato però che non mancano le tendenze in senso opposto, sia come au-

Inoltre tale clima mette in evidenza il complesso delle connessioni ambivalenti tra contesto sociale e religione.

Alcune sono si segno negativo ad es. la tendenza al sincretismo alla commistione di credenze, pratiche religiose, di componenti etiche che sembra una raccolta di elementi trovati nei super mercati della fede, cui si accede per una sorta di shopping religioso. Inoltre tutto questo facilmente genera anche l'indifferentismo religioso in quanto non si valuta importante quello che facilmente e contraddetto non tanto da una impostazione negativa quanto piuttosto da un'altra impostazione religiosa.

Altri riferimenti invece si configurano positivi. Basta pensare ai vari fenomeni come: il rapporto ecumenico (entro le confessioni derivanti dalla stessa matrice), il dialogo interreligioso (tra religioni di matrice storica diversa), la collaborazione per tematiche unificanti (elusione della marginalità della religione, preghiera per la pace, salvaguardia dei diritti umani, tematiche relative alle tecnologie genetiche e sue forme applicative). In questo contesto non si può sottacere il tema (o meglio il pericolo) del sincretismo, che oggi emerge continuamente, specie a causa della multiculturalità e del fenomeno della globalizzazione[51].

---

todifesa, sia come richiesta che anche nei luoghi di provenienza degli immigrati si attui una reciprocità specie sul piano culturale e religioso con gli eventuali gruppi ivi presenti, per evitare forme di asimmetria nei rapporti stessi

[51] Cfr. ROBERTSON R., *Globalizzazione*, Trieste, Asterios, 1999, e quanto diremo a questo riguardo nel cap. finale.

B. Il potenziamento del metodo

In rapporto al metodo occorre notare il notevole sviluppo nell'impostazione e nelle diverse operazioni esecutive che esso ha registrato. Ciò ha permesso il potenziamento della sua capacità di analisi e di interpretazione della realtà concreta, in quanto facilita l'accertamento di momenti e situazioni reali della vita religiosa degli uomini e delle problematiche che vi sono connesse. Non si tratta solo di descrizione esterna e superficiale, ma cresce sempre più la prospettiva di comprensione approfondita delle situazioni personali e collettive, per capire come queste possono subire un qualche influsso da parte della componente religiosa[52].

L'applicazione del metodo sociologico è diventata più seria e rigorosa ed ha richiesto una più attenta operazionalizzazione dei concetti e un conseguente affinamento delle tecniche o strumenti usati. Ciò è legato ovviamente all'osservazione che è attuata con una maggiore connessione con la teoria. È così superato il complesso dei limiti caratteristici dell'approccio sociografico, in quanto non ci si contenta solamente della raccolta generica di dati, ma si avviano le ricerche, partendo da un'ipotesi che si vuole arrivare alla verifica e attuando i diversi passi che possono portare ovviamene anche alla sua smentita[53].

---

[52] GUIDICINI P., *Manuale della ricerca sociologica*, Milano, Angeli, 1967.
[53] Uno di principali osservatori di tale insufficienza è stato T. Luckmann, anche se poi sul piano propositivo la sua opera rimane insufficiente oltre che inapplicabile e di fatto fino ad ora del tutto inapplicata.

Un significativo contributo alla ricerca concreta è derivato dal crescente uso dei computer[54] che ha reso possibile forme di elaborazione dei dati più raffinate ed efficaci con il conseguente miglioramento sul piano dell'interpretazione. Il processo di ricerca non è visto solo come un evento censuale e superficiale di comportamenti immediatamente recensiti, ma si vuole arrivare alla verifica delle ipotesi, resa possibile dalla prospettiva di calcoli anche complessi attuati tramite l'uso dalle macchine informatiche applicate al processo di elaborazione dei dati. Inoltre sono rimasti i vari modi tecnici già usati e così anche l'utilizzazione dei vari accorgimenti sussidiari come i grafici, le mappe, ma si sono aggiunti calcoli più raffinati e l'uso di test vari e l'applicazione dell'analisi fattoriale[55].

Non va sottaciuta la riaffermazione della autonomia della ricerca rispetto alle strumentalizzazioni manifeste o latenti che si erano verificate durante e attraverso gli orientamenti esposti. A differenza della fase precedente in cui programmaticamente si subordinava, la ricerca dietro commissione dei responsabili della gerarchia o comunque della pastorale, (tanto che la sociologia religiosa era intesa come un mezzo per la pastorale), nell'indirizzo attuale ci si sofferma principalmente sulla esigenza conoscitiva come tale, rimandando ad altra sede e ad altro momento l'aspetto applicativo. Pertanto i risultati, anche se finaliz-

---

[54] Questa problematica e molto generale, ma vi sono anche forma di utilizzo specifico, cfr. a questo riguardo: "Computers for Christ", di J. MARLER.
[55] GALLUCCI M., LEONE L., PERUGINI M., *Navigare in SPSS per Windows*, Edizioni Kappa, Roma 1999.

zati all'azione, vanno considerati autonomi da ogni influenza indebita da parte dei committenti[56].

Per dare un'idea globale anche se sintetica delle principali esigenze metodologiche vogliamo accennare ad alcune indicazioni generali. Infatti, l'esigenza di una corretta metodologia è pari se non superiore alla puntualizzazione dei contenuti. Tuttavia in questo contesto non possiamo trattarne che per accenni, richiamando gli elementi fondamentali: il disegno della ricerca, l'adeguatezza della rappresentatività, i momenti le fasi principali di tutto il processo[57].

## 1. Il disegno della ricerca

È importante quindi prendere coscienza dell'esigenza del disegno della ricerca e dei suoi momenti principali: delimitazione del contenuto della vita religioso dal punto di vista sociologico, insistenza su una sua corretta operazionalizzazione dei concetti, concezione della natura e portata delle mediazioni psico-sociologiche e culturali e la puntualizzazione più concreta del campo di applicazione. Per un'utile applicazione si deve puntare ad

---

[56] BOUDON R. - LAZARSFELD P., *L'analisi empirica nelle scienze sociali*, Bologna, Il Mulino, 1969.

[57] Questa brevissima sintesi del processo di ricerca offre un'idea rapida e veloce dell'orientamento attuale. Cfr SCARAVAGLIERI, *Metodologia della ricerca...*, op. cit.

una valida impostazione operativa: inquadramento contenutistico, aspetto tecnico, esigenze organizzative[58].

a. *L'inquadramento contenutistico*. Ogni ricerca, come abbiamo detto, ha un suo specifico contenuto e le sue esigenze particolari. È un errore pensare che una ricerca possa affrontare tutte le tematiche esistenti in un contesto concreto. Occorre saper individuare un tema centrale rilevante e significativo in se stesso e nelle sua implicazioni. Di esso occorre vedere anche i suoi aspetti e problemi più rilevanti sul piano storico, sociale e culturale, tenuto conto della situazione locale e delle altre circostanze che hanno determinato l'attuazione della ricerca stessa.

b. *L'aspetto tecnico*. La metodologia non è solo una cornice rispetto al contenuto, ma è piuttosto un pezzo di ingranaggio: ogni contenuto ha quindi le sue peculiarità di approccio. Esso comporta il modo concreto di affrontare lo studio nell'ambito delle scienze sociali scegliendo tra le tecniche più adatte alle proprie finalità e alle esigenze dell'oggetto in esame[59]. In ogni caso è indispensabile garantire la validità e l'attendibilità della ricerca. La scelta delle tecniche pertanto è molto importante: può trattarsi, infatti, di: analisi del contenuto, osservazione partecipante, attuazione di un sondaggio. Inoltre all'interno di una

---

[58] HYMAN H., *Disegno della ricerca e analisi sociologica*, Padova, Marsilio, 1967.

[59] Per l'analisi del contenuto:. DE LILLO A., *L'analisi del contenuto*, Bologna, Il Mulino, 1971; per il sondaggio: DAUTRIAT H., *Il questionario*, Milano, Angeli, 1968; per altre forme di osservazione: VANSINA I. *La tradizione orale: saggio di metodologia storica*, Roma, 1976.

data tecnica si può optare per una indagine di tipo quantitativo, oppure di tipo qualitativo[60].

c. *Le esigenze organizzative*. Anche se tale componente si configura come una dimensione esterna alla ricerca, essa rimane importante per raggiungere il pieno successo dell'indagine. L'applicazione concreta, infatti, richiede una corretta strategia e collocazione delle operazioni nel tempo e nello spazio. Va tenuto inoltre conto di: chi, quando, come, dove, ecc. attua la ricerca, dei collaboratori che sono a disposizione in rapporto all'ampiezza del campione e di tutti gli altri aspetti che possono sembrare secondari, ma risultano indispensabili per una valida attuazione.

## 2. L'adeguatezza della rappresentatività

Una ricerca tenta di cogliere situazioni esistenziali individuali e collettive di una data aggregazione. Ma in concreto occorre far riferimento alla configurazione quantitativa e qualitativa della popolazione. In base all'entità e all'articolazione concreta di una data comunità locale, come si constata in tutti gli altri ambiti della ricerca empirica, possiamo trovarci di fronte all'esigenza di attuare una scelta tra i due tipi fondamentali di ricerca: la prospettiva globale e l'impostazione campionaria. Ognuno di tali tipi ha la sua logica applicativa ad un dato universo e la sua capacità rappresentativa di un determinato oggetto di studio.

---

[60] DENZIN N., Lincoln Y. S. *Handbook of Qualitative Research*, Thousand Oaks. Sage Publication, 1994.

a. *La ricerca globale*. Questo tipo di ricerca (o studio del caso estesa a tutti i membri della popolazione, purché non numerosa) è spesso anche preferito perché sottolinea un effetto complementare, sempre connesso con ogni ricerca, di configurarsi come iniziativa di coinvolgimento esteso a tutti che rende un servizio alla presa di coscienza di certe problematiche.

b. *La ricerca campionaria*. Nella ricerca campionaria è importante sottolineare che deve trattarsi di una parte strutturalmente articolata, casuale e rappresentativa di tutta la popolazione sottoposta a studio. Tale impostazione al momento dell'analisi, permetterà di estrapolare i risultati a tutto l'universo. Per questo risulta indispensabile che sia usato un campione *rappresentativo, casuale, sufficiente*.

In ogni caso, una data ricerca deve garantire sempre un adeguato senso di realismo nell'individuazione dei problemi, un proporzionato livello di efficacia nell'esecuzione metodologica, una corrispondente prospettiva di analisi consistente e significativa.[61]

## 3. Momenti e fasi dell'attuazione

Un ulteriore aspetto di cui tenere conto riguarda la sequenza temporale, che presuppone il processo di ricerca come una realtà globale ed unitaria e produttiva, anche se articolata nelle operazioni e protratta nel tempo. In questa sede non possiamo dilungarci a giustificare la plausibilità

---

[61] BAILEY K. D., *Metodi della ricerca sociale*, Bologna, Il Mulino, 1985

logica di fondo delle fasi né della loro configurazione specifica. Occorre tener conto che si tratta di molte operazioni semplici che s'influenzano reciprocamente, come momenti di un processo complesso, ma unitario[62].

a. *Prima fase: attuazione dell'impianto generale*. La ricerca fondamentalmente deve tendere alla puntualizzazione del tema e a collocarlo in modo concreto nel suo contesto. Occorre definire bene il problema, osservando le varie sfaccettature che rappresentano le dimensioni principali dell'argomento, e operazionalizzare i concetti, arrivando alla formulazione dell'ipotesi e all'individuazione delle variabili.

b. *Seconda fase: la costruzione degli strumenti*. Il passo successivo è costituito dalla costruzione degli strumenti, che dovranno essere usati per la raccolta dei dati e la verifica dell'ipotesi di lavoro. In questa fase occorre scegliere quindi gli strumenti adatti al singolo argomento da studiare e seguirne le indicazioni mitologicamente necessarie. Per le tecniche principali va fatto riferimento: all'analisi del contenuto, all'osservazione partecipante, ed infine all'applicazione di un sondaggio.

c. *Terza fase: l'applicazione sul campo*. L'applicazione sul campo comporta tre sotto-operazioni particolari: l'organizzazione dei collaboratori, la loro preparazione, l'attuazione effettiva della raccolta dei dati. Per preparare i collaboratori risulta indispensabile la predisposizione di

---

[62] MELONI M. - SAPORITI A., *Metodologia della ricerca sociologica*, Roma, La Goliardica, 1985.

un piccolo seminario per aiutarli a svolgere il loro compito in modo non solo valido, ma anche omogeneo.

d. *Quarta fase: l'elaborazione e l'interpretazione dei dati*. Questa consta di varie operazioni molto delicate in quanto ci sono da affrontare diversi problemi procedurali: l'inserimento dei dati e la loro eventuale revisione, l'esecuzione dei calcoli in base ad una preciso piano di elaborazione. Particolare attenzione è conveniente rivolgere alla lettura dei dati che presuppone le operazioni differenziate per i dati qualitativi e per quelli quantitativi per arrivare all'analisi e interpretazione.

La sintesi proposta mette a disposizione un'essenzializzazione di tutto tematica, in vista dell'attuazione dell'altra prospettiva di natura organica e sistematica che ci sembra offra un quadro di riferimento più utile alla comprensione del modo come dal punto di vista sociologico è stato studiato il fenomeno religioso. Peraltro ci riproponiamo di riprendere qualche accenno alla genesi e allo sviluppo delle varie tematiche, e facendo riferimento ai rispettivi autori, man mano che esporremo i vari temi.

# CAP. III
# LE DIMENSIONI DELLA RELIGIONE

Un'impressione immediata e spontanea della visione globale che il fenomeno religioso suscita riguarda la sua polivalenza e complessità strutturale e dinamica. Infatti, anche un'osservazione superficiale prospetta diverse componenti di vario tipo e che riproducono i diversi aspetti fondamentali della natura umana: cognitiva, etica, simbolica, organizzativa. Tali differenti aspetti, seppure da una parte, si presentino collegati ed interdipendenti, dall'altra, mostrano non solo una certa autonomia concettuale ma anche comportamentale da parte dei soggetti.

È logico quindi che il fenomeno religioso, dal punto di vista dell'approccio analitico, possa, anzi debba, essere articolato in diverse componenti. Tale impostazione offre la possibilità di approfondimento che evidenzia e spiega meglio la natura, la consistenza e la dinamica di tali diversi aspetti o dimensioni. Per questo tale modalità di approccio esige una migliore comprensione teorica del fenomeno religioso e una più adeguata prospettiva di interpretazione dei dati che l'applicazione sul campo offre[1].

Tale affermazione generale tuttavia non esclude la presenza di molti problemi e difficoltà nell'individuazione

---

[1] Per la genesi di tali problematiche procedurali ed istanze operative e per gli autori che vi hanno dato i loro contributi, confronta quanto diremo nelle pagine seguenti.

e delimitazione concreta delle singole dimensioni. Occorre quindi procedere con molta cautela ma anche con rigore metodologico proporzionato all'importanza della questione, non trascurando comunque di accennare anche alle difficoltà e limiti che vi sono connessi. Altrimenti si potrebbe verificare un approccio piuttosto caotico con divisioni surrettizie, improvvisate e comunque meno utili in ordine ad una comprensione più approfondita.

Ecco quindi alcune riflessioni più rilevanti circa i limiti più vistosi e che normalmente sono evidenziati dai diversi autori[2]. Infatti, la coscienza che ci siano dei limiti, se, da una parte, rende più arduo l'attuazione del processo di individuazione delle dimensioni, dall'altra, lo rende più documentato e critico. Risulta utile la puntualizzazione di alcuni tra i limiti più rilevanti ed incidenti.

a) Un primo problema riguarda natura reale di ogni dimensione, per coglierne adeguatamente la portata e la relativa problematica. Tale possibilità dovrebbe permettere di cogliere il nucleo fondamentale di ciascuna di esse formato da elementi della stessa natura di fondo (o cognitiva, comportamentale, rituale ecc.). Questo comporta che la prima cosa da osservare riguarda la struttura fondamentale degli elementi di una data dimensione.

b) Un altro ostacolo concerne il rischio di sovrapposizioni per cui si potrebbero incontrare eventuali interferenze tra le dimensioni. Infatti, potrebbe capitare che un de-

---

[2] Per la genesi di tali problematiche procedurali ed istanze operative e per gli autori che hanno dato i loro contributi, cfr. quanto diremo in seguito.

terminato aspetto, nella sua complessità strutturale, risulti composto di varie componenti che rientrano in dimensioni differenti, ad es. di una componente rituale e di un'altra di carattere etico, oppure di una componente comunionale e di un'altra di natura cognitiva, ecc.

c) Un terzo scoglio si riferisce alla *correlazione* tra le differenti dimensioni. Difatti tra un aspetto e l'altro si potrebbe constare, pur essendoci una certa dipendenza, anche una discreta autonomia. Questa tuttavia non dovrebbe arrivare fino ad una sorta di atomizzazione, che risulterebbe in contrasto con l'unità di fondo del vissuto umano in cui le componenti sono intimamente intrecciate tra loro.

Tuttavia la presenza di difficoltà e limiti non deve essere intesa come un ostacolo, che inibisce, ma un invito alla prudenza e alla costante verifica nell'ottica di un loro superamento. Del resto l'obiettivo ultimo, tramite l'operazione di enucleazione delle principali dimensioni, consiste nella prospettiva che si evitino più inconvenienti di quanti se ne potrebbero ritrovare nel caso opposto.

## I. ESIGENZE PROCEDURALI

Nonostante queste difficoltà, si pensa che esse non vanno intese come un ostacolo insormontabile per arrivare all'individuazione delle dimensioni, ma piuttosto come una sfida da affrontare e superare. In tal senso la coscienza dei limiti dovrebbe piuttosto indurre ad accettare con un certo spirito critico le dimensioni stesse, ma specialmente indurre ad evidenziare le esigenze e le modalità razionali del procedimento di enucleazione. Tale prospettiva permette di evitare forme emotive e improvvisate, ed orienta verso un procedimento serio ed efficiente per raggiungere le finalità euristiche a livello scientifico che ci si vuole proporre[3].

In tale ottica si richiede sostanzialmente un'impostazione razionale, oggettiva e condivisibile, adeguata ed autonoma, che possa fungere da supporto logico ed efficace ad un'articolazione valida e funzionale della realtà. Pertanto occorre impostare il processo d'identificazione delle componenti non in modo artigianale ma scientifico ed accettabile dal punto di vista teorico e pratico. A tal fine serve un procedimento che parta da alcuni *criteri euristici* che rendano il processo di individuazione delle diverse dimensioni valido e logico ma anche funzionale ed operativo.

L'uso dei criteri, infatti, porta ad un'impostazione capace di offrire componenti reali e non apparenti, significative e non sovrapponibili. È quindi opportuno evidenziare e descrivere, in un primo tempo, i principali criteri validi e, successivamente, osservare più articolatamente come i vari autori abbiano individuato le singole dimensioni, anche se in numero e contenuto differenti rispetto agli altri.

## A. Enucleazione dei criteri

Ovviamente partire dal concetto di criterio è utile in ogni tipo di distinzione. Esso però deve essere logico e plausibile e per distinguere realmente le componenti del suo og-

---

[3] Rientriamo così nell'impostazione della "criteriologia" come processo scientifico che è presente e in modalità analoghe in tutte le scienze.

getto e quindi essere uno strumento ermeneutico adeguato. Comunemente per criterio sostanzialmente s'intende un principio che già di per sé noto conduce alla comprensione più appropriata di altri aspetti meno evidenti. La sua funzione di mediazione verso aspetti meno conosciuti della realtà è costantemente evidenziata nella letteratura scientifica in genere e metodologica in particolare[4]. Tra i criteri più importanti si devono sottolineare i quattro seguenti:

a) *Omogeneità degli elementi*. Questo criterio comporta che ogni dimensione raccolga quelle caratteristiche degli atteggiamenti o comportamenti religiosi e quelle manifestazioni concrete che sono strutturalmente affini tra loro[5]. Può trattarsi d'idee, di stati mentali o contenuti concettuali, oppure di aspetti rituali, simbolici e cerimoniali che mettono in rapporto con... o invece di aspetti comportamentali derivanti dai valori e dalle relative implicazioni etiche, o infine di elementi stratificativi ed organizzativi o relazioni interindividuali ed esigenze e manifestazioni associative, ecc. Occorre pertanto considerare appartenenti alla stessa dimensione le manifestazioni della stessa natura;

b) *Autonomia concettuale*. Data la natura simile dei vari tratti (o della loro modalità di essere vissuti o attuati o posseduti), ne deriva che ogni dimensione sia non solo distinta ma anche, in un certo senso, autonoma rispetto alle altre[6].

---

[4] Pertanto i singoli criteri sono specifici per i problemi che ogni scienza deve risolvere, anche se i presupposti logici possono essere comuni.

[5] Si tratta di un criterio oggettivo, cioè, basato sulla natura antropologica degli elementi che sono considerati.

[6] Ci troviamo di fronte ad un'esigenza organizzativa, da una parte, ma anche,

Questo fondamentalmente significa che quando s'include una manifestazione in una certa categoria, nello stesso senso non la si può includere in un'altra. Questa autonomia si estende poi anche alla forma e al diverso grado di presenza per cui il possesso di un certo livello per una dimensione non necessariamente comporta che anche le altre dimensioni abbiano lo stesso standard degli stessi soggetti;

c) *Fondamento antropologico*. A questo riguardo è centrale il riferimento delle dimensioni agli aspetti fondamentali della persona sociale[7]. Nell'ambito di tale richiamo nella persona sociale si possono evidenziare varie grandi caratteristiche sostanziali, quali: componente cognitiva che riguarda l'attività intellettiva, istanza e capacità operativa sia reale che simbolica, impegno e prospettiva di valutazione etica del comportamento, e infine esigenza associativa che porta gli individui a rapportarsi con gli altri e quindi di formare gruppi e a vivere in organizzazioni...). Così nell'individuazione ed enucleazione delle principali dimensioni del fenomeno religioso viene ad esserci una fondamentale corrispondenza a tali aspetti. Ciò giustifica e spiega le diverse puntualizzazioni che sono attuate a tale riguardo.

d) *Operazionalità dei concetti*. Un'ulteriore esigenza è quella dell'operazionalità delle dimensioni. Attraverso l'articolazione in diverse dimensioni, il fenomeno religioso, in un primo momento, e le singole dimensioni, in un secon-

---

dall'altra, di una necessità sistematica.

[7] Questa è il criterio fondamentale che rende oggettivo e giustifica l'individuazione concreta delle dimensioni, come vedremo nei paragrafi seguenti.

do tempo, possono essere riportate più facilmente ad un'impostazione di quantificabilità e misurabilità. A questo modo risulta funzionale il rigore con cui rispondere alle esigenze metodologiche nelle applicazioni empiriche[8].

Questi criteri devono essere considerati contemporaneamente e sono tra loro interdipendenti, anche se la loro incidenza può essere variamente consistente e, di conseguenza, diversamente valutata. Sulla base di questi criteri si può realizzare un'articolazione globale delle dimensioni che facilita una loro individuazione specifica e prospetta una loro effettiva utilizzazione. Ovviamente si possono costatare diverse impostazioni di fondo proposte da diversi autori. É utile esporre in modo molto succinto i principali apporti e le diverse articolazioni avanzate.

### B. I CONTRIBUTI PRINCIPALI

Sono molti gli autori che hanno dato alla sociologia della religione i contributi più importanti non hanno potuto fare a meno di notare alcuni elementi o aspetti fondamentali denominati correntemente "dimensioni". Più specificamente propongono una loro particolare distinzione delle diverse dimensioni, anche se nella loro identificazione prospettano soluzioni rispondenti a propri assunti di partenza. D'altra la stessa concezione delle dimensioni ha registrato un crescen-

---

[8] Questa esigenza è suggerita dalla logica metodologica e non rappresenta una caratteristica della realtà, ma del procedimento scientifico che richiede la prospettiva di tradurre i concetti definitori in operativi e cioè quantificabili e misurabili con gli strumenti dell'osservazione empirica.

te sviluppo ed affinamento concettuale nelle ricerche più recenti in base al confronto che ogni autore attua tra la sua visione e quella proposta dagli altri.

Tra le diverse proposte è bene sottolinearne alcune, limitandoci, tuttavia, ad un elenco essenziale e ad una descrizioni per punti fondamentali[9]. Tali indicazioni pertanto comprendono i principali contenuti che sono fatti rientrare in gioco, anche quando i termini usati possano apparire piuttosto differenti, sebbene presentino elementi sostanzialmente uguali.

Joachin Wach propone una sua articolazione che comprende fondamentalmente tre dimensioni esplicite. Esse fanno riferimento: alla dottrina come unica dimensione della componente intuitiva e concettuale[10], al culto che permette un rapporto con la Divinità e alla componente comunionale che associa i fedeli fra loro e li pone in interrelazione tra loro sia sul piano orizzontale, cui si aggiunge anche quello verticale o di gruppo[11].

Gorge Vernon invece arriva a quattro dimensioni: la fede, che sta alla base e che egli distingue dalle credenze, che sarebbero lo sviluppo conoscitivo successivo. Vengono quindi le pratiche religiose come occasioni e strumenti del rapporto con Dio ed infine le norme etiche che regolano tutto il comportamento dei fedeli[12].

---

[9] In realtà citiamo solo alcuni più famosi e più vicini nel tempo.
[10] Entro tale dimensione tuttavia congloba anche la dimensione etica.
[11] WACH J., *Sociologie de la religion*, Paris, Paco, 1955, 18-30
[12] VERNON G., *The sociology of religion*, New York, Mc Graw Hill, 1962, 46-56.

Gerard Lenski evidenzia pure quattro dimensioni: l'ortodossia che rappresenta la corretta visione dei contenuti della fede, l'associazione che struttura organicamente coloro che possiedono lo stesso credo, la devozione che è il modo secondo cui il fedele si rapporta con Dio, e infine la comunione che indica lo spirito che anima i rapporti interindividuali[13].

Robert Bellah distingue tre aspetti fondamentali: il sistema simbolico che raccoglie i diversi contenuti da credere, l'azione religiosa che indica il modo come il fedele opera in dipendenza dalla fede e le implicazioni sociali che derivano dal fatto religioso generale nei confronti della realtà ambientale in cui già esso si trova inserito[14].

Infine Charles Glock ne presenta cinque: fede considerata nella sua natura intuitiva, la dottrina che indica lo sviluppo in termini di teologia, il culto che rappresenta il modo come rapportarsi con Dio, l'appartenenza religiosa che fa riferimento a come il soggetto s'identifica con la chiesa e infine l'etica che rappresenta il complesso delle implicazioni consequenziali di coerenza nella vita concreta che derivano dalla fede[15].

Ma non mancano anche altri autori che ne presentano ancora di più, anche se spesso si costata che in realtà non sempre il concetto di base di dimensione è uguale. Specie la moltiplicazione delle dimensioni, infatti, è indice che qual-

---

[13] LENSKI G. *The religious factor*, New York, Garden City, 1963, 331-340.
[14] BELLAH R., *Al di là delle fedi*, Brescia, Morcelliana, 1975, 63-93.
[15] GLOCK C. Y., *Religion and society in tension*, Chigago, 1965, 25-40.

cuno dei criteri che sopra abbiamo esposti in realtà non è stato tenuto in debito conto[16].

Per questo l'aver trascurato il primo criterio, rende i contenuti delle dimensioni non del tutto lineari ed affini nei loro elementi costitutivi. Nel caso in cui sia stato sottovalutato il secondo criterio le dimensioni possono apparire non dotate delle necessaria autonomia, o non capaci di evitare delle sovrapposizioni reciproche. Inoltre l'aver ignorato il principio del radicamento antropologico, potrebbe avere come conseguenza una certa impressione di arbitrarietà o comunque di una giustificazione non autentica e plausibilità inadeguata delle individuazione delle stesse dimensioni. Infine la trascuratezza nei confronti del criterio dell'operazionalizzazione delle dimensioni, potrebbe rendere difficile una loro concettualizzazione e conseguente mancata utilizzazione concreta nella ricerca empirica sul campo.

## II. LE DIMENSIONI FONDAMENTALI

Queste diverse osservazioni e l'esigenza di fare una sintesi critica delle varie proposte nella lista delle dimensioni più rilevanti, ci ha spinto ad attuare una nostra sintesi. Abbiamo realizzato una classificazione composta di quattro dimensioni fondamentali: le credenze, la ritualità, l'atteggiamento morale, l'aspetto organizzativo. Nel prosieguo del presente capitolo evidenzieremo il significato e la portata di

---

[16] AA. VV: *Types, dimensions...*, 1969, in cui si fa riferimento ad altri autori che peraltro hanno avanzato altre proposte aggiuntive.

ciascuna di tali dimensioni e le modalità di uso nella ricerca sul campo con i relativi dati empirici che le singole realtà religiose presentano a riguardo delle componenti fondamentali.

Così, in un primo momento, parleremo delle credenze, mostrandone le forme di accettazione e le altre indicazioni circa la completezza e la dinamicità. Tratteremo quindi della dimensione etica, di cui presenteremo i diversi modi esistenziali secondo cui le persone si atteggiano e si comportano in relazione a quanto è recepito come normativo e derivante dalla religione. Esporremo quindi quanto riguarda la pratica religiosa, mostrando le differenze tra aspetto della frequenza e quelle della comprensione e della motivazione. Infine ci soffermeremo sulla dimensione comunitaria notando come essa sia concepita e come si manifesti e si ripercuota sulle effettive forme di impegno e di collaborazione[17].

Nel complesso si tratta di una rassegna descrittiva piuttosto panoramica che ritroverà nei capitoli successivi occasioni di approfondimento. Infatti, questa preliminare non risulta adeguata alla portata e all'ampiezza dei contenuti di ogni dimensione come essa effettivamente si presenta nella concretezza della vita e dell'esperienza di fedeli. Le quattro dimensioni, infatti, coprono tutta la problematica della vita religiosa con le relative implicazioni che l'esistenza quotidiana e concreta comporta.

---

[17] Per ciascuna di queste dimensioni può essere utile un rimando alle nostre ricerche in cui sono esposte e confrontate con i dati tratti dalle rispettive rilevazioni sul campo: Reggio Emilia, 1982; Foligno 1992, Lecce, 1997.

## A. L'AREA DELLE CREDENZE

Le credenze sono comunemente intese come il complesso di elementi intuitivi e cognitivi percepiti, e sentiti non solo come fatto intellettuale, ma come esperienziale e volontario, relativi ad una realtà meta-empirica e quindi di natura sopra-razionale e non verificabile[18]. Le credenze costituiscono la dimensione di base della vita religiosa. Senza la fede tutti gli altri atti mentali, atteggiamenti e comportamenti rimangono *profani*. La portata delle credenze è quindi fondamentale nell'ambito del comportamento religioso. Essi danno valore e significato ai riti, giustificano l'aspetto organizzativo e comunitario, non solo come fatto di gruppo ma anche come impegno di comunione interna, danno contenuto e valenza religiosi alle norme morali.

In altre parole si tratta dell'accettazione di verità che riguardano Dio, il mondo, l'uomo, la storia, l'interpretazione della vita nei loro aspetti di realtà "ultime" e dei rapporti tra queste entità. Nel concetto di credenza rientra tutta l'estensione del continuum che va dal fatto solamente intuitivo ed esperienziale al *"misterium tremendum et fascinosum"* e che arriva all'impostazione e formulazione dottrinale più o meno approfondita della conoscenza di tali entità, delle fonti a cui attingere tali conoscenze. Vi si deve includere anche il modo come si rapportano tali entità conoscitive "religiose" con quelle propriamente e solamente socioculturali, come la filosofia, la

---

[18] Sostanzialmente tutti gli autori ammettono, sia pure con sfumature diverse questa dimensione, cfr le note precedenti.

scienza, la visione del mondo e gli altri aspetti concettuali che spiegano e rendono più o meno plausibile la presenza della religione nella vita sociale[19].

## 1. La riflessione teorica

Possiamo così evidenziare due momenti: il momento emotivo-intuitivo (fede) e il momento cognitivo (approfondimento intellettuale). Questi due momenti non sono disposti diacronicamente. È possibile rilevare che per alcuni (forse per la maggioranza) un certo grado del momento emotivo intuitivo (fede sia per la natura stessa dei contenuti, che per mancato approfondimento) costituisce il fondamento della religiosità, restando sul piano implicito e latente il momento cognitivo. Tuttavia è anche vero che il momento esperienziale ed intuitivo porta ad un grado più elevato la conclusione del continuum. I grandi mistici in fondo sono anche coloro che nello stesso tempo hanno portato avanti il grado del loro approfondimento intuitivo che può avere avuto anche una forte componente intellettuale (ad es. i grandi dottori della chiesa), ma anche persone molto semplici possono essere arrivate ad una visione contemplante dei misteri divini[20].

Nella fede (o momento intuitivo) infatti, troviamo la tendenza ad essere sviluppata e formulata con l'aiuto di e-

---

[19] Tale estensione è chiamata da Glock C. "dottrinale".
[20] In questo contesto, sul piano della esposizione, sono richiamati alcuni elementi della descrizione di R. OTTO, *Il sacro*, Milano, Feltrinelli, 1969, anche se da non intendere nel suo back-ground filosofico.

lementi che sono offerti dall'attività intellettuale. La fede diventa così una persuasione di cui è necessario diventare coscienti e i cui contenuti vanno esplicitati. Tale esigenza peraltro si manifesta come un itinerario in cui la fede tende a diventare esprimibile in idee chiare e razionali. In una religione è indizio di elevatezza e di superiorità l'avere idee e conoscenze, e quindi professioni di fede intorno al Trascendente e di conseguenza intorno a tutto ciò che è contenuto nella rivelazione. Ma è chiaro che tali predicati razionali non possono esaurire l'essenza del divino.

Certamente tali predicati sono essenziali ma sintetici: vale a dire, sono ben compresi solamente quando sono riferiti ad un oggetto che essi qualificano, ma che non sia ancora compreso in essi, anzi che non possa esserlo, e che debba essere compreso in modo tutto particolare e del tutto diverso[21]. In questo senso le credenze, presentano tutta un'altra serie di caratteristiche che possiamo così brevemente sintetizzare: esse sono al di fuori di ogni dimostrazione razionale, nonostante i contributi che la ragione può in qualche modo offrire. Sono anche assolutiste ed esclusiviste, respingendo ogni compromesso o pluralismo indifferentista[22].

Queste caratteristiche danno adito ad alcuni problemi di carattere preliminare al tema delle credenze. È importante quindi cogliere una serie di concezioni circa la natura, l'importanza, la comprensione personale e la collocazione

---

[21] Cfr., 15-17. Cfr. anche quanto dice O'DEAT., *Sociologia della religione,* op. cit., 1968, 70-79. Cfr. anche PIN E., *Visione di Dio...* in CARRIER H. - PIN E., *Saggi di sociologia religiosa,* Roma, AVE, 1965, 289-290.

[22] Cfr. VERNON G. *The sociology of...* op. cit., 1962.

culturale del fenomeno religioso. Vi rientrano pertanto temi che possono caratterizzare la concezione della religione e il suo tipo di presenza o comunque di una differente percezione del suo ruolo e della sua influenza. A tal riguardo occorre fare riferimento al modo come è inteso il radicamento antropologico del fatto religioso, alla considerazione della religione come fatto tradizionale, al suo rapporto con lo sviluppo della scienza, allo status pubblico e privato della religione in un dato contesto sociale e in un dato tempo, al suo rapporto e le sue implicazioni sul piano socio-politico, ecc.[23]

Le credenze fanno quindi riferimento, in termini e con possibilità differenziata di comprensione (sia per la loro natura, come per la natura dell'intelligenza umana), ad una serie di contenuti presenti in ogni religione. Ecco i principali contenuti che si riscontrano comunque e dovunque presenti in tutte le religioni, anche se ovviamente con gradi di complessità e di articolazione diversa che vanno dalle religioni primitive a quelle storiche e monoteiste che si presentano molto sviluppate.

a) *Concezione dell'Essere supremo.* Vi rientra un'enunciazione più o meno articolata e ampia, oppure solamente intuitiva ed implicita, comprendente anche gli attributi riguardanti Dio, la sua natura (trascendente o immanente) e la sua relazione con gli uomini e la creazione. Le varie teologie espongono quale di questi attributi è prevalente, come ciò è spiegato e come è percepito esistenzialmente dai fedeli.

---

[23] A questo riguardo cfr. le diverse ricerche attuate dal sottoscritto e più volte citate.

In altri termini vi rientra tutto il contenuto della teologia nel senso più diretto e immediato come dottrina su Dio.

b) *Visione delle realtà fondamentali.* Un altro grande ambito riguarda la rappresentazione del mondo, la concezione dell'uomo, la visione e interpretazione della storia, e delle diverse relazioni tra tali entità, tra cui la portata e il significato della presenza e funzione, che in modo più o meno centrale, è svolta dell'uomo nel cosmo e nella storia. Vi rientrano le varie spiegazioni delle cosmogonie e della visione della storia con le svariate vicende, compresi i problemi della vita e della morte, il tema del male e della sofferenza, ecc.

c) *Varie credenze circa eventi salvifici.* Si tratta di fatti ed avvenimenti considerati come intervento di Dio nella storia di un dato popolo (eletto) o di tutta l'umanità. Di essi ovviamente sono proposti: significato, portata, frequenza, modalità ordinarie e straordinarie della loro attuazione e collocazione nel contesto di una storia che, appunto, caratterizzata da tale incidenza, diventa "sacra".

d) *Concezione del problema della salvezza.* Di essa è proposta: la natura, l'estensione, o la concessione da parte di Dio o l'acquisizione da parte dell'uomo. Vi sono incluse quindi le narrazioni circa: le circostanze, i mezzi, le modalità, le condizioni oggettive (gratuità e benevolenza di Dio), i requisiti soggettivi (moralità del comportamento) per raggiungerla.

e) *Impostazione del rapporto con Dio.* Un primo aspetto riguarda la possibilità seguita dalle indicazioni relative alla: necessità e modalità spazio-temporali della sua attuazione, e quindi la problematica tra sacro e profano, concezione e svolgimento del culto (liturgia), delle pratiche religiose, loro distinzione quanto ad obbligatorietà e ad efficacia, ecc.

## 2. L'accettazione personale delle credenze

Questa veloce sintesi di dati fondamentali ed oggettivi delle diverse religioni va confrontata con la situazione concreta e soggettiva in cui essi vengono a trovarsi[24]. Infatti, va sempre non solo supposta, ma anche misurata e verificata la situazione concreta e soggettiva in cui tali contenuti effettivamente si trovino, sia se considerati in se stessi sia se rapportati alle caratteristiche delle persone. Per questo due grandi aree di riflessioni riguardano, da una parte la differenza tra il punto di vista ufficiale e oggettivo rispetto a quello personale e soggettivo, e dall'altra la diversa condizione in rapporto alle singole categorie di persone.

a) *La differenza oggettivo-soggettiva*. Sul piano oggettivo (o del credo) vanno studiate le modalità e l'intensità di accettazione delle principali credenze a partire dall'esistenza di Dio e dalle idee che si hanno su di Lui, fino ad arrivare ai diversi aspetti o punti specifici del proprio credo. Ad es. in riferimento al contesto cristiano: l'accettazione della Trinità, della divinità di Cristo, della sua opera e della sua modalità di attuazione della salvezza, e in che cosa essa consiste (escatologia) e delle implicazioni per conseguirla e degli strumenti da lui predisposti: chiesa, sacramenti, ecc.

---

[24] Le riflessioni che seguono sono dedotte in modo libero dalle ricerche empiriche attuate da vari studiosi e che già abbiamo citato nelle note precedenti, e da altri ancora.

Importanza a questo riguardo ha il tema della concezione ed obbligazione della completezza della fede e l'eventuale grado di presenza della cosiddetta autogestione della fede e tendenza alla selezione soggettiva dei punti da accettare. Ne deriva quella che si può chiamare la *gerarchia culturale* delle credenze che può essere considerata il frutto della tendenza alla "autoselezione delle credenze" (o comunque alla scalarità della loro accettazione). Rilevanti inoltre a tale riguardo sono anche le questioni che riguardano le forme, le occasioni, le modalità di adesione alla fede, la percezione di esperienze religiose (o presenza di Dio nella propria vita) più o meno sentite o frequenti, il proprio itinerario nella formazione religiosa e le modalità di alimentazione ordinarie o straordinarie della propria fede[25].

In relazione all'aspetto soggettivo (o dell'accettazione) sono importanti oltre alle citate caratterizzazioni del fenomeno religioso in genere, le modalità effettive di percepire il fenomeno religioso (e quindi eventualmente di come i soggetti si autodefiniscono in relazione alla fede) e del loro modo di interiorizzare o di vivere i diversi aspetti o punti della fede. Concretamente si costata una diversa dinamica delle credenze nel senso che si attribuisce a sé un grado di conoscenza maggiore di quello effettivo.

Ciò comporta un diverso grado di impegno nell'approfondimento delle verità in genere e nell'esperienza personale degli ultimi anni, e se si stia attuando un progresso per-

---

[25] Tale impostazione risulta molto evidente nelle diverse ricerche da noi condotte.

sonale. Tale fatto inoltre rivela se e come le modalità di socializzazione religiosa si verificano e come le principali agenzie operano in tale campo: la famiglia, la parrocchia, le altre istituzioni e agenzie formative come la scuola, i gruppi di coetanei e i mass media.

b) *La differenza per categorie personali*. Di tutti questi aspetti occorre inoltre tener conto delle effettive modalità di percezione, adesione, traduzione in pratica da parte dei soggetti in generale e più in particolare in rapporto alle diverse categorie demo-sociali. L'analisi, infatti, può presentare situazioni diverse in relazione ai differenti contesti e alla specifica storia che in rapporto ad una data religione ha registrato una data comunità, per cui essa si configura con particolari tratti.

Attraverso vari incroci di dati sarà quindi possibile vedere la posizione degli uomini e delle donne, dei giovani, degli adulti ed anziani, in base alla cultura cogliere gli atteggiamenti delle persone colte o ignoranti. Infine è importante notare sia la diversa modalità di caratterizzarsi delle diverse zone dal punto di vista territoriale e di sviluppo, come anche eventuali altri aspetti che si dovessero prospettare in una data situazione concreta. Nelle ricerche empiriche tali categorie demografiche sono rilevanti perché permettono confronti tra le differenti classi della popolazione attuati con elaborazioni "sofisticate" e complesse e quindi interessanti dal punto di vista descrittivo e esplicativo[26].

---

[26] Cfr. WEBER M., *Economia e società*, Milano, Comunità, 1963, 120, 471-515. A questo riguardo inoltre sul piano sociografico vanno citate quasi tutte le ricerche sul campo, che normalmente hanno osservato le connessioni tra que-

Altre tendenze riguardano le dinamiche concrete vissute da soggetti a riguardo dei punti specifici del credo. Infatti, da una parte notiamo che emerge qua e là una certa tendenza alla purificazione delle credenze. Nonostante indicazioni contrarie, oggi si ha in genere una maggiore (più ampia contenutisticamente e dottrinalmente) "cultura" religiosa, basata su un accostamento diretto alla Bibbia, ma anche su letture religiose e su altre forme di comunicazione di massa. Facilmente le persone affermano di constatare delle variazioni positive delle proprie credenze nel senso che ne notano un qualche miglioramento concettuale o esistenziale della conoscenza complessiva dei contenuti della fede. Si osserva inoltre un rilevante processo di superamento delle incrostazioni storiche e uno sviluppo delle credenze che nel passato erano rimaste alla stato embrionale, mitico, o comunque legate a superstizioni. Ne sono dimostrazione affermazioni come quella sulla necessità della religione, che nonostante lo sviluppo tecnologico e scientifico, è ritenuta attuale e che considera conciliabili religione e scienza.

### B. La componente cultuale

Il culto è inteso come un insieme di riti organizzati e proposti dalla comunità (gesti, parole, simboli) partecipando ai quali l'uomo manifesta la sua dipendenza da Dio e trova in essi il potenziamento della sua religiosità. Questa

---

ste variabili demo-sociali e la dimensione religiosa.

dimensione pur non potendo essere considerata così centrale, come lo era stato nel recente passato, fino alla noia e talvolta alla banalizzazione[27], tuttavia ha la sua importanza. Per approfondire il significato di culto occorre sottolineare da una parte la sua funzione in generale e dei vari riti in particolare, e dall'altra, la sua strutturazione o modalità di essere organizzato in rapporto al tempo allo spazio e alle persone che lo praticano.

In relazione alle funzioni dei riti si possono quindi distinguere tre particolari modalità secondo cui essi possono essere percepiti e vissuti:

a) hanno una funzione espressiva: essi servono alla manifestazione di sentimenti, atteggiamenti verso Dio e mostrano il modo di concepire e realizzare i rapporti con Lui o con l'Essere Supremo con riferimento diretto ed esplicito a Dio (per la gloria di Dio)[28]. Pertanto si riscontrano nelle diverse forme di preghiera di lode, di esaltazione, di adorazione, di ringraziamento ecc.;

b) hanno una funzione strumentale: attuazione della pratica religiosa in ordine al raggiungimento di un fine come risposta a dei valori validi in se stessi sul piano strettamente spirituale (Salvezza, Grazia, ecc.) o in un livello più interessato e materiale, (benefici, miracoli o grazie di ordine bio-cosmologico, sociale, familiare ecc.)[29];

---

[27] Cfr. quanto detto precedentemente a riguardo delle critiche all'approccio sociografico.

[28] Cfr. O' DEA T., *Sociologia della religione*, op. cit., 67-68.

[29] Questa funzione presuppone una concezione generale del culto piuttosto interessata, da considerare negativa se troppo accentuata o considerata esclusiva.

c) hanno una funzione esistenziale: consolidamento del proprio standard religioso e dei rapporti con coloro che condividono le stesse credenze, o del buon esempio nei confronti di coloro che crescono nella fede (socializzazione in senso religioso) o della testimonianza verso coloro che non condividono la fede dei partecipanti ai riti stessi[30].

## 1. La tipologia teorica

In rapporto alla problematica e configurazione dei singoli riti, possiamo fare riferimento alla diversa concettualizzazione degli atti della pratica religiosa ed anche alla strutturazione concreta delle singole performance. Di essi occorre evidenziare alcune distinzioni teoriche e pratiche importanti per l'approccio sociologico sia nell'impianto della ricerca che nell'analisi dei risultati. Ne consegue l'esigenza di cogliere i molteplici livelli entro cui i riti possono essere collocati ed intesi e il modo secondo cui possono essere concretamente attuati.

a) *Il piano socio-religioso* è quello che fa riferimento alla *natura intrinseca* dei singoli atti di culto e pertanto agli effetti che essi producono e di conseguenza anche *all'iterabilità* o meno di essi[31]. Abbiamo pertanto: riti ripetitivi (o consuetudinari) o non ripetitivi (riti di iniziazione o di passaggio). I riti ripetitivi oltre all'aspetto puramente descrittivo, conno-

---

[30] DURKHEIM E., enfatizza molto tale funzione da renderla quasi esclusiva, op. cit. 405 e ss.

[31] Questo fa riferimento sia all'effetto che esse producono (Grazia e carattere) sia al modo come lo producono (opere operato oppure opere operantis).

tato dal termine stesso, rappresentano qualcosa che va al di là della pura facoltà di ripetizione, essi infatti richiedono condizioni facili per essere attuati; hanno una frequenza varia più o meno ritmica o ciclica (giornaliera, settimanale, mensile, annuale) e un'attuazione più o meno individuali o collettivi, liberi o obbligatori[32]. D'altra parte i riti di iniziazione sono legati ad eventi importanti e critici della vita individuale o comunitaria; sanzionano la transizione ad un nuovo status sociale. Hanno quindi una portata teologica di grande rilievo alcuni atti di culto che producono i loro effetti sicuramente (efficacia *ex opere operato*) che si distinguono dagli altri la cui efficacia dipende dalle modalità attuative (efficacia *ex opere operantis*). Da ciò la loro importanza normativa, l'attuazione molto elevata, tanto che diventano elementi importanti della stessa cultura[33].

b) *Il piano socio-giuridico* fa riferimento alla obbligatorietà o meno della partecipazione alle differenti pratiche. Abbiamo quindi atti centrali ed obbligatori (nel contesto cristiano: ricevere i Sacramenti, fare Pasqua, andare alla Messa la domenica, digiuni, astinenza, ecc.) e altri devozionali e facoltativi (devozioni particolari, processioni pellegrinaggi, altre iniziative particolari, ecc.). Ne deriva pertanto una diver-

---

[32] Cfr. LE BRAS G. *Studi di sociologia religiosa*, Milano, Feltrinelli, 1957, passim.

[33] Tale distinzione è mutuata dalla letteratura etnologica e antropologica. Essa però serve per notare tipiche differenziazioni anche nel comportamento religioso (pratiche) delle religioni storiche; cfr. VAN GENNEP, *Rites de passage*, Paris, Naury, 1909. È possibile l'abbinamento dei due aspetti. Tuttavia va notato che nei tempi di decadenza rimarrebbe solo la cosiddetta "religiosità sociologica".

sa percezione da parte dei fedeli e una diversa dinamica psicologica in relazione alla loro attuazione. Questa poi è ovvio, è più massiccia in riferimento agli atti obbligatori che in riferimento a quelli devozionali[34]. Va anche evidenziato il fatto che vi possono essere delle persone "speciali" deputate al culto (sacerdoti) oppure no. L'attuazione dei riti è attuata in luoghi e giorni "speciali" con l'utilizzazione di oggetti, utensili e strumenti simbolici (cose sacre). Spesso si verifica l'enunciazione di formule già predisposte e fissate nel tempo oppure la creazione spontanea hanno una rilevanza in questo contesto. Infatti le pratiche stesse sono attuate spesso non tanto secondo i significati teorici originari ed originali (teologici), ma piuttosto secondo una loro valenza o interpretazione culturale, superficiale, cerimonialistica, esteriore e formale[35].

c) *Il piano socio-organizzativo* coglie il carattere e il significato individuale o super-individuale delle varie pratiche per cui si possono avere pratiche pubbliche o comunitarie e pratiche private o individuali. Sia le une che le altre sono sociali. Le prime per lo svolgimento fatto insieme che ovvia-

---

[34] Cfr. VAN DER LEEUW G., *La fenomenologia della religione,* Torino, Boringhieri, 1970.

[35] L'assenza della comprensione adeguata e della motivazione corrispondente porta ad una culturizzazione degli atti. Essi si presentano in modo piuttosto esteriore, tradizionale, formale. Si ha quindi una religiosità sociologica e ambientale, dettata e imposta da esigenze culturali oppure accettata nella misura in cui ormai tali contenuti siano già integrati nella cultura locale stessa (ovviamente con il risultato che in realtà possono essere qualificati come atti culturali più che atti religiosi). Ne deriva quella che R. BELLAH chiama la *"civil religion", Al di là delle fedi,* op. cit., 1975, 271-289.

mente comporta una dinamica collettiva degli atti. Pertanto vi rientrano gli atti collettivi oltre che i simboli, i modelli di esecuzione condivisi in un dato contesto. Esempi di tali atti collettivi e comunitari: partecipazione alla Messa, ai Sacramenti, attuazione di pellegrinaggi organizzati, processioni, feste e sagre popolari[36]. Anche le seconde, quelle individuali, nel nostro contesto vanno intese come sociali, per il fatto che il singolo individuo le ha apprese tramite la socializzazione e nell'attuarli si esprime come membro di una data comunità. Anche le motivazioni personali riproducono spesso aspetti condivisi e comunque considerate come basati su modelli di pensiero e di comportamento, collegati con la cultura locale. Sono pertanto anche sociali atti come la preghiera personale, l'uso di formule imparate o lette, i segni e i simboli che le persone usano ai quali sono dati specifici significati[37].

## 2. Il vissuto concreto

In riferimento al culto, pertanto, nelle ricerche concrete occorrerà evidenziare vari aspetti importanti tra cui ovviamente occorre osservare quali sono i livelli frequenza della pratica religiosa ma anche l'aspetto attitudinale che porta a

---

[36] SCARVAGLIERI G., *Pellegrinaggio ed esperienza religiosa*, San Giovanni Rotondo, P. Pio da Pietrelcina, 1987; IDEM, *Il pellegrinaggio alle soglie del terzo millennio*, Milano, Paoline, 1999.

[37] Dal punto di vista culturale va notata anche la presenza di un rapporto simbolico tra forma esterna del rito e il suo contenuto. Tale rapporto può essere più o meno "naturale o fisico" (segni) oppure "intenzionale o simbolico" (segnali).

modalità di attuazione. Infatti, in concreto ci possono essere situazione diverse: talvolta le due componenti convergono, altre volte invece si constatano modalità di adempimento discrepanti.

1. Quanto alla *frequenza* una prima distinzione riguarda il tipo di rito in questione. Va rilevato anche il fatto che le pratiche religiose possano essere attuate per il loro significato teologico oppure secondo i significati e le finalità della propria tradizione locale o devozionale, Per i *riti di iniziazione*, sia in dipendenza della obbligatorietà che essi hanno sul piano teorico (teologico), che per il loro peso culturale infatti si ha normalmente una frequenza molto alta, diffusa e condivisa dalla grande maggioranza[38]. Per i riti ripetitivi, invece, generalmente si costata che la loro frequenza è basata in modo differenziato sia in dipendenza del significato e funzione che essi hanno sul piano relazionale (in senso religioso) che per il peso culturale (o del costume) che essi, entro una data popolazione, nei differenti periodi storici vengono ad avere.

Quanto detto comporta che spesso i riti non sono attuati per il loro valore teologico ma per la valenza culturale o la motivazione soggettiva presente nei singoli individui. In altre parole, si prefigura la presenza di una forte tendenza all'auto-selezione ed autogestione nei confronti delle singole performance della pratica religiosa. Va fatto anche riferimento a tutti gli aspetti materiali (costruzioni, manufatti,

---

[38] Infine rientra in questo contesto l'eventuale e diversa destinazione del culto: a Dio e/o ai Santi, ecc. Cfr. CAZENEUVE I. *Sociologia del rito,* Milano, Il Saggiatore 1968.

immagini, ecc.) e immateriali, segni, simboli, segnali, ecc. Sono espressioni religiose quindi chiese, cappelle, edicole, icone e altra produzione artistica (rientrante nelle varie specie: letterarie, musicali, pittoriche, teatrali, poetiche, ecc.) come anche gesti, atti, comportamenti forme di comunicazione con contenuti religiosi. A tale riguardo va fatto riferimento anche forme nuove di creatività, di nuove modalità di autentico scambio e di influsso tra contesto religioso e culturale.

2. In relazione all'*aspetto attitudinale* vanno rilevate le motivazioni della partecipazione e l'effettiva comprensione della ritualità con i suoi simboli. A tale riguardo, infatti, si costata che spesso esse restano piuttosto implicite, per cui non sempre sono vissute coscientemente dalle persone. Questo peraltro non esclude la presenza di un "bisogno" primordiale di un rapporto con l'*Assolutamente Altro*, anche se non è esplicitato in modo cosciente ed adeguato[39]. Per questo spesso sul piano del vissuto, spesso prevalgono le motivazioni tradizionali ed utilitaristiche.

Accanto a queste riflessioni che riguardano il piano interno, non va sottaciuto un certo riferimento al piano culturale, che può registrare livelli e modalità differenziate di prendere coscienza del contenuti dei riti e della loro valenza comportamentale. Nelle ricerche empiriche va colta l'incidenza e l'influenza reciproca tra riti e contesto socioculturale, per vedere se e in che misura tra loro si verifica una forma di simbiosi più o meno costante, oppure no. La cultu-

---

[39] VERGOTE A., *Psicologia religiosa*, Roma, Borla, 1967.

ra si caratterizza per il tipo di riti che vi sono presenti e i riti sono condizionati dalla cultura nella quale sono inseriti.

Per ambedue i complessi di riflessioni circa il culto, ovviamente ci possono essere delle differenze in base alle variabili demo-sociali le cui rispettive categorie possono mostrare un diverso livello di frequenza, per i riti di iniziazione che non per gli altri. In altre parole, tutti i membri, senza grandi differenze, attuano i riti di iniziazione, mentre per i riti ripetitivi invece si verifica che i singoli sottogruppi, presentano standard diversi, ma anche diversa capacità di realizzazione di una maggiore o minore percezione e comprensione delle diverse motivazioni teologiche esplicite.

Questa modalità di affrontare il tema della pratica religiosa pertanto viene ad essere diversa dalla semplice impostazione sociografica per diverse ragioni. Infatti, ne è ridimensionata la portata che in quel tipo di approccio era assegnata allo studio della pratica religiosa. Inoltre è collegato più immediatamente e direttamente alla dimensione psicodinamica ed infine perché in questo modo lo aggancia all'impostazione teorica più ampia della azione sociale, e quindi della vita sociale.

### C. IL COMPORTAMENTO MORALE

Un'analisi completa del fenomeno religioso non può quindi trascurare al dimensione etica. Infatti, anche tale aspetto è parte integrante del fatto religioso e conseguentemente della analisi sociologica che lo riguarda. Infatti, la religione offre sempre valori e mete che costituiscono il progetto ampio ed articolato di uomo e di società che essa presenta come risposta alle istanze fondamentali ed ultime dell'esistenza umana. La religione, infatti, tende a permeare di sé gli altri aspetti della vita.

Ne derivano pertanto norme ed obblighi che regolano i rapporti tra gli uomini e tra questi e la Divinità. Da essi peraltro si evince un certo tipo di spiritualità con caratteristiche più o meno marcate e che si può intendere sia come fatto che tende a prevenire gli aspetti negativi sia come stimolo che ispira un itinerario spirituale con varie tappe e momenti tipici[40]. Anche tali aspetti sono quindi parte integrante del fatto religioso e conseguentemente della analisi sociologica che lo riguarda. Non si capirebbe, infatti, lo stesso fatto religioso se di esso non si tiene in debito conto il modo come i membri di una religione traducono in pratica quanto da essa è proposto.

Ciò in concreto comporta da una parte la proposta di principi e valori, dall'altra la presentazione di modelli di comportamenti che facilitino il raggiungimento dei primi. In tale aspetto però, non rientrano solo la presenza di norme che regolano i rapporti interni o che regolano il culto (anche se questi importano pure la presenza di un'obbligazione morale), ma anche le norme che regolano i rapporti profani e sociali. Ne deriva la prospettiva di un impegno profondo e costante per il superamento del divario esistente tra la vi-

---

[40] FUCHS J., *Esiste una morale cristiana?* Brescia, Morcelliana, 1970, 81-110.

sione ideale o progetto di vita (individuale e collettivo) rispetto alle situazioni che caratterizzano l'agire quotidiano[41].

## 1. La visione dottrinale

Sul piano della teoria possono evidenziarsi due modalità di fondo di affrontare l'aspetto etico. Da una parte si può cogliere la *relazionalità tra* la dimensione morale e la vita sociale culturale e nel suo complesso, mentre, dall'altra va approfondita la *caratterizzazione qualitativa* dell'apparato normativo o valoriale di ogni religione. Esso potrebbe propendere più sul piano della costrizione morale (insistenza sulla precettività) o su quello della opzione fondamentale (insistenza sulla libertà).

1. Con riferimento alla *relazionalità tra etica e vita sociale* si possono configurare rapporti differenziati tra religione e comportamento morale. Ci sembra che essi possano essere sintetizzati in tre posizioni tipiche fondamentali che riassumono anche altre forme più sfumate: a) identificazione; b) separazione; c) connessione.

*L'identificazione* comporta una sorta di simbiosi tra aspetto religioso e aspetto morale che riproduce l'orientamento nativista e in altri casi anche integralista: tutto il reale è morale e quindi tutto il reale è religioso. Non ci sarebbe nessuna autonomia dell'ambito temporale (mondo sociale) rispetto allo spirituale.

---

[41] Ciò giustifica il fatto che spesso la componente morale è chiamata "dimensione consequenziale" Cfr. GLOCK C. STARK R. *Religion and society in tension*, Chigago, 1965, 20-25.

*La separazione* si pone all'estremo opposto e richiama alla mente la situazione di laicità ed evidenzia una sconnessione e indipendenza tra religione e morale come trascuratezza o negazione del principio religioso. Tale impostazione ricerca l'origine, spiegazione e giustificazione ultima del comportamento morale nella componente culturale.

*La connessione* richiama una certa interconnessione che pone in un certo senso in parallelo le due entità: il principio religioso e l'autonomia del temporale. I due poli dialetticamente devono ricercare una convergenza reciproca sul piano delle assunzioni di principio e su quello delle valutazioni concrete e particolari entro un dato contesto[42].

In relazione al rapporto tra religione e società, nella concretezza storica, la situazione presenta dosaggi diversi delle singole componenti fino a delineare configurazioni più o meno differenziate. Tali orientamenti comunque possono avere una diversa modalità di manifestarsi sia sul piano sincronico (varia concezione all'interno della stessa religione ma in rapporto a varie culture) che diacronico (situazione di diversi rapporti entro la stesso cultura in tempi successivi).

2. In rapporto alla *caratterizzazione qualitativa* di una data religione vanno notate altre modalità di approccio alla dimensione etica, cui risulta funzionale una seconda tipolo-

---

[42] Questi tre tipi normalmente non si presentano allo stato puro. Essi possono essere considerati come dei tipi "ideali", cui confrontare metodologicamente le situazioni concrete. Queste presenteranno ora questo o quel tipo in posizione egemonica, pur con dei collegamenti o con contaminazione da parte degli altri tipi. Cfr. YINGER I. M., *Sociologia della religione* op. cit. 1965, 27-28.

gia basata sulla caratterizzazione religioso-spirituale: impostazione profetica o precettistica[43].

La religione *profetica ed interiore* quindi è basata sull'impegno di ciascuno verso una trasformazione interiore (modalità conversionistica e profetica) un miglioramento personale (opzione fondamentale) e su un cammino spirituale per raggiungere valori ideali e mete finali e attuare proposte di vita e impegni basandosi su motivazioni religiose e sulla coerenza con i valori, superando le impostazioni formalistiche e ritualistiche. Insiste anche sull'impegno di ciascuno verso un coinvolgimento sociale basato su motivazioni interiori; sulla coerenza con i valori e l'impegno verso l'innovazione e la trasformazione sociale, nella misura in cui le situazioni concrete presentano e/o sono caratterizzate da disuguaglianza sociale, da varie forme di ingiustizia, e di discriminazione per portare al superamento della discrepanza tra realtà mondana circostante e parametri religiosi[44].

La religione *legale o rituale* insiste sulla definizione dei ruoli, sulla gerarchizzazione, sull'esecuzione formale ed esteriore degli atti prescritti. Essa in qualche modo rileva la funzione sociale della morale nella prospettiva di garantire l'ordine sociale (normalmente tradizionale e conservatore) ed insiste sulle cosiddette virtù passive. Per far questo puntualizza specifici atteggiamenti, prescrive particolari comportamenti, impone scelte concrete e spesso anche piuttosto dettagliate e minute da osservare (modalità precettistica o

---

[43] YINGER J. M., *Sociologia della religione*, op. cit. 1965, 27-38.
[44] WEBER M., *Economia e società*, op. cit., 236-253.

legalistica). Essa quindi accresce anche i rapporti con le situazioni concrete della vita sociale, corredandole di un certo pathos ed afflato religioso che ritmicamente sono riproposte nelle varie ricorrenze civili cui si annette un rito religioso.

Da tali impostazioni deriva un'altra importante implicazione concettuale che riguarda il rapporto tra la religione e le realtà terrene che dà origine alla distinzione tra la concezione "mondana" o quella "extra-mondana" della religione[45]. La tensione "mondana" comporta l'impegno verso il mondo e si esprime come trasformazione morale di sé e della società influenzandone, le istituzioni, anche quelle economiche, politiche, culturali, ecc. La tensione "extramondana" invece sottolinea la necessità dell'azione dell'uomo per costruire un miglior rapporto con Dio, che riguarda l'interiorità dell'uomo e si trasforma in atteggiamento mistico più in prospettiva personale che sociale.

## 2. Le implicazioni comportamentali

Considerando distintamente le categorie concettuali appena trattate nell'evolversi storico della vita sociale e religiosa si stabilisce, non solo una distinzione descrittiva, ma anche una contrapposizione dialettica[46]. Spesso, infatti, si

---

[45] Questa impostazione richiama l'altra opera di Max WEBER, già citata nel cap. precedente su *L'etica protestante e lo spirito del capitalismo*, Firenze, Sansoni, 1965.

[46] Anche questi due tipi normalmente non si presentano allo stato puro. Essi possono essere considerati, come due tipi cui confrontare metodologicamente le situazioni concrete.

nota che, pur essendo presente l'istanza ideale, sul piano concreto si perviene a forme di accomodamento e di compromesso, di collegamenti e di contaminazioni reciproche[47].

Il vario intrecciarsi tra la morale precettistica e quella profetica, può verificarsi sul piano diacronico (evoluzione all'interno della stessa cultura successivamente) o sincronico (diversa incidenza in culture o sottoculture diverse, contemporaneamente). Così è possibile che in un dato contesto si tenda ad un'impostazione piuttosto precettistica che, seppur sottolinea la presenza di principi e valori, tuttavia fa prevalere, da una parte, il momento legalistico e, dall'altra, l'orientamento di una forma di autogestione morale.

Tale posizione si manifesta sia nella attribuzione della importanza di un dato comportamento morale, sia anche nella valutazione soggettiva di cosa accettare o no della morale. Pertanto è molto importante notare se e in che misura si attua un'accettazione di fondo della morale proposta dalla religione non solo in rapporto alla componente interna ma anche in rapporto alla vita quotidiana, così che si constati in che misura la morale attinge l'esistenza dei fedeli.

Inoltre, nonostante questa accettazione di fondo, si costata ancora che questa morale generalmente derivante dalla religione a livello di principi e di istanze generali in concreto poi sia piuttosto incoerente. Infatti, tale situazione oscura spesso i valori stessi e rende più accettato un sistema di valori culturali e reso plausibile dal consenso socioculturale più che dalla sua origine religiosa e dalla funzione di

---

[47] O' DEA T., *Sociologia della religione*, op. cit., 110.

mediazione propria delle autorità religiose (gerarchia ecclesiale e magisteriale). Anche la stessa funzione in rapporto ai temi morali è, infatti, una componente impostante entro questa dimensione del fenomeno religioso.

Spesso, infatti, specialmente nella situazione attuale facilmente si può constatare una scarsa valutazione di alcuni precetti specifici relativi ai diversi comandamenti (morale sessuale, rispetto della vita nascente, obblighi cultuali...). Le ricerche di questi ultimi anni riportano dati rilevanti in questa direzione. Gli stessi interessati da forme di rilassamento generale, spesso, non vedono in ciò alcuna contraddizione con le implicazioni della fede, anzi sembrano convinti che tale possibilità di scelta debba essere considerata normale.

Tuttavia non bisogna trascurare che talvolta emerge una maggiore presa di coscienza della importanza dei valori e la presenza di specialisti religiosi che vivono in modo intenso e talvolta eroico il loro cammino spirituale. Sentono e si coinvolgono in un maggiore impegno in senso solidaristico nei confronti delle categorie di bisognosi, e l'esigenza di impostazione comportamentale come scelta e comunque come procedente da una presa di coscienza e non solo come dovuta ad imposizione esterna o a paura.

Infine è ugualmente importante rilevare le differenziazioni basate sui vari fattori demo-sociali come: sesso, età, istruzione, insediamento abitativo ecc. che, specialmente questo ultimo, sia pure limitatamente, può dare origine a "sottoculture" in cui gli aspetti morali registrano orientamenti più o meno differenti[48]. Anche a riguardo della morale, infatti, si notano delle tendenze orientate in modo disparato entro una data comunità concreta.

### D. L'ASPETTO ORGANIZZATIVO

Nonostante l'uomo percepisca una certa impellenza e costanza verso un trascendimento meta-storico e meta-empirico (o almeno anche solamente sacrale) dei propri limiti e verso una particolare urgenza della ricerca di un "significato", tuttavia non attua sempre una corrispondente presa di coscienza in senso pratico. Per questo lo sviluppo e, in qualche modo, l'esito positivo di tali tendenze, non vanno considerati come scontati o di facile conseguimento. Data la costituzione e struttura della persona umana caratterizzata dalla libertà culturizzata (ma anche sempre culturizzanda) tale tensione non è mai istintuale e automatica e meccanica. Essa è anche un fatto dinamico e quindi da socializzare, formare, sviluppare, da far persistere nel tempo.

Tutto questo peraltro non si basa solo sulla scelta dell'individuo, ma anche in tutti gli altri aspetti socioculturali, da forme di influenza e costrizione sociale cui corrispondono organismi ed agenzie di socializzazione e di controllo e quindi istituzioni a ciò preposti. Si esige pertanto storicamente e culturalmente la presenza di una "chiesa"

---

[48] SCARVAGLIERI G., *Religione e società a...*, op. cit 1982, 255-258; *La Religione nella società attuale*, Lecce, Martone, 1997, 205-255. Cfr. anche CARRIER H. - PIN E., *Saggi di sociologia religiosa*, op. cit., passim.

che oltre che far vivere il fenomeno religioso in modo sociale, abbia come finalità la missione "socializzante" che si pone cioè come habitat e come agenzia e fattore.

Ciò spiega perché il fenomeno religioso, come altri aspetti della cultura, abbia come una caratteristica costante (esistenziale e funzionale) l'attuazione comunitaria in quanto visione, adesione e coinvolgimento dell'individuo nella comunità che si costituisce in base ai vincoli religiosi. L'adesione e il coinvolgimento dell'individuo nella comunità si costituisce in base ai vincoli religiosi e deriva innanzitutto dalla natura sociale dell'uomo. Essa si esprime concretamente nelle diverse situazioni esistenziali e storiche con modalità disparate, ma radicate nel bisogno di comunità (fondamento antropologico)[49].

Ma tale dimensione comunitaria deriva anche dalla esigenza della dinamica stessa di attuazione del progetto di salvezza proposto dalla fede all'uomo non solo come individuo ma come popolo e quindi in modo anche collettivo (fondamento religioso). Inoltre la convergenza di parecchie persone che condividono le stesse credenze, che praticano gli stessi riti e si ispirano agli stessi valori etici comporta una strutturazione sociale più o meno spontanea o formale, che si caratterizza come forma organizzativa per il raggiungimento di fini comuni (fondamento socioculturale)[50].

---

[49] MALINOWSKI B., *Gli Argonauti del Pacifico Occidentale*, Roma, Newton Compton, 1954, 87-88; RADICLIFFE-BROWN R. R., *Struttura e funzione nella società primitiva*, Jaca Book, 1968, 30.

[50] Così la componente comunitaria oltre che un dato teologico è anche una dimensione strettamente sociologica.

Sottolineando questa ultima riflessione alcuni autori hanno identificato il fatto sociale come dato religioso. Per Durkheim, per es. la religione andrebbe concepita non tanto come un fenomeno sociale, ma addirittura, la stessa società andrebbe definita come un fenomeno religioso[51]. Gli autori funzionalisti hanno accentuato la funzione della religione in ordine alla coesione sociale, nel senso che la religione offrirebbe una collocazione sociale nel trambusto di un'impostazione pluralistica della società[52]. Tali estremizzazioni o limitazioni non sono del tutto giustificate, ma l'aspetto organizzativo rimane ugualmente molto importante e fondamentale in tutte le religioni[53]. Per questo volgiamo analizzare le forme e modalità di relazionalità interna sia a livello macrosociale (grandi organizzazioni interne entro una data religione) e che a livello microsociale (modalità più locali o semplicemente personali di aderire e di identificarsi con la propria religione).

---

[51] Cfr. DURKHEIM E., op, cit. 1963, 467-470. A questo riguardo si può osservare che ci troviamo di fronte ad una posizione estrema che non trova una sua reale giustificazione. Diversi autori, tra questi B. MALINOWSKY, op. cit. contestano a Durkheim tale identificazione. Cfr. nota 44.

[52] Cfr. YINGER I. M., op. cit. 1965, 67-70.

[53] Non parliamo in questo contesto del rapporto tra le religioni come collettività religiose globali, rimandando per tale trattazione al capitolo VI, in cui analizzeremo le singole religioni come entità complesse ed articolate, considerate come realtà globali ed unitarie al loro interno, oltre che paritetiche tra loro.

## 1. Il piano macrosociale

In relazione al *piano macro-sociale* si può osservare la configurazione globale di una data religione. Così si possono cogliere le diverse articolazioni interne che prevedono una diversa *divisione territoriale* (ad es. conferenze episcopali, diocesi, parrocchia) e una varia *collocazione categoriale* dei componenti (aspetto gerarchico con la celebre distinzione tra clero e fedeli). A ciascuna di tali distinzioni fa riscontro una certa divisione dei poteri e delle responsabilità interne che sono ripartiti secondo una propria concezione teorica (teologica) e consolidati secondo precise esperienze ed influenze realizzatesi lungo la storia.

a) *Il livello territoriale* comporta una suddivisione del territorio in aree con particolari caratteristiche: quanto alla configurazione piuttosto omogenea dell'ambiente, in rapporto all'unità culturale della popolazione, in relazione alla capacità di autoriproduzione nel tempo, in riferimento alla struttura psicologica e sociologica della personalità individuale e collettiva dei soggetti, ecc., affidate a singoli responsabili. Al suo interno posso riscontrarsi, ovviamente unità più ristrette o limitate. Il fenomeno religioso quindi, come già detto, si presenta caratterizzato dalle coordinate spazio-temporali sia all'inizio sia nel suo successivo evolversi e trasformarsi. Ogni fatto esistenziale, infatti, ha molti punti di contatto con la situazione locale e culturale, con cui intreccia una relazione di interazione reciproca.

Infatti, l'unità di fondo della natura umana ha anche sul piano dell'antropologia religiosa come conseguenza di un'analoga interdipendenza del singolo rispetto alla collettività. Anche sul piano religioso il complesso delle mediazioni umane è rappresentato e riproposto come costituente la stessa socialità del fenomeno religioso. In concreto si va, attualmente dall'identificazione nazionale, che ne contesto cattolico corrispondono alle conferenze nazionali, ad altre più ristrette varianti del tempo come le province o metropolie, fino alle circoscrizioni autosufficienti e teoricamente (teologicamente) importanti (diocesi)[54], alle unità elementari ma importanti dal punto di vista funzionale, anche se non autosufficienti (parrocchie)[55].

Tale tipo di approccio sottolinea che tutte le esperienze vissute condensano e specificano contenuti e modalità strutturali e funzionali, pur rimanendo costantemente correlate, in vario modo, con le istanze super-spaziali (universali e generali) e super-temporali (perenni e storiche) di una data religione cui si fa riferimento. In tale trasformazione e successiva individuazione i caratteri generali si configurano come "particolarizzazione" *concentrica e parametrica* della realtà globale di una data religione. In questo senso, il concetto di identità locale, dal punto di vista socioculturale, come per altri fenomeni affini, significa, sul piano concettuale ed indica, su quello fenomenologico, l'accettazione costante e massiva di una data religione con i suoi presupposti teorici e le sue esigenze pratiche, con le sue strutture costitutive e le sue dinamiche vitali.

---

[54] TONNA B., *Sociologia nella pastorale della parrocchia e della diocesi*, Roma, COP, 1970; CARRIER H. - PIN E., op. cit. 1967, 29-41.

[55] DUOCASTELLA R., *Come studiare una parrocchia*, Roma, AVE 1967. SCARVAGLIERI G., *Sociologia della parrocchia*, Roma, PUG, 1991.

Le mediazioni che ne conseguono, peraltro, si definiscono come effetto dei meccanismi generali evolutivi ed operativi che, a loro volta, dipendono dai tratti strutturali e dinamici essenziali dei soggetti che vivono in un dato luogo e in un certo tempo. Tali capacità ed abilità non solo rendono particolare e storico un dato individuo, ma anche manifestano e favoriscono l'interazione tra i soggetti vicini tra loro, che quindi creano una comunione interna tra i membri di una data collettività religiosa.

b) *Il livello categoriale* riguarda invece la differente collocazione nella scala socio-religiosa dei soggetti e relativi ruoli e funzioni. Ve consegue una classificazione dei soggetti i quali si articolano in una gerarchizzazione particolare, come ad es. la distinzione, nel cattolicesimo tra: Clero (leadership e ruoli direttivi) e laicato (semplice ruolo di appartenenza)[56].

Il clero (includendo in tale categoria normalmente anche i religiosi) svolge tutti i compiti inclusi nelle tre grandi funzioni, che comprendono una pluralità di ruoli particolari[57]. La funzione riguardante il messaggio include i ruoli di predicatore, maestro, catechista e le altre attività collegate con la comunicazione e di predicazione, ecc. La funzione riguardante la santificazione comprende i ruoli di: pastore,

---

[56] Forme intermedie di collocazione hanno nella chiesa i vari raggruppamenti di "impegnati" sul piano religioso (i membri degli Istituti e movimenti religiosi). In realtà tali istituzioni di gruppi d'impegnati formano dal punto di vista sociologico, anche se non canonico, una sorta di terzo strato entro la chiesa cattolica. Cfr. SCARVAGLIERI G., *L'istituto religioso come fatto sociale*, Padova, Laurenziane 1973; cfr. anche *Vita consacrata e inculturazione*, Bologna Dehoniane, 1999.

[57] Cfr. per la chiesa cattolica, il Decreto Conciliare sul "Ministero Pastorale".

amministratore dei sacramenti, presidente dell'assemblea liturgica, confessore, consigliere e direttore spirituale, esempio e testimone, ecc. In riferimento alla funzione di amministrazione o di governo, il clero svolge i compiti di: responsabile delle attività, curatore delle strutture, gestore del funzionamento, incaricato dei rapporti con l'esterno, e leader locale sul piano assistenziale, culturale, ecc.

Il laicato che pure rappresenta la quasi totalità dei membri delle chiese possono avere solo ruoli secondari e marginali. Tra i ruoli dei laici si possono cogliere qua e là alcuni compiti che variamente sono stati svolti nei diversi periodi storici. Essi sono variamente caratterizzati quanto a composizione, finalità, forme di spiritualità, impegno operativo[58]. Fondamentalmente si possono cogliere alcuni tipi principali: gruppi legati alla diaconia e al servizio, alla responsabilità (spesso limitata, se non solo nominale) nella gestione dei gruppi, comunità laicali, confraternite, associazioni sportive, ecc.; gruppi miranti all'incremento della dimensione interiore, formativa e devozionale; gruppi coinvolti in qualche funzione di natura liturigico-ministeriale cui sono attribuiti ministeri più o meno straordinari.

## 2. Il piano micro-sociale

Ad un livello più ristretto sia in senso territoriale che in senso settoriale si possono cogliere aspetti aggregativi che sono vissuti e richiamano la realtà quotidiana. A tale ri-

---

[58] FAVALE A., *Movimenti ecclesiali contemporanei*, Torino, LDC, 1975.

guardo le osservazioni concrete mettono in evidenza altri dati spesso contrastanti: da una parte si può riscontrare una presa di coscienza valida e matura e, dall'altra si può constatare qualche forma implicita e forse anche incompleta. Esempi di tali situazioni fanno riferimento sia la senso di appartenenza che al coinvolgimento operativo.

a) *In relazione al senso di appartenenza* si fa riferimento alla situazione delle singole persone, tale aspetto principalmente disponibilità di fondo soggettiva e più o meno profonda verso la propria religione e in subordine alle realtà locali che la rappresentano. Da tale presa di coscienza dipende il grado di coerenza esistenziale del soggetto, ma anche il livello di coinvolgimento personale nella vita e nell'attività del gruppo religioso locale o universale, ecc. Tali componenti inducono a ritenere il fenomeno dell'appartenenza come psico-sociologico, i cui elementi costitutivi comprendono componenti psicologiche e sociologiche[59].

Le componenti psicologiche sono gli elementi che costituiscono ogni atteggiamento e sentimento, in questo caso verso la realtà aggregativa locale della propria religione e fanno riferimento a sub-unità della struttura del dinamismo psichico ed hanno varia natura: cognitivo-percettiva, emotivo-volontaria, conativo-dispositiva. Di tali componenti poi va evidenziata sia la valenza o peso che esse hanno che la complessità e le modalità di combinazione dei vari elementi della struttura psichica dei soggetti.

---

[59] Cfr. quanto diremo a proposito dell'appartenenza.

Le componenti sociologiche invece fanno riferimento ad alcune altre situazioni dipendenti dalla presenza dei soggetti entro una data aggregazione sociale. L'appartenenza pertanto dipende da vari fattori che sono variamente identificati. Da una parte emerge la percezione che il singolo ha della propria posizione all'interno del gruppo, mentre all'altra ha rilevanza la struttura generale del gruppo.

b) *In rapporto alle modalità di coinvolgimento* operativo. Esso concerne l'impegno per sostenere la propria realtà aggregativa ai diversi livelli: dalla comunità locale a quella intermedia a quella universale. Tale modalità comporta innanzi tutto un senso più o meno specifico ed esplicito di identificazione ed anche qualche forma più concreta di coinvolgimento, tanto da passare ad un "noi" con cui ci si rapporta con gli altri correligionari con una relazione privilegiata. Inoltre comporta una qualche assunzione di responsabilità a svolgere qualche ruolo anche ai diversi livelli[60].

Più in particolare si può fare riferimento alla partecipazione rituale nella propria realtà locale (ad es. per i cattolici, alla propria parrocchia) in cui si vivono i vari momenti che rappresentano la comunità locale come realtà orante. Nello stesso tempo risultano rilevanti il coinvolgimento nelle attività concrete che possono configurarsi e che sono adatti alla propria situazione. Si condividono i ruoli operativi nei vari ambiti della componente ecclesiale, da quelli di consigliere o di operatore o di responsabile di un settore o di un sotto-

---

[60] Cfr. CARRIER h., *Psicosociologia dell'appartenenza* ... op. cit., passim

gruppo o movimento locale[61]. Il soggetto può coinvolgersi, secondo le proprie caratteristiche giuridiche, nell'attuazione di ruoli o funzioni amministrativi, lavorare in organizzazioni caritative, impegnarsi nella guida di gruppi, attuare compiti di diffusione della propria religione e di formazione religiosa di altri, fino all'esecuzione di ruoli liturgici.

Concludendo è utile evidenziare due punti di vista fondamentali della trattazione del presente capitolo, centrato sul tema della multidimensionalità. In particolare vanno sottolineate due osservazioni di fondo:

a) L'utilità dell'individuazione delle dimensioni. Tale approccio articolato permette una migliore comprensione del fenomeno religioso. L'individuazione di più dimensioni, infatti, facilita la predisposizione e la preparazione effettiva degli strumenti euristici della ricerca in modo metodologicamente corretto e produttivo di sapere scientifico.

b) La constatazione dell'interdipendenza. Essa sottolinea l'influenza reciproca che si verifica tra le dimensioni. Nella mutua dipendenza peraltro si può costatare che una dimensione rispetto all'altra può funzionare da: stimolo, motivazione, fattore, per cui l'esplicazione di atti di una dimensione incide su quelli di un'altra.

c) L'autonomia invece mostra che tra le dimensioni può verificarsi un certo scompenso, nel senso che una persona può eccellere in una dimensione, ma non in un'altra. Ne consegue che in tali casi ci si trovi di fronte ad una prospettiva di religiosità incompleta e/o incoerente.

---

[61] Cfr. FALLICO A., *Quando un gruppo diventa chiesa*, Roma, La Roccia, 1974.

In concreto comunque rimane sempre importante osservare come tali dimensioni siano percepite concettualmente o intuitivamente, ma anche come siano vissute concretamente. Inoltre si potrà osservare se e come ciò: sia concretizzato da parte sia dai singoli che dai gruppi; sia reso operativo in un dato contesto culturale che in un altro; sia realizzato in un dato periodo storico che al presente. In realtà quelle elencate sono possibilità teoriche, che pertanto non sempre possono e devono essere eseguito nelle singole ricerche, ma prospettano diversi oggetti specifici che le singole ricerche possono accentuare in modo differenziato, in base alla situazione locale.

# CAP. IV
# LO SVILUPPO DELLE RELIGIONI

Il fenomeno religioso, come tutte le altre realtà sociali, si evolve con il tempo. Questa affermazione che appare evidente di per sé, presenta però difficoltà e problemi quando si voglia approfondire il fenomeno della genesi della religione o tutto l'insieme del processo della sua trasformazione sia nella prospettiva orizzontale (situazione di una religione in varie culture) che in quella verticale (situazione di una religione in tempi diversi). Volendo proporre uno studio dello sviluppo delle religioni, infatti, non si può sottacere del tutto la riflessione sulla sua genesi e le prime manifestazioni, né escludere di impostare l'analisi delle varie fasi evolutive successive. Per questo è opportuno sottolineare la diversa qualificazione epistemologica dei risultati dal punto di vista sociologico, in rapporto alla genesi e alla trasformazione lungo la storia.

A proposito del tema della genesi i risultati sono piuttosto approssimativi, considerato che la sociologia non ha tutti gli strumenti adatti e sufficienti per il suo approfondimento e per il completamento della trattazione della questione. In rapporto alla genesi è, fondamentalmente, diverso parlare dell'origine della religione in quanto tale da quello della nascita delle singole religioni. Infatti, il primo argomento non può essere affrontato con gli strumenti dell'analisi sociologica, in quanto gli elementi, di cui si ha materiale, non sono sufficienti e non offrono una spiegazione che possa definirsi sociologica[1].

Più congeniale invece si presenta il tema della trasformazione successiva, anche se le sue manifestazioni sono molto varie e si orientano in diverse direzioni. In concreto, lo studio della trasformazione del fenomeno religioso deve abbracciare la globalità delle manifestazioni che caratterizzano ogni cambiamento sociale. Occorre quindi osservare le modalità globali e nello stesso è necessario prestare attenzione al ritmo che caratterizza tali cambiamenti, come anche l'intensità propria ai differenti elementi di ciascuna dimensione. Infine complesso e, talvolta, inestricabile si configura il problema dell'individuazione e la descrizione della dinamica dei fattori e della loro azione[2].

A tal fine sembra funzionale alla nostra impostazione soffermarsi su due grandi tematiche rientranti nel concetto di sviluppo di vista sociologico: a) la nascita delle varie religioni; b) il processo d'istituzionalizzazione.

## I. LA NASCITA DELLA RELIGIONE

Il tema della nascita della religione è tra gli argomenti più dibattuti sia dal punto di vista filosofico che da quello storico, ma specialmente antropologico-culturale. Ciò è

---

[1] Singolarmente i differenti aspetti citati rientrano in altre scienze: storia delle religioni, fenomenologia religiosa, filosofia della religione, ecc. Ad esse pertanto si rimanda per ulteriori approfondimenti.

[2] Cfr. a questo riguardo qualche manuale di sociologia generale.

più vero in relazione all'origine della religione tradizionale e primitiva. Un tale approccio, infatti, non va confuso con la spiegazione ultima del fatto religioso (prospettiva filosofica), né con la questione della presenza di un'eventuale rivelazione (aspetto teologico)[3].

L'approccio filosofico e teologico, infatti, tendono a dare una spiegazione del fatto religioso in se stesso e quindi assurgono ad interpretazione ultima e non rimane nell'ambito dell'esperibilità personale e sociale. Anche in rapporto all'impostazione antropologico-culturale non è facile stabilire le forme primitive, pertanto quanto può essere esaminato rimane congettura o supposizione. Esso pertanto solo marginalmente può essere affrontato dal punto di vista sociologico.

### A. LA GENESI DELLA RELIGIONE IN GENERE

Tuttavia non mancano aspetti e problemi trattati ed affrontati da sociologi che, in un certo senso, danno una certa risposta ad alcuni degli interrogativi connessi con il tema della genesi della religione. A proposito di tali teorie, prima di accennare ai principali tentativi di spiegazione, occorre avanzare due osservazioni generali.

Una prima considerazione mette in evidenza che la maggioranza di tali teorie sono state proposte verso la fine del secolo scorso in un clima fortemente positivistico ed evoluzionistico e questo spiega la comune piattaforma di

---

[3] Cfr. SCALICKI C. *Alle prese con il sacro*, op. cit., 1982, passim.

natura immanente: la religione e i suoi contenuti sono generati dalla società. Una seconda riflessione invece tende a delimitare il valore di tali spiegazioni, per il fatto che in realtà tutte le proposte, di cui presenteremo un breve accenno, sono sostanzialmente basate su postulati (e quindi affermazioni extra-scientifiche) più che indagini propriamente scientifiche.

Queste ragioni esigono che non si debordi dall'ambito sociologico, nello stesso tempo suggeriscono a limitarsi a brevi e veloci cenni, rimandando a trattazioni teologiche o filosofiche e/o antropologiche. Ciò detto riassumiamo le principali teorie articolandole in due sezioni che mettono in evidenza la prospettiva di applicazione in contesti più specifici o nativisti o in contesti anche più generali e storicistici.

## 1. Le teorie nativiste

In questo primo blocco raccogliamo alcune teorie che sembrano più adatte a spiegare alcuni tipi di religioni derivanti dalla riflessione sulla natura circostante. Tali religioni sono sostanzialmente impegnate a scoprire la spiegazione del cosmo che costituisce o circonda l'uomo, la sua genesi iniziale lo sviluppo successivo, specie tra i popoli primitivi.

a) La teoria politeista. Comprende le religioni dei Greci, Latini, Incas, Aztechi e di altri popoli ancor esistenti. Gli elementi della religione caratterizzano normalmente tutta la società. Vi si nota la presenza di molti dei che agiscono sul mondo, sull'uomo, sulla vita sociale. Gli dei sono concepiti di natura diversa dagli uomini, ma rispecchiano le loro passioni (nel bene e nel male). Sono possibili forme di dissenso culturale e religioso, ma esse sono rare, e spesso sono anche fatto oggetto di sanzioni più o meno gravi dal punto di vista culturale[4].

b) Teoria animista. La religione nasce come modalità di dare risposta ai fenomeni di animazione delle cose da parte degli spiriti. Ciò deriva dal fatto che l'uomo primitivo non ha appreso a distinguere chiaramente il soggettivo e l'oggettivo, l'immaginario del reale, l'onirico dal vissuto in piena coscienza. La continuità tra i due ambiti è realizzata attraverso l'attribuzione di esistenza di spiriti che animano tutte le cose[5].

c) La teoria magica. La religione deriva dalla magia che è invece la prima forma di pensiero e di espressione di potenza da parte dell'uomo primitivo. Tuttavia costatando lo iato tra effetti e causa egli arriva a concepire la presenza di esseri più forti che danno origine a figure divine che l'uomo tenterà di propiziarsi e di conciliarsi per cui "la religione consiste di due elementi uno teorico e l'altro pratico, e cioè una credenza in potenze superiori all'uomo, e un tentativo di propiziarsele o di piacere loro"[6].

---

[4] Cfr. VAN DER LEEUW, G. *La fenomenologia della religione,* op. cit. passim. Sono molte le opere antropologico-culturali che trattano in vario modo e per vari aspetti questo tipo di religione. Rimandiamo pertanto ad esse per ulteriori approfondimenti.

[5] Cfr. TYLOR E. B., *Primitive Culture,* London, 1871.

[6] Cfr. FRAZER J. G., *Il ramo d'oro,* Torino Boringhieri, 1973.

d) La teoria totemica. È studiata da parecchi autori, ma da Durkheim riceve maggior supporto come la forma più primitiva di religione e come base dell'interpretazione sociologica della nascita dalla religione. Essa nasce, come già detto, per garantire la società (il clan) dalla disgregazione e trova nel totem il suo simbolo principale che è sacralizzato e posto fuori delle vicissitudini e contingenze del quotidiano e dell'individuale[7].

## 2. Le teorie storicistiche

In questo secondo blocco di teorie accenniamo brevemente ad altre spiegazioni più ampie che possono applicarsi anche alle cosiddette religioni storiche. Anzi alcune di esse sono state formulate solo in rapporto alla situazione della religione nel nostro tempo.

a) Teoria soprastrutturale. La religione nasce dalla società e nella società oppressa ed è una soprastruttura provvisoria del particolare assetto del processo di produzione. Pertanto essa dipende dall'esigenza raggiungere forme di autoconsolazione di cui hanno bisogno le classi sfruttate, e di trovare una legittimazione e plausibilità ideologica da parte degli sfruttatori. Essa peraltro scomparirà quando si trasformeranno le attuali modalità di impostazione del processo di produzione[8].

---

[7] Cfr. DURKHEIM E., op. cit. 1912; ed anche quanto detto su tale autore nel cap. II.
[8] Cfr. MARX C. – ENGELS F., *Scritti sulla religione*, Roma, Savelli,1973,

b) La teoria psicanalitica. La religione nasce dall'inconscio come prospettiva di recupero dell'idea del padre soppresso. Dal rimorso nasce il desiderio di espiazione (costituzione dei due tabù: uccisione del simbolo del padre e proibizione dell'incesto), ma anche l'esigenza di sublimazione fino a far diventare dio il simbolo del padre (Freud) o l'archetipo più alto con caratteristiche numinose (Jung). Così la religione (considerata come nevrosi ossessiva universale dell'umanità) sarebbe originata dalla coscienza della fatale impotenza dell'uomo e dal conseguente bisogno di protezione[9].

c) La teoria funzionalista. La religione nasce come processo di sacralizzazione e di sublimazione del complesso di valori e di norme che danno le risposte ultime e il significato decisivo all'esistenza o che permettono il trascendimento della situazione di limite umano (storico, biologico e culturale). La religione pertanto è la risposta ai contesti (già accennati) di penuria di impotenza, d'incertezza e di insignificanza che delimitano e restringono l'esistenza umana e che sono fonte di sofferenza[10].

d) Teoria relazionale. La percezione diffusa ci ricorda che gli uomini concepiscono se stessi e la Divinità: come esistenti, come differenziati in base ad una visione ontologica (Trascendenza o Immanenza), ma in condizioni di

---

[9] Cfr FREUD S., *L'avvenire di un'illusione*, Torino, Boringhieri, 1971; *L'uomo Mosè e la religione monoteistica*, Torino, Boringhieri, 1977; JUNG G., *Psicologia e religione*, Torino, Boringhieri, 1979.

[10] Cfr. O' DEA T., op. cit. 1968; ed anche quanto detto nel cap. II.

venire a contatto. In realtà sono venuti a contatto tramite la concessione da parte di Dio della salvezza e della rivelazione, accettata dall'uomo, per cui si è realizzato poi tutto un sistema di risposte individuali e collettive[11], sia pure in una modalità di relazione asimmetrica, in quanto la presenza del Trascendente comporta sempre la presa di coscienza della propria dipendenza da parte dell'uomo[12].

### B. LA NASCITA DELLE SINGOLE RELIGIONI

Il tema della nascita delle singole religioni si avvicina di più all'approccio storico da cui mutua il materiale necessario e all'approccio fenomenologico da cui prende alcune categorie particolari e cioè quelle del sacro (dimensione oggettiva)[13] e quelle di esperienza religiosa (dimensione soggettiva)[14] per arrivare a individuare la nascita di un nuovo movimento religioso. Tali considerazioni suggeriscono l'utilità della distinzione tra "genesi" della religione in sé e genesi delle singole religioni. Ciò non toglie che

---

[11] Cfr., sia pure con le debite precauzioni e sottolineature delle differenze, le posizioni di SCHMIDT W. 1912-1935; PETTAZZONI R., 1922. la loro impostazione teorica è normalmente accettata dal complesso degli autori dell'impostazione multidimensionale.

[12] Nel complesso questa teoria è la più rispettosa della condizione dell'approccio sociologico tenuto conto della sua empiricità che le impone di accettare i dati di fatto e ne limita l'applicabilità al campo del verificabile, demandando ad altre scienze il giudizio sul contenuti noumenici. Vi si riscontrano la maggioranza degli autori dell'impostazione "integrata".

[13] DHAVAMONY M. *Phenomelogy of religion*, Roma, PUG, 1973.

[14] ELIADE M. *Immagini e simboli*, Milano, Jaca Book, 1981.

lo studio della nascita storica di una singola religione comporta tutta quanta la problematica generale, ma nello stesso tempo sottolinea e vi aggiunge la problematica dell'impatto storico.

La modalità di affrontare questo problema possono ricondursi principalmente a due. Da una parte abbiamo l'impostazione antropologico-positivistica e dall'altra l'impostazione storica positiva. La prima impostazione sottolinea la derivazione dalla società della religione in termini di esperienza o individuale o sociale. Pertanto è creata tutta una serie di credenze che giustificano e rendono plausibili i fondamenti stessi del fenomeno religioso e lo articolano in modo che esso possa sopravvivere ed incidere nella vita quotidiana dei soggetti. In questo indirizzo si ripercuotono gli orientamenti generali già trattati nel paragrafo precedente e che sono indicati con le lettere (da a. fino a e.). La posizione storico-positiva invece ammette l'esistenza di fatti extra-sociologici che possono aver dato origine ad una singola cultura religiosa. Ciò può essersi verificato sia in ordine alle esigenze di risposte ai bisogni o per una presa d'atto di un rapporto con realtà meta-storiche e meta-empiriche.

Le due posizioni hanno una validità differenziata sia nella loro plausibilità globale che in rapporto alla prospettiva di spiegazione delle diverse religioni. Infatti, quelle che rientrano nell'ambito della impostazione antropologica positivistica, a parte le riserve di fondo che si possono avanzare, spiegano più facilmente l'origine delle cosiddette religioni primitive o arcaiche, ma incontrano più difficoltà nella spiegazione delle religioni storiche. Al contrario, le impostazioni storico-positive possono spiegare più facilmente le religioni storiche, che le religioni primitive.

Nel complesso però occorre sottolineare che nel piano fenomenico la problematica si presenta più complessa e quindi essa va affrontata in modo più organico ed articolato cogliendo meglio differenze di modalità specifiche che possono essersi verificate nella storia delle religioni e che permettono, come è ovvio dal punto di vista sociologico, la possibilità di cogliere le varie costanti e regolarità[15]. Ci sembra quindi importante sottolineare, nella spiegazione della nascita delle singole religioni specie di quelle storiche, i principali problemi interpretativi. Esponiamo pertanto alcune proposte generali cui faremo seguire un tentativo di spiegazione sintetica che riassume gli aspetti positivi di esse.

## 1. Le proposte di spiegazione

La complessità della problematica e le singole religioni con la loro storia e loro vicende giustificano vari tentativi di spiegazione. Accenniamo ad alcune impostazioni di fondo che ci sembrano più importanti e che in realtà hanno una maggiore importanza esplicativa. Di ciascuna di esse accenneremo allo stato della situazione di partenza da cui incomincia a profilarsi l'aspirazione ad una nuova o rinnovata realtà strutturale e culturale di tipo religioso. Accenneremo quindi alla impostazione dinamica e dopo alle modalità specifiche di concrezione culturale e sociale

---

[15] Cfr. LUZBETACK A. K. *The Church and cultures*, Techny, D.W.P., 1976.

di una nuova collettività religiosa e infine ai problemi non risolti. Tra le teorie che riguardano il tema della nascita di una nuova religione più importanti ci sembrano le seguenti.

a. La teoria funzionalista.

Sulla base dei suoi assiomi di fondo, questa teoria vorrebbe presentarsi come teoria generale. Essa vuole spiegare la genesi di tutte le religioni. Per le religioni primitive applica il criterio dell'esigenza funzionale di una specifica istituzione che offra adeguate risposte ai bisogni fondamentali dell'uomo. Per le altre religioni accetta la trasformazione della istituzione quando questa (nella fisionomia antecedente) non era più capace di soddisfare tali bisogni (perenni e nuovi)[16]. Schematicamente questa spiegazione si presenta così:

A. *Presupposto.* Esistono bisogni di varia natura ed attese derivanti dalle difficoltà naturali del mondo e dalla propria composizione biologica. Essi richiedono il superamento delle forme di ansia e di paura con il ricorso alla religione, per cui danno origine a religioni biocosmologiche. Potrebbe anche trattarsi di bisogni che sottolineano la complessità della vita sociale, la presenza di forme di ingiustizie e di sopraffazione che spesso possono derivarne, da cui quindi hanno origine le religioni che sottolineano la funzione dell'integrazione sociale e della solidarietà e all'aiuto reciproco e al ristabilimento della giusti-

---

[16] Cfr. Cap. II.

zia e alla liberazione politica e sociale. Trattandosi di bisogni dipendenti dall'incertezza metafisica e quindi dal senso di inferiorità di fronte all'incertezza del proprio destino finale nell'al di là, emergono le cosiddette religioni della salvezza. Infine tali bisogni possono provenire dalla constatazione della imperfezione personale e sociale, dall'esigenza del superamento dell'egoismo e della aggressività derivano le religioni che puntano alla trasformazione interiore e al miglioramento etico.

B. *Ricerca di risposte*. Le risposte sono concepite sotto forma di nuove legittimazioni sia contenutistiche (credenze, come visione di Dio, dell'uomo, del mondo della storia) che organizzative (chiese o sette e le varie forme di rapporti interni e di strutturazione della propria azione) come anche normative (da cui derivano forme di impegno etico e sociale per rispondere alle diverse istanze individuali e sociali), e infine come legittimazioni simboliche (pratiche religiose che danno la possibilità di rassicurazione nell'attingere o nel credere di attingere ad una fonte sia di giustizia che di energia). Tutto questo non si limita ad una forma di percezione ma passa alla concretizzazione effettiva tramite la creazione di un nuovo movimento sia per fondazione nuova o per separazione da un ceppo esistente. Tale nuovo movimento man mano realizza una sua crescita organizzativa e strutturale.

C. *Critica*. La teoria esposta non è scevra da critiche che brevemente possiamo sintetizzare nelle seguenti: a) Una prima base di critica si può trovare nella ripresa delle critiche generali a questa teoria, già esposte precedentemente a riguardo del funzionalismo. b) Essa spiega le religioni primitive, ma non quelle storiche, in quanto molte volte la dinamica era diversa dal problema bisogno-risposta. c) Non spiega pertanto le ripetizioni e i doppioni, che sono riscontrabili sia tra le religioni primitive che tra quelle storiche. d) Infine non spiega le disfunzioni (specie quelle legate o connesse alla proliferazione delle religioni e alle lotte di varia natura individuali, gruppali, ecc.) basate sulla religione[17].

b. Teoria del conflitto.

La teoria applica al fatto religioso la teoria generale della presenza di interessi contrastanti (anche senso di diversa interpretazione delle aspirazioni umane dal punto di vista religioso) e quindi della conflittualità presente nella società e nella comunità ecclesiale. Essa si basa per spiegare le religioni primitive sul conflitto fondamentale tra sacro e profano pensato come categoria primordiale (ma soggettivamente e collettivamente inconscia)[18].

A. *Presupposto*. Per spiegare la nascita delle religioni storiche specialmente nate sotto forma di separazione da altre (sette), questa teoria sottolinea: 1) La continuità dell'opposizione tra sacro e profano, pervenuto a forme di prevalenza del secondo sul primo. Da questa constatazio-

---

[17] CIPRIANI R., in PIZZUTI D. (ed), *Sociologia della religione*, Torino, Borla, 1985, 68-73.

[18] Questa impostazione si basa su alcune intuizioni marxiane valide in qualche misura sul piano socioeconomico, ma estrapolate poi agli altri campi non senza forzature.

ne si deduce l'esigenza di ristrutturare l'ordine esistente offrendo una nuova prospettiva di primato o almeno di equilibrio tra sacro e profano. La nuova religione pertanto si propone di reagire all'andazzo dissacrante della società e vi oppone una forma di recupero di valori sacrali e/o religiosi che imprimano una svolta diversa al prosieguo della storia del mondo. 2) In rapporto alla nascita di nuove religioni che cominciano come sette, questa teoria sottolinea la presenza di tensione tra istituzione e carisma. Pertanto si oppone alla formalizzazione cui è pervenuta la propria religione, alla sua incapacità di essere autentica e di rispondere alle esigenze originarie. Nello stesso tempo tenta di darsi un'impostazione più carismatica e capace di offrire risposte adeguate di esperienza religiosa. Altri aspetti del conflitto possono emergere nell'ambito della amministrazione del potere che subentra e sostituisce il concetto originario del servizio. Infine si avrebbe un altra fonte di conflitto nel confronto tra la constatazione della mondanità imperante da una parte e l'esigenza di ascetismo dall'altra.

B. *Prospettiva di proposta.* Dal complesso di tale opposizione prende corpo una forma di coagulo delle istanze trasformatrici in forme contenutistiche che prospettano una purezza della fede in opposizione alla razionalizzazione della teologia ufficiale. Altre modalità riguardano una nuova visione della comunione che si vuole più effettiva e più efficace, più rispondente alle tradizioni da una parte e dall'altra alle nuove istanze interiori da parte degli adepti. Anche sul piano della pratica religiosa si lotta contro il formalismo e il cerimonialismo e si realizza una nuova proposta di maggiore essenzialità e di rispondenza simboliche che non solo rappresenta ma che attui o faciliti l'esperienza religiosa. Infine dal punto di vista normativo (nuova visione etica) si ristrutturano e si propongono norme ed obbligazioni capaci di costituire un nuovo ordine.

C. *Critica*. A riguardo della teoria del conflitto occorre avanzare delle critiche e riserve su diversi punti specie se la si vuole intendere come teoria generale. a) A riguardo di questa teoria si può innanzitutto sottolineare la contingenza, ma anche la perennità del conflitto. Le religione nuova già da se stessa genera altro conflitto non lo supera o lo risolve. b) Risulta difficile spiegare le religioni primitive che non concepivano una reale opposizione tra sacro e profano. c) Essa spiega abbastanza bene la nascita delle sette ma non sempre bene la nascita delle nuove religioni sorte sulla base di una nuova "rivelazione". d) Si riscontrano situazioni che non rientrano bene in questa spiegazione in quanto non risolvono il conflitto, ma lo eludono oppure non esiste per nulla.

c. Teoria del "grande uomo"

Essa sostanzialmente si basa sulla teoria del carisma proposta da M. Weber che appunto sottolinea come la storia è cosparsa in tutti i campi di persone che riescono a dare delle risposte attese meglio di altri. Tale fatto si verifica anche in rapporto al fenomeno religioso e spiega le religioni nate per fondazione o per separazione[19]. La riflessione successiva ha aggiunto che si verificano forme di interazione tra la presenza di un carismatico e la presenza di una situazione critica. Pertanto talvolta è la situazione che fa sorgere il carismatico, tal'altra è il carismatico che rende la situazione critica. In ogni caso, il carisma è "una qualità straordinaria... che è attribuita ad una persona considerata dotata di qualità eccezionali, non accessibili ad altri o inviata da Dio, o rivestita di un valore esemplare". In quanto fuori del normale il carisma è fonte di instabilità e di innovazione e con capacità di creare seguaci. Le caratteristiche del carisma si possono ridurre a tre: è *origine di novità, fonte di forte attrazione, principio di creatività*. Con tali qualità il carismatico offre delle novità, suscita l'adesione e avvia un gruppo.

A. *Presupposto*. Presenza di un grande personaggio o leader carismatico dotato di grandi qualità (creatività, straordinarietà, forza). In base alla fede esso si presenta o come inviato da Dio o come Dio egli stesso e viene a proporre un nuovo messaggio che più validamente permette il conseguimento delle finalità della religione. Egli inoltre mostra grande capacità di capire il proprio tempo, di cogliere le ragioni della crisi della situazione o nella insufficienza di una condizione corrente o rilevandone le disfunzioni dell'assetto del suo momento. In questo senso egli diventa il centro delle visioni della storia e si proietta ver-

---

[19] Questa impostazione deriva da WEBER M., *Economia e società*, Milano, Comunità 1963; cfr. quanto detto nel cap. II.

so il futuro come l'unico detentore della salvezza che per suo mezzo si può attuare. Dalla sua personalità emana un grande fascino e un grande ascendente personale e del suo messaggio. Il suo messaggio poi tocca i vari aspetti dell'impostazione religiosa: nuove verità religiose, elementi relativi agli aspetti etici, nuove modalità di rapportarsi con Dio e una nuova comunità che si costituisce in forma aggregata.

B. *Prospettiva di soluzione.* Si forma così una nuova aggregazione sociale completa e strutturata ancora come allo "statu nascenti" che però a poco a poco potrà prendere piede e svilupparsi. La nuova comunità continua a riferirsi al fondatore per trovare ispirazione ed energia, ma poi avvia un processo di crescita autosostenentesi che seppur deve fare i conti con le diverse esigenze del successivo processo di istituzionalizzazione tuttavia già ha una sua personalità sociale che si propone e qualche volta si impone all'attenzione dei suoi contemporanei.

C. *Critica.* A riguardo di questa teoria si può affermare che essa ha un grande fascino e che sembra molto applicabile anche al fenomeno cristiano, tuttavia dal punto di vista sociologico essa appare, specie da sola, incompleta. a) Essa, infatti, non spiega tutte le situazioni, specie per le sette che non sempre hanno avuto tale impostazione, dato che qualche "fondatore" può essere stato anche un avventuriero. b) Anche quando sembra valida sembra piuttosto pragmatica e piuttosto ex post-factum, nel senso che essa abbraccerebbe solo quei casi che tautologicamente vi rientrerebbero. c) Sembra piuttosto psicologistica sia nell'interpretazione dell'azione del "grande uomo", come anche nella spiegazione della "sequela", mentre dovrebbe lasciare la possibilità dell'inserimento di componenti non solamente psicologiche e sociologiche e quindi di fattori anche extra-sociologici, come effettivamente si è verificato.

## 2. La teoria processuale

Le singole teorie spiegano solo in parte il complesso delle religioni, data la loro varietà di situazioni concrete che le caratterizzano. Alcune di esse sembrano piuttosto sociologistiche, quasi seguendo l'assioma di Durkheim che in realtà i fatti sociali vanno spiegati solo con fattori sociali (positivismo assoluto). Inoltre affermano la sola derivazione dalla società della religione. Infine presentano spiegazioni parziali nel senso che da sole possono spiegare alcuni casi non riuscendo ad assurgere a teorie generali.

Un tentativo di spiegazione invece potrebbe prospettarsi attraverso un'impostazione polifattoriale e processuale[20]. La polifattorialità nel nostro contesto fa riferimento ad una concezione in cui, accanto all'azione di fattori sociali, culturali, politici, ecc. è supposta la presenza di realtà meta-storiche e meta-empiriche che generano dei rapporti tra l'uomo e la Divinità. Tali rapporti possono avere molte manifestazioni che si incentrano

---

[20] E' ormai comunemente accettata, contro l'orientamento di Durkheim, l'idea che sulla vita sociale influiscono condizioni e situazioni, cosmologiche, biologiche, psicologiche, antropologiche, ecc...

nell'eventualità di una "rivelazione" e di altri eventi ad essa collegati, in funzione probativa o come conseguenza di esse[21]. La processualità invece fa riferimento al fatto che l'empiricità del rapporto non sia intesa come risultante meccanica del rapporto stesso, ma come esigenza di mediazioni psico-culturali e riguarda piuttosto il modo concreto e storico di formarsi dell'aspetto strutturale (concettuale e aggregativo) della nuova religione.

Passando ai dettagli bisogna distinguere i vari tipi di genesi. Questa, infatti, può presentarsi come: a) spontanea: intuizione spontanea e collettivi dei problemi esistenziali impegnativi per il singolo e la società; b) creativa: come presenza di una trafila di eventi complessi che comporta anche la presenza di un fondatore dotato di "genio" religioso e un convergente propensione da parte di un primo gruppo di seguaci[22]. Nel nostro contesto ci basta accennare a tali due modalità fondamentali

a. Genesi spontanea.

Si verifica come fatto di cui è difficile trovare un fondatore. Si tratta piuttosto di un evento lento, graduale e collettivo. Facendo particolare riferimento alla nascita delle religioni primitive si può applicare l'impostazione di P.

---

[21] Ne deriva l'esigenza di una spiegazione che superi i concetti di variabile "dipendente" o "indipendente" e pervenga ad una spiegazione più ampia e composita come potrebbe essere quella basata sul modello cibernetico. Cfr. a questo proposito il cap. VIII.

[22] Questo tipo a sua volta si può distinguere tra genesi per fondazione o genesi per separazione.

Berger sull'origine del cosmo sacro, che prevede tre momenti fondamentali: esteriorizzazione, oggettivazione, interiorizzazione[23].

1. *L'esteriorizzazione*. L'inizio del processo evidenzia che l'uomo, per rispondere ai suoi diversi bisogni di vario genere e di varia natura mette in azione le sue potenzialità, attive e creative. Tale attività è determinata sia dal contenuto in sé dei diversi bisogni come anche dalle condizioni ambientali entro cui essa si esplica, producendo "oggetti" concettuali e materiali diversi. Questi stessi bisogni e condizioni sono peraltro disposti secondo una diversa contingenza cronologica, da una loro differente intensità, ma anche da un diverso ritmo di ripetizione.

Tale prima esplicazione delle potenzialità produce: i prodotti (idee, valori, conoscenze quotidiane tecniche e scientifiche, costruzioni globali filosofiche e teologiche, ecc.), le finalità (rispondenza ai bisogni, soddisfazione di impulsi, rispondenza a delle pulsioni, esigenza di visione ampia e più o meno programmatica (sia a livello individuale che collettivo) le caratteristiche (modalità di esternazione, di trasmissione, di apprendimento, di uso, processi e forme di condivisione), la strutturazione (connessione e interdipendenza delle diverse parti, concatenamento logico e/o cronologico, richiamo ed evocazione sia

---

[23] Utilizziamo a questo fine lo schema proposto da P. Berger che compendia i vari aspetti in tre momenti principali, come presentiamo nel testo; Cfr. BERGER P. L., *La sacra volta: elementi per una teoria della religione*, Milano, SugarCo, 1984, pp. 22 e ss; cfr. anche BERGER P. L. - LUCKMANN T., *La realtà come costruzione sociale*, Bologna, Il Mulino, 1973, 75-110.

strumentale sia ideale). In questo modo l'uomo è veramente il creatore della sua cultura.

Ma tutto questo avviene attraverso una produzione e riproduzione più o meno costante dei vari momenti del processo. Infatti la creatività non potrà essere messa in azione senza che man mano si tenga conto di quanto è stato già concretizzato e la successiva presa di coscienza non potrà essere possibile senza che si abbia prima interiorizzato quanto è stato elaborato precedentemente sia da se stessi sia da altri appartenenti alla stessa cultura. Vi si evidenzia lo sforzo di cogliere quanto di maggiormente rispondente si è già creato, al di là delle istanze e delle risposte che possono essere giudicate contingenti. Questa fase comporta quindi un processo che ricalca quello espresso con la frase riguardante diverse forme di sviluppo e, cioè, si attua per "trial and error".

In questo senso si vaglieranno entro un certo tempo, la funzionalità delle soluzioni raggiunte prima di arrivare ad un'accettazione ampia e diffusa. In concreto si avrà un lentezza generazionale (verifica attuata dalle nuove generazioni) e un travaglio culturale (verifica derivante dall'incalzare di nuove circostanze) che garantiscono la validità dei diversi passaggi, relativamente ai diversi oggetti e processi sociali. Così dalla condizione basata sulla componente strutturale bio-psicologica (prima natura) si passa alla condizione basata sulla risultante componente oggettivata e sociologica (seconda natura)[24]. Vi si registra-

---

[24] Cfr. HENRICI P., *La futurologia: perché e come?*, in AA. VV., *Pensare il futuro*,

no successi ed insuccessi, si raggiungono traguardi positivi o esiti negativi, si sottopongono a verifica le tendenze appena nate, si scelgono quelle che per la loro consistenza strutturale (valutazione *ad intra*) o relazionale (valutazione *ad extra*) sono capaci di perdurare nel tempo, mentre quelle che per una loro intrinseca precarietà strutturale e/o relazionale, saranno fatte cadere.

2. *L'oggettivazione*. I prodotti dell'azione materiale e mentale diventano realtà a se stanti ed hanno effetti che immediatamente si staccano dagli stessi produttori e vengono ad avere un'esistenza autonoma ed indipendente. Anzi, fungono da punti di riferimento per ulteriori aspetti e manifestazioni della stessa creatività realizzando anche effetto stabilizzatore delle condotte pregresse e facilitatore delle azioni successive. In altre parole l'oggettivazione manifesta l'autonomia dei prodotti già realizzati. Si constata pertanto che gli stessi membri di una cultura passano e i prodotti delle loro scelte e delle forme della loro creatività rimangano.

Essa quindi manifesta l'*alterità* tra il singolo soggetto (ma anche tutti i soggetti) rispetto a quanto l'operatore ha prodotto. Questa alterità si configura come sussistenza e persistenza oggettuale, come emissione di influenza e presentazione di attese verso gli stessi agenti umani, apparendo come capacità di autoespandimento verticale e orizzontale e ramificazione e collegamento con altri prodotti. Essa, infine, è un fatto specifico e costante della cultura in

---

Paoline, Roma, 1977, pp. 15-26.

quanto dipendente dalla struttura stessa della natura umana.

L'oggettivazione pertanto si verifica secondo dei parametri: psicologici (gratificazione e senso del successo della coscienza del processo di esteriorizzazione); sociali (condivisione da parte dei soggetti e cumulabilità del "prodotti" stessi, siano essi materiali o mentali). Inoltre tale processo appare consuetudinario, ripetitivo e, talvolta, anche monotono e noioso, fino a ingenerare una forma di stanchezza ed esigenza di superamento. Nella fase di maturazione culturale si constatano processi di consolidamento, potenziamento ed ampliamento della piattaforma culturale avviata fino al raggiungimento della sua completezza ed autonomia concettuale ed operativa. Questa fase quindi si presenta come formale, ampiamente scontata, fino al punto da incominciare a presentare manifestazioni di formalizzazione, di giuridicizzazione, di sclerotizzazione e di obsolescenza.

Più analiticamente si può osservare che in questa fase si trasformano alcune caratteristiche dei prodotti culturali. Così i valori e tutti gli altri contenuti concettuali, attraverso i gruppi di pressione e le correnti di opinione sono dichiarati, in un certo senso, irriformabili anche in rapporto alla loro formulazione il che pone dei problemi dal punto di vista della evoluzione linguistica sul piano letterario, scientifico e filosofico. Le norme sono codificate in modo organizzato e sistematico dando origine ad un diritto complesso e complicato. Le funzioni sociali sono rese stabili, sicure e durature nel tempo anche a rischio di tradizionalismo. Le istituzioni culturali da mezzo diventano fine e tendono a subordinare a sé tutte le altre realtà interne e relazionali, non esclusi i valori di base, anche se questi sono costantemente professati e ufficialmente proclamati tali. In altre parole la fase della maturità culturale oggettivata diventa la premessa per l'unità di fondo della cultura in quanto offre uguali contenuti e processi alle operazioni che dovranno essere compiute nella fase successiva.

3. *L'interiorizzazione*. Il terzo momento è quello in cui l'uomo si riappropria del prodotto oggettivo sociale e culturale per rendere più facile il suo adeguamento alla condizione generale che è venuta a crearsi. Ciò si verifica, ovviamente, per tutti, anche se si notano delle differenze tra le varie situazioni esperienziali in cui possono venire a trovarsi i singoli soggetti o categorie di essi.

La condizione della crescita culturale è data infatti dalla interiorizzazione dei prodotti culturali e sociali (socializzazione)[25]. L'uomo deve apprendere a vivere in società, assimilando valori, modelli di comportamento, ruoli ecc. Di tutti questi aspetti il soggetto deve apprendere peraltro sia le entità nella loro "fisicità" materiale e culturale, ma anche il rispettivo significato metafisico, meta-individuale, meta-oggettuale. In altre parole vanno interiorizzati i contenuti e le rispettive caratterizzazioni socio-culturali. Se non ci fosse tale interiorizzazione e tutti indi-

---

[25] ALLPORT G. W., *Psicologia della personalità*, Urica, PAS-Verlag, 1969, pp. 73-94.

vidualmente avessimo dovuto cominciare da zero, saremmo ancora all'età della pietra.

In questo senso si può notare la situazione diversa degli adulti o culturati, che pur costantemente sono in situazioni di apprendimento (socializzazione continua) e le nuove generazioni che man mano vanno facendo esperienza della propria creatività ancora immatura ed incompleta ed imperfetta. Essi trovano facilitante e abbreviante l'attuazione della propria creatività con l'apprendimento di quanto hanno già è stato creato (socializzazione iniziale).

Il processo peraltro non è solo meccanico ma anche progettuale per cui si può cogliere sia l'effetto imposto automaticamente dal contesto culturale, sia la dinamica procedente dalla presa di coscienza degli stessi protagonisti e dalla intenzionalità di influenzare la cultura (seconda natura). L'efficacia di questa operazione peraltro si realizza tanto più facilmente e profondamente quanto più sia stata potenziata la componente recettiva e strutturale bio-psico-sociologica della prima natura (proprio essere). Così l'uomo è nello stesso tempo creatore e creatura della sua cultura e diventa operatore ed elaboratore di cultura. Questo duplice ruolo pertanto impegna in una forma di azione creativa che nello stesso tempo è frutto "dell'assimilazione necessitata" e della "creatività progettata" nell'attuazione di ruoli e funzioni positivi e propositivi.

Il processo nel suo insieme si presenta come un fenomeno ampio, complesso diffuso e attinente tutti gli aspetti momenti, situazioni, eventi della vita sociale. Si configura quindi come un fenomeno altamente sociale, che nello stesso tempo attinge la sfera e l'esperienza individuale, che abbracciano tutte le componenti e le dimensioni della psiche umana. Ma questo avviene attraverso un'evoluzione più o meno costante nel tempo, e coniuga ora in forme alternantisi ora con modalità contemporanee, la creatività e l'interiorizzazione[26].

b. Genesi creativa.

Molto diversa è la dinamica della fondazione di una religione storica cioè dovuta all'azione di un primo leader che avvia un nuovo movimento. In questo caso il procedimento è diverso. Vi si possono cogliere vari momenti fondamentali che corrispondono ai passi principali di ogni processo di produzione e riproduzione di fatti culturali: presa di coscienza di una missione, costituzione di un gruppo mistico, sperimentazione organizzativa[27].

1) Presa di coscienza della missione. Un primo momento è costituito dalla presa di coscienza della missione o decisione di avvio all'attuazione della propria missione. Questo primo momento è fortemente caratterizzato da fattori psicologici e psico-sociali. In tale contesto la prevalen-

---

[26] Nello schema sopra proposto vanno evidenziati due tipi concreti: l'*iter assoluto* che parte dal presupposto della assenza di precondizioni culturali esistenti per cui la sequenza si presenta come sopra descritta, e l'*iter storico* che invece parte dal presupposto della esistenza di dati oggettivati per cui le nuove generazioni partono dal terzo momento e ripercorreranno successivamente il primo e il secondo momento.

[27] Questa descrizione può essere in qualche modo verificata sia in riferimento storico che in relazione all'attualità (nascita dei nuovi movimenti religiosi).

te attività è concettuale nel senso che sono poste le basi di una nuova visione religiosa. Tale intuizione però si basa su una differente esperienza a seconda che si tratti di fondazione o di separazione. Nel primo caso si verificherebbe una crisi religiosa (o conversione) o una rivelazione nuova e personale, almeno allo stato incoativo. Nel secondo caso si avrebbe invece un'insoddisfazione sullo stato attuale con conseguente creazione di nuove proposte che si caratterizzano in contrasto con l'organizzazione. In tutti questi casi casi abbiamo una sintesi delle tre teorie: presenza di nuovi bisogni (o di vecchi) non soddisfatti; denuncia e conflitto fino alla separazione; presenza di un carismatico creativo, fascinoso, innovativo capace di attirare a sé dei discepoli più o meno numerosi e, altri più genericamente, seguaci[28].

2) Costituzione di un gruppo mistico. Attorno al fondatore si costituisce un gruppo informale più o meno stabile, ma ristretto e di un secondo gruppo di simpatizzanti, ma in continua sostituzione e sempre più largo. La componente principale in questo secondo momento è data dalla concrezione psico-sociologica cioè in una forma di aggregazione sociale. Vi si riscontra un momento psicologico privatistico, basato sulla nuova dottrina e coagulantesi attorno ad un'organizzazione informale. Si verifica anche una lenta evoluzione verso una coscienza più sociale e collettiva in prospettiva istituzionale. Si constata inoltre una

---

[28] Questi elementi richiamano diversi aspetti della teoria dei movimenti spontanei e dei fenomeni di massa.

certa fluttuazione di tutte le dimensioni. Ovviamente si ha una preminenza assoluta del fondatore. Attorno si raduna una seconda cerchia più ampia (uditorio) più o meno stabile e che prelude alla trasformazione in movimento più ampio e consistente che presto si trasforma in organizzazione[29].

3) Sperimentazione organizzativa. Avviato il movimento si presentano i nuovi problemi interni (esigenza di strutturazione concettuale ed organizzativa) e problemi relazionali esterni (reazioni, prese di posizioni, favori e/o contrasti, ecc.). Sia il gruppo che la dottrina vanno ulteriormente consolidandosi, acquistano una fisionomia e identità più propria e definita. Si stabilizzano le relazioni interne, si delinea un campo di attività più preciso. Le norme e le dottrine oscillano tra spontaneità ed esperienza; tra punti fermi ed oscillanti, tra libertà e identificazione di gruppo. I nuovi successi che man mano si vanno verificando, il passare del tempo e le implicazioni che ne derivano danno origine ad una modalità di evoluzione, di cui parleremo nella sezione successiva e, cioè, al processo di istituzionalizzazione.

A questo modo già arriva alla nascita e alla presenza socialmente significativa di un nuovo gruppo che più tecnicamente si potrebbe chiamare culto. A questo punto, in cui il gruppo è psicodinamicamente coagulato e socialmente individuabile, si dovrebbe porre la nascita della

---

[29] Cfr. HOSTIE R., *Vie et mort des ordres religieux*, Paris, Desclée de Brouwer, 1972; SCARVAGLIERI G., *L'istituto religioso come fatto sociale*, op. cit. 1973.

nuova entità sociale. Superato questo momento di crisi di crescenza la nuova entità religiosa si svilupperà ulteriormente entrando nelle fasi successive che costituiscono il processo di istituzionalizzazione.

## II. IL PROCESSO DI ISTITUZIONALIZZAZIONE

La religione, come ogni altra realtà, si evolve e come ogni altro fatto sociale si sviluppa istituzionalizzandosi. Per cercare una spiegazione possiamo partire dall'analisi dei due termini usati per denominare il fenomeno in questione. Da una parte dobbiamo sottolineare il termine "processo" che riguarda alla modalità di sviluppo, per cui sostanzialmente indica un tipo di cambiamento lento, graduale, complesso, diffuso, talvolta impercettibile che attinge tutti gli aspetti e componenti del fenomeno inducendovi trasformazioni interne più o meno radicali e significative pur mantenendo una sorta di continuità nel tempo[30].

Il termine istituzionalizzazione invece fa riferimento alla configurazione che un dato aspetto della realtà in cambiamento, che da realtà creativa spontanea, innovativa, si trasforma in realtà stabile, normativa e fissata nel tempo. Inoltre come allude l'inflessione della stessa parola usata, ci si trova di fronte ad un modo secondo cui nasce e

---

[30] Si distingue dalla "rivoluzione" che ha caratteristiche opposte, in cui quindi il cambiamento è veloce, repentino, settoriale, ecc.

si costituisce (quindi ne è il risultato) un'istituzione all'interno di un dato contesto socioculturale[31].

Avviando la spiegazione del fenomeno che coniuga insieme i due termini, occorre distinguere tra istituzionalizzazione come processo e come risultato[32]. Le due accezioni sono interdipendenti in quanto il processo porta al risultato e questo quindi comprende la sua modalità evolutiva. Ma è possibile cogliere i due momenti e indicarne la distinzione concettuale e le caratteristiche connotative. Pertanto in quanto risultato l'istituzionalizzazione indica, il consolidamento e fissazione nel tempo delle componenti strutturali e funzionali di un dato fenomeno sociale (nel nostro caso religioso) che appunto si trasforma in "istituzione".

L'istituzionalizzazione ha una sua giustificazione *antropologica* di fondo che consiste nel suo radicamento nella natura umana che si manifesta come complesso di aspettative ampiamente diffuse e condivise e non come qualcosa di contingente e provvisorio. Inoltre essa presenta alcune caratteristiche fondamentali che la rendono un fenomeno importante dal punto di vista sociologico. Per questo vanno sottolineati gli aspetti costitutivi e le caratteristiche del concetto di processo e quelle dell'istituzione.

Il processo comincia subito dopo l'avvio di un nuovo fenomeno per il fatto che esso procede dalla particolare struttura della natura individuale e sociale dei suoi prota-

---

[31] Cfr. FICHTER J., *Sociologia fondamentale*, op. cit. pp.

[32] Cfr. LUEBBE H., *La secolarizzazione*, Bologna, Il Mulino, 1970.

gonisti. Tale fatto oltre a comportare e riguardare tutto l'insieme del fenomeno e quindi abbracciare tutti e singoli gli aspetti che lo costituiscono: stato interiore, atteggiamenti, azioni, simboli, ecc., è fondamentalmente spiegato dal fatto che esso risponde ai parametri fondamentali della struttura psicodinamica dell'uomo e del gruppo. Esso presenta alcune giustificazioni e fonti di spiegazione (interne e relazionali) importanti, che vanno evidenziate.

Tra le caratteristiche del processo d'istituzionalizzazione, invece vanno considerate importanti: a) *Universalità*, in quanto il processo è esteso a tutti i momenti evolutivi della sviluppo umano (dimensione storica culturale) e a tutte le componenti della vita sociale di un dato popolo (dimensione sociale e culturale). b) *Complessità*, nel senso che vi sono coinvolti tutti gli ingredienti coefficienti, vari e numerosi, che costituiscono un dato fenomeno sia singolarmente preso che intrecciato con un altro e vi hanno influenza anche le condizioni ambientali che interagiscono con esso. c) *Variabilità strutturale*, nel senso che esso si presenta molto differenziato da un fenomeno all'altro, da una cultura all'altra, ma anche da un periodo storico ad un altro, rispetto: al ritmo dello sviluppo, al dosaggio delle componenti, all'azione dei fattori, alle fasi che ne descrivono i diversi stati, ai soggetti che vi sono interessati.

Il risultato esplicita invece l'esito a cui il processo perviene e cioè l'istituzione che si può intendere come: un sistema complesso di valori, norme, relazioni sociali, ruoli, ecc., che nascono dall'esperienza, ma che pervengono ad una forma fissa e che regolano un tratto importante della vita sociale[33]. Si possono distinguere due tipi fondamentali: istituzioni aggregative (basate in una piattaforma collettiva ad organizzativa) (es. partititi politici, sindacati ordini religiosi), e istituzioni normative (riferimento a modalità di soluzione di problemi o a definizione di soluzioni), ed es. divisione dei poteri nello stato, scienza, diritto di sciopero ed altri diritti sindacali, ecc.)[34].

Tra le caratteristiche dell'*istituzione* risultano rilevanti: a) La *stabilità* per cui quanto è stato creato raggiunge una consistenza che le fa perdurare nel tempo, e anche se la nuova condizione deve confrontarsi con il cambiamento sociale ciò avviene attuato con i meccanismi della assorbimento progressivo; b) la *formalizzazione e riconoscibilità*, in quanto la presenza della nuova istituzione sia aggregativa sia normativa appare come una realtà con una propria identità e visibilità sociale che serve ad essere un fattore attivo nella vita sociale; c) la *normatività* per questo si configura come una fonte di obbligazioni sia morali che sociali, che rende le diverse implicazioni comportamentali solo indicative, ma obbligatorie e protette da sanzioni morali, economiche, ed anche penali.

Come per tutti gli aspetti della vita sociale e culturale, anche in riferimento alla religione si verifica il processo di istituzionalizzazione, per cui una data religione diventa un'istituzione entro una data società. In questo senso va spiegata la dinamica

---

[33] E' interessante a questo riguardo approfondire l'argomento tramite la consultazione di opere che lo trattano più specificamente.

[34] Cfr. GEERTZ C., *Interpretazione di culture*, op. cit., 1987, 15-39

che si verifica e come effettivamente la religione si sviluppa, si consolida, si stabilizza, ma anche diventa formale, burocratica, e quali implicazioni essa trascina con sé, ecc. Pertanto per comprendere a fondo il processo di istituzionalizzazione, occorre esporre le componenti principali del processo che lo caratterizzano: i fattori e le fasi.

### A. Individuazione dei fattori

I fattori che hanno influenza sul processo di istituzionalizzazione sono di varia entità e natura. Quanto all'entità possiamo distinguere tra fattori facilitanti (o predisponenti) e fattori precipitanti (o causanti). Tra i primi rientrano i cosiddetti fattori meccanici o spontanei con funzioni predisponenti e come dice lo stesso aggettivo usato, agevolanti, in quanto si verificano automaticamente, da una parte e, dall'altra, rendono più logico e scorrevole il processo. Tra i secondi rientrano alcuni fattori culturali con incidenza più specifica e di portata più determinante nel senso che provocano effettivamente i cambiamenti e ne condizionano, giustificano e spiegano la persistenza che si prolunga nel tempo.

### 1. I fattori facilitanti

Sono molti i fattori facilitanti concreti e possono distinguersi in: fattori *autogeni* (interni allo dinamica umana) e fattori *esogeni* (esterni o provenienti dall'ambiente circostante).

Un primo riferimento va fatto ai fattori *autogeni* che, come indica il loro stesso nome, si presentano come stimoli spontanei, impulsi connaturali alla natura umana. In particolare si deve accennare innanzitutto alla *tendenza alla ripetizione* che si configura fondamentalmente come dinamica individuale e psicologica e cioè legata alla prospettiva di economizzazione dello sforzo e la facilitazione operativa che ne deriva. Essa quindi si presenta come acquisizione di abitudini che sono trasmesse quale patrimonio culturale alle generazioni successive e quindi come speditezza e rodaggio dei meccanismi derivante dall'esperienza. La *tendenza alla consuetudinarietà* invece si presenta come attuazione della cosiddetta imposizione e pressione sociale sotto forma di legittimazione e plausibilità socioculturale[35]. Pertanto entro un gruppo si sviluppano dinamiche che rendono più facili e ovvie certe scelte e più in sintonia con la fase evolutiva del gruppo.

Tale evoluzione ha come fonte di spiegazione la potenzialità di fondo di ulteriore sviluppo sotto forma di autocomprensione propria di ogni fenomeno per cui esso può essere sempre capito meglio. Si possono cogliere le sue unità irriducibili, le implicazioni, la sua genesi ed ulteriori prospettive di evoluzione. Infine si può vederne i fattori e la dinamica, come anche le disposizioni soggettive che più coerentemente vi corrispondono. Nello stesso tempo però si verifica una certa diminuzione della creatività individuale e collettiva. Quello che fino ad allora era

---

[35] Un'analogia si può riscontrare nello sviluppo di organismi dal seme fino alla maturità. Tale sviluppo risulta da potenzialità interne e dalla mutua influenza con l'ambiente.

legato al carisma cede il posto alla razionalità e alla valutazione dei "costi" e dei "profitti", alla proporzione tra i mezzi e i fini. Conseguentemente porta a mettere da parte lo spontaneismo per sottolineare la procedura e la routine, con la prospettiva di efficienza che fa raggiungere i fini se non meglio, almeno con minor costo.

Ma non vanno trascurati i fattori *esogeni* cioè provenienti dall'esterno della singola religione. Essi provengono dal contesto ambientale e socioculturale per cui il processo stesso viene ad essere una manifestazione della contestualizzazione di tutti i fenomeni sociali tra loro. Di tali fattori esterni, alcuni possono essere: automatici e/o meccanici in quanto si presentano sotto forme di pressioni ed influenze legate appunto a quella che abbiamo chiamato la contestualizzazione sia in senso socioculturale che in senso ecclesiale. Possono essere anche intenzionali cioè provocati programmaticamente dagli operatori sociali o responsabili in base a loro scelte più meno volontaristiche e rispondenti a visioni o progetti che essi hanno nei confronti del fenomeno interessato.

Più in particolare tra i fattori esogeni possiamo individuare l'esigenza di plausibilità. Essa si presenta come soggettiva in quanto capacità di percezione del valore e della validità della realtà e quindi alla ragionevolezza di adesione alle sue istanze e finalità. Si configura anche come culturale nel senso che l'organismo che si costituisce si inserisce nel contesto in modo più o meno funzionale e comunque attuando forme di azione e reazione che corrispondono al gioco sociale. In altre parole si dà una risposta all'esigenza di legittimazione socioculturale, che comporta forme di accettazione e di conferimento del diritto di cittadinanza al nuovo fenomeno.

Importanti sono anche le diverse pressioni provenienti dal contesto ambientale. Da una parte la chiesa locale esige la certezza che siano offerte certe prestazioni (ad es. l'amministrazione dei sacramenti, l'attuazione del culto, la realizzazione della catechesi ecc...) e che siano date risposte adeguate alle differenti situazioni e al moltiplicarsi delle attese dei destinatari (pressione derivante dal contesto ecclesiale). Dall'altra la società vuole garantirsi che lo svolgimento di certe manifestazioni, collegate con l'attuazione delle funzioni della nuova entità, non intralci gli altri aspetti della vita sociale, e questa si attui secondo certi parametri condivisi, accettati e validi (pressione derivante dal contesto culturale).

## 2. I fattori precipitanti

I fattori fondamentali e cioè quelli che effettivamente inducono alla trasformazione istituzionale della nuova religione sono chiamati "precipitanti" (o causanti). Essi sostanzialmente consistono: a) nell'aumento del numero dei membri che aderiscono al nuovo gruppo e b) nella diffusione nello spazio geografico e socioculturale e nelle implicazioni psico-dinamiche e socioculturali che portano con sé. Tali due fattori non vanno valutati solo nella loro valenza quantitativa e territoriale, ma soprattutto nella loro influenza e incidenza comportamentale, relazionale ed organizzativa. Essi, peraltro, avvenendo spesso contemporaneamente, si influenzano reciprocamente e potenziano maggiormente la loro incidenza.

In concreto la spiegazione dell'azione di tali fattori consiste nel fatto che la moltitudine dei membri o la distanza territoriale impedisce il contatto diretto con il leader. I fedeli quindi non hanno la prospettiva di un insegnamento di prima mano e di un apprendimento per contatto. Infatti tale situazione presenta sempre elementi più incisivi, specialmente quando sia il carismatico personalmente a fare da comunicatore senza mediazioni. Inoltre va notata la forza della stessa comunicazione (modalità kerigmatiche) quando questa si esplica in base a delle interrelazioni immediate e dirette (face to face relations) che comportino anche opportunità di coinvolgimento esistenziale ed operativo.

In altre parole, con la diffusione e la persistenza si verifica un maggiore filtraggio e difficoltà della comunicazione per via delle nuove mediazioni che diventano più disfunzionali nell'ipotesi di un mutare o succedersi dei mediatori stessi. Inoltre si constata una crescente impossibilità che il carisma originale agisca direttamente con la testimonianza, il fascino e l'esemplarità del leader. Infine si riscontra una crescente rarefazione dei rapporti con il capo con il conseguente indebolimento dell'azione diretta sui meccanismi formativi della crescita.

Non va trascurato il fenomeno della cosiddetta "seconda generazione" che si attua nella diffusione spaziale (nuovi adepti) e nella persistenza nel tempo (figli dei primi convertiti). Nell'un caso e nell'altro si verifica il caso della trasmissione "mediata e non più diretta". In particolare inoltre occorre sottolineare la diversa motivazione di fondo per aderire. Per la prima generazione (che ormai corrispondono ai "veterani") si è verificata la possibilità di un contatto diretto, che giustifica e spiega la conversione con tutto quello che questa comporta dal punto di vista psico-dinamico. Per la seconda generazione viene a determinarsi una trasmissione mediata e senza contatto diretto, per cui il processo di adesione è basata sulla socializzazione senza la forza delle motivazioni della conversione.

La pluralità dei mediatori e quindi dei passaggi dei contenuti dottrinali, morali, cultuali ed organizzativi, ha incidenza sulla autenticità della trasmissione. Pertanto per evitare il rischio di inquinamenti, cadute culturali, creatività dispersiva e centrifuga, emerge l'esigenza di fissare meglio i punti fondamentali del credo e quindi della catechesi e i tipi e livelli di prestazioni comportamentali sia dei responsabili che dei destinatari. Si specificano gli obblighi di chi ricopre certe funzioni e si determinano condizioni minimali di accettabilità sia delle prestazioni da parte dei responsabili che delle "reazioni" da parte dei destinatari. Si tende a strutturare la successione dei titolari nelle diverse funzioni, bilanciando le qualità di coerenza con quelle di operatività ed efficienza. Infine si stabiliscono momenti, luoghi, modalità, tematiche degli incontri formativi e comunionali.

In tutto questo, infine, ovviamente si presuppone che si realizzino certe condizioni ambientali e culturali nei diversi contesti della diffusione della nuova religione. In particolare risulta indispensabile che siano assicurate: la possibilità di sopravvivenza, la facilitazione della comunicazione, la prospettiva d'installazione di "presidi" che favoriscano ulteriormente la diffusione e il potenziamento. Tali circostanze non escludono certi rischi relativi all'autenticità e genuinità del messaggio, per cui si impone l'avvio del processo di istituzionalizzazione.

### B. Gli stadi fondamentali

Volendo cogliere però più adeguatamente la dinamica del processo di istituzionalizzazione. occorre far riferimento specialmente ai fattori che lo spiegano nei diverse fasi di sviluppo. Il problema delle tappe potrebbe apparire come una violenza e una semplificazione di una realtà che invece presenta le caratteristiche di un continuum, cioè, come passaggio graduale lento ed intrecciato, in cui è difficile, se non proprio impossibile, trovare dei confini di demarcazione[36].

D'altra parte è evidente l'utilità di una prudente individuazione di momenti tipici e chiaramente differenziati dagli altri, in quanto semplifica lo studio del fenomeno e ne facilita la comprensione. Per questo risulta funzionale andare con la mente ad esempi di religioni nuove e/o di

---

[36] Cfr. quanto detto a riguardo delle dimensioni.

movimenti religiosi che, essendo in un dato stadio, mostrano in modo plausibile la natura e la configurazione fenomenica a seconda delle fasi in cui vengono a trovarsi.

Tra le teorie avanzate dai vari autori, più plausibile sembra la seguente articolata, oltre quella della nascita, in quattro grandi fasi[37]. Passando alla loro descrizione va notato che esse hanno un diverso ritmo e una strutturazione interna, diversa dipendenza: da fattori interni (dottrina, etica, tipo di organizzazione); da fattori esterni (tempo, contesto socioculturale, altre religioni presenti e loro vitalità); da fattori relazionali (tecniche di diffusione, destinatari privilegiati, ecc.).

## 1. La fase iniziale.

A poco a poco il carisma perde la sua carica innovativa: tendenza alla ripetizione e alla consuetudinarietà. Ne deriva quella che viene chiamata la routinizzazione del carisma. D'altra parte la crescita e la diffusione esigono delle mediazioni funzionali e di leadership. Occorre mettere qualche punto fermo specifico, caratterizzante. Si deve provvedere alla rarefazione dei contatti con il fondatore; alle difficoltà dei rapporti di tutti con tutti. I neofiti oltre che al fascino del fondatore, registrano anche l'influenza dei primi seguaci (facilitazione sociale). Ciò rende radicale la loro conversione (anche se soggettivamente autentica).

---

[37] WEBER M., *Sociologia della religione*, Torino, U. T. E. T., 1976, 243.

Comunque essa risulterà meno direttamente alimentata dal fondatore. Frattanto la dottrina acquista in organicità, e alla carica innovativa sostituisce una legittimazione razionale e sociale (accettazione da parte di altri). Ruolo importante vi hanno le dispute interne e le difese rispetto all'ambiente. Ciò si verifica anche in relazione al gruppo, alle attività connesse con la finalità propria (espansione missionaria) del nuovo gruppo. Decisivo in questo momento è l'eventuale scomparsa del fondatore, per cui emerge il problema della successione che non sempre può essere non basata sul carisma, ma sulla necessità funzionale della leadership[38].

## 2. La fase sperimentale

La situazione, in tutta la sua complessità e varietà di componenti, va evolvendosi. Il movimento è sempre sollecitato a dare delle risposte sempre più frequenti, e anche a problemi nuovi. Ci si trova dunque di fronte a due problemi, dal punto di vista interno: fine dell'impulso carismatico del fondatore e sua trasformazione in carisma di gruppo attribuito ai primi compagni; richiesta da parte dell'ambiente di maggiori prestazioni e confronto con le circostanze culturali in cui si sviluppano nuovi inserimenti. Il movimento religioso deve pertanto orientarsi verso

---

[38] Ciò è proprio dei nuovi movimenti o sette religiose il cui fondatore è ancora vivo e che ancora propone oltre che la propria esemplarità anche l'imprevedibilità dei contenuti del suo messaggio.

una tendenza pragmatica ed efficientista, caratterizzato dalla tendenza biunivoca di efficienza e di espansione: efficienza che facilita l'espansione ed espansione che punta all'efficienza[39].

Nella dottrina incomincia a prevalere la razionalizzazione delle formule "catechetiche" e comunque delle enunciazioni semplici, facili che evitino gli aspetti controversi. Il culto è ripetitivo sia per mancanza di nuova creatività sia per ottenere quella esperienza essenziale già altre volte raggiunta. Nel campo della leadership l'ufficio sostituisce il carisma. I responsabili si dedicano alla direzione a tempo pieno, sostituiscono con la continuità l'imprevedibilità del volontariato, e con la specializzazione la difficoltà della gestione. Le norme morali, dimostratesi funzionali, ristagnano. In altre parole a riguardo di tutte le dimensioni religiose: aspetto dottrinale, dimensione cultuale, componente comunitaria, conseguenze etiche, pur rimanendo istanze di profezia e di provocazione ambientale, prevalgono le esigenze della chiarezza, della precisione, della compattezza. Psicologicamente si ha bisogno di una certa tranquillità e quiete strutturale ed organizzativa di tutti gli aspetti in modo da poter utilizzare sempre più diffusamente e ampiamente il patrimonio interno.

---

[39] Questa fase è variamente lunga in concomitanza di altri fattori, come ad es. la rapidità dei due fattori precipitanti, e il trovarsi in un contesto statico o dinamico.

## 3. La fase formale.

Si genera così una nuova fase in cui si accentuano ancora di più tali tendenze e vengono a presentarsi sempre più come formali e burocratiche. Si consolida e si articola la strutturazione territoriale in modo sempre più burocratico e funzionale. La territorializzazione infatti viene assunta per principio e anche dove ancora non si è effettivamente presente già si instaura una forma di giurisdizione sia pure potenziale. La dottrina attraverso i gruppi di opinione e le correnti e le scuole teologiche interne viene "definita", e dichiarata in un certo senso irreformabile anche dal punto di vista linguistico il che pone dei problemi dal punto di vista della evoluzione sia linguistica che in rapporto alle evoluzioni del linguaggio letterario e scientifico e filosofico.

Le funzioni sono rese stabili, sicure e durature nel tempo anche a rischio di tradizionalismo e di immobilismo. Pertanto anche l'attività punta ad una tendenza tradizionalizzante fino alla formalizzazione. Ciò riguarda anche le norme morali per cui si perviene a forme di casistica più o meno dettagliata e pedante, come anche quelle cultuali per prevalgono sempre più tendenze ritualistiche e ceremonialistiche, ecc... L'istituzione registra un passaggio rilevante: da mezzo diventa fine e tende a subordinare a sé le altre realtà interne, non esclusi i valori di base, anche se questi sono costantemente professati e proclamati tali[40].

---

[40] Non va esclusa anche la presenza (e più volte) all'interno di questa fase di sotto-processi che ripetono le quattro fasi, ma con contorni meno rilevanti.

## 4. La fase critica.

Lo stadio precedente ha in sé i germi della crisi che tocca la religione nel suo complesso e le singole componenti. In riferimento a tutte le dimensioni si perviene a forme piuttosto sclerotizzate, poco dinamiche e incidenti. In rapporto all'organizzazione si nota la formalizzazione dell'appartenenza che diventa tradizionale o di tipo socio-culturale e talvolta solo interessata. L'attività può essere trasformata in una professione o carriera o viene molto burocratizzata, l'impegno missionario un'azione di conquista culturale ed ideologica. La dottrina rigida e formalizzata è anche linguisticamente arcaica e superata e si registrano difficoltà nella comunicazione. Si costata un isolamento crescente, mascherato da un allargamento ad interessi non specificamente religiosi, ma umanitari, e dalla prospettiva di usare in tal senso il proprio peso ed autorità sui fedeli e verso l'esterno.

Tale situazione pertanto può preludere a due sbocchi: o un rinnovamento più o meno esteso, radicale, multidimensionale, o un'ulteriore sclerotizzazione fino alla necrosi e alla scomparsa. E difatti nella storia delle religioni sono molte le situazioni in cui si sono verificati l'uno e l'altro di tali prospettive. Sono scomparse delle religioni di molti popoli che non hanno saputo e potuto resistere alla diffu-

---

In altre parole lungo tutto il periodo della fase formale si può arrivare ad alcune manifestazioni della quarta fase, e ad una ripresa a ripartire della seconda fase per cicli diversi di ripresa e sviluppo. A tale riguardo cfr. Scarvaglieri G., *Sociologia della parrocchia*, Roma, PUG, 2005.

sione di nuove fedi. Ma la storia mostra anche come è possibile riprendere le fila di un certo discorso e avviare forme di recupero e di rilancio di un nuovo andamento che oscilla dialetticamente tra i poli istituzionale e carismatico.

## III. APPLICAZIONE ALLE VARIE DIMENSIONI

Gli elementi generali accennati nei vari punti appena descritti della dinamica globale hanno modalità e riferimenti specifici nell'applicazione multidimensionale. Pertanto è utile realizzare un procedimento di applicazione diverso limitato alle singole dimensioni. Parliamo quindi, ordinatamente dello crescita della dottrina, dello sviluppo culto, dell'espansione comunitaria e di ampliamento della componente etica. Ecco una breve e veloce descrizione per ciascuna dimensione.

### A. Razionalizzazione delle credenze

L'istituzionalizzazione delle credenze, comporta essenzialmente la determinazione, chiarificazione, dommatizzazione dei punti fondamentali del "credo". Essa si realizza come processo o passaggio complesso che va dalla intuizione (mito) o rivelazione primitiva alla razionalizzazione (sistema teorico o teologico)[41].

---

[41] In ciò si verifica un'applicazione specifica della sociologia della conoscenza. Si ha un riscontro concreto nella storia della teologia, e/o storia dei dogmi e della conseguente necessità di "ripensamento" e di risistemazione e di sintesi periodiche: dalla sintesi di Agostino dopo il periodo neoplatonico;

Come fattori interni di tale processo possiamo notare: lo sviluppo delle nozioni fondamentali e quindi l'esplicitazione degli elementi impliciti contenuti in tali nozioni. Ciò è attuato attraverso l'esegesi più approfondita del testo fondamentale (Bibbia, Corano, ecc.). Come fattori esterni operano: l'applicazione di sistemi ermeneutici mutuati dalle filosofie locali, l'esigenza di dare delle risposte allo sviluppo delle scienze, l'esigenza di spiegare nuovi problemi o conoscenze.

Da tale chiarificazione derivano una duplice serie di conseguenze: esigenza di presa di coscienza col passaggio dall'implicito all'esplicito, esigenza di preservazione delle credenze e di facile utilizzazione nella comunicazione (funzione positiva). Il processo arriva fino alla ipostatizzazione e assolutizzazione delle credenze e fissazione linguistica (dogmi) che a lungo andare non permettono il raggiungimento stesso delle finalità (funzione negative).

### B. Formalizzazione del culto

L'istituzionalizzazione del culto consiste basilarmente nel passaggio dall'esperienza iniziale alla formalizzazione dei segni dell'esperienza. Si determinano man mano le formule, i responsabili, i tempi, i luoghi di attuazione di un processo di assunzione della "gestione della Grazia", con esclusione ed emarginazione dei fedeli)[42].

---

a quella tomista alla riscoperta di Aristotele; a quella rosminiana dopo Kant; a quella di K. Rhaner dopo il Concilio Vaticano II.

[42] Cfr. O' DEA T., *Sociologia della religione*, Bologna, Il Mulino, 1965, 67-70. Dal-

I fattori di tale trasformazione possono essere legati alla plausibilità di quanto esperito e alla insufficienza delle nuove proposte. Influisce anche il bisogno di facilitazione sociale e l'esigenza di attuare riti uniformi in tutte le situazioni analoghe. La finalità esplicita è di salvaguardare la "significatività" dei simboli, la loro adeguatezza espressiva e capacità di evocazione dell'esperienza religiosa fondamentale. Si trasformano pertanto le diverse funzioni già individuate precedentemente: espressiva come chiarezza e facilità di cosa "dire" (preghiere a memoria o comunque definite stabilmente); strumentale come concretizzazione di occasione di chiedere risposte ai bisogni; comunitaria come salvaguardia dell'unità della fede (come effetto del principio che la preghiera ristabilisce la fede) (funzioni positive).

Nello stadio formale tuttavia, inoltre si verifica la perdita della "significatività" e il pericolo di alienazione dei simboli. Essi infatti perdono la loro capacità di attuare le tre funzioni o la spontaneità con cui conseguirle. Si arriva fino al capovolgimento del processo; si pretende di poter arrivare, tramite la formula, il gesto, il simbolo a suscitare l'esperienza religiosa, cioè la percezione soggettiva del contatto con il "Sacro" (funzioni negative)[43].

---

la situazione di alienazione e perdita di significatività può derivare: il rinnovamento culturale collettivo o individuale, abbandono o sostituzione con altri riti pseudo-religiosi (magici e superstiziosi).

[43] WEBER M., op. cit. 1976, 221 e ss.

## C. Professionalizzazione del governo

L'istituzionalizzazione dell'organizzazione si verifica come processo che va dal carisma all'autorità di ufficio e, quindi come professionalizzazione del governo. Essa comporta innanzitutto quella che Weber chiamava la routinizzazione del carisma e il conseguente strutturarsi del gruppo spontaneo attorno al capo carismatico che diventa gruppo collegiale più o meno gerarchizzato che avoca a sé tutte le funzioni gestionali[44]. Ne consegue una divisione più o meno articolata di ruoli tra i vari specialisti (aspetto personale: gerarchizzazione), e una suddivisione amministrativa delle varie zone in cui è diffusa la religione sia entro una data nazione che nel contesto mondiale (strutturazione territoriale).

Su tale fenomeno influiscono varie forme e modi di imitazione da parte della chiesa di sistemi di potere, l'accettazione dello stile mondano di esercizio dell'autorità, la ricerca del prestigio e dell'arricchimento, e comunque assetti amministrativi e giuridici mutuati dalla società. Più oggettivamente vi si realizzano i vari momenti logici e cronologici di quella che Michels ha chiamato "la legge di ferro" della burocrazia. Si verifica una sorta di moltiplicazione dei bisogni sul piano qualitativo e quantitativo, complicazione dei ruoli e delle loro applicazioni

---

[44] Questo processo però non è soltanto unidirezionale ma reciproco.

concrete, disponibilità e abilità differenziate nei pur numerosi aderenti[45].

Ne consegue una serie di vantaggi e di svantaggi che possono così sintetizzarsi: da una parte si verifica la moltiplicazione di ufficiali "specialisti" dei vari servizi, con impiego a tempo pieno, con capacità di dare delle risposte ai molteplici e rinnovantisi bisogni dei fedeli (funzioni positive). Dall'altra parte, oltre alla difformità con i principi di autorità originari, ne deriva una dicotomizzazione, un'assunzione in esclusiva di tutti i ruoli e conseguente spoliazione dei fedeli, con esercizio del potere in modo mondano che sottolinea l'atteggiamento di dominio e tenta di ridurre i fedeli al ruolo di semplici fruitori o clienti dei servizi, ecc. (funzioni negative)[46].

### D. Normativizzazione dei valori

L'istituzionalizzazione della morale si può descrivere, fondamentalmente, come passaggio dalla spontaneità al giuridismo e, quindi, come normativizzazione dei valori. Inizialmente cioè appaiono evidenti le implicazioni della fede sul piano della vita quotidiana e si tende a tradurre in comportamenti concreti il progetto di uomo e di società proposto dalla religione. Successivamente e lentamente le

---

[45] SCARVAGLIERI G., *L'istituto religioso come...*, op. cit. 1973, 106-111.

[46] Va notata comunque la presenza di istanze organizzative a livello primario e informale più o meno ricorrenti (movimenti carismatici e istituti religiosi), ma anche istanze di autocritica e di innovazione globale. Cfr. anche GREELEY A., *Unsecular man*, New York, Scholen Books, 1972, 82.

prescrizioni prevalgono sulla finalità ed obiettivi che fin dall'inizio tale religione aveva, anche se c'è il rischio di trasformare i mezzi in fini e viceversa[47].

Aumentando il numero e diffondendosi nello spazio la religione vede moltiplicarsi le attività interne (relative alla vitalità dell'organismo, alla solidarietà e coesione interne) ed esterne (relative alla diffusione, alla persistenza nel tempo, ai rapporti con l'ambiente). Crescono anche le esigenze di formazione, la divisione delle competenze, ecc. ampliando il diritto interno. L'esigenza di norme chiare, definite, uguali per tutti, controllabili e perseguibili giudiziariamente, porta la religione alla schematizzazione delle norme, o comunque allo sviluppo di un sistema minuzioso di leggi, fino a complessi molto articolati di codici.

A tale processo va aggiunta l'esigenza di applicazione dei principi fondamentali a nuove aree del comportamento, legate agli sviluppi scientifici, economici, politici, tecnologici, ecc. (funzioni positive). Anche a questo riguardo si può verificare l'inversione dell'iter dell'autenticità: partendo dalle norme giustificarle dichiarandole fondate sulla "natura". Infine si può pervenire a forme parossistiche delle situazioni (sviluppo della casistica) e alla prevalenza del diritto positivo sui principi e valori fondamentali (giuridismo) (funzioni negative)[48].

---

[47] E' corrente il concetto di "normatività" delle istituzioni la nascita di "modelli di pensiero e di comportamento coestensivi a tutta l'attività umana".

[48] Non vanno sottaciuti i più o meno ricorrenti ritorni e/o recuperi dei valori fondamentali sia dell'insieme sia di segmenti particolari (movimento di rinnovamento e di revival).

## IV. VALUTAZIONE CRITICA

Il processo di istituzionalizzazione è un fenomeno evidente, come abbiamo potuto vedere. Esso però è anche ambivalente, presenta infatti vantaggi e svantaggi aspetti positivi e negativi. La loro individuazione e valutazione tuttavia non è così semplice come potrebbe apparire. Innanzitutto va rilevata la relatività della qualifica di funzionalità.

Questa infatti dipende da diverse considerazioni: in che senso è funzionale? Oppure in relazione a chi e per quali aspetti? A quale livello o riferimento. soggettivo (interessati), oggettivo (riferimento ai valori)? ecc. Inoltre si deve tener conto che lo stesso aspetto può essere, allo stesso tempo, funzionale per un elemento e disfunzionale per un altro, in dipendenza dal tipo di considerazione che si svolge e dal punto di vista contingente della valutazione o del soggetto interessato[49].

### A. LE PRINCIPALI FUNZIONI

Per funzioni intendiamo i vantaggi o gli aspetti positivi che possono derivare al fatto religioso in se stesso o alle persone. I vantaggi per la religione indicano la sua nuova condizione, e li abbiamo già evidenziati esponendo le diverse fasi del processo e il modo come esso si realizza sia globalmente che in rapporto alle singole dimensioni. I

---

[49] YINGER M. R., *Sociologia della religione*, op. cit. 1963, 67-78.

vantaggi relativi alle persone vanno fatti oggetto di una specifica illustrazione, che attuiamo articolando l'esposizione secondo le grandi categorie che vi sono interessate.

1. Per i leaders religiosi. Si può notare che l'istituzionalizzazione giova in diversi modi. Innanzitutto essa assicura la loro autorità, dispensandoli di dover sempre provare il loro valore religioso (esemplarità) funzionale (in relazione al ruolo all'interno del gruppo o organizzazione). Inoltre serve ad assicurare loro il pane quotidiano, grazie al facile consenso da parte dei fedeli, in base alla dottrina che "chi serve all'altare deve vivere all'altare". Infine facilita loro la prospettiva di ottenere agevolmente il riconoscimento dello Stato, rassicurato dalla prevedibilità della dottrina e dai necessari compromessi che la religione attua nella ricerca di una posizione stabile nella società. A questo modo da parte della chiesa si ottiene una specie di appoggio e si verifica una strumentalizzazione del potere in senso personale.

2. Per le autorità civili. Anche per le autorità civili e più generalmente per la cultura locale, si riscontrano o comunque sono ricercati alcuni altri vantaggi. Infatti la società preferisce una comunità organizzata e prevedibile ad un gruppo carismatico e quindi e facilmente scomodo, o più o meno rivoluzionario e capace di sovvertire l'ordine stabilito. Inoltre l'autorità civile si aspetta un supporto dalla religione per i favori che essa ha ricevuto, ad esempio nei concordati con gli stati, e nelle altre forme di convivenza. Ne deriva un appoggio della chiesa sia in ordine

alla legittimazione che in ordine al consenso. La religione istituzionalizzata sviluppa forme particolari di integrazione e quindi di contribuzione al mantenimento della pace (o almeno di quiete) sociale.

3. Per i fedeli. Infine anche per i singoli fedeli si possono notare alcune funzioni interessanti. Infatti la religione istituzionalizzata è meno esigente, anche se non si perdono i vantaggi spirituali che essa propone. Con il passare del tempo infatti si tende sia all'accomodamento etico che all'immobilismo dottrinale. Tale situazione facilita il comportamento, ma lo rende piatto se non del tutto incoerente. Inoltre rassicura psicologicamente offrendo (o potenziando) vie semplici ed "efficaci" per ottenere la salvezza (superamento dell'ansia), a prescindere da un proprio impegno positivo costante e personalizzato. Infine la religione istituzionalizzata permette alla comunità dei fedeli di essere facilmente riconosciuta dal resto della società e quindi valutata più per la "qualifica" o auto-connotazione che per la vita e la testimonianza ei suoi stessi membri.

### B. LE DISFUNZIONI PIÙ RILEVANTI

Non mancano le disfunzioni o come si esprime O' Dea, i dilemmi e cioè situazioni difficili i cui termini estremi non possono essere risolti tramite soppressioni dell'uno o dell'altro termine o situazione contrapposta. Essi invece devono essere accettati e possibilmente bilanciati tra loro, in quanto essi sono inerenti alla stessa condizione culturale e sociale (limiti umani). Si tratta quindi di ambivalenze dell'istituzionalizzazione di natura strutturale e pertanto non contingenti[50]. I principali sono:

1. Il dilemma della motivazione mista: si avrebbe una motivazione socioculturale invece di un'autentica presa di coscienza personale nell'aderire alle esigenze profonde della fede. La religione viene ereditata per nascita e appresa per socializzazione superficiale ed esteriore, a partire dalla prima infanzia.

2. Il dilemma dell'oggettivazione dei simboli. In questo senso si ha alienazione invece di autenticità nella comunicazione da parte del simbolo e/o nella sua interpretazione. In altre parole i simboli o non comunicano e/o non sono capiti. Ciò può dipendere per il fatto che siano nati all'interno di una cultura diversa (del passato o di altra parte del mondo).

3. Il dilemma della burocratizzazione. Si verifica che il comando prende il posto del servizio. Le modalità di gestione si sviluppano secondo la logica del potere mondano (autoritarismo, ricerca del prestigio) e la prospettiva di uso per vantaggi economici e personali.

4. Il dilemma del formalismo. Si realizza un'impostazione in cui è importante l'esecuzione delle prescrizioni a prescindere dall'intenzione e comprensione delle finalità. Si dà molto rilievo alle leggi e alle norme "canoniche" che

---

[50] O' DEA T., *Sociologia della religione*, op. cit. 1971, 145-156. In questo senso essi sono da distinguere da problemi, che esigono una soluzione, mentre i dilemmi richiedono un bilanciamento e combinabilità.

peraltro vanno aumentando notevolmente creando una complessa casistica.

5. Il dilemma del potere. Si ha creazione e uso delle occasioni di gestire tutta l'organizzazione come forma di pressione (conversioni in massa, lotta per l'egemonia, inquisizione, ecc.) e, nel periodo contemporaneo, come appoggio da parte di certi partiti, o di movimenti di opinione, ecc.

Concludendo la trattazione di questo argomento possiamo notare che il processo d'istituzionalizzazione si presenta variamente caratterizzato. Accanto alle caratteristiche costitutive delle istituzioni sociali, già notate (universalità, complessità, variabilità strutturale), sono importanti altre valutazioni globali e di pertinente applicazione al fenomeno religioso. Esse possono essere considerate di natura "morale", nel senso che convergono in caratteristiche qualitative e, quindi, contenenti giudizi particolarmente significativi per le stesse religioni, e che possono essere così prospettate:

a) *Normalità:* L'istituzionalizzazione è un processo che accompagna tutte le realtà della vita sociale, ma specialmente è tipica per quei fenomeni che nascono dalla presenza e dall'azione di un soggetto carismatico, e che, anche dopo la sua morte o scomparsa dalla storia si prolungano nel tempo.

b) *Ambivalenza:* L'istituzionalizzazione fondamentalmente è anche un fenomeno ambivalente nel senso che i suoi meccanismi interni e le sue varie evoluzioni incidono più o meno radicalmente sul "valore" culturale e storico del fenomeno, cui si riferiscono, cioè producono effetti negativi e positivi.

c) *Policausalità*: In essa inoltre si riscontra la presenza di un complesso molto ampio di fattori secondo cui il processo si attua, alcuni dei quali sono di natura meccanica, mentre altri sono di genere volontaristico, per cui accanto ad effetti automatici si possono raggiungere prospettive programmatiche.

d) *Pendolarismo:* Come conseguenza ne deriva una forma di alternanza e talvolta di sovrapposizione tra le due modalità dialettiche di d'istituzionalizzazione e di rinnovamento, di autenticità e accomodamento (movimenti di risveglio o di revival, più o meno periodicamente ritornanti).

e) *Continuità:* Nonostante le trasformazioni storiche e culturali, l'istituzionalizzazione mantiene nel tempo e nello spazio il legame del fenomeno in questione con l'identità dei contenuti iniziali, per cui le variazioni risultano sempre piuttosto periferiche, marginali, senza incidere sostanzialmente nel nucleo di fondo.

Nel complesso il presente capitolo appare come un approfondimento molto interessante dello sviluppo delle singole religioni. Esso non si configura come tentativo si tracciare un profilo storico delle religioni o di una religione, quanto piuttosto intende individuare una chiave di lettura dell'evoluzione e della persistenza con il passare del tempo, e tenuto conto dei diversi fenomeni qualitativi e quantitativi che vi si attuano. A tal fine vanno valutati debitamente le possibilità euristiche che l'approccio sociologico offre e gli strumenti di cui esso dispone per la ricerca empirica, per un'interpretazione della rispettiva evoluzione e dinamica.

# CAP. V
# I SISTEMI DI SIGNIFICATO

La natura delle componenti che formano il fenomeno religioso e la loro incidenza sulla cultura è di tale rilevanza da formare quello che è chiamato un *sistema di significato*. Ciò comporta che la religione, oltre che come una modalità di percepire e di accostarsi alla Divinità o comunque al "Sacro", si configuri anche come un complesso di concezioni circa l'uomo, il mondo, la storia, con i rispettivi valori, simboli, norme, usi, tradizioni e costumi sociali, ecc. tali contenuti spiegano, condizionano, orientano l'intera esistenza umana e l'organizzano e l'interconnettono sul piano sociale, politico, economico e culturale[1]. Il concetto di significato quindi prospetta un'*interpretazione* condivisa e globale della vita di tutti gli individui, delle aggregazioni intermedie e delle istituzioni e della vita sociale di una data comunità nel suo complesso.

All'interno di questa visione è importante evidenziare due aspetti principali collegati col concetto di "sistema di significato": uno oggettivo e l'altro soggettivo. Il primo (l'oggettivo) può essere accostato al sistema culturale, comprende i contenuti in sé, più o meno diffusi, condivisi

---

[1] WILSON, B. R., *La religione nel mondo contemporaneo*, Bologna, Il Mulino, 1985, 70-110; BELLAH R. N., *Al di là delle fedi*, Brescia, Morcelliana, 1975, 271-290.

e imponentisi in un dato contesto[2]. Il secondo, (il soggettivo) fa riferimento al modo come tutti questi aspetti sono colti, interiorizzati e vissuti come un sistema che raccoglie le diverse finalità e i vari obbiettivi, le spinte ideali e i traguardi concreti che gli uomini si propongono di raggiungere e per i quali s'impegnano praticamente[3].

Tutti e due gli aspetti vanno considerati sociali. Infatti, nell'un caso e nell'altro si verificano le condizioni di una realtà a pieno titolo qualificabile come elemento socioculturale. Le componenti sia dei sistemi culturali che delle motivazionali rientrano in una realtà che nasce, cresce e si sviluppa come fatto d'interazione all'interno di un dato contesto. Il processo di trasmissione è sociale, non solo perché i suoi contenuti sono diffusi, condivisi, ma anche perché stanno alla base delle motivazioni e degli atteggiamenti di una data popolazione. In questo senso la nostra considerazione non è psicologica ma socioculturale. In questo senso vanno studiate le condizioni concrete di esistenza e di incidenza, come anche le configurazioni, le modalità e i tipi di assimilazione e il loro grado di metabolizzazione, fino a diventare caratterizzazioni di vita e motivazioni dell'agire.

Tali due componenti, infatti, caratterizzano, sia separatamente e, ancor più, congiuntamente, una data cultura,

---

[2] Sostanzialmente è uguale a cultura (o subcultura) religiosa; Cfr. ROBERTSON R., *Sociological interpretation of religion*, Oxford, Black, 1973, 150-193.

[3] BECKFORD J. A., *Sociological interpretation of religion*, Oxford, Black 1989, 170 e ss.

così che è possibile attuare una tipologia in base a tali tratti[4]. In concreto si nota che, salve possibili eccezioni, ad un certo tipo di condizioni culturali corrisponde prevalentemente un tipo di motivazioni e viceversa, in quanto queste derivano dalla situazione culturale ed essa non solo interpreta ma anche influisce su quelle. Tali complessi non sono tutti uguali, ma presentano cluster di contenuti modulati in modo particolari, che formano agglomerati costanti e organici che costituiscono la piattaforma della tipologia.

Considerando peraltro l'importanza e la complessità dei sistemi di significati come complessi culturali, ci sembra opportuno evidenziare previamente alcune riflessioni sul significato di cultura e la sua dinamica. È importante anche proporre le culture religione nelle sue caratteristiche e nelle su modalità operative, e infine indicare i principali tipi concreti.

## I. IL SIGNIFICATO DI CULTURA

Ma per rispondere alle finalità di una comprensione più valida del processo di inculturazione, con o senza la prospettiva di un efficace intervento sulla cultura, occorre conoscere meglio quella che è chiamata la "dinamica della cultura". La conoscenza di alcune caratteristiche ed aspetti

---

[4] Nel discorso tipologico va sempre sottolineato il rischio di riduttivismo, tuttavia nel complesso è opportuno utilizzare tale impostazione pur riservandosi di spiegare a parte i problemi marginali.

fondamentali di tale processo diventa il presupposto per ogni forma di presenza più incisiva nel proprio contesto. Innanzi tutto va fatto riferimento a quelle che possono considerarsi le caratteristiche essenziali della cultura, in quanto ne spiegano la natura e la funzione, le prospettive e le modalità della sua produzione e riproduzione sociale. Tali circostanze, infatti, potrebbero mostrare le piste e le modalità secondo cui agire sia in materia colturale, in genere, che in riferimento alle singole culture. In questo senso, va rilevato che ne deriveranno implicazioni anche in rapporto alle applicazioni al campo religioso.

Fondamentalmente il concetto di cultura richiama un fenomeno ampio e complesso che riguarda, in un primo tempo, la creazione di una cultura e, in un secondo tempo, la sua trasformazione. In via preliminare va fatta qualche osservazione in rapporto al concetto stesso di cultura. Sappiamo, infatti, che tale concetto ha varie accezioni che hanno registrato forme diverse di applicazione con risvolti e connotazioni differenziate. Ciò è dipeso dai diversi gradi di evoluzione della presa di coscienza della condizione naturale e della dimensione culturale. Trattandosi peraltro di un tema così importante, come quello di cultura per giunta in connessione con il tema della fede, diventa indispensabile, approfondire ancora di più la polivalenza di tale concetto. Accenniamo brevemente alle accezioni principali tentando, alla fine, una sintesi dei due significati in una concezione sintetica più propria dell'impostazione sociologica.

Una prima accezione, in senso storico, riguarda la dimensione "umanistica", che fa riferimento alla preparazione della mente attraverso lo studio e l'approfondimento e comunque con la raccolta di conoscenze generali e specifiche proposte dalle varie scienze[5]. Già fin dal tempo di Cicerone si parla della filosofia come cultura dell'anima (*cultura animi*) che realizza, in tale processo, il significato metaforico, che alla parola "cultura" deriva dalla sua stessa etimologia. Infatti, tale termine viene da *colo* che significa *coltivare* ed indica l'azione di far crescere sia nel campo vegetale sia in quello animale e per estensione anche nell'ambito della mente.

Una seconda accezione, che è oggi più diffusa, è quella antropologica che seppure ampia e variamente configurata, sostanzialmente contiene i riferimenti essenziali alle condizioni di vita generale di tutto un popolo e a tutte le sue connotazioni di natura strutturale, valoriale e strumentale. La sua concezione si è sviluppata gradualmente[6]. Si direbbe, infatti, che ogni autore propone la sua definizione, tanto che i due autori[7] Kluckhohn C. - Kroeber A. L., ancora nel 1952 avevano passato in rassegna più di 300 definizioni e ne avevano analizzato 164. Essi sviluppando la prima puntualizzazione di E. B. Tylor[8] e utilizzando altri contributi successivi, pervengono

---

[5] Cfr. KOENIG R., Voce *Cultura*, in *"Sociologia"*, Milano, Feltrinelli, 1958, pp. 86-91.

[6] Cfr. BERNARDI B., *Uomo, cultura, società*, Milano, Angeli, 1985, pp. 25-47.

[7] Cfr. KLUCKHOHN C. - KROEBER A.L., *Il concetto di cultura*, op. cit., pp. 83-151.

[8] TYLOR W., *Primitive culture*, London, Murray, 1871, vol. I, p. 1

ad una definizione più completa e operativa che suona così: "La cultura è fatta di modelli acquisiti di comportamento e per il comportamento, impliciti ed espliciti, trasmessi mediante simboli, tali modelli costituiscono le realizzazioni che distinguono un gruppo umano dall'altro, compresa la loro manifestazione materiale in artefatti. Il nocciolo fondamentale comprende le idee tradizionali, storicamente derivate dalle esperienze precedenti, selezionate attraverso parametri condivisi che interpretano tutta la vita di una popolazione e in particolare i suoi "valori"[9]. Tale concetto presenta alcune caratteristiche particolari come: *sistematicità concettuale e adattamento, strutturalità e dinamicità, varietà delle forme.*

Si può quindi affermare che queste due concezioni in rapporto al nostro argomento non vanno considerate contrapposte ma, al contrario, complementari. Esse, infatti, intervengono nella dinamica culturale in vario modo e con incidenza diversificata. Per questo in base alle finalità della nostra trattazione non si può prescindere dall'esigenza di considerare insieme tali due aspetti anche se, preliminarmente e in funzione strumentale ed espositiva, vadano colte le specificità concettuali dell'una e dell'altra. Inoltre a suo tempo saranno notate le differenze in rapporto alla visione concettuale e alla traduzione in pratica.

---

[9] Cfr. KLUCKHOHN C. - KROEBER A.L., *Il concetto…*, op. cit., p. 367.

## A. LA COMPRENSIONE SOCIOLOGICA

Dal punto di vista della teoria sociologica è sottolineato innanzi tutto il fatto che la cultura è intesa in tutti e due i significati per cui compendia le implicazioni delle due accezioni rendendo il concetto stesso piuttosto complesso. Tra le più rilevanti facciamo cenno, sia pure brevemente, in vista dell'utilizzazione che ne faremo nella terza parte del capitolo, a quelle che mostrano la qualità, la natura e la funzione della cultura e le prospettive della sua produzione e riproduzione sociale[10].

### 1. Le componenti costitutive

Tra le componenti costitutive del fatto culturale vanno annoverate: le varie conoscenze, i valori e i significati, le abilità tecniche secondo cui un dato popolo organizza, in modo dotato di senso, la sua vita e utilizza le risorse disponibili. Le conoscenze raccolgono tutto il complesso delle nozioni dalle più semplici alle più complesse della filosofia, della teologia, della scienza, ecc. I significati e i valori invece pongono l'accento sulle finalità che vanno al di là della fisicità degli eventi e dei comportamenti, in quanto sono realtà che hanno una loro attrazione in base a componenti collegati con i concetti di Buono, di Bello, di Giusto, di Vero, ecc. Le capacità tecniche e operative infine indicano il modo come l'uomo riesce a plasmare se stesso, il

---

[10] REIMANN H., *Introduzione alla sociologia*, Bologna, Il Mulino, 1982, vol. II, pp. 32 53.

proprio ambiente materiale e umano, e configurarlo in modo rispondente ai bisogni sia fondamentali e perenni sia accessori e contingenti, sia originali e derivati sia routinari e creativi [11].

In questo senso gli elementi della religione si pongono in parallelo con i relativi elementi culturali e s'influenzano reciprocamente. Tale intercompenetrazione ovviamente va considerata nel suo evolversi, anche se presenta la sua pienezza di manifestazione quando i due sistemi sono in situazione di simbiosi. Ciò ovviamente comprende che sia passato del tempo e che i processi culturali e le componenti religiose abbiano già potuto plasmarsi e modellarsi reciprocamente in modo ampio, diffuso, continuo, penetrante [12]. Per l'applicazione al fenomeno religioso, seguendo C. Geertz, è bene sintetizzare così le principali componenti della religione che corrispondono agli elementi fondamentali del sistema culturale [13].

a) Componenti conoscitive: presenza di idee, conoscenze, credenze riguardanti l'uomo e la sua storia, la sua presenza nel mondo, la percezione delle finalità e dei valori. Comprende anche i suoi rapporti con forze meta-empiriche e meta-storiche, concepite in modo fortemente fattuale e realistico. Nel contesto delle conoscenze vanno

---

[11] WHITE L. A., *Te science of culture*, New York, Grove Press, 1949.

[12] Cfr. nota n. 7. Ovviamente tale stato continua fino alla cessazione più o meno completa di tale forma di compenetrazione.

[13] GEERTZ C., op. cit. 1973, 5-11.

collocati anche i valori del gruppo che riguardano i contenuti di riferimento comuni o specifici, ma comunque significativi che orientano il comportamento verso qualcosa che appare desiderabile in se stesso a prescindere dalla gratificazione che ne derivano ai soggetti. Vi si riscontrano, quindi, le fonti e le modalità di giudizio su cose, persone ed eventi, ma anche i principi e i precetti concreti del comportamento formali o informali, interiori o relazionali, individuali o collettivi.

b) Componenti operative: dipendenza da tali forze meta-storiche da parte delle disposizioni interiori dei membri di una data cultura, dei modelli di pensiero e di comportamento, degli atteggiamenti e motivazioni che riguardano tutti gli aspetti della vita. Inoltre va tenuto conto delle modalità e degli stili, delle regole e dei metodi dell'azione per conseguire le finalità individuali e collettive nella costruzione ed esecuzione di tali progetti, con cui i membri di una data cultura trasformano il loro ambiente e lo adattano alle proprie necessità[14]. Pertanto questo aspetto comprende gli elementi tecnici ed operativi, dai più semplici e quotidiani e rudimentali alle realizzazioni della tecnologia oggi raggiunte.

c) Componenti formative: acquisizione da parte di una nuova generazione, dei contenuti già posseduti dalla generazione precedente. In tale processo si verificano i normali

---

[14] GOODENOUGH W. H. (ed), *Exploration in cultural anthropology*, New York, Russel, 1964.

processi di produzione e riproduzione sociale, co-me avviene nel processo di culturizzazione o socializzazione. Questo aspetto mette in evidenza il processo di continuità della cultura entro una determinata comunità uma-na. I tre aspetti sono evidenziati, ma non sono creati, da ogni generazione. Essi da una parte, sono recepiti dalla ge-nerazione presente che a sua volta li ritrasmette alla generazione seguente, anche se questo non esclude la possibilità e la prospettiva di trasformazione culturale con il passare del tempo. Questi aspetti non sono presenti in modo caotico, né in modo solo giustapposto, ma coordinati in maniera organica, da formare un sistema culturale. In questo senso anche gli elementi della religione si pongono in parallelo con i relativi elementi culturali che influenzano[15].

Il complesso di queste componenti possono manifestarsi secondo modalità diverse. Da una parte possono essere considerate in forma diretta e nella loro fisicità e quindi come realtà che rappresentano se stesse e non hanno bisogno di mediazioni successive. Dall'altra, possono apparire come metafore o simboli, per cui materialmente non li nella loro materialità, ma ne rappresentano un'altra realtà e additano, evocano o richiamano un significato riferibile al punto di vista intellettuale e intenzionale. In questo senso va intesa la specificità umana della cultura per cui l'uomo si

---

[15] A ciò contribuiscono i vari fattori della trasmissione culturale: modalità socializzanti, selettività della ricezione e memorizzazione e interiorizzazione, ecc.

distingue dalle altre specie viventi. Solo l'uomo, infatti, ha la coscienza di trovarsi in situazione "culturale" percepita come distinta dalla situazione "naturale".

## 2. Le caratteristiche connotative

L'altra faccia del concetto di cultura mette in evidenza le sue caratteristiche funzionali. Queste, da una parte, descrivono meglio il concetto e il valore di cultura e, dall'altra, diventano condizioni per una migliore e più efficace attuazione della capacità di essere portatori ed elaboratori di cultura. Esse sono molto varie ma possono essere riassunte nei seguenti termini che sono già chiari di per sé: universalità e specificità, strutturazione e flessibilità, storicità e relatività, significatività morale e normatività giuridica. Benché le caratteristiche non sono definibili in modo univoco, né immutabile nel tempo, rimangono sempre delle indicazioni indispensabili per la comprensione del concetto di cultura.

a) Sono congeniali ad un popolo cioè caratterizzano e influenzano le varie componenti dei contenuti culturali: modelli (di pensiero e di comportamento) ruoli, processi sociali, istituzioni, ecc. sia espliciti sia impliciti[16]. Essi pertanto hanno plasmato sia le espressioni artigianali che artistiche, sia le enunciazioni scientifiche che le applicazioni

---

[16] Va sottolineato che a questo riguardo si realizza una dinamica interattiva e alternata che fonda e spiega, crea e plasma tale congenialità.

pratiche. Influenzano e sono riproposti nello spazio come simboli strutturali (nella campagna e nella città, negli aspetti urbanistici e in quelli domestici, ecc.), ma anche emergono nella concezione ed articolazione del tempo, orientandone la periodizzazione (anno, stagioni, mesi, settimane). Hanno anche molteplici forme di manifestazioni simboliche che caratterizzano i vari prodotti dell'attività umana (modalità dell'azione), della evoluzione della vita comunitaria (storia e cronaca locale), ecc. In tale commistione di elementi non sempre si riesce a distinguere la differenza tra le ispirazioni religiose e quelle culturali.

b) Sono stabili in quanto mantenuti nel tempo sia per il loro valore intrinseco nell'influenzare il comportamento umano, sia per le modalità profonde di essere percepiti e vissuti dalla società. Senza la stabilità ci si troverebbe di fronte ad eventi individuali e frammentari e non ad istituzioni tipiche e permanenti. Ciò comporta la loro durata nel tempo che però risulta piuttosto varia in dipendenza della natura e della portata di ciascun elemento culturale. In altre parole hanno anche un elevato e differenziato coefficiente di resistenza al cambiamento. Inoltre permangono nel tempo perché è prevista ed attuata una modalità di trasmissione sociale (culturizzazione) che ne garantisce il passaggio alle altre generazioni secondo i normali parametri della produzione e riproduzione sociale. In questo senso contribuiscono anche alla formazione del patrimonio culturale di un dato popolo e concorrono alla individuazione ed esplicitazione della sua identità collettiva.

c) Sono interiorizzati e quindi non esterni al soggetto, ma ormai formanti o caratterizzanti le spinte e pulsioni interne, seguendo i quali i soggetti pensano di attuare se stessi in piena libertà. Questa è la situazione per cui la cultura stessa appaia non come un carcere ma come condizione di presa di coscienza, prospettiva di crescita e sviluppo di identità. Essi costituiscono forme di facilitazione sociale del comportamento, cui ci si sente attaccati anche emotivamente e formano anche la base di molteplici attese sociali. In altri termini sono integrati col mondo interiore del soggetto e costituiscono le strutture portanti del proprio mondo di valori, fungono da fonti e da spinte motivazionali nell'agire in modo molto "naturale". Per questo i soggetti attuandone le indicazioni pensano di sviluppare la loro personalità e operare secondo le proprie esigenze intime e libere.

d) Sono strutturati in sistema più o meno coerente e compatto, capace di contenere e/o assorbire tutti gli elementi necessari per una visione globale della vita[17]. In particolare vi si deve sottolineare: a) della realtà umana che fa riferimento quindi all'uomo, al mondo, alla storia (dimensione filosofica e scientifica); b) della Divinità comprendente anche il complesso delle "conoscenze" circa Dio e il "Sacro" (dimensione teologica e sapienzale); c) e dei rapporti tra le entità dei due punti precedenti e quindi le forme di interdipendenza e

---

[17] Questo non esclude la presenza di contraddizioni e difficoltà, specie ma non solamente, nei momenti di grande trapasso culturale.

di influenza sulle conoscenze e sui sistemi operativi. Per questo tutto l'insieme è chiamato anche "cosmo sacro".

e) Sono normativi cioè coinvolgono e si impongono sulla vita sociale, così che ne deriva un obbligo morale a seguirne le indicazioni[18]. Non è escluso che vi siano anche forme di vincoli giuridici e sanzionati e controllati in termini puramente culturale (sanzioni positive: vantaggi, encomi, prestigio, potere, ecc. e sanzioni negative: critica, emarginazione, pene di varia natura). In questo senso lo stesso complesso di principi morali che regolano i rapporti sociali, economici, politici ha la sua radice nelle proposte etiche della religione e sebbene ci possano essere forme di incoerenze, tuttavia si ha la coscienza della natura e derivazione religiosa di tali valori e principi.

## B. LA DINAMICA CULTURALE

Il modo come tali componenti si configurano, si evolvono, si intrecciano in modo sistematico ed organico richiama il concetto di dinamica. Occorre quindi passare alla trattazione concreta e fenomenica di essa mostrando come effettivamente i processi si conformano, sviluppano e si individuano, tenuto conto delle componenti storiche e sociali dei vari contesti specifici. Pertanto la dinamica culturale fondamentale va intesa come una modalità varia e

---

[18] Infatti, la cultura (anche per influenza della religione) propone valori non semplicemente come opzioni, ma come condizioni fondamentali della vita e quindi da tradurre in pratica in comportamenti anche obbliganti.

complessa dello sviluppo della cultura, ma anche del procedimento effettivo secondo cui i singoli membri (nuove generazioni) si inseriscono nel proprio contesto culturale.

Data la complessità della problematica risulta funzionale sottolineare alcune notazioni previe. A tal fine ci sembra importante spiegare i termini con cui sono denominati gli aspetti e i momenti del processo nella sua globalità. Inoltre di tutto questo è bene vedere il modo secondo cui esso si svolge (meccanismi di base), le condizioni di partenza, le fasi successive, ma anche gli aspetti più specifici che vi intervengono e caratterizzano concretamente una data cultura. Tali riflessioni peraltro preparano ad un'utile applicazione concreta che vogliamo farne in rapporto al fenomeno religioso.

Sono diverse le modalità secondo cui si può intendere tale processo di sviluppo culturale visto nella sua specificità concettuale ed operativa. Tali differenze però spesso riguardano forme applicative specifiche che non sono sempre, di per sé, tra loro indipendenti. Anzi, a nostro parere, sono accentuazioni di un'impostazione più ampia e generale, che in ultima analisi è meglio tentare di coniugare tra loro come parti di una spiegazione più esauriente. In concreto tali caratteristiche strutturali ed operative si condensano in due grandi categorie molto importanti per la nostra trattazione, come appare ovvio nel nostro contesto: i percorsi psicologici, gli andamenti sociologici, per cui conviene farli oggetto di un particolare approfondimento.

## 1. percorsi psicologici

Logicamente appare plausibile il partire dai presupposti psicosociologici anche se non è facile tale argomento data la complessità di fondo del processo in questione. In esso, infatti, viene ad essere coinvolto il problema sia della identità individuale sia di quella collettiva. Tuttavia in concreto esso è presente costantemente nella vita sociale in quanto l'essere umano rimane sempre teso a mantenere l'identità acquisita, da una parte e regolarmente aperto alla novità e alla diversità, dall'altra. In altre parole, la piattaforma di base della natura umana non è vittima del suo passato né determinata *"ad unum"* per il futuro. Ne risulta una configurazione di plasticità di fondo che presuppone un'apertura a possibilità operative diverse.

Per la spiegazione di tale affermazione occorre una più specifica individuazione e presentazione della dinamica concreta secondo cui essa si esplicita ed è resa plausibile sul piano conoscitivo e dimostrata dal punto di vista applicativo. Ricerche concrete in questo campo evidenziano il modo di presentarsi di questa plasticità di fondo caratterizzata da cinque coppie di processi fondamentali[19]. Essi hanno come base la dinamica psicosociologica individuale, che però si esplica in modo collettivo all'interno di una data comunità culturalmente caratterizzata di cui coglie e rappresenta gli aspetti specifici, della *diversa metabo-*

---

[19] Cfr. PARSONS T., *Il sistema sociale*, Milano, Comunità, 1965, pp. 219-230.

*lizzazione culturale*. Per i soggetti si deve notare, in rapporto all'inculturazione, la "recettività differenziale" che indica la diversa predisposizione sia "biopsichica" che "psicosociologica" a far propri gli elementi della cultura e a manifestarsi come vera e propria predisposizione selettiva che può essere spiegata in base a varie teorie.

- *Slancio-inibizione*. Mediante questo meccanismo gli individui manifestano la propria disponibilità o predisposizione strutturale, quasi istintiva, ad assumere nuove caratteristiche e, nello stesso tempo, apprendono ad astenersi dall'assorbimento di entità che non offrono qualche vantaggio, almeno parziale.

- *Accettazione-sostituzione*. Questa disposizione si basa sul precedente meccanismo ma si diversifica in quanto vi aggiunge una certa percezione del significato dei nuovi contenuti. I soggetti accumulano pertanto nuove conoscenze (accettazione), ma anche significati rinnovati che sostituiscono quelli precedenti se risultano inadeguati.

- *Rafforzamento-estinzione*. Il conseguimento che ogni forma di esposizione porta al consolidamento di quanto già immagazzinato, da una parte (rafforzamento), oppure contribuisce al suo superamento ed abbandono o alla neutralizzazione (estinzione) di ciò che non produrrebbe alcuna gratificazione, sia pure inconscia.

- *Suggerimento-imitazione*. In questo caso si fa riferimento al fatto che l'assunzione di nuove componenti possa procedere da stimoli, proposti più o meno espressamente dall'esterno (suggerimento) o da tendenze intime verso la ripetizione di atti (imitazione) osservati nell'ambiente circostante.

- *Identificazione-dualità*. Questo particolare meccanismo comporta l'appropriazione dei valori del gruppo fino alla non distinzione di essi dal concetto di sé (identificazione), oppure sbocca nella distinzione tra tali proposte e la visione di sé (dualità), facendo prevalere il senso dell'autonomia personale rispetto alle forme di influenza *hic et nunc* percepite.

In qualunque situazione culturizzante sono presenti tali meccanismi normalmente come aspetti di fondo della plasticità degli individui e quindi senza un controllo dei soggetti stessi, specie nei primi anni del processo di socializzazione, mentre successivamente potrebbero essere percepiti, sia pure in modo razionale (distinzione di ragione), anche se non sempre sul piano comportamentale. Ciò comporta quindi che, nelle varie fasi, lo sviluppo dei singoli e dei gruppi da culturale, imitativo e passivo, arrivi ad una presa di coscienza maggiore e ad una progettualità più chiara e voluta.

## 2. I fattori sociologici

Sono molteplici anche i fattori che operano nella dinamica culturale e che ne determinano l'andamento generale e lo sviluppo completo. Può trattarsi di fattori psicologici che sociologici, di fattori endogeni (provenienti dall'interno di una data cultura) e di fattori esogeni (provenienti da influssi esterni ad essa). In questo contesto ci limitiamo solo ad alcuni fattori più vicini alla caratterizzazione del processo d'inculturazione, supponendo, ovviamente, che a loro volta essi sono stati determinati da agenti più remoti, seppure sempre di natura culturale.

- *Le diverse potenzialità creative*. Esse portano sempre verso nuove prospettive e soluzioni i diversi membri di una collettività non in modo idiosincratetico soltanto, ma anche condiviso e partecipato. Si tratta della trascrizione in termini socioculturali della famosa "sindrome di Ulisse" che va considerata un tratto antropologico della natura umana, quasi un archetipo socioculturale. L'uomo va sempre alla ricerca di qualcosa di nuovo e tale movimento non si realizza solo nel senso geografico (mobilità territoriale) o in quello intellettuale (progresso scientifico e filosofico) o in quello espressivo del bello (creatività artistica) e in quello della vita quotidiana (cultura).

- *La varietà delle direttrici dell'azione*. Essa comporta la ricerca e la scelta di soluzioni diverse ai medesimi bisogni che superano, nella natura umana, la tendenza alla determinatezza *ad unum*. In altre parole, si può affermare che sempre più, superata la società tradizionale, emerge, non solo nel contesto del tipo *inner-directed*, ma specialmente in quello *etero-directed*, il superamento del principio della uniformità[20]. Ma questo comporta anche la nascita di nuovi

---

[20] Cfr. RIESMAN D., *La folla solitaria*, Bologna, Il Mulino, 1970, pp. 7-47. Questo aspetto peraltro avrà una ripercussione importante anche nel contesto dell'applicazione alla vita religiosa, in quanto in essa il principio non solo dell'osservanza, ma anche della vera e propria uniformità, spesso, nel passato, è risultato prevalente.

bisogni più o meno fondamentali e/o diffusi in un dato contesto. Questi nuovi bisogni vanno intesi come del tutto diversi rispetto a quelli già individuati e studiati, oppure solo come varianti di essi.

- *Il diverso impatto biologico e cosmologico.* Il variare degli impatti con la natura sia biologica sia cosmologica richiede ai membri di una data cultura delle nuove condizioni strumentali sia conoscitive sia di intervento in risposta a recenti situazioni inedite rispetto al passato che vengono a presentarsi. Basta pensare agli effetti di grandi cataclismi ed altri eventi riguardanti il territorio, la produzione economica, la mobilità geografica, a tutte le scoperte scientifiche nel campo della medicina e alla loro incidenza nella cultura sia individuale sia collettiva entro u data situazione.

- *La diversità cronologica dell'insorgere dei bisogni.* Importante nella differenziazione della dinamica culturale risulta la diversità contingente, anche dal semplice punto di vista della cronologia[21], del succedersi delle esperienze e della rispettiva funzione di esse come "precedenti". Tale diversità cronologica e il diverso grado di sedimentazione psicologica (percezione e memorizzazione selettiva, ecc.) comporta forme nuove di atteggiarsi, di sperimentare l'impatto con la propria stessa cultura. Vi si ripercuote, da una parte, la precarietà della situazione e, dall'altra, la vi-

---

[21] Maslow parla di cinque gradini di bisogni: 1) fisiologici, 2) di sicurezza, 3) di appartenenza, 4) di prestigio, 5) di autorealizzazione; cfr, *Personality and Religion*, New York, Harper, 1970, passim.

schiosità culturale che determina differenti andamenti di ritmicità, di forza, di incidenza

- *La differenza nella interazione sociale.* La diversità nell'interazione sociale comporta diverse pressioni sociali e forme di compensi o sanzioni sia positive sia negative. Ciò ha incidenza su tutti gli aspetti della vita sia in rapporto alle nuove risorse materiali o strumentali, sia in relazione ad aspetti rari o straordinari della convivenza sociale che in riferimento agli aspetti minuti, ordinari o frequenti. Tra l'altro va sottolineata che la routinizzazione della socializzazione evidenzia la tendenza all'omogeneizzazione di tutti i tratti culturali, da una parte, mentre la capacità di innovazione che determina la nascita o il consolidamento di nuovi assetti culturali, dall'altra[22].

- *L'azione delle varie agenzie culturali.* Un'ulteriore notazione va fatta in rapporto all'azione degli agenti ed operatori culturali. In tale direzione svolgono azione di agente sia gli strumenti e situazioni impersonali sia gli operatori personali. Tra gli agenti impersonali (diretti o indiretti) rientrano: l'aspetto territoriale con le sue incidenze fisiche e simboliche, le modalità e gli strumenti della comunicazione sociale (mass-media), la trasmissione impersonale dei messaggi tramite il complesso dei simboli presenti in una cultura. Ovviamente centrali sono le funzioni degli agenti per-

---

[22] Tutti i bisogni per Mc Clelland convergono verso: bisogni di affiliazione, 2) bisogni di potere, 3) bisogni di successo; cfr. *Personality*, New York, W. Sloane, 1951, passim.

sonalizzati tra cui principalmente: i genitori, la parentela, i coetanei (individualmente e come gruppo), le istituzioni educative, le istituzioni religiose (gruppo religioso) [23].

Per concludere la descrizione dei meccanismi della dinamica culturale è necessario affermare che essi riguardano, oltre ai processi collettivi oggettivi, le modalità di percezione da parte dei diversi. Tale interiorizzazione ha incidenza sul mondo in parte meccanica e in parte collegata con l'eventuale progettualità dell'intervento sulla trasformazione personale dei singoli e dei gruppi. Per questo va rilevata anche la prospettiva che le attività che vi sono implicate portino i soggetti ad essere considerati operatori ed elaboratori culturali, e protagonisti nell'attuazione concreta. In altre parole nella dinamica culturale globale si manifesta un processo che si manifesta come: assorbimento vitale (metabolizzazione culturale); elaborazione critica (impegno attivo); stabilità e normalità dei prodotti (normatività ed obbligatorietà), riproduttività proiettata nel tempo (proseguimento permanente).

---

[23] In questo contesto non facciamo riferimento alla classica distinzione tra *socializzazione primaria o fondamentale* che si attua in rapporto alle nuove generazioni e che accompagna l'età evolutiva e *socializzazione secondaria o ristrutturativa* che si attua a riguardo degli adulti e sotto *formazione continua* o di *inserimento* in nuovi contesti culturali differenti da quello in cui si è nati o in subculture particolari. Cfr. SCARVAGLIERI G., *Vita consacrata e inculturazione*, Bologna Dehoniane, 1999, pp. 36 e ss.

## II. GLI ELEMENTI CULTURALI

Tutte queste riflessioni hanno ripercussioni sul fenomeno religioso, ed evidenziano il modo come la religione opera, da una parte, in quanto componente della cultura (istituzione religiosa come parte specifica di una cultura), e dall'altra, come elemento diffuso e qualificante una data cultura (creazione di sottofondo comune per tutte le sue manifestazioni). Essa quindi rappresenta una realtà complessa con una relazionalità particolare con la cultura circostante, comportando anche forme diverse di interazione (variabile dipendente o indipendente), che si attuano con influssi sia sincronici sia diacronici. Sono sincronici rispetto ad una religione quando si nota la sua presenza contemporanea in diversi contesti: ad es. il cristianesimo, oggi, presso culture, oppure diacronici quando facciamo riferimento ad una sola religione in rapporto ad una data cultura nel passare del tempo.

In altre parole di verifica uno sviluppo verso una visione globale del mondo stabile e completa, formando quindi una nuova Weltanschauung. Questa viene ad essere un ulteriore fattore che man mano esercita un grande influsso sulla cultura. Pertanto a più forte ragione, in rapporto all'influsso religioso, si può parlare della cultura come *seconda natura*, la quale pertanto renderà sempre ogni processo culturale un fatto semplice, spontaneo, immediato istintivo e congenito. In questa evoluzione che è filosofica, scientifica, letteraria, artistica, religiosa, ma anche prassica, si può individuare un ulteriore fattore che sua volta influisce sulle differenti sezioni o ambiti specifici della vita di una popolazione[24].

La prospettiva di intendere in questo modo le culture religiose offre una formulazione generale circa l'esistenza e il rivestimento di questi concetti "con un aura di concretezza tale che gli stati d'animo e le motivazioni sembrano assolutamente realistici". A questo modo sono individuati degli aspetti stabili della religione che sono funzionali alla crescita della persona umana e al gruppo sociale, al di là di ogni collocazione storica, in quanto si verificano in ogni tempo e spazio. Tale concezione spiega anche le particolarità universali della religione e mostra come l'essere umano è plasmato culturalmente: la natura umana semplice (natura prima) non esiste ma è sempre associata alla cultura (natura seconda), per cui è essenziale per la sopravvivenza della persona umana e della società[25].

In questo senso la cultura consiste in una serie di contenuti, valori, significati, meccanismi tecnici e di controllo dei nostri comportamenti, anche se più o meno realmente coscientizzati, racchiude una massiccia componente di natura religiosa. La religione quindi, costituisce non solo un sistema sub-culturale, ma anche il sottofondo o meglio il *ground meaning*, per cui l'essere umano essendo plasmato come essere culturale non può fare a meno della compo-

---

[24] Cfr. nota n. 25.
[25] Sembra strano per questo quanto affermano arbitrariamente alcuni circa la non esistenza di un bisogno religioso. Cfr. cap. I.

nente religiosa come esigenza o bisogno di fondo per spiegare la sua esistenza. Per questo si può parlare di universalità della religione come paradigma culturale di base o principio di culturalità, in quanto offre principi fondamentali e onnipresenti[26].

Pertanto essa è anche il presupposto per guardare la vita dall'ottica religiosa o, detto in altri termini, è la condizione per cui l'uomo è motivato dalla religione (e quindi è un uomo religioso). Ciò rende giustificata e valida la prospettiva di enucleare o individuare le caratterizzazioni culturali più rilevanti della religione in un dato contesto e le forme concrete che essa può assumere nel tentativo di offrire una piattaforma di integrazione ai tre grandi sistemi: personale, sociale e culturale

### A. I CONTENUTI CULTURALI

Parlare delle caratterizzazioni principali comporta fare riferimento alla dinamica della cultura, riproposta in termini adatti alla spiegazione della sua natura e della sua presenza presso una data popolazione per cui le culture sono capaci di offrire, da una parte la spiegazione dell'esistente e, dall'altra, la produzione ultima di senso. Si hanno così le due coordinate: orizzontale che mette in evidenza la spiegazione della complessità della realtà culturale, e verticale che si riferisce alla spiegazione nel passare

---

[26] Per questo spesso vi sono forme equivoche di religiosità, "oggi persino i non-credenti si rivendicano religiosamente". Cfr. ALESSI A., *La cultura europea tra crisi e speranza*, passim

del tempo. In concreto vanno colte due direzioni delle tendenze che connotiamo con: tendenza alla *spiegazione dell'esistente* e come *produzione di senso*, di cui, data l'importanza è bene tratteggiare meglio nella loro la natura e portata.

### 1. La spiegazione dell'esistente

Una prima funzione riguarda la connotazione in rapporto al fatto religioso delle componenti culturali. A tal fine occorre fare riferimento all'analisi culturale che interpreta la cultura come una realtà costituita da *"un sistema di simboli, che agisce in modo da suscitare negli esseri umani motivazioni e disposizioni forti, profonde e durevoli, formulando concezioni di ordine generico sull'esistenza e dando a tali concezioni un tale spessore di realtà che queste motivazioni sembrano appoggiarsi solo e soltanto sulla realtà*. Con tale espressione Geertz intende ogni genere di situazioni che spiegano per i membri di un gruppo sociale il successo e la frustrazione, la gioia e la sofferenza e la sensazione di "potenza", oltre che di incapacità nel risolvere le situazioni esistenziali, che offre un paradigma etico del bene e del male, che infine vede nella religione un rimedio in situazioni-limite che mettono in pericolo l'esistenza stessa della persona umana.

Queste prospettive diventano più significative e cogenti quando tali stati psicologici e operativi risultano piuttosto intensi e durevoli, e costituiscono, quindi, una sfida all'idea che la vita sia comprensibile[27]. In sintesi spiega che la religione presenta un'immagine di un ordine perfetto del mondo, un ordine che giustifica e alle volte persino esalta queste ambiguità, enigmi e paradossi che caratterizzano l'esistenza umana. A questo modo la religione è una risposta culturale a bisogni universali derivanti dalle condizioni di vita degli individui e delle collettività umane nei diversi periodi e nelle diverse culture.

L'idea della religione come base per la spiegazione dell'esistente trova valide conferme anche in altri autori che mettono in evidenza l'una o l'altra modalità secondo cui la religione contribuisce all'interpretazione del mondo. In questo senso, Swanson dopo aver esaminato una cinquantina di società ha messo in evidenza che la sacralizzazione dell'individuo e la comparsa dei ruoli e istituzioni legati al sacro, sono una risposta alla debolezza dell'insieme sociale. Più esplicitamente ancora alcuni autori[28] mostrano come la religione spesso si configuri, sia per il singolo che per tutta una comunità, come una forma di compensazione per le insoddisfazioni relative a traguardi mancati, e funziona come "un sostituto di ricompense desiderate" e come "proposta per attuare la ricompensa".

In altri contesti la religione è una forma sostitutiva del prestigio e del privilegio, e le organizzazioni (aggregazio-

---

[27] GEERTZ C., *Interpretazione di culture*, Bologna, Il Mulino, 1987.
[28] STARK R. – BRAINBRIDGE W. S., *The future of religion*, Berckeley, Un. of California Press, 1985, passim

ni) a carattere religioso sono delle imprese sociali il cui scopo principale è di creare, mantenere e scambiare compensatori generali il cui fondamento è soprannaturale. Stark sviluppa persino un discorso di "economia religiosa" in cui cerca di verificare l'esistenza di un mercato con i suoi clienti (i credenti) e di un'insieme di aziende (le organizzazioni religiose) pronte a mettersi al servizio di tale mercato cui offrire (in qualità di fornitori) delle vere e proprie linee di prodotti religiosi, magari dopo averne creato la domanda[29].

## 2. La produzione di senso

La realtà esistente è sostituita da due coordinate: orizzontale e verticale. La prima richiama la complessità colta in un determinato momento storico, mentre la seconda ripropone il dinamismo sociale che si proietta nel tempo. Infatti, realtà le sfide che l'uomo deve affrontare non riguardano solo la complessità dell'esistenza, ma anche la sua proiezione nel tempo. Anche tali direttrici riceve dalla religione un sostegno e rinforzo interpretativo che rendono plausibile e ragione tutta l'esistenza. Infatti l'esistente si configura come la premessa verso il futuro. Ne consegue che il pluralismo delle situazioni non porta al declino della religione, ma rafforza e rende competitivo il suo ruolo e

---

[29] CLOCK C. - STARK, R., *American piety:* op. cit. 1975, 142

favorisce l'adesione dei fedeli, se questi trovano risposte alle loro attese personali e collettive.

La crescita culturale collettiva comporta sempre vivacità di influsso al momento operativo e creativo, ma comporta l'esigenza di riprendere i significati, che sono proposti dalla sociocultura locale. Pertanto una prima modalità di tale prospettiva è l'interiorizzazione dei valori e contenuti trasmessi. Senza tale accettazione personale in un certo senso si rimane estranei alla propria stessa cultura religiosa locale. Per questo le varie agenzie di socializzazione organizzano processi complessi di trasmissione dei contenuti: nella e con la famiglia, nella scuola locale, ma anche con scuole proprie (corsi di catechismo, scuole coraniche), con forme di comunicazione molte varie (disparate forme di predicazione e uso di mass-media).

La comprensione della trasformabilità culturale, come modalità di sviluppo e di causalità, è importante specie nella prospettiva di azione programmata da parte di qualche persona o gruppo di riferimento. In tale prospettiva operativa, diventa criterio di scelta strategica e che consiste nella prospettiva e nell'esigenza di vari passaggi e i rispettivi gradini intermedi: *dall'ignoranza alla conoscenza, dall'implicito all'esplicito, dall'inattivo al motivante*. Nella condizione generale della cultura la situazione dei molti suoi aspetti appare spesso come un qualcosa di così ovvio, spontaneo, naturale, che non ci si rende conto che le modalità concrete e storiche potevano essere diverse. L'assenza di capacità di cogliere tali passaggi confonde il relativo con l'assoluto, il contingente con il necessario, il culturale con il naturale, il quotidiano e provvisorio con il perenne e duraturo[30].

Tali diverse linee evolutive poi riguardano le diverse dimensioni della religiosità, così come proposte dalla sociologia e che rappresentano la sintesi e la convergenza degli apporti della persona, della società e della cultura sulle modalità di vivere la religione. Nel descriverle più articolatamente riprendiamo il modello multidimensionale già proposto nei capitoli precedenti. Così possiamo prospettare entro la visione dei sistemi di significato alcune affermazioni rilevanti ed importanti relative alle diverse dimensioni: credenze, modalità cultuali, esigenze aggregative, implicazioni morali.

Non si può tuttavia sottacere che si riscontrano situazioni di contesto religioso in cui sembra che si verifiche come vero il significato di frasi come: fede senza trascendenza, pratica senza comprensione, partecipazione automatica, moralità culturale. Si constata che si sta progressivamente "culturizzando", o "mondanizzando" la religione (religione civile, religione ormai folclorizzata). In questo senso vi sono ipotesi che prevedono i mutamenti di funzione della religione. Soloviev ipotizza che alla fine del ventesimo secolo il cristianesimo sarebbe stato ridotto a pura azione umanitaria nei campi dell'assistenza, della solidarietà, del filantropismo, e che il messaggio evangelico si sarebbe identificato con l'impegno al dialogo tra i popoli

---

[30] Cfr. BERGER P. L. - LUCKMANN T., *La realtà come ...*, op. cit., 75-110.

e religioni, nella ricerca del benessere e del progresso, nell'esortazione a rispettare la natura, che la "Chiesa del Dio vivente" sarebbe stata scambiata per un'organizzazione prevalentemente benefica, estetica, socializzatrice.

### B. LE FORME DI INTEGRAZIONE

Per chiarire meglio il significato di sistemi di significato va fatto anche riferimento ad un rilevante apporto di Parsons ed altri autori che parlano di forme diversificate di integrazione. In questo senso la religione produce senso, ma anche include i soggetti in una compagine totalizzante i diversi piani dell'esistenza. In quanto risposta alla specifica situazione dell'individuo in uno specifico contesto sociale[31], la religione svolge una *funzione di integrazione dei sottosistemi: personale, strutturale, culturale*, attraverso il complesso delle credenze, l'insieme di riti e delle pratiche religiose, come totalità delle concezioni etiche e come visione globale dell'inquadramento organizzativo.

Tali espressioni attengono al significato e al ruolo della religione nell'ambito globale della realtà sociale. In tale modo tuttavia occorre precisare che pur rifacendoci alla prospettiva funzionalistica[32], non intendiamo ridurre il fenomeno religioso alle sole cause sociali, bensì mantenerne il carattere polivalente e polifattoriale.

---

[31] Cfr. cap. II, pp. 56-61
[32] I principali autori sono: Malinowski, Radcliffe-Brown, Durkheim, Yinger e Parsons.

## 1. L'integrazione personale

L'integrazione del sottosistema della personalità si riferisce al fatto che la religione fornisce una visione coerente delle cose e della vita anche a livello personale. Tale visione una volta interiorizzata forma un sistema di significati essenziali per l'identità e per la maturità dell'individuo. Sul piano affettivo ed emotivo, la pratica religiosa aggiunta alla credenza offre sentimenti di consolazione, sicurezza, soddisfazione: riconcilia con sé stessi e col gruppo in caso di errore e di colpa, e accompagna nelle tappe essenziali dello sviluppo mediante opportuni "riti di passaggio". La dimensione organizzativa aggiunge il senso di sostegno e di solidarietà che viene dagli altri dando l'opportunità di superare l'angoscia della solitudine e di rispondere al "bisogno di comunità". Lo stesso avviene in rapporto alla dimensione etica: si percepisce un mondo di valori logico e gratificante, che anche quando costa sacrificio, offre la garanzia di un ordine interiore e sociale plausibile e valido. Per questo anche quando non si è del tutto coerenti, nel soggetto si producono stati di disagio interiore o rimorso.

L'integrazione personale incide sulle motivazioni spontanee e dei tratti della personalità: cognitivo, emotivo, conativo. In quanto sistema di significato, la religione è in grado di ridefinire le frustrazioni, collocandole in un quadro prospettico globale che le fanno accettare in vista delle motivazioni sovrannaturali a cui la religione fa ricorso. Inoltre attua tale funzione giustificando le norme, gli scopi e i valori della società, facendoli considerare come parte integranti di un ordine etico e religioso, sottratto alla banalizzazione delle vicissitudini ed ai pericoli dell'esperienza quotidiane.

La religione è cioè, in quanto sistema di significato, un grande apparato: di adattamento cognitivo, di appartenenza della persona ad un gruppo, di accettazione di proposte etiche, di valori simbolici, che permettono di meglio integrarsi anche nella società nel suo insieme. In rapporto al piano cognitivo si verifica un'accettazione delle credenze, delle componenti della pratica rituale, degli aspetti aggregativi, dei contenuti valoriali. Tali elementi presentano una loro plausibilità concettuale e pratica, per cui non si possono disattendere senza ripercussioni sul piano della coscienza.

## 2. L'integrazione strutturale

L'integrazione del sottosistema strutturale sottolinea il fatto che la religione dà un significato alle relazioni sociali e propone una logica particolare circa il modo di impostarle. A questo modo reintegra le persone nelle loro interazioni e collegamenti, strutturati entro una visione della componente sociale inteso come fatto ereditato dal passato e proiettato verso il futuro. La persona così recupera la volontà di collaborare con gli altri, si sente solidale con chi si trova in condizioni non privilegiate, impegna in modo differenziato verso i bisogni quotidiani (religioni intramondane) o verso le esigenze spirituali (religione extramondane).

In riferimento all'integrazione strutturale particolare riferimento va fatto all'aspetto dell'*organizzazione* (o aspetto comunitario) con le relative manifestazioni comportamentali del coinvolgimento dell'individuo nella comunità ecclesiale. Rientrano in questo contesto i rapporti struttali interni e il riconoscimento della natura gerarchica della chiesa, anche se non sempre è accettata in modo autentico. La propria condizione di laico da parte della generalità dei fedeli è vissuta in modo quasi staccato dal quel senso di appartenenza che i singoli dovrebbero esprimere, pur non mancando forme di partecipazione a gruppi e movimenti con nuovi ruoli particolari e attivi.

Pur non potendo fare uno stretto parallelismo tra strutture sociali e strutture religiose, tuttavia non si può trascurare la costante interazione tra le due categorie e il loro continuo intreccio. A tale riguardo occorrere distinguere due condizioni tipiche: a) un processo globale che richiama più propriamente il concetto di acculturazione; b) un processo minimale che riproduce il concetto di influenza culturale limitata. Con il primo tipo si intende il processo di trasformazione di una comunità rispetto ad una cultura diversa, mentre con il secondo si denota l'effetto del contatto interpersonale che ha implicazioni sulla percezione del singolo rispetto alla propria comunità.

Altre situazioni fanno riferimento all'incidenza che gli aspetti della religione possono avere sul territorio e sulla sua gestione. In una data religione sono presenti istanze e influenze provenienti dall'interno (dalla sua concezione teologica, organizzativa e funzionale), ma anche dall'esterno (esigenze e bisogni del contesto socioculturale ed ecclesiale) in cui essa è inserita. Per questo diventa necessario cogliere la sua collocazione spazio-ambientale (socioculturale ed ecclesiale). Non è possibile, infatti, capire e tanto meno potenziare il proprio impegno spirituale e operativo, senza conoscere le implicazioni che dal contesto ambientale promanano nei confronti del complesso dei fedeli e viceversa.

### 3. L'integrazione culturale

L'integrazione del sottosistema culturale si riferisce al fatto che la religione giustifica e legittima l'assetto attuale della vita umana, individuale e sociale. Essa risulta dotata di un complesso quadro di norme-valori che servono alla società perché sia mantenuto l'ordine sociale esistente e che sono mutuate dalla società. Ciò comporta che il singolo si senta veramente accettato e radicato in un ambiente, che possa annodare rapporti positivi e duraturi, che sia in grado di esplicare le sue attitudini. In questo senso la religione include aspetti correlati che possono convergere verso alcune affermazioni quali: a) fornisce una visione coerente delle cose e della vita, aiutando alla comprensione e all'accettazione di situazioni altrimenti incomprensibili e inaccettabili; b) aiuta a migliorare i rapporti interpersonali con gli altri nei diversi modi e contesti che una cultura sviluppa: famigli, gruppi e movimenti, istituzioni sociali economiche, politiche; c) può costituire la base di un modo di vita per tutta la gente, per cui i membri di una data religione vogliono che anche gli altri conoscano e condividano i propri valori, talvolta si impegnano personalmente in tal senso.

In questo senso gli elementi della religione si pongono in parallelo con i relativi elementi culturali e si influenzano reciprocamente. Tale intercompenetrazione ovviamente va considerata nel suo evolversi anche se presenta la sua pienezza di manifestazione quando i due sistemi sono in situazione di simbiosi. Ciò ovviamente comprende che sia passato del tempo e che i processi culturali e le dinamiche religiose abbiano già plasmato e si sono modellate reciprocamente in modo diffuso, continuo, penetrante. In tale contesto le varie componenti religiose rispetto alla cultura locale hanno attuato il processo d'inculturazione (oltre che d'istituzionalizzazione).

Per questo è importante osservare come in un data società tale processo è più o meno maturato. Essa infatti trascrive il concetto di socializzazione per cui la società insegna, trasmette, inculca il complesso dei contenuti propri di una cultura alle nuove generazioni e queste, a loro volta, apprendono, interiorizzano e utilizzano come parte della loro configurazione mentale tali contenuti. In questo senso ci si trova di fronte alla condizione indispensabile per il perpetuarsi della cultura attraverso il tempo sia dal punto di vista etimologico che da quello antropologico e sociologico (accezione intra-culturale). Essa quindi rappresenta fondamentalmente il processo di inserimento del soggetto nel contesto culturale in cui cresce e sviluppa il suo atteggiamento di appartenenza in senso religioso.

### III. I NUCLEI MOTIVAZIONALI

Le modalità, secondo cui una religione si collega e si intreccia con la cultura locale, dà origine una tipologia molto importante. Si può avere una situazione di maggiore o minore spinta o impulso interiore di cui però occorre evidenziare gli aspetti o componenti rilevanti sottolineandone il grado di complessità, il grado di interpenetrazione, lo stadio di sviluppo, il livello di incidenza sul contesto ambientale, ecc. Tali aspetti possono essere considerati come realtà interne: motivazione, finalità ed obbiettivi, spinte ideali e traguardi concreti, che si proiettano verso l'esterno diventano: valori, dottrine, norme, processi sociali, modelli di pensiero e di atteggiamento. Essi si possono ricondurre ad unità, in quanto fonti effettive del comportamento dei vari membri che vivono entro una data cultura[33].

Parlando di tali aspetti tuttavia non vogliamo limitarci a cogliere la dimensione strettamente psicologica ed individuale (motivazione dell'azione riferita ad un solo soggetto). Per questo va comunque precisato che l'usare il concetto di motivazione come base della tipologia, non va inteso in senso solo psicologico; tali tipi, infatti, sostanzialmente si configurano come sociali o psico-sociali. Vi si verificano condizioni socioculturali che costituiscono i sistemi di significato come complesso di elementi teorici (o teologici), valoriali e operativi, intrecciati organicamente

---

[33] La modalità di attuare la tipologia limitatamente al solo piano oggettivo derivante dalle teologie, permette di distinguere tra: cultura religiosa sciamanica, cultura religiosa olimpica, cultura religiosa monoteistica. Tale impostazione è solo parzialmente sociologica e quindi solo in modo limitato rientra nella nostra ottica.

con la giustificazione e la motivazione per cui gli operatori sviluppano i loro comportamenti[34].

Anche le motivazioni religiose, infatti, come altri tratti della vita quotidiana, si presentano con caratteristiche tali, per cui sono da considerare dei fatti sociali[35]. Anche a loro riguardo, infatti, considerati nella loro globalità, vanno sottolineati alcuni elementi tipici fondamentali per cui essi sono da considerare sociali e non limitati a situazioni strettamente personali ed individuali. In particolare possiamo notare:

a) Si tratta di un *patrimonio condiviso*. Innanzitutto occorre evidenziare che si tratta di un complesso di elementi diffusi e condivisi socialmente da un gran numero di membri che vivono entro una data cultura. Non si tratta quindi di espressioni singolari o individuali o di piccole frange, ma sono ampiamente diffuse all'interno di una data collettività.

b) Vi si attua un *processo di trasmissione*. I suoi contenuti sono appresi durante e tramite le diverse modalità, occasioni e strumenti del processo di socializzazione propria di una data popolazione nel suo complesso. Pertanto hanno anche carattere tradizionale, cioè ereditate dal passato, sono recepite nel presente e sono proiettate verso il futuro.

---

[34] Ovviamente questo modo di esprimersi non significa che in un contesto una sola sia la motivazione presente e che non ci siano altre motivazioni collettive. La cultura comunque è caratterizzata in linea di massima da quella prevalente e più diffusa.

[35] Cfr. FICHTER J. Op. cit. 1962; CARRIER H., op. cit. 1965, 181-184.

c) Si configurano con una *strutturazione organica*. Le diverse componenti sono anche interconnesse tra loro e con gli altri aspetti della vita sociale. Specie per questa secondo connessione essi si configurano come condizionanti la vita della popolazione locale, da una parte, e come, a loro volta, condizionate dal contesto socioculturale.

d) Mostrano una *particolare tipicità*. Inoltre il complesso di tali componenti genera manifestazioni tipiche sia reali che simboliche, proprie di ogni cultura. Ciò si verifica nei diversi aspetti della vita sociale: sul piano della filosofia, delle scienze, dei valori, della politica, dell'arte, ecc., come anche nelle manifestazioni più minute della vita quotidiana.

e) Manifestano una *durata nel tempo*. Infine non si tratta di situazioni solamente momentanee o passeggere (quasi delle mode religiose), ma sono radicate negli usi e costumi di una popolazione per cui sono ereditate dal passato, si evolvono nel presente e si proiettano verso il futuro, cioè durano, anche se non va esclusa la prospettiva di mutazione.

Nel nostro contesto non ha importanza che la presa di coscienza sia esplicita né che della presenza indichi che si tratti di un fatto valido autentico realmente esistente o che dia risposte effettivamente reali. Il fatto stesso che, sia pure inconsciamente, una collettività operi in un determinato modo, giustifica la presente impostazione e classificazione delle motivazioni. Anche un fenomeno soggettivo per il fatto di essere vissuto da una collettività di persone, diventa un fenomeno oggettivo per i suoi effetti[36].

Esponiamo ciascun tipo in modo sintetico, ma evidenziandone gli elementi più caratteristici relativi alle singole dimensioni. Confidiamo così di offrire un quadro globale e in qualche modo completo, anche se sostanzialmente sintetico e schematico. Ciò premesso, vediamo i principali tipi di motivazioni più frequentemente studiate dai vari autori, notando il fattore centrale e la rispettiva caratterizzazione socioculturale che dà origine alla denominazione stessa dei singoli tipi.

### A. Motivazione bio-cosmologica

La motivazione bio-cosmolgica parte dalla constatazione della precarietà della situazione dell'uomo nel cosmo, e dalla coscienza che egli ha del suo limite e della sua inferiorità rispetto a grandi eventi naturali siano essi cosmologici (astri, stagioni, terremoti, incendi, tempeste, ecc.) siano essi biologici (generazione e nascita, crescita, malattie, morte, ecc.). Pertanto tenta di superare le conseguenze negative che gli derivano e che mettono in pericolo la sua integrità, la sua vita, o le cose e persone che gli appartengono. La re-

---

[36] Tutte tali motivazioni hanno modalità di essere presenti anche nel periodo attuale. Basta pensare all'attualità della stessa motivazione bio-cosmologica anche oggi, sebbene sembri che la scienza e la tecnologia abbia del tutto superato le condizioni corrispondenti. Lo stesso si può dire delle altre motivazioni.

ligione offre non solo una spiegazione di tali fenomeni; ma anche il modo come fronteggiarli. È quindi "efficace" sul piano della conoscenza dei fenomeni (condizione per controllare gli eventi) e rassicurante sul piano psicologico (coscienza di avere risorse più forti degli stessi eventi).

Altre caratteristiche possono riscontrarsi in rapporto alle diverse dimensioni. Quanto alle credenze, attua una lettura antropomorfica degli eventi naturali, nel senso che: divinizza i vari fenomeni (creando i vari dei: del sole, della luna, della terra, del fuoco, del mare... o dei loro sostituti); sente fortemente la sua estrema impotenza di fronte ad essi, anzi percepisce di essere sopraffatto dalla loro grandezza, dalla loro forza e dalla loro irruenza. In relazione al culto, si costata un'impostazione strumentale delle varie pratiche per ottenere dei vantaggi, spesso con connotazioni magiche.

In riferimento all'aspetto comunitario, il gruppo religioso (il clan, la tribù, la città, lo stato, ecc.) è saldo e compatto; non si distingue dalla comunità in senso sociale, i componenti percepiscono molta solidarietà reciproca sia nel bene che nel male. La morale è molto semplice ed elementare basata principalmente su alcuni obblighi fondamentali o addirittura dei tabù (che talvolta sono anche presenti, specie nella riduzione a questa motivazione prevalente anche di religioni di per sé più elevate) la cui infrazione provoca l'ira divina e il conseguente castigo. Pertanto facilmente prevale una morale della paura che può essere anche efficace, ma certamente è anche inferiore.

Questo tipo è prevalente presso i popoli non sviluppati o in via di sviluppo, ma anche nelle frange tradizionali e rurali dei popoli sviluppati. Va diminuendo a contatto con l'evoluzione sociale e con il superamento dell'assetto agricolo e pre-industriale. Uguale direzione ed incidenza hanno lo sviluppo filosofico, scientifico e tecnologico, anche se tale tipo di motivazione non scompare del tutto e spesso è sostituito da altre forme magiche, divinatorie e parapsicologiche[37].

### B. Motivazione socioculturale.

Il punto di partenza è costituito dalla difficoltà, dalla insicurezza, dalla sofferenza (ingiustizie, sopraffazioni, sfruttamento...) che derivano dalla convivenza civile, spesso caratterizzata da ingiustizie, guerre, sopraffazioni, sfruttamento, specialmente nei confronti delle classi povere, ecc. Di essi infatti si può attribuire la responsabilità ad altri uomini o alle strutture pubbliche. Infatti talvolta la vita sociale può diventare anche un mostro che provoca danni fisici, psichici, morali, economici, politici ai cittadini, alle categorie sociali, specie le più deboli. La convivenza spesso si trasforma in un'occasione di costante conflitto tra le diverse componenti della cultura (contrasto sulle idee) o della società (contrasto tra gruppi).

In tale contesto la religione serve a proteggere una concezione positiva e solidaristica della vita sociale. Essa offre una visione dell'esistenza in cui è prospettata una

---

[37] Basta pensare che la capitale di tali forme di ricorso all'irrazionale è Parigi, e che in Italia uguale convergenza si nota a riguardo di Torino.

giustizia finale che ripaga le vittime col premio, e gli oppressori e i malvagi col castigo, o comunque consacra alcuni valori importanti per la vita sociale. Inoltre potrebbe essere pensata come un'ideologia che può mantenere lo *status quo* e che previene le rivoluzioni per non perdere i privilegi di cui certe categorie godono. Diventa *autoconsolatoria* per le classi deboli, *instrumentum regni* per le classi dominanti, o fonte di autocoscienza e di identificazione personale in caso di sopraffazione straniera o di conquista coloniale. Tali caratteristiche danno origine a diversi sottotipi particolari, compresenti o successivi nel tempo, a seconda che si evidenzia:

1) L'impostazione popolare.

È propria delle classi popolari e sviluppa una religione tradizionale quanto alle credenze e alle pratiche religiose. Molta importanza vi hanno le feste locali, come momento di recupero biologico, psicofisico, sociale (manifestazioni della religiosità popolare...). Esse servono alla integrazione della società e a mantenere lo status quo sul piano sociale, economico, politico. La morale offre indicazioni alla rassegnazione, alla acquiescenza o altre virtù passive (obbedienza, sottomissione, pazienza...), è funzionale alla stabilità sociale. Nella religione si riscontra quella fonte di consolazione che spesso la società non offre[38].

2) L'utilizzazione elitistica

---

[38] Cfr quanto sarà detto circa la religiosità popolare.

È propria delle classi superiori, dominanti, egemoniche e si basa su una concezione della religione che sottolinea i valori sociali quali la nazione, la patria, la stratificazione sociale. È ugualmente tradizionale nelle credenze e nelle pratiche, viste nel loro valore strumentale per mantenere l'ordine e la tranquillità nel popolo. C'è un tentativo, spesso anche esplicito, di strumentalizzare la religione, in quanto da essa si enucleano indicazioni morali adatte alla propria posizione: stare alla parola data, rispetto dell'autorità, sufficienza dell'osservanza formale (purché altri non vedano), ecc. Si sviluppano anche forme di compensazione ritualistica (preghiere, offerte o altro) in cambio di carenze morali[39].

3) La configurazione etnica.

È propria dei gruppi minoritari (etnici, linguistici, religiosi, razziali...) presso le classi popolari, cui si aggiunge, per i "nobili" anche la "tradizione" familiare. La religione è valorizzata per le sue peculiarità, per i suoi valori, ma anche come base e fonte di un'identità subculturale propria di una minoranza di appartenenza. Si organizza per realizzare una serie di attività "suppletive" che vanno dal piano propriamente religioso (celebrazioni, incontri formativi) fino al piano sociale, educativo, sportivo, spesso anche economico e politico. A ciò contribuisce anche il mantenimento delle

---

[39] Cfr. NIEBUHR H. R., *The social sources of denominationalism*, New York, 1967. Questo tipo si adatta al tipo "denominazione", di cui parleremo nel cap. seguente.

credenze, la tradizionalità e tipicità delle pratiche e un sistema morale religioso che nello stesso tempo favorisce sia l'identità religiosa che quella culturale[40].

### C. Motivazione socio-politica.

Questo tipo parte dalla constatazione dell'ingiu-stizia strutturale dei sistemi sociali basati sulla ineguaglianza, che è considerata, dal punto di vista religioso, un prodotto del peccato sociale, che va rimossa, per arrivare ad una nuova società (teologia della liberazione). Il piano di Dio comporterebbe un ordine storico-politico in cui la redenzione dell'uomo non è solo interiore e spirituale, ma anche sociale ed economica. Per realizzare una perfetta attuazione dell'uomo occorre un'azione (anche violenta) contro ogni forma di ingiustizia contraria alla libertà e dignità dell'uomo. Il peccato più grave è quello dell'ingiustizia, e il popolo ha una missione "storica" di attuare: la sua liberazione. La religione deve impegnarsi in tale prospettiva non solo sul piano individuale, ma anche sociale[41].

Questa impostazione è piuttosto recente ed è stata sviluppata in contesto cristiano e in America Latina. Da ciò deriva che essa si presenta con connotazioni della dottrina cristiana di cui sottolinea gli aspetti di connessione con alcuni postulati teologici che peraltro ha abbinato

---

[40] Cfr. ABRAMSON H. J. *Ethnic diversity in Catholic America*, N. Y., John Wiley, 1973.

[41] Cfr. la letteratura sulla teologia della liberazione.

all'utilizzo dell'analisi marxista. In rapporto alla fede si fa riferimento al fatto che essa fonda la dignità di ogni uomo, in quanto creatura di Dio e in quanto redenta da Cristo. Si rifà facilmente alla teologia del Vecchio Testamento (esodo dall'Egitto, cattività babilonese) e alla impostazione di alcuni testi del Nuovo Testamento (il Magnificat, il discorso della montagna...), da cui deduce istanze operative anche in senso politico[42].

Anche in relazione alla dimensione comunitaria sottolinea la solidarietà del popolo e l'esigenza dell'impegno di tutte le componenti all'attuazione di questo compito storico di ogni popolo. Facilmente si fa prevalere il tema della giustizia a quello della carità nella impostazione dei rapporti tra le diverse componenti della vita sociale. Sul piano etico sono sottolineati piuttosto i peccati sociali e l'esigenza di un nuovo assetto e politico basato sulla giustizia e sul rispetto dei diritti di libertà e degli altri diritti umani. Le celebrazioni propongono facilmente tali esigenze sia come clima generale che come contenuti specifici delle proprie istanze e richieste.

### D. Motivazione metafisica

Una presa di coscienza del limite umano e della sua imperfezione ontologica, porta a nuove modalità di ricer-

---

[42] Altra valutazione va data alla prospettiva di arrivare in tale contesto alla lotta armata.

care nella religione delle risposte alla propria condizione esistenziale. Da esso derivano la preoccupazione della salvezza dell'anima, come fatto sostanziale e non tanto come fatto consequenziale di una vita impegnata e coerente. Vi si registrano varie modalità di sottolineare forme di assicurazioni immediate dal punto di vista religioso: tessere del paradiso, indulgenze basate su opere di pietà più che su rinnovamento personale (religioni della salvezza).

Vi si riscontrano anticipazioni a partire dall'hic et nunc della propria vita con prospettive di realizzazione della salvezza fin da questa vita (religioni millenariste). Vi rientrano due sotto-tipi di motivazioni: la concezione della salvezza eterna, la concezione millenarista[43]

1) Proiezione verso la salvezza eterna.

In questo tipo rientrano le istanze e le pressioni interiori derivanti dalla incertezza metafisica e dalle complicazioni derivanti alla vita presente dalla prospettiva della immortalità dell'anima. La religione offre un significato per la vita presente e prospetta una soluzione al di fuori del tempo e delle condizioni attuali. La cosa più importante è la salvezza dell'anima da raggiungere anche con modalità sganciate dalla coerenza con l'etica religiosa. In un certo senso si vorrebbe il raggiungimento di tale fine senza

---

[43] Cfr. BECKFORD J. A., *Nuove forme del sacro: Movimenti religiosi e mutamento sociale*, Bologna, Il Mulino, 1990;

farvi corrispondere le implicazioni concrete della coerenza esistenziale[44].

Dio è concepito come la finalità ultima dell'uomo, come colui che gli concede la sua beatitudine eterna. Ha valore quindi tutto quello che porta a tale scopo e che purifica dal peccato, facendo superare gli allettamenti di questo mondo intriso di peccato. Spesso vi sono tracce di manicheismo, per cui il mondo e la materia sono del tutto cattivi. I riti sono prevalentemente purificatori ed espiatori o che comunque garantiscono l'esito finale. È forte la paura dell'inferno (o di un'altra reincarnazione). La morale è piuttosto intimista e può portare a forme sociali di ipocrisia (le cose si possono fare purché non siano sapute in giro). Porta spesso all'elusione dell'impegno storico nel sociale, nel senso che non spinge, almeno in modo efficace ad un impegno verso i problemi del proprio tempo e/o di coloro che stanno intorno.

Questo tipo è prevalente presso le religioni orientali come induismo, ma anche zoroastrismo e religioni misteriche, ma può ritrovarsi in certe impostazioni anche cristiane in cui non si sottolinea la dimensione della coerenza comportamentale[45]. Specialmente a livello di religiosità popolare si sottolineano certe devozioni o certe modalità di conseguimento della finalità solo (o quasi) basandosi su

---

[44] YINGER J. M., *Sociologia della religione*, op. cit. 1961, 111-146.

[45] Il tema della coerenza è importante in quanto, altrimenti questo tipo senza tale coerenza rientrerebbe in quello successivo.

forme di devozione, o certe concessioni di indulgenze tramite offerte che si fanno alla chiesa per vari titoli e modi. Vi sono considerate importanti alcune opere particolari: digiuni, preghiere rituali e a tempi fissi (anche più volte al giorno), pellegrinaggi, oppure anche l'eventuale perdita della vita in contesto di battaglie in guerre di religione.

2) Prospettiva millenarista.

Questa impostazione parte dal presupposto che la salvezza non può essere solo spirituale e nell'al di là. La creazione sarà rinnovata, e si attuerà anche su questa terra il perfezionamento individuale e sociale dell'uomo. Questo è un tipo piuttosto rientrante nella visione cristiana e si basa in particolare modo sull'apocalisse di Giovanni[46].

In questo contesto, gli uomini devono accettare e collaborare a questo piano di Dio, considerare la situazione presente come contingente e provvisoria, ma prepararsi con la fede e l'impegno alla realizzazione del regno di Dio sulla terra. Spesso la dottrina sottolinea i temi della escatologia considerati come fondamentali e risolti in modo radicale. Trattandosi di nuove religioni poi hanno altri punti specifici riguardanti il loro fondatore e la rivelazione che egli ha ricevuto. La comunità religiosa è funzionale a questa esigenza e deve esprimere fin d'adesso il clima di rap-

---

[46] Sono molti gli esempi costatati lungo la storia. Attualmente sono famosi: i testimoni di Geova, la chiesa dell'unificazione... Cfr. TERRIN N., *Nuove religioni*, Brescia, Morcelliana 1985, cfr anche la nota 28.

porti caratterizzati dalla personalizzazione, e dall'accoglienza calorosa e profonda dei membri.

Non sono escluse forme di condivisione economica, in cui si mette tutto in comune, con diversi aspetti ed implicazioni nell'impostazione totale della vita che spesso si configura come un "escape" dal mondo presente per arrivare in un ambito che prelude la fraternità universale effettiva sin da questa terra. Anche le forme del culto e gli impegni morali devono anticipare lo stato del regno di Dio sulla terra.

Questo tipo è più diffuso tra le sette che si sono separate dalla chiesa lungo il corso della storia (è un po' ricorrente, anche se con diverse forme e contenuti), ma ancor più è riscontrabile in molti nuovi movimenti religiosi contemporanei, specie di impostazione sincretistica[47].

### E. Motivazione della trasformazione interiore

Altre istanze religiose che suscitano un ulteriore tipo di motivazioni sono quelle che prendono avvio dalla esigenza di crescita e sviluppo personale e dal superamento delle negatività morali della vita dell'uomo sulla terra. Tale concezione parte dal presupposto che Dio e l'uomo possono venire a contatto e che da ciò deriva un progetto nuovo di vita per l'uomo. Egli deve vincere il male ed avvicinarsi a

---

[47] Cfr. INTROVIGNE M., *Il sacro postmoderno*, Gribaudi, Milano, 1996; Cfr. anche SCARVAGLIERI G., 1991, in AA. VV. Le sette..., op. cit. 109-139.

Dio, fonte di perfezione. Il male è nell'uomo e dipende dalla carenza di impegno o intenzionalità di far corrispondere il proprio comportamento a quanto è proposto da Dio.

Pertanto la prima cosa da fare è vincere le proprie tendenze al male di vario genere, ma specialmente il proprio egoismo. La salvezza è un dono di Dio, ottenuto mediante la Redenzione da parte di Cristo, ma essa richiede collaborazione ed impegno da parte dei singoli sia accettando i mezzi di salvezza predisposti dal fondatore, ma anche con la propria collaborazione a partire dalla propria conversione. Tale impostazione presuppone una particolare concezione di Dio e una sua specifica rivelazione all'uomo che è chiamato ad una particolare "condivisione" della "divina natura". L'uomo ricerca Dio per rispondere alla sua chiamata, superando il peccato nelle sue diverse configurazioni (interiori e personali, esteriori e sociali) ed attuando un itinerario di crescita autentica e di perfezionamento spirituale personale.

Benché imperfetto, l'uomo può e deve tendere al miglioramento di sé. A tal fine è necessaria una disponibilità alla "grazia" (impegno morale). Esso è considerato il primo gradino in quanto successivamente va realizzato un itinerario religioso fino a gradi più alti della santità (impegno spirituale ascetico e mistico). Ovviamente è previsto l'uso dei mezzi spirituali e sacramentali (contatto con Dio attraverso i sacramenti e le varie forme di preghiera individuale e comunitaria, attuazione di opere buone).

È anche importante l'adesione ad una comunità che si costituisce per ragioni religiose (la chiesa), formata da tutti coloro che accettano il messaggio religioso e ne adempiono le condizioni. Pur sottolineando che il male da evitare non è esterno all'uomo, ma al suo interno, ciò non toglie che l'impegno di perfezionamento, oltre che essere individuale, è anche comunitario e, comunque, comporta diverse implicazioni di natura solidaristica (impegno sociale, ma primato della carità)[48].

A conclusione della presente trattazione vogliamo sottolineare come emerga l'interesse teorico dello studio dei sistemi di significato centrato sulla dinamica culturale e aperta alla costruzione di tipologia culturale anche se basata su fattori soggettivi e motivazionali. Tale approccio offre un suggestivo modo di realizzare osservazioni esistenzialmente interessanti per comprendere situazioni complesse come normalmente appaiono i contesti socio-culturali dal punto di vista religioso. Pertanto su questo terreno è possibile realizzare modalità di analisi che puntano a mettere a fuoco, successivamente, i vari contenuti motivazionali fondamentali e come essi caratterizzano in modo prevalente una situazione storica e culturale.

---

[48] Anche in riferimento all'impegno sociale ci sono vari orientamenti, tra cui teologia della liberazione; vangelo sociale, ecc.

# CAP. VI
# LE COLLETTIVITÀ RELIGIOSE

In varie occasioni è stato rilevato l'aspetto sociale della religione. Ma esso non va inteso solo come influsso vicendevole tra religione e società, come comunitarietà di manifestazioni, ecc., ma anche come presenza in ogni singola religione di forme culturali ed organizzative globali proprie e differenti rispetto a quelle della società. Per questo le religioni si configurano come un macrocosmo con i loro aspetti concettuali, simbolici, organizzativi operativi, ecc. E difatti dal complesso delle esposizioni finora fatte ogni religione è apparsa come un mondo vitale globale in sé concluso e distinto rispetto alle altre religioni. Spesso, specialmente nel passato poteva essere paragonata ad una *monade* dalla vitalità interna, ma senza molte comunicazioni, non tanto con la società circostante, specie con le altre religioni. Attualmente l'immagine è meno calzante, sebbene permangano dei problemi collegati con la pariteticità di ogni religione rispetto alle altre.

In questo senso una singola religione va studiata nella sua complessità strutturale ed organizzativa interna. A tal fine è importante cogliere la configurazione globale e le relative articolazioni territoriali e organizzative delle singole religioni considerate in se stesse.

Prima di sviluppare l'argomento è opportuno tuttavia evidenziare alcune osservazioni generali. Innanzi tutto il contenuto di questo capitolo non riguarda direttamente quelle situazioni nelle quali la religione si presenta "diffusa" cioè coestensiva al contesto socioculturale (ciò specialmente in relazione alle religioni primitive). Facciamo riferimento invece alle diverse collettività religiose già "specificate" rispetto al contesto socioculturale e quindi viste, da una parte, come fenomeno globale e identificabile e, dall'altra, come un fatto parallelo rispetto alle differenti religioni, hanno, in altre parole, una propria identità ed autonomia strutturale totale[1].

Inoltre va aggiunto che a questo "grado" di autonomia totale di fatti arrivano anche alcune collettività religiose che pur traggono origine da un ceppo da cui si sono separate fino a costituirsi del tutto concettualmente e funzionalmente indipendente. Vogliamo riferirci a quelle nuove entità che emergono attraverso una forma di separazione da una religione matrice, cioè, alle sette. Anche in relazione a questo caso si realizza, alla fine, una pariteticità completa che sta alla base della tipologia.

L'argomento quindi si snoda attraverso due momenti espositivi. In un primo tempo parleremo della tipologia globale e classificatoria delle diverse collettività religiose, di cui esponiamo la logica razionale, basata su appositi criteri, dell'impostazione. In un secondo tempo enunceremo l'effettiva articolazione tipologica evidenziandone i tipi

---

[1] La tipologia si applica bene in contesto cristiano, ma aspetta ancora ulteriori collaudi per le altre religioni mondiali, anche se sostanzialmente ha valore anche per loro.

principali e le rispettive e diverse componenti differenzianti. Alla fine aggiungeremo alcune riflessioni critiche sulla validità e le prospettive della trattazione e sulle tendenze attuali che la situazione della molteplicità delle religioni presenta.

## I. L'IMPOSTAZIONE TIPOLOGICA

Il tentativo di classificazione tipologica ha avuto inizio con M. Weber ed è stato ampliato da E. Troeltsch[2]. La prima proposta risulta formata di due tipi fondamentali: *Chiesa e setta*. Per la sua origine: analisi della situazione europea post-riformistica e per la sua estrema semplificazione, essa è stata giudicata insufficiente e spesso inapplicabile in altri contesti. In una tipologia dicotomia è difatti molto arduo far rientrare tutti i casi. Così sono stati fatti ulteriori tentativi che hanno portato alla chiarificazione dei criteri, e all'allargamento della tipologia. L'evoluzione storica successiva ha portato alla formulazione dell'attuale assetto tipologico composto da diversi altri sottotipi che si collocano entro i due versanti fondamentali: quello della chiesa e quello della setta.

Un contributo successivo era offerto già nel 1929 da H. R. Niebuhr che dallo studio della dinamica della setta perviene all'individuazione e formulazione di un altro tipo

---

[2] TROELTSCH E., *Le dottrine sociali delle chiese e dei gruppi cristiani*, Firenze, La Nuova Italia, 1960, 466-483.

che egli chiama *denominazione*. Questa si presenta come una forma ben strutturata, organizzata e formalizzata, cui una setta perviene in seguito ad un assestamento più o meno completo e inculturazione entro i condizionamenti di una regione delimitata o le esigenze di un particolare strato sociale[3].

T. Becker, basandosi su alcuni spunti di L. Von Wiese, delinea il tipo *Ecclesia*. Tale tipo presenta la tendenza ad assumere le dimensioni nazionali e le connotazioni di religione di stato e quindi ricerca ed ottiene per ragioni di un certo isolamento e per motivi storici un forte appoggio dello stato di cui anche difende un certo spirito nazionale. Per questo una delle sue funzioni più rilevanti è quella della integrazione sociale[4].

La nascita dei nuovi movimenti religiosi in questi ultimi tempi tanto numerosi mette in evidenza i primi lineamenti del tipo *culto o nuovo movimento*. Con tale termine si indica una nuova religione che risulta caratterizzata dalla novità, da una parte, dalla vicinanza nel tempo ed infine dalla scarsa connotazione pubblica, dall'altra. In un certo senso è ancora un'aggregazione o movimento privati. In altre parole, essa si presenta come un piccolo gruppo ancora ai primi stadi evolutivi con prevalente tendenza alla forma centripeta, a un'intensa vita di comunione reciproca e nello stesso tempo con tendenza al misticismo.

---

[3] Cfr. *The social sources of denominationalism*, New York, 1929, 18 e ss.
[4] Cfr. BECKER C., *Sistematic sociology*, New York, Wiley, 1932.

In rapporto alle sette costantemente era ribadita la differenza di situazioni di quella parte di esse che erano nella fase di reale vitalità e di quelle che ormai istituzionalizzate. Emergeva l'esigenza di suddividerli in due sottotipi, sebbene si trovasse una difficoltà di tipo terminologica. Anche se la soluzione non appare soddisfacente, tuttavia s'è fatta strada la connotazione *setta costituita (congregazione) e setta propriamente detta*.

La descrizione globale è stata perfezionata e sistematizzata da M. Yinger che, utilizzando i criteri della esclusività-inclusività, della integrazione sociale, costruisce in modo più organico e sistematico il complesso della tipologia che qui riproduciamo e commentiamo[5]. Essa è oggi generalmente accettata dai diversi autori ed usata nelle varie tipologie, e risulta articolata in sei tipi, divisi in due versanti. Un primo ambito è centrato sul concetto di **Chiesa**. Esso è composto da tre sottotipi che sono così distinti: *Chiesa universale, Ecclesia, Denominazione*. Un secondo ambito invece ha come punto centrale il concetto di **Setta** e comprende altre tre modalità come sottotipi: *congregazione, setta, culto o movimento*[6].

Come si vede la tipologia chiesa-setta forma la struttura portante su cui si basano ulteriori distinzioni che in definitiva costituiscono un approccio più ampio, più sfu-

---

[5] YINGER J. M., op. cit. 1961, 168 e ss.

[6] Questa tipologia è abbastanza plausibile, ma non mancano le difficoltà teoriche (esaustività ed esclusività) ed anche applicative.

mato, ma anche più realista. La classificazione che ne deriva tuttavia non va intesa come qualcosa di soggettivo e di improvvisato, il che darebbe origine più che ad una sistemazione ad un caos, ma dipende dalla presenza di un quadro di riferimento generale che ha la sua logica e la sua plausibilità. Diventa quindi importante sottolineare la logica di ogni tipologia (giustificazione logica), la descrizione dei principi su cui si basa la sua attuazione concreta (enunciazione dei criteri) in modo che possa essere qualificata come scientifica.

### A. Giustificazione logica

Per maggior chiarezza procedurale è bene avviare il discorso dal concetto stesso di tipologia. Comunemente per tipologia s'intende la classificazione logica (teorica oppure empirica) di un fenomeno sulla base della puntualizzazione di caratteristiche affini, per cui alcuni gruppi di casi si presentano tra loro più somiglianti rispetto ad altri. Tutti quei casi che rientrano in un gruppo, costituiscono pertanto un tipo (o modello) e si distinguono da altri, con caratteristiche differenti e che appartengono ad un altro gruppo. È comunque importante procedere con ordine e razionalità. A tal fine serve uno sviluppo sistematico della tipologia che l'utilizzazione di principi chiari e accettati che chiamiamo criteri.

## 1. Come esigenza della mente

L'attuazione di una tipologia scientifica è richiesta innanzi tutto dalla esigenza della mente umana di far delle sintesi gerarchizzate dei vari fenomeni. A questo modo è più facile poterle tenere contemporaneamente presenti in una visione sinottica e coglierne meglio le differenze. Una tipologia così concepita e coerentemente attuata offre diverse utilità ed aspetti funzionali in quanto favorisce la chiarezza nella comprensione della molteplicità di modalità concrete secondo cui si presenta il fenomeno in questione. Di esso infatti, preserva gli aspetti essenziali e fondamentali rispondendo alle esigenze di genere prossimo e di differenza specifica rispetto ad altri fenomeni similari e alle problematiche operative ed organizzative differenziate. La tipologia pertanto serve a presentare in modo più chiaro e sintetico le situazioni in cui vengono a trovarsi le singole religioni in un dato momento storico della loro evoluzione concreta.

## 2. In prospettiva operazionale

Inoltre essa è uno strumento funzionale all'operazionalizzazione dei concetti che sono indispensabili nelle applicazioni concrete della ricerca empirica. Ciò favorisce la prospettiva di attuazione di confronti e comparazioni tra le diverse situazioni sia distribuite lungo la storia che in situazioni socioculturali differenti. Dai tratti fondamentali presenti in tipi già accertati è possibile inferire in altre situazioni magari non approfondite ma che risulteranno simili alle prime. Infine l'uso di una tipologia serve alla rapidità espositiva in quanto le denominazioni dei tipi sono un'espressione stenografica delle molteplici caratteristiche presenti in un dato tipo[7].

## 3. Presenza di limiti

Queste funzioni della tipologia tuttavia non sono scevre da limiti connessi con la complessità del reale che spesso mal si adatta agli schematismi sia pure più o meno ben congegnati. Essi quindi vanno debitamente evidenziati per non eludere gli eventuali problemi che tuttavia rimangono sempre in ogni tipologia. Infatti la tipologia in sé è accettata non perché non comporti limiti, ma perché, nel complesso, i vantaggi sono sostanzialmente più ampi e numerosi dei pochi casi problematici. Tuttavia, in via preliminare vanno debitamente considerati i diversi limiti in modiche non appaia un procedimento attuato ad occhi chiusi.

Innanzi tutto la presenza di casi marginali o liminali che cioè mal si collocano in un'impostazione rigida e fortemente marcata, senza che si abbia l'impressione di una certa arbitrarietà nel collocarli entro un tipo o un altro[8]. Inoltre si potrebbe dare adito alla genesi di stereotipi che

---

[7] Sarebbe impossibile fare un discorso approfondito se in ogni circostanza ci si dovesse fermare e riproporre il significato e le diverse distinzioni proprie di ogni termine usato.

[8] Nonostante questi limiti il procedimento è logico e utile praticamente.

presentano o inducono ad una distorsione nella comprensione della realtà attribuendo caratteristiche convenzionali e preconcette o comunque non più attuali (quando fossero state presenti nel passato) o comunque non più sono caratterizzanti. Infine potrebbero favorire un eccessivo schematismo quando in realtà le situazioni non siano chiaramente distinte tra loro[9].

### B. Enunciazione dei criteri

Una classificazione che dà origine ad una tipologia pertanto deve sempre partire dall'utilizzazione di criteri adatti, logici e specifici che la fondano e la giustificano. Per criteri intendiamo dei principi logici plausibili e di per sé accettati per la loro intrinseca chiarezza e razionalità che servono come piattaforma per un'operazione di discernimento e di distinzione tra vari casi concreti. In altre parole ogni tipologia deve essere basata su criteri validi e condivisibili. La loro presenza o applicazione va vista come fatto globale, anche se l'uno o l'altro può mancare. Essi inoltre devono fare riferimento ai due ambiti fondamentali: l'aspetto religioso e quello sociologico, i cui termini, sebbene d'immediata interpretazione, vanno esplicitati convenientemente e in modo più dettagliato.

---

[9] In questo caso tuttavia bisogna affermare che si tratti di una tipologia indebita o malfatta.

In funzione della costruzione della nostra tipologia, pertanto pensiamo di riportare i criteri più importanti e funzionali, raggruppandoli in tre grandi ambiti:

## 1. I criteri strutturali

Questi criteri riguardano la comprensione e la configurazione generale di tutta la tipologia e la giustificano sul piano logico. Essi sono quindi particolarmente importanti ed influenti nella costruzione della tipologia, perché risaltano in modo immediato e visibile:

*Aspetto morfologico* (o dimensione del gruppo). Esso, infatti, può essere più o meno numeroso ed ampio. In subordine si può accennare all'aggancio etnico-territoriale e alle caratteristiche demo-sociali (età, sesso, talvolta anche istruzione, posizione sociale dei partecipanti)[10].

*Stadio istituzionale.* Le dinamiche e le caratteristiche della collettività dipendono anche dalla fase in cui si colloca il rispettivo processo d'istituzionalizzazione. Così in linea di massima il versante chiesa suppone il raggiungimento della fase formale, mentre le altre potrebbero collocarsi anche nelle fasi precedenti[11].

*Strutturazione interna.* Può riscontrarsi differenziazione "qualitativa tra i membri: presenza di leadership basata

---

[10] Cfr. la sociologia dei gruppi in cui viene sottolineata l'incidenza dell'ampiezza e delle caratteristiche dei componenti su rapporti interpersonali e strutturazione e dinamica globale.

[11] Cfr. il cap. sull'istituzionalizzazione.

sull'ordine, oppure poggiata sul carisma. Diversa è anche la modalità di cooptazione. Vi si può anche includere la prospettiva della stratificazione delle posizioni (status) e dei ruoli intesa in modo più ampio[12].

## 2. I criteri dinamici

Sono quelli che fanno riferimento alle caratteristiche operative ed espressive della vitalità dei tipi e sottotipi religiosi, in quanto sottolineano problemi ed aspetti legati alla loro sopravvivenza. Tra i molti criteri che si potrebbero individuare, i seguenti vanno considerati più importanti e funzionali in rapporto alla tipologia:

*Ammissione.* Può trattarsi di ammissione di fatto (ad es. per nascita) con condizioni facili e minime; oppure di adesione volontaria (per conversione o comunque da adulti) con condizioni più difficili e complesse[13]. Connesso con l'ammissione è il problema della permanenza e le condizioni che vengono prospettate per continuare a far parte del gruppo religioso: condizioni minimali (chiesa), condizioni rigorose (setta).

*Universalismo.* È importante cogliere la concezione di gruppo universale o di gruppo selezionato e/o esteso a categorie o comunità particolari. Ciò comporta anche l'eventuale legame territoriale o di classe, che dà per scon-

---

[12] Cfr. quanto detto nel cap. III circa la dimensione interna dell'aspetto comunitario sia a livello globale che per le altre articolazioni che vi stanno dentro.

[13] Cfr. Cap. VIII sulla "appartenenza religiosa".

tato la prospettiva di una diffusione ristretta (assenza di proselitismo), o di diffusione ampia (presenza di proselitismo). Possibilità di chiesa di classe, o di razza, ed anche talvolta territoriale[14].

*Relazionalità interreligiosa.* Ci possono essere prospettive opposte. Si va dall'intolleranza[15] per principio (le altre religioni sono false, e dunque da considerare dannose e conseguentemente da lottare possibilmente fino alla loro scomparsa) o di fatto (difficoltà di convivenza) fino a tolleranza o addirittura accettazione del pluralismo religioso[16].

### 3. I criteri relazionali

Questi riguardano infine il modo come i tipi si rapportano con alcune situazioni presenti nell'ambiente in cui sono inseriti e con cui quindi vengono a rapporto. In particolare tra essi sono più rilevanti e quindi meritano di essere rilevati i seguenti:

*Rapporto con la società.* Vi si verifica una distinzione delle varie collettività in base all'accettazione o al rifiuto, all'inserimento o alla fuga nei confronti della società. La società appare come luogo del peccato e condannata in modo irrimediabile, per sua logica (e quindi per i suoi va-

---

[14] Questo criterio non è rigorosamente applicato in tutti i tipi (ad es. denominazioni in base alla classe o alla appartenenza etnica...).

[15] Tutte le guerre di religione in fondo hanno tale base.

[16] Cfr. tutte le concezioni attuali circa il dialogo tra le religioni e specialmente entro le confessioni cristiane.

lori che sono in contrasto con quelli religiosi), oppure anch'essa redenta, anche se non ne vive le implicazioni almeno in modo totale (in questo caso da considerare come la vigna del Signore)[17].

*Rapporto con lo stato.* Si ha una diversa valutazione della natura e funzione dello stato. Da una parte può essere concepito come realtà necessaria e naturale, con cui essere in armonia, mentre, dall'altra, specie per alcune sette, esso è considerato come una realtà negativa, conseguenza del peccato del peccato originale e personale. Pertanto esso risulta necessario solo per i "peccatori", e, fondamentalmente, va lottato e demolito o comunque contrastato nelle sue pretese e prospettive di orientare la vita della comunità e di influenzare sulla vita del fedele[18].

*Atteggiamento verso la ricchezza.* Si può costatare tra i diversi gruppi una differenza a riguardo dell'accettazione della ricchezza oppure no. La ricchezza infatti e il suo utilizzo, da parte di chi l'accetta, sono considerati come mezzo che permette (o facilita) l'attuazione della missione religiosa, può rappresentare anche al benedizione di Dio nei confronti degli osservanti. Da altri gruppi invece essa è rifiutata come fonte di peccato e di corruzione, derivante

---

[17] Vi si colgono i vari tentativi isolazionisti di chi crea delle comunità che si configurano come delle repubbliche autonome dentro lo stato. Cfr. la bibliografia su fenomeni delle comuni.

[18] Ciò fa apparire le sette abbastanza spesso come gruppi radicali ed anarchici. Cfr WILSON B. *La religione nel mondo contemporaneo*, Bologna, Il Mulino 1985,111-145.

anch'essa dal peccato originale, e quindi in contrasto con la modalità autentica di essere religiosi[19].

Nel complesso in questa esposizione dei criteri si può notare che essi sono in un certo senso collegati tra loro e che di fatto essi si richiamano spesso tra loro formando dei cluster di criteri e al loro interno della stessa modalità di verificarsi entro l'uno o l'altro ambito. Ciò giustifica la collocazione dei sottogruppi entro un dato ambito.

## II. DESCRIZIONE DEI TIPI CONCRETI

Ovviamente l'enunciazione dei criteri non era fine a se stessa, ma piuttosto la premessa per la realizzazione della conseguente tipologia. Essa pertanto si configura come il complesso di fenomeni che registrano una particolare affinità con particolare modalità di intensità secondo cui si presentano i diversi criteri. Sulla base di questi criteri si possono descrivere concretamente i singoli tipi. In essi i criteri sono variamente connessi e collegati così che emergono configurazioni tipiche particolari. Raggruppiamo i singoli tipi nelle due grandi aree classiche già enunciate: Chiesa e setta[20].

---

[19] La maggioranza delle sette ha un atteggiamento di rifiuto, ma può anche verificarsi un uso "ascetico" e non edonistico, che può dare adito a forme di accumulo del capitalismo originario ed ascetico. (cfr. WEBER M., op. cit. 1965, passim).

[20] Una descrizione completa tuttavia dovrebbe essere arricchita da un'impostazione che metta in evidenza le varie componenti strutturali ed

## A. Nel versante Chiesa

In questo versante vengono raccolti alcuni sottotipi di cui abbiamo fatto cenno e che sostanzialmente riproducono forme aggregative molto ampie e formalizzate e con una strutturazione interna variamente articolata, ma comunque normalmente abbastanza complessa e con una serie di relazioni con l'ambiente piuttosto facili e convenzionali. Ciò dipende normalmente dal fatto che l'ampiezza numerica esige articolazioni amministrative a vario livello e un modo specifico di gestire i grandi organismi. Vi si riscontrano i sottotipi che sono connotati con i seguenti termini: chiesa universale, ecclesia, denominazione.

### 1. La Chiesa universale.

La chiesa universale costituisce lo sviluppo naturale e storicamente maturo di una religione che si presenta con un messaggio di salvezza basato su una concezione dell'uomo che può combaciare con più culture. Questo peraltro non va inteso nel senso che la religione in questione sia solo variamente ricca e adeguata a diversi parametri antropologici. Infatti tali religioni sono anche in grado di influenzare in modo significativo e talvolta anche radicale le culture. Esse quindi possiedono una propria antropologia che può anche chiamarsi religiosa o teologica che sta

---

organizzative che possano offrire una visione concreta e realistica della realtà complesso di ogni collettività.

alla base della loro espansione e nello stesso tempo della loro accettabilità.

La chiesa universale[21] rappresenta un gruppo numericamente molto elevato che rende di fatto ragione della sua proclamata universalità; cioè potenzialmente è estesa a tutti gli individui di tutte le razze, di tutti i livelli sociali. In questo senso essa è anche naturalmente missionaria, ma pone un numero molto ristretto di condizioni per essere suoi membri. Infatti si è membri normalmente per nascita (e quindi per socializzazione) e molto più raramente per "conversione". Esclude categoricamente la possibilità di appartenenza ad altre collettività religiose.

La diffusione e l'ampiezza presuppongono che il tipo chiesa universale ha già registrato una certa evoluzione sul piano del processo di istituzionalizzazione. Almeno quindi dovrebbe trovarsi nella situazione di espansione o formalità. L'istituzionalizzazione peraltro comporta che sia già sviluppata non solo la routinizzazione del carisma, ma anche la professionalizzazione delle funzioni di leadership nel senso che vi sono degli specifici addetti alla detenzione del "depositum fidei" da parte del clero (specialisti). Pertanto ha una dottrina composta di dogmi anche formalmente definiti, ed una dottrina morale già articolata e minuziosa. Queste premesse possono offrire i presupposti per una consistenza relazionale sia in rapporto ai vari contesti socioculturali in cui è presente, sia in rappor-

---

[21] YINGER I. M., op. cit. 1961, 142-155.

to alle altre religioni. Se invece si trova nella fase di trasformazione istituzionale, le manifestazioni sono altre: di recupero, nel primo caso, di evanescenza, nel secondo.

Quanto alla struttura sia organizzativa che concettuale ed ideologica la chiesa si presenta come formale e fortemente istituzionalizzata. È strutturata in modo gerarchico e pertanto possiede una stratificazione interna sulla base di una distinzione qualificativa (ad es. nel contesto cristiano tramite l'ordinazione sacra: vescovi, sacerdoti), che contraddistingue la leadership dalla generalità dei fedeli. È possibile la funzione profetica individuale e di gruppo (singole persone carismatiche, insiemi di impegnati come i membri degli istituti religiosi, ecc...). Ma l'amministrazione della "Grazia" avviene attraverso mezzi formalizzati e "ordinati" (gerarchia basata sulla "Ordinazione"). Si possono configurare molti ruoli anche se quello che sintetizza più schematicamente i vari aspetti, fa riferimento alla distinzione molto famosa tra chierici e laici.

Le condizioni di ammissione sono molto semplificate. Difatti si è membri per ammissione di fatto e si cresce con modalità di socializzazione sub-culturale senza che siano imposti molti doveri. Pertanto vi si nota una notevole insistenza sugli obblighi morali (aspetto etico) ma anche religiosi (precetti religiosi), spesso trascurando le motivazioni. In realtà è costruita sul compromesso: domina il mondo, ma a sua volta è influenzata dal mondo, diventa parte integrante dell'ordine sociale esistente in loco con prevalenti funzioni di legittimazione e di appoggio verso il gruppi di potere.

Sente molto l'esigenza di proiezione missionaria. Sviluppa quindi una grande attività di proselitismo. Pertanto non si limita a singoli territori né a singoli classi sociali, o a singoli popoli. In via di fatto vuole realizzare una sempre maggiore diffusione e presenza sia come volume di aderenti che come capacità di dare delle risposte ai bisogni dei diversi tipi di personalità. Pertanto non si limita a preferenze circa classi o razze particolari.

In rapporto alle componenti ambientali e relative condizioni sociali e culturali in cui vive inserita, la chiesa universale mostra una forma di condiscendenza se non una vera e propria forma di accettazione. Così nei confronti della società e dello stato cerca una via di mezzo: il compromesso, da una parte, o il vicendevole appoggio, dall'altra. Per cui spesso può configurarsi che lo stato si possa considerare il braccio secolare della chiesa e, a sua volta lo stato usa la chiesa come *instrumentum regni*. Tende inoltre a far coincidere i propri confini con quelli geografici ed etnici di una data nazione, contemperando l'adesione alla sua esigenza di universalità.

Nei confronti della ricchezza, nonostante la denuncia formale, la giustifica e l'accetta ufficialmente come condizione per assolvere il suo mandato, anche se in concreto la considera del tutto accessoria, sul piano teologico. In rapporto alle altre religioni parte dal presupposto della propria preminenza sul piano della fede e della missione storica. In certi periodi non ha accettato la plausibilità di altre religioni, prospettando la conduzione alla propria concezione con tutti i mezzi. Tuttavia in questi ultimi tempi c'è una certa tendenza al dialogo e all'ecumenismo. Gli esempi di chiese universali in concreto oggi sono molti: la chiesa cattolica, quella ortodossia, le diverse rientranti nell'anglicanesimo, nel luteranesimo, ecc.

## 2. La Ecclesia.

Il tipo ecclesia ha normalmente come base le chiese di Stato affermatesi in base al principio: *cuius regio eius et religio,* conseguente alle diverse lotte verificatesi in Europa dopo la riforma protestante. Vi è connessa inoltre una forma di isolazionismo nazionale politico come in un certo senso si è verificato per alcuni stati del nord Europa. Ciò non esclude però che in fondo l'origine della stessa ecclesia vada in ultima analisi ricondotta ad una forma circoscritta di intendere la religione, priva di quel mordente e di quello spirito rigoroso che normalmente ha caratterizzato la nascita delle sette. Tende inoltre abbastanza facilmente ad identificarsi con le classi dominanti, che hanno l'interesse a mantenere lo status quo.

Pertanto benché, per principio, sia parte di una collettività che si presenta generalmente più ampia, tuttavia l'ecclesia[22] facilmente si presenta come una "Chiesa" nazionale. In questo senso è numericamente piuttosto ampia ma spesso risente di un certo isolazionismo e di monoculturalismo. Le condizioni di ammissione sono legate alla

---

[22] BECKER H., op. cit. 1932, 210 e ss.

nascita e quindi non impongono carichi gravosi ma condizioni minimali e cioè una forma di ammissione meccanica ed automatica. Le dimensioni quantitative infatti rimangono piuttosto ampie e, per il fatto che corrispondono ad una collettività alquanto estesa, danno il senso, se non della universalità, almeno della completezza.

Lo stadio istituzionale è molto avanzato con forme stantie e di scarsa vitalità ed autenticità, mentre la formalizzazione e la burocratizzazione pervade in modo ampio le sua varie manifestazioni. È caratterizzata da un certo immobilismo (assenza di slancio missionario) e dalla prevalenza, come è ovvio per un sottotipo di chiesa, delle funzioni sacerdotali rispetto a quelle "profetiche". Permane anche la classica distinzione tra clero e laici, che vede i primi assolvere sostanzialmente a tutti i ruoli e i secondi fungere solo da utilizzatori dei servizi rituali offerti. Sono assenti "i religiosi" cioè individui del tutto dedicati all'impegno religioso.

Essendo monoculturale la sua struttura organizzativa appare facilmente ristretta e facilmente condizionata dal contesto ambientale. Nei rapporti esterni con il contesto socioculturale mostra un aggancio con le varie manifestazioni sociali e statali. È molto ridotta la proiezione verso la missione e l'allargamento missionario della dimensione numerica di coloro che condividono la stessa fede.

Nei confronti della società e del denaro ha la stessa disposizione della Chiesa universale, cioè di autorispecchiamento e sostanziale identificazione. Tale atteggiamento peraltro nei confronti dello stato è ancora più forte da apparire piuttosto condizionata da essa. Infine in rapporto alle altre religione appare fondamentalmente esclusivista considerandosi come depositaria dell'unica fede, di cui organizzativamente è una parte, anche se spesso prevale un atteggiamento che difatti porta alla tolleranza. Esempi di Ecclesia vanno considerate le chiese luterane del Nord Europa e, tra quelle islamiche, Marocco, Turchia, ecc.

### 3. La Denominazione

La denominazione si configura come una setta stabilizzata che con il tempo, pur mantenendo qualche tratto della sua origine, ha sviluppato una concezione accomodante. Inoltre insistendo su alcuni aspetti specifici si impegna a dare solo poche risposte particolari cioè solo in corrispondenza con alcuni tratti storico-culturali della popolazione in cui risiede. Ne consegue che la stessa collettività si restringe sempre più ad una categoria o classe o razza e vi si rifugia come anche tale aggregato umano si rifugia in essa. Ciò può essere dovuto anche a forme di autodifesa nei confronti delle forze ambientali, ma specialmente dalla chiesa matrice, che spesso utilizza il potere dello stato in cui la denominazione è presente come suo braccio secolare contro la denominazione in questione.

È un sottotipo di chiesa chiusa e ristretta non solo in senso concettuale, ma anche in senso numerico, quindi abitualmente meno estesa della ecclesia. Normalmente deriva da sette ormai imborghesite e disponibili ad un accentuato accomodamento delle esigenze religiose. Anche tramite la religione si vuole difendere una situazione di etnia o di razza. L'ammissione pertanto avviene ormai solo per nascita e in modo meccanico ed automatico, e quindi come un fatto di ereditarietà culturale, e talvolta come fonte di identificazione gruppale o di minoranza razziale, etnica o religiosa. Inoltre la trasmissione della religione avviene con la socializzazione, ma chiede molto più aiuto allo stato e alla società e ammette il pluralismo, cioè la presenza di altre denominazioni. Dal punto di vista istituzionale è anch'essa pervenuta alla stadio della formalizzazione e forse anche sclerotizzazione cioè con pochi stimoli di rinnovamento, mentre è una grande forza di persistenza l'aggancio agli aspetti culturali.

La Gerarchia interna risente della sua origine settaria, ma comporta ugualmente dei poteri derivanti dalla Ordinazione e quindi si presenta strutturalmente distinta in modo qualitativo, rispetto alla condizione normale dei membri. Non è escluso tuttavia che in certe denominazioni vi siano anche forme di preclusione in base al solo principio della leadership fondata sulla Ordinazione Sacra, routinizzata e configurantesi sostanzialmente come carisma d'ufficio. Il gruppo religioso viene concepito come strumento di difesa contro gli assalti esterni ad un determinato ordine sociale per cui esso diventa non solo un appoggio per lo stato ma fonte anche di concezioni e manifestazioni patriottiche. Rimane però al loro interno il dilemma tra: rilassamento religioso e ritorno all'ortodossia.

In rapporto ai criteri relazionali non si costatano disposizioni omogenee. Le singole denominazioni risentendo della loro storia, non presentano modalità di rapporti classificabili allo stesso modo. Esempi di denominazione sono: la chiesa presbiteriana, congregazionista, metodista, unitaria e la maggior parte dei gruppi Battisti.

### B. NEL VERSANTE SETTA

Nel versante setta, espressione altrettanto famosa come quella di chiesa e che nella storia già comincia a far capolino subito dopo il costituirsi della prima, riscontriamo forme aggregative più ridotte e normalmente più effervescenti rispetto all'altro versante e con rapporti complicati e difficili con l'ambiente circostante. Questo comporta inoltre forme più limitate sia morfologicamente e che strutturalmente, in cui prevale la forma carismatica di organizzazione e di autorità che accentra molto e che quindi non permette eccessive complicazioni strutturali, mentre sono accentuate le forme di contrapposizione e di contrasto con alcuni particolari aspetti della vita sociale. I sottotipi che vi rientrano sono anche in numero di tre: congregazione (setta stabilizzata), la setta propriamente detta, il culto.

### 1. Congregazione

La congregazione rappresenta lo stadio di pieno consolidamento della setta, ma che è ancora ristretta come numero, con le diverse implicazioni sulle relazioni interpersonali che ne derivano. In quanto stabilizzata essa ha già superata la fase propriamente dell'effervescenza emotiva e comportamentale, forse anche la capacità di attrazione e di fascino già registrata precedentemente[23]. Inoltre è piuttosto in bilico negli atteggiamenti radicali nei confronti delle strutture interne concettuali ed organizzative come anche nei confronti della società. Ciò si verifica per il fatto che è finito lo slancio delle prime generazioni e il gruppo che non si è disgregato cerca di presentare dei modi più formalizzati ed accomodanti per l'ammissione dei nuovi membri. Anche la permanenza non richiede la dedizione e l'impegno vivo e sentito della fase precedente. Si ha la coscienza di piccolo gruppo, del "resto" dei salvati che però è vissuto in modo differente rispetto al tema del proselitismo. Alcune sono piuttosto dinamiche altre invece ormai non sentono più tale impulso. Strutturalmente emergono capi professionali in sostituzione della piena democrazia del periodo precedente.

Le sette che si opponevano in ragione dei ruoli della religione nella società tendono a diventare sempre più strutturate e chiuse in se stesse, spostandosi verso il tipo denominazione, mentre quelle suscitate dalle ansie interiori e da problemi mistici, mantengono alcune tracce di tali caratteristiche della loro genesi, sia pure più formalizzate e burocratiche. Sia nell'uno che nell'altro tipo tuttavia la partecipazione non avviene più secondo il criterio della scelta personale, sempre più frequente, vi si partecipa per nascita (problema della seconda generazione e, a maggior

---

[23] Cfr. NIEHBUR H. R., op. cit. 1929, passim.

ragione, delle successive). A tale inconveniente spesso però la setta reagisce richiedendo una ratifica, "una conversione" nuova quando si diventa adulti e, anche se piuttosto addolcito, un atteggiamento di austerità etico, di natura ascetica.

In rapporto ai problemi dei rapporti con la società, pur rimanendo alcune istanze contestatrici tuttavia ormai non pretendono un costante impegno di austerità o di opposizione alla società (nei cui confronti si verificano forme di assimilazione) e allo stato (in rapporto al quale prevalgono l'esigenza di essere riconosciuti oppure l'indifferenza). Nei confronti delle altre religioni sono tolleranti propendono verso il dialogo e talvolta anche verso forme di collaborazione.

2. La setta.

La setta sul piano morfologico raccoglie un numero limitato di persone ed è caratterizzata dalla ammissione volontaria e sulla base di un atteggiamento radicale sia in riferimento alle esigenze della fede che a quelle etiche. Spesso viene richiesta un vera e propria conversione con implicazioni circa la propria impostazione della vita quotidiana. Richiede peraltro forme di assiduità maggiore alle pratiche religiose e alla dimensione comunitaria che privilegia con aspetti più intensi emotivi e sentiti. Radicale è anche l'atteggiamento nei confronti dei problemi sociali sia nel senso di rifiuto di quelle che definisce strutture ingiuste come anche nel senso di prospettare e potenziare gli interventi assistenziali.

In genere nelle sette prevalgono atteggiamenti profetico-carismatici orientati verso la protesta o la rivolta: a) a livello spirituale o intellettuale, (come ad es. il movimento di Oxford, nel secolo scorso, di cui fece parte anche Newman); b) sul piano etico interiore e individuale (come ad es. i testimoni di Geova); c) nel contesto anche sociale ed ecclesiale (come ad es. la chiesa di unificazione). Data la prossimità nel tempo e, in un certo senso, per definizione, pur avendo avviato le fasi di istituzionalizzazione, si presenta ancora nello stadio di sperimentazione e comunque non del tutto formalizzato e burocratizzato. Si oppongono ad ogni forma di istituzionalizzazione della "meccanica della salvezza" e quindi sono contro i sacramenti o riti analoghi, contro la gerarchia con poteri sacerdotali, e propendono verso forme di leadership carismatica o quasi. Sono piuttosto dinamici nel proselitismo e nella espansione del proprio movimento. Normalmente sono intolleranti a riguardo degli altri gruppi religiosi, eccetto quelli che pensano di avere una funzione agglutinante o catalizzante verso l'unificazione delle varie religioni esistenti nel mondo attuale.

In relazione ai temi sociali si separano deliberatamente, anzi rifiutano il mondo con i suoi valori e le sue istituzioni, e quindi spesso anche lo stato. Quanto al rapporto con la società hanno un atteggiamento piuttosto vario che si esprime in condotta differenziata rispetto alle classi sociali; ma spesso si costituiscono all'interno di una classe (può essere ricca o povera, intellettuale o no, ecc.). Mostrano quindi un atteggiamento variabile anche nei confronti della ricchezza. Ci possono essere sette per i ricchi, che sono passati attraverso un'esperienza interiore di conversione e che valutano la loro stessa ricchezza come una forma di benedizione di Dio e della propria condizione finale della salvezza (specie nei movimenti millenaristi). Non mancano peraltro sette formate principalmente da poveri, nate dalla constatazione delle ingiustizie del mondo.

Il tipo setta peraltro si presenta come un arcipelago di altre distinzioni a seconda dei diversi aspetti spirituali ed operativi. Al suo interno pertanto sono presenti moltissimi gruppi o movimenti concreti. B. Wilson in una approfondita analisi ha colto vari sottotipi, che così riassume[24]:

1) conversioniste che tendono al radicalismo, alla esperienza religiosa emotiva (esempi: pentecostali, esercito della salvezza...);

2) avventiste che insistono sull'escatologia a più o meno breve termine (esempi: testimoni di Geova, Cristadelfi...);

3) introversioniste: mostrano grande tendenza alla mistica individualizzate e spesso intimista (esempi: quaccheri, pietisti, puritani);

4) gnostiche che si propongono la ricerca della verità come condizione di salvezza (esempi: "gnosi", "scienza cristiana", "nuovo pensiero").

---

[24] WILSON B. R., *Sects and Society*, Berkeley, 1961, 29-41.

## 3. Il "culto" o movimento.

La parola è adoperata per indicare un gruppo piuttosto ristretto che ricerca esperienze mistiche di tipo individualistico, anche se non mancano le forme di aggregazioni attorno ad un capo carismatico. Spesso si confonde col movimento e cioè con una forma aggregativa poco pronunciata e sviluppata con prevalenza della funzione di valori ed obbiettivi unificazionistici, cioè miranti all'attuazione di una missione che non richieda il superamento delle religioni già esistenti.

Per definizione è ancora molto piccolo numericamente e, ovviamente, normalmente è anche di recente fondazione, facilmente ancora esteso solo a livello locale. Normalmente la partecipazione è volontaria specialmente da parte di quelle persone che sentono una certa problematica religiosa, ma che stanno lontane dalla propria religione e, anche se non la conoscono, la trovano insoddisfacente[25].

Molta parte della descrizione del presente capitolo riguarda gruppi, che in un certo senso possono considerarsi articolazioni del situazione all'origine delle varie religioni. Esse sono nate da forme di scissione dalla propria matrice e si sono avviate verso una sorta di pariteticità globale rispetto alla chiesa da cui provengono.

In questo contesto occorre sottolineare che lungo tutta la storia umana si registra la nascita di nuove sette o reli-

---

[25] Ibidem, 45-56.

gioni. Non si tratta quindi di un fenomeno solo recente. In vari periodi storici e in connessione con le diverse grandi religioni si sono evidenziati forme di distacco o la nascita di nuove religioni[26].

Nel complesso oggi questi vari culti hanno una grande capacità di presa specie attraverso i diversi mezzi da quelli economici a quelli mass-mediali. Non presentano particolari ed univoche forme di contrapposizione con il contesto socioculturale e con i problemi normalmente considerati importanti per le sette: rapporto con la società, relazione con lo stato, atteggiamento verso la ricchezza[27]. In particolare si diffondono nelle città dove la frenesia, la marginalità, l'anonimato, fanno tendere verso gruppi comunitari molto forti: Roma, Alessandria nel passato; Londra, New York, Los Angeles, San Paolo, Buenos Aires, Parigi oggi, favoriscono questi culti.

## III. VALUTAZIONE CRITICA

La valutazione globale sulla tipologia chiesa-setta è piuttosto complessa. Altro è, infatti, il giudizio che si può dare quanto alla validità e funzione in sé, altro è quello che si può esprimere riguardo alla situazione attuale. Volendo dare una valutazione della tipologia in se stessa si

---

[26] Cfr. quanto diremo nelle pagine conclusive del presente capitolo a riguardo della nascita di nuovi movimenti nel mondo contemporaneo.

[27] INTROVIGNE M., *Le sette cristiane*, Milano, Mondadori, 1990, passim.

può notare innanzitutto il fondamento teorico sul quale essa si basa e che la rende plausibile e la giustifica[28]. Più in particolare si può affermare che, da una parte è interessante, mentre, dall'altra, come ogni altro tentativo tipologico, non è priva di limiti. È in ogni caso indispensabile che ogni tipologia debba avere una sua funzionalità in quanto strumento di sistemazione del fenomeno nel momento attuale e non solo possedere una validità storica.

Per questo è stato rilevante cogliere le modalità e gli aspetti per i quali le singole realtà possono essere accostate tra loro per affinità strutturale e somiglianza d'impostazione. Un tale studio, infatti, diventa un argomento interessante e serve molto all'approfondimento del tema riguardante la molteplicità delle religioni. In questo senso ci sembra importante cogliere alcuni ambiti conclusivi: evidenziando la plausibilità e i limiti della tipologia in se stessa, ponendo l'accento sull'applicazione concreta nel contesto attuale, rilevando alcuni aspetti connessi come la nascita di nuove religioni nel mondo contemporaneo e con la ricerca di una prospettiva d'interrelazione tra le religioni senza cadere nel pericolo di sincretismo o relativismo.

### A. LA TIPOLOGIA IN SÉ STESSA

Una prima puntualizzazione contenutistica riguarda la tipologia in se stessa che è positiva, in quanto aiuta a

---

[28] YINGER I. M., op. cit. 1961, 160-165.

cogliere stenograficamente situazioni globali e collettive (livello macro-sociale). Pertanto il suo valore euristico è abbastanza rilevante specie se applicato a fenomeni storici, nell'ambito della cristianità, ma sia pure in senso più limitato, essa è anche utile attualmente. Si tratta in realtà di una costruzione che mette ordine nella classificazione generale, nel complesso, della varia fenomenologia dei gruppi religiosi. Per completezza espositiva e per correttezza metodologica ci sembra opportuno quindi sottolineare alcuni criteri più rilevanti concettualmente e praticamente.

Non si può non accennare alla sua caratterizzazione metodologica. Quanto all'origine, il suo valore emerge dal metodo con cui è stata costruita. Essa, infatti, si configura come una costruzione basata sul concetto di tipo-ideale, in senso weberiano, e quindi come strumento con cui confrontare situazioni studiate, riguardo al passato, ma anche al presente. Inoltre è resa più valida dalla correttezza del procedimento con cui viene articolata: individuazione ed uso di appositi criteri.

La tipologia inoltre permette un riferimento storico sia in senso diacronico che sincronico. In senso diacronico si può notare la tendenza da parte delle collettività religiose a passare da un tipo ad un altro: da culto o movimento a setta ed in base ad un ulteriore sviluppo fino a Chiesa. Ciò ha molte applicazioni storiche già vissute dalle attuali chiese universali. In senso sincronico invece si evidenzia l'applicabilità ad una data religione. Così il Cristianesimo è "chiesa Universale", in genere, ma in Cina può essere considerata (ed avere dinamica e caratteristiche di) setta (anche se tale situazione viene giudicata e il back-ground generale ha sempre una certa influenza).

La presentazione attuata ha anche grande influenza nell'offrire uno schema interpretativo storico ed attuale della relazionalità reciproca. Essa può essere interconfessionale e interreligiosa. Di ognuno di essa permette di osservare l'evoluzione storica di cui mette in evidenza, da una parte le condizioni, le dinamiche e i fattori e, dall'altra, le forme che vanno dal conflitto, al dialogo, alla collaborazione, fino alla comunione[29].

### B. LE PROSPETTIVE DI APPLICAZIONE

Più importanti sono le osservazioni in relazione alla situazione attuale. Infatti, una caratteristica costante è la tensione generale (ed anche le spinte concrete) verso il tipo opposto. Si attua una specie di movimento dialettico tra l'essere coerenti con le proprie scelte e l'accostarsi in vario modo e in varie circostanze, al tipo opposto[30].

Presenza di dialettica di fondo nel rapporto tra chiesa e setta. Essa si manifesta come tensione più o meno co-

---

[29] Tali istanze sono ricche di implicazioni per confrontare la situazione specifica dei rapporti bilaterali e polivalenti tra varie collettività religiose, specialmente al momento attuale, tenuto conto anche di quanto abbiamo detto circa il tema della globalizzazione.

[30] ROBERTSON R., *Sociological interpretation of religion*, Oxford, Blackwell, 1970., 120-142.

stante e con alterne vicende tra carisma ed istituzione. Ciò comporta che nella chiesa si sente il bisogno della dinamica e della tensione ideale che è propria della setta (che la chiesa realizza tramite sottogruppi interni), mentre nella setta si osserva l'estrema instabilità e precarietà dell'effervescenza e la tendenza ad ovviare i costi elevati che sono richiesti (dandosi, compatibilmente con le sue ispirazioni, forme più stabilizzate). E, infatti, specialmente oggi nel contesto della forte transizione socioculturale le sette in un certo senso bruciano le tappe accelerando il loro processo di istituzionalizzazione[31].

Incidenza trasformatrice dei vari fattori entro le due aree. In concreto si verifica la presenza di gruppi settari nelle grandi chiese (vari gruppi spontanei di base, carismatici, di contestazione...)[32]. Tale prospettiva inoltre nel tipo chiesa comporta una crisi della struttura piramidale e dell'esclusività di competenza da parte della componente clericale e nuova collocazione dei laici. Questa componente aspira ad una maggiore partecipazione e coinvolgimento e ad una nuova divisione dei ruoli. Ciò si verifica sia in relazione alle divisioni territoriali che alle competenze gerarchiche, come anche in rapporto all'utilizzazione di forme di investitura sacra o simbolica, che richiama il concetto di "ordine sacro".

---

[31] Cfr. INTROVIGNE M., *Le sette cristiane*, Milano, Mondadori, 1990.
[32] Cfr. BASTIDE., *Il sacro selvaggio*, Milano, Jaca Book, 1979. p. 79.

Pendolarità del movimento tra i due poli contrastanti: tipicizzazione e detipicizzazione. Nonostante le indicazioni sopra esposte che hanno certamente un certo valore, tuttavia oggi l'impostazione tipologica nell'ambito della distinzione chiesa-setta, manifesta una tendenza molto accentuata verso una situazione di detipicizzazione. Parlare di tipi quindi potrebbe apparire sostanzialmente controindicato, da una parte, ma si può notare però la rilevanza di un'applicazione di termini linguistici specifici, dall'altra. Si deve distinguere, infatti, la mania o la vanità degli stessi gruppi che vogliono dare a se stessi denominazioni più in base alle loro aspirazioni e al valore fenomenico e realistico del proprio gruppo[33].

### C. Il pullulare delle nuove religioni

Un fenomeno che ancora non finisce di stupire è la recente pullulazione di religioni in un periodo che peraltro era considerato come l'epoca del declino della dimensione religiosa nella vita sociale. Invece abbiamo assistito ad una sorta di ripresa del fenomeno religioso in vari sensi tra cui anche quello della nascita stessa di tante religioni. Tale fenomeno pone tanti problemi di interpretazione sia della cosa nella sua globalità, sia in relazione alle singole manifestazioni concrete. A tale riguardo occorre una maggiore chiarezza, per questo vogliamo sintetizzare alcune que-

---

[33] MILANESI G. C., *Sociologia religiosa*, Torino, LDC, 1973, 152-158.

stioni importanti con riferimento all'aspetto terminologico, in rapporto all'at-tualità, in relazione alla provenienza.

a. In riferimento alla terminologia

Per quanto riguarda il riferimento terminologico, possiamo vedere come nel complesso fenomeno delle nuove religioni variamente connotate possiamo sottolineare due grandi ambiti secondo, in cui la parola stessa può essere utilizzata: 1) quello sociologico; 2) quello religioso.

In rapporto all'*ambito sociologico*, le nuove religioni vengono denominate in vario modo: gruppi, movimenti, comunità mistiche, organizzazioni nuove, associazioni (di vario tipo e di varia natura) ovviamente nell'accezione sociologica che possono ricondursi ai seguenti:

- Sono chiamati *gruppi* quando si vuole sottolineare la loro piccola quantità di partecipanti, con il conseguente tipo di relazioni interne che vi si realizzano e vivono, l'interdipendenza membri sia nelle forme operative, come anche negli obiettivi e nel loro conseguimento, ecc.

- Sono denominati *movimenti* quando si sottolinea un po' meno l'aspetto strutturale-organizzativo e si pone l'accento su qualcosa di maggiormente dinamico, più centrato su una visione della vita e anche della religione. Gli aspetti normativi e strutturali non vanno considerati assenti, ma sono meno incisivi o meno sviluppati.

- Sono denotati *organizzazioni* quando si fa riferimento a un insieme molto ampio e disperso di persone con un'impostazione organizzativa di forma gerarchizzata. Esse inoltre sono piuttosto formali e richiedono modalità di partecipazione piuttosto parziali nel tempo e negli aspetti riguardanti la vita quotidiana.

Riguardo al *contesto religioso*, vi sono molte modalità di denominazione che derivano dai contesti culturali di origine o dal tempo, anche se recentemente c'è una tendenza ad un'omologazione dei termini. Comunque le espressioni usate hanno accezioni specifiche da chiarire

- Il termine "setta" sottolinea nella stesa parola (evidenziando l'origine latina del termine, che viene da "secare") qualche cosa che è tagliato. Nella stessa denominazione s'include che si tratta di "movimenti religiosi", o frange che si staccano da un ceppo più ampio, forte, antico.

- Il vocabolo "religione" sottolinea piuttosto il loro porsi come realtà che pretendono per sé una pariteticità globale rispetto alle altre religioni da cui derivano. Il termine quindi evidenzia che tali gruppi hanno una struttura interna, un funzionamento autonomo globale rispetto al ceppo o alla matrice da cui derivano. Il loro "capo" viene ad essere il capo supremo, quello che per i cattolici è il papa. In tali realtà allora viene a configurarsi una situazione di autonomia globale anche se quantitativamente non sono così grandi come possono essere la Chiesa cattolica, la Chiesa protestante, ecc.

- La parola "culto" ha un senso tecnico e quindi usandola occorre fare riferimento a una realtà religiosa che aggrega un piccolo numero di aderenti, di adepti, ma che è ancora nella fase propriamente carismatica, nella fase di effervescenza. La parola "culto" non va intesa nel senso di complesso di atti rituali ma quanto piuttosto a una *forma aggregativa nascente*.

- La locuzione "comunità mistiche", indica che molti di questi nuovi movimenti religiosi partono da una nuova esperienza religiosa, la impostano con contenuti nuovi e la trasmettono in modo piuttosto emotivo (oltre che aggressiva) e facendo dell'elemento emozionale il punto di partenza dell'adesione alla comunità. Questa espressione rileva anche che tal esperienza è prospettata come una meta che si raggiunge attraverso un itinerario di partecipazione, di coinvolgimento di abbandono alla comunità.

b. In relazione all'attualità

Importante è anche sottolineare che questi Nuovi Movimenti Religiosi sono una realtà recente sia nel tempo sia nella struttura. Per questo occorre l'aspetto aggregativo che questi movimenti presentano e nello stesso tempo tutta una serie di elementi di natura concettuale, valoriale di natura sociologica. Tale aspetto può essere fondamentalmente riferibile a tre modalità di intendere una novità:

- *Novità di esistenza*: indica che la loro fondazione è vicina nel tempo. Non si tratta delle sette del passato, del periodo dei Padri apostolici o di quello successivo o dopo l'avvento di Costantino o nel Medioevo come i Catari o i Valdesi o di altri movimenti. Facciamo riferimento a realtà che sono recenti nel tempo, il cui fondatore è ancora in vita[34], cosa peraltro che non vuole essere solo un fatto anagrafico o cronachistico, ma vuole essere un'indicazione stenografica di altri elementi propri di un gruppo.

- *Presenza della prima generazione.* Un'altra caratteristica collegata con la novità di esistenza è il fatto che ancora la grande maggioranza degli adepti può essere denominata "la prima generazione". Essi hanno registrato l'esperienza della *conversione*, e quindi, ancora vivono sulla base di questa loro presa di coscienza e trasformazione psichica interiore spirituale, da cui attingono energie, ispirazione nel loro comportamento concreto. Quando cresce la seconda generazione, cioè i figli dei primi convertiti, questi non risentono dell'esperienza della loro conversione.

- *Presenza di un'impostazione incoativa.* L'aspetto incoativo ha una grande importanza, perché mostra che queste nuove religioni, sono ancora nella fase dell'intuizione o dell'utopia. In questo senso non si nota una vera e propria organizzazione, non c'è una divisione di ruoli, né di competenze. Inoltre si ha la possibilità di un'incidenza di natura carismatica, sia nel fondatore e negli adepti, i quali ancora risentono dell'effetto della propria conversione.

- *Situazione di sperimentazione.* I nuovi Movimenti sono costretti, a confrontarsi con l'ambiente, che è spesso anche ostile nei loro confronti e devono mettersi alla prova con i problemi critici della crescita e del proprio sviluppo. In altre parole si trova nella fase sociale evolutiva, che è una

---

[34] Cfr. quanto abbiamo detto nel capitolo del processo di istituzionalizzazione.

fonte costante di problemi che vanno affrontati. Tutto questo infine comporta l'assenza di una vera tradizione propria, per cui la ricchezza, ma neanche il peso del passato.

- *Autonomia concettuale rispetto all'esterno*. Un ultimo punto riguarda l'aspetto originale e originario. Tali gruppi vengono ad avere, nello stesso tempo un'autosufficienza strutturale ed organizzativa e totalità delle funzioni dirigenziali, dottrinali, cultuali, organizzativi. Per questo essi si sentono paritetici in tutto rispetto ai gruppi religiosi esistenti, tanto da poter dare loro la possibilità o di una contrapposizione o di una conflittualità, da pari a pari.

c) In rapporto alla provenienza **socio-religiosa**.

Dal punto di vista religioso sono diversi i blocchi di criteri che si possono evidenziare. Vogliamo sottolineare innanzitutto che questi Movimenti generalmente parlando derivano da altre entità religiose già esistenti. In questo senso possiamo notare una sostanziale caratterizzazione religiosa ed hanno un qualcosa che li pone in rapporto con il sacro; si innestano su una matrice specifica o mostrano una tendenza sincretistica. Più in particolare presentano:

- Una *derivazione orientale*: praticamente tutti quei Movimenti che vengono dall'Induismo, dal Buddismo, tutte quelle religioni che sono venute dall'India, dalla Corea, dal Giappone e un po' dalla Cina.

- Una *derivazione cristiana*: vi rientrano le diverse ramificazioni che poi hanno tagliato i ponti e quindi si sono costituiti in autonomia assoluta rispetto al cristianesimo (di origine cattolica, di origine protestante), basta pensare alle diverse ramificazioni più o meno recenti di questo tipo.

- Una *derivazione nativista*: cioè legati alle religioni tradizionali specialmente in Africa e in qualche modo anche in Asia. Queste derivazioni nativiste si presentano, rispetto alla religione locale, come un'innovazione e quindi come un superamento della religione presente in loco.

- Una *derivazione sincretistica*: tali movimenti sottolineano un collage di elementi che sono desunti dalle varie religioni. Allora nella Nuova religione, nel nuovo Movimento[35]. Parlando di sincretismo si sottolinea che non c'è una matrice prevalente, ma vi confluiscono matrici diverse, in modo più o meno paritetico, che però sono fatte oggetto di un "saccheggio" per cui da queste fonti vengono tratti elementi che più sono graditi al nuovo fondatore.

### D. LE INTERAZIONI TRA LE RELIGIONI

La tipologia presentata ha permesso di dare uno sguardo sul complesso mondo delle religioni le quali tendenzialmente registrano modalità ambivalenti e variamente configurate nei rapporti reciproci. Questo argomento è stato sempre molto sentito e costantemente si ripropone sotto varie forme. Oggi va sottolineato l'effetto della globalizzazione che ha implicazioni non solo sul tema eco-

---

[35] Per es.: la cosiddetta chiesa dell'Unificazione di Moon, che era, figlio di un pastore presbiteriano, e che fa una sintesi tra elementi cristiani, biblici ed elementi di una teodicea di tipo propriamente orientale.

nomico, ma anche sociale (migrazioni e contatti tra popoli) e culturale (diffusione di idee e contatti culturali)[36].

Ne consegue la presenza di molte religioni nel stesso territorio e dei problemi che ne derivano sotto forma di scontro, autodifesa, ma anche di sincretismo e/o di indifferenza religiosa. Impostando tali forme in modo sistematico vanno colte alcune modalità più tipiche che convergono verso posizioni che vanno da un estremo all'altro e che possiamo sintetizzare nelle seguenti: intolleranza, misconoscenza, dialogo, collaborazione.

*L'intolleranza* risulta la forma più frequente e storicamente più diffusa. Essa ha caratterizzato costantemente i rapporti tra le religioni. Fino a contrapporre le une contro le altre. Tale atteggiamento comprende una componente concettuale e dottrinale come valutazione della propria religione come superiore alle altre sia per la dottrina sia per la morale sia per la relazionalità con gli aspetti umani e culturali, per cui si nega ogni consistenza alle altre.

Di conseguenza tale atteggiamento spesso si traduce in ostilità morale ed organizzativa fino a negare, non solo sul piano della fede, ma anche sul piano socio-politico, il diritto di esistenza. La religione predominante si oppone ad ogni forma di diffusione delle altre nel proprio campo e nega talvolta anche i diritti fondamentali alle altre come di

---

[36] Ovviamente questa tipologia dei rapporti si configura in modo differente tra religioni diverse rispetto a quello che si potrebbe realizzare tra confessioni derivanti dalla stessa matrice, ad es. la varie confessioni cristiane.

organizzazione di comunicazione anche interna e di catechesi o proselitismo.

La *misconoscenza* indica non solo la non conoscenza della natura e portata delle altre religioni, ma anche accentua il disinteresse verso di esse, evitando di dare loro qualche opportunità anche solo occasionale. La forma più diffusa che prende a misconoscenza è data dall'autodifesa, per cui ogni religione tende a chiudersi in se stessa.

Questo produce una serie di manifestazioni centripete sui diversi piani. Sul piano concettuale si valutano le loro dottrine come meno sviluppate o commiste a forma arcaiche, magiche o superstiziose o comunque poco omogenee al proprio sviluppo sociale e culturale. Sul piano simbolico e rituale si sottovaluta il simbolismo della tre religioni, riducendolo facilmente a superstizione, e se ne proibiscono le manifestazioni. Lo stesso avviene a riguardo delle loro scelte etiche ed organizzative. Da parte di coloro che in un dato luogo sono predominanti, si attribuiscono agli altri torti che forse effettivamente non hanno, e non si permette loro una presenza paritetica nel contesto della vita sociale.

Il *dialogo interreligioso* è un passo abbastanza avanti e parte dal presupposto che in un mondo ormai inter-etnico e interculturale diventa indispensabile una forma di convivenza pacifica. Essa presuppone il superamento della intolleranza, per cui arriva all'accettazione per le altre religioni del diritto di esistere, si apre alla valorizzazione delle componenti positive che eventualmente possono essere presenti e le si coglie come aspetti propedeutici alla propria situazione.

Sul piano dei rapporti concreti si nota la tendenza a cogliere meglio i punti di contatto e a non esasperare i punti di differenziazione. Si tenta di trovare punti di incontro per azioni comuni nei confronti delle sfide che il contesto esterno presenta. I presupposti del dialogo consistono principalmente nel senso della lealtà e non nell'opportunismo a sfruttare tale atteggiamento delle altre religioni, senza sentirsi a propria volta impegnati ad attuare uguali comportamenti.

La *collaborazione* si manifesta come un cammino ulteriore che finora non è stato raggiunto tra le religioni. Esso presuppone e già maturato le forme dell'impostazione dialogica, ma vuole estendere il proprio campo di applicazione verso altri traguardi. In queste condizioni quindi non ci sono ancora esperienze maturate, ma si possono fare delle illazioni, più nei rapporti tra confessioni derivanti dalla stessa matrice, mentre tra religioni storiche tutto sembra ancora lontano.

Tuttavia più volte attualmente sono proposte forme di collaborazione a partire dei problemi sociali largamente condivisi come la pace, la giustizia, la convivenza nel rispetto reciproco[37]. Esempio di queste forme di collaborazione sono sintetizzabili in quello che ormai è chiamato "lo spirito di Assisi", dal luogo in cui sono convenuti i leaders delle religioni mondiali per pregare per la pace.

---

[37] Fanno eccezione alcune situazioni di rapporti tra le religioni storiche e certi nuovi movimenti che almeno, a loro dire, si propongono l'obiettivo di ricomporre la lotta o conflitto e la stessa misconoscenza tra le varie religioni.

Concludendo si può osservare il valore e la plausibilità della tipologia e della sua funzione, in relazione alle questioni del dialogo interreligioso e dei problemi dell'ecumenismo, come anche in relazione al tema della nascita delle nuove religioni. Infatti, certi aspetti problematici della tipologia sono tali per il fatto che si nota un certo disagio per divisioni che in realtà potrebbero sembrare poco consistenti sul piano teorico, tuttavia essi rappresentano un modo corretto e tecnico. Da'altra parte spesso i termini hanno registrato aggravamenti lungo la storia per cui in certi contesti e circostanze certe connotazioni vanno considerate ormai superate.

Certo non è una questione di facile soluzione, ma nello stesso tempo può e deve essere affrontato valutando meglio e più approfonditamente il complesso della questione. Di per sé non è contrario allo spirito del dialogo religioso, o in un clima ecumenico e di maggiore tolleranza, se nell'approccio scientifico generale e sociologico, in particolare, sia usata una terminologia tecnica.

# CAP. VII
# L'APPARTENENZA RELIGIOSA

Finora abbiamo parlato in modo complessivo della strutturazione e del funzionamento della vita religiosa, come anche dell'articolazione e dinamica delle diverse componenti comunitarie. Ma è importante anche osservare il rapporto tra il singolo soggetto e la sua religione, dal punto di vista sociologico o più precisamente psico-sociologico. Ciò per l'importanza rilevante che ha questo argomento sia dal punto di vista teorico che da quello pratico ed anche per il fatto che le modalità attinenti il singolo individuo hanno ugualmente caratteristiche sociali. Dalla teoria sociologica generale, infatti, sappiamo che anche nel singolo individuo la dimensione sociale non è accessoria, né susseguente, né marginale rispetto alla sua persona, ma coessenziale, contemporanea e intrinseca alla dimensione individuale. Ne deriva a pieno merito che questo argomento entra in una trattazione sociologica, e pertanto anche nella nostra impostazione della sociologia della religione.

Teoricamente il tema del rapporto tra l'individuo e la sua religione sostanzialmente si configura come un'applicazione concreta di una problematica che si verifica sempre nella relazione tra un soggetto e la sua cultura e, in senso più limitato, il soggetto ed un gruppo. La problematica dell'appartenenza è molto importante poiché è sempre rilevante conoscere come i singoli membri di un gruppo percepiscono la propria adesione e come da tale presa di coscienza ne deducano implicazioni esistenziali e operative che incidono, più o meno nella loro vita. Inoltre essa ci fa capire la dinamica secondo la quale il singolo soggetto nasce e cresce fino alla maturità entro un dato gruppo e come vi si identifica interiorizzandone i valori e le componenti ideali ed operative[1].

L'appartenenza ad una realtà aggregativa è un problema generale della sociologia, ma ha anche delle applicazioni nell'approccio alla religione. Anzi in quest'ultimo campo, esso è diventato, specie attualmente, centrale, visti i vari fenomeni che oggi si impongono all'osservazione. Pertanto prima di passare alla trattazione specifica tuttavia ci sembra utile distinguere preliminarmente i due tipi principali delle forme di appartenenza. Possiamo avere, infatti, due tipi fondamentali di appartenenza: di fatto e di atteggiamento[2]. Essi si distinguono sia per il fondamento sia per le implicazioni esistenziali e le dinamiche psicosociologiche che derivano, come anche per il diverso modo di essere affrontate nell'analisi sociologica. In relazione alla religione tutti e due questi aspetti sono importanti per il

---

[1] Cfr. MELTON J. G., *The cult experience: responding to the new religious pluralism*, New York, Pilgrim, 1982.

[2] Tali considerazioni non comprendono direttamente il punto di vista teologico--giuridico. Esso infatti fa riferimento all'aspetto dottrinale dell'appartenenza ed indica l'adesione e accettazione dei presupposti teologici. Naturalmente a questo riguardo ogni religione ha il suo modo di puntualizzare le condizioni dell'appartenenza in senso religioso e ontologico).

sociologo. È bene quindi chiarire meglio tali due tipi di appartenenza.

L'*appartenenza di fatto* indica l'ascrizione dal punto di vista ufficiale, esterno ed oggettivo di un soggetto ad un dato gruppo o comunità. In quanto tale può essere legata ad un evento biologico o affine (ad es. la nascita che fa membri di una famiglia, o di una cittadinanza, o di una nazione, oppure una forma di investitura, come la nomina o la ricezione di un Sacramento, la trasmigrazione ad altra nazione, ecc...), che può anche essere dipendente da una scelta, ma di cui però s'è perduta la presa di coscienza, per questo la partecipazione rimane solo sostanzialmente esterna e formale.

Questo tipo permette la possibilità di uno studio sui membri di una religione, nella misura in cui siano presenti le condizioni di natura sacramentale. Inoltre può anche permettere la possibilità di ulteriori approfondimenti di tipo sociografico, nella descrizione delle diverse religioni in genere o di una di esse in particolare[3]. A questo riguardo risulta sempre importante osservare i diversi parametri della descrizione di una data popolazione dal punto di vista ambientale e demografico, economico e culturale, ecc. entro cui dare debita attenzione alle diverse manifestazio-

---

[3] In questo caso si notano le diverse caratteristiche demosociali delle persone e quindi si attuano eventuali analisi circa le categorie presenti più o meno entro una data popolazione. A questo riguardo cfr. DUOCASTELLA R. *Come studiare una parrocchia*, Roma, AVE, 1967, passim.

ni e alla relativa consistenza di base e alle tendenze che si profilano[4].

L'*appartenenza di atteggiamento* invece fa riferimento ai casi opposti a quelli descritti. Pertanto indica l'adesione cosciente ad una comunità in base ad una scelta più o meno libera e personale o, nel caso di base biologica o affine, alla presa di coscienza dell'evento stesso e delle sue implicazioni psico-dinamiche. La partecipazione non è solo formale ed esteriore, ma manifesta un assenso interiore, almeno globale alle diverse componenti ideali e normative che reggono la vita e la dinamica specifica di una data aggregazione sociale.

Questa seconda accezione però è certamente più rilevante sia per le implicazioni nella vita delle singole persone che in quelle relative a tutta la l'organizzazione della loro personalità. Da ciò peraltro dipende anche la sua importanza teorica. Essa, infatti, si basa sull'atteggiamento e quindi prospetta una problematica più complessa e più ricca dal punto di vista psico-sociologico. Nel nostro contesto studieremo appunto l'appartenenza in questo secondo senso.

Ci sembra quindi interessante premettere una spiegazione più ampia del termine atteggiamento e delle sue principali caratteristiche. Il significato di atteggiamento, infatti, si può così descrivere: *è una strutturazione e disposi-*

---

[4] Cfr. a questo riguardo la mia ricerca *La religione nella società attuale*, in cui tutto il tutto il capitolo II è dedicato ad una visione d'insieme del contenuto di questi parametri.

*zione del dinamismo personale che orienta positivamente il comportamento riguardo ad un oggetto psico-sociologico*[5]. Inteso in questo modo l'atteggiamento presenta delle caratteristiche interessanti: a) è coestensivo al comportamento pur distinguendosi da esso come la potenzialità si differenzia dalla traduzione in atto; b) contiene aspetti percettivo-cognitivi, emotivi e conativi, dotati di diversa valenza e variamente intrecciati tra loro; c) è basato sulla nozione di strutturazione (presenza di un sostrato più o meno consolidato della personalità); d) è finalizzato ad un oggetto psicologico che in questo caso è dato dalla rappresentazione personale della religione.

Con queste caratteristiche l'atteggiamento si qualifica come un fenomeno psicologico e sociologico insieme. Esso quindi può essere studiato secondo due diverse impostazioni: a) come atteggiamento in quanto tale. In questo senso si sottolinea la sua particolare struttura costituita dagli elementi psico-sociologici che sono importanti per capire meglio le modalità secondo cui il singolo soggetto percepisce e vive la sua religione. b) come fonte di altri atteggiamenti, nel senso che esprimono la capacità di condizionare, modificare e "colorare" gli altri stati d'animo. Ciò è giustificato dal fatto che ogni atteggiamento più o meno profondo (specie quello religioso) incide sul complesso

---

[5] Cfr. CARRIER H. *Psicosociologia dell'appartenenza religiosa*, Torino, LDC, 1988, 50. Si deve sottolineare tale opera che ha trattato in modo molto esauriente questo argomento.

dell'esperienza dei soggetti e modifica le scelte politiche, economiche, familiari, di altro tipo, ecc.

Queste puntualizzazioni sommarie circa le componenti costitutive e relazionali vanno ulteriormente approfondite per rendersi conto della loro natura e dell'influenza nel contesto della vita cristiana delle singole persone. Va quindi studiata la sua struttura ed evidenziati gli elementi che fondamentalmente la costituiscono. Va colta anche la genesi dell'atteggiamento e la successiva formazione e sviluppo. Infine va realizzata una tipologia individuando le diverse modalità di concretizzarsi dei singoli elementi o la loro intensità differenziata. Tali aspetti costituiscono i punti salienti per un'adeguata comprensione della problematica, per cui li esponiamo in altrettante sezioni del presente capitolo.

## I. STRUTTURA DELL'ATTEGGIAMENTO

L'atteggiamento di appartenenza ad uno sguardo superficiale può apparire un'entità semplice. In realtà essa al suo interno è la risultante di diverse componenti che vanno evidenziate ed analizzate per capire appunto la struttura della sua composizione e nello stesso tempo capirne la dinamica e il funzionamento effettivo. Queste possono così essere riassunte: presenza di componenti strutturali che caratterizzano l'atteggiamento di appartenenza non in senso generico, ma specifico; presenza di caratteristiche gruppali che hanno influsso e determinano meglio l'atteggiamento di appartenenza.

Queste sono le componenti interne alla struttura dell'atteggiamento che hanno una loro influenza nel determinarne la consistenza, l'evoluzione, la durata, e pertanto in fondo la tipologia. Va notata anche la presenza di caratteristiche ambientali che facilitano o ostacolano l'atteggiamento di appartenenza sia nella sua nascita sia nella sua evoluzione.

A. LE COMPONENTI PSICOLOGICHE.

Le componenti psicologiche sono gli elementi che costituiscono ogni atteggiamento e fanno riferimento a subunità della struttura del dinamismo psichico ed hanno varia natura. In particolare occorre fare riferimento alla percezione dello status dell'individuo all'interno del contesto religioso. Infatti, ogni soggetto ha una sua propria posizione in base alle qualità psichiche, religiose e sociali e alle prestazioni personali. Tali qualità riguardano le doti personali intellettuali ed operative di impegno e di coinvolgimento, di marginalità e disimpegno.

La percezione peraltro è generata da fattori ecclesiali e ambientali e genera l'atteggiamento di appartenenza in senso sociale cioè come orientamento diffuso e più generalmente condiviso da tutti coloro che vivono in un certo contesto. In ciò inoltre ha influenza: l'essere in una posizione di prestigio o comunque di accettazione che porta ad un atteggiamento di appartenenza più profondo, mentre il sentirsi marginale o emarginato ingenera una tendenza alla crisi e all'abbandono.

Le mediazioni che ne conseguono, peraltro, si definiscono come effetto dei meccanismi generali che, a loro volta, dipendono dai tratti strutturali della personalità dei protagonisti. Sul piano antropologico tali tratti derivano dagli *elementi costitutivi*, ma anche dai tratti propri della *configurazione funzionale* della natura umana. Vanno quindi meglio descritti in modo più adeguato e articolato per rendersi meglio conto di come essi poi influenzano la configurazione dell'appartenenza dei singoli. In tale prospettiva questi parametri si presentano come strumenti descrittivi e metodologici, sia in rapporto ad ogni persona, ma anche in relazione a realtà sociali e culturali particolari.

## 1. Gli elementi costituitivi

Per cogliere più specificamente i diversi ambiti di specificazione, occorre richiamare la *struttura fondamentale* della natura umana. Ovviamene non tanto dal punto di vista filosofico, quanto piuttosto dal punto di vista propriamente antropologico, come emerge dalla osservazione costante della vita sociale dei vari popoli. Dal complesso di tali fonti si constata che essa è costituita da tre dimensioni fondamentali: intuitivo-cognitiva, emotivo-volitiva e conativo-operativa, che peraltro fanno riferimento alle facoltà qualificanti la natura umana[6].

---

[6] Tali aspetti sono desunti dagli apporti di studi psico-sociologici ai quali rimandiamo.

a) La *componente cognitivo-percettiva*. Essa riguarda il modo come il soggetto vede gli aspetti conoscitivi della religione e come li ha interiorizzati. In altre parole comportano una presa di coscienza da parte del fedele del valore del suo essere religioso e anche del fatto che la sua religione gli "media" e gli facilita tale situazione. Pertanto la componente *intuitivo-cognitiva* riguarda la tendenza alla percezione intuitiva o razionale cui corrisponde la capacità di capire e di conoscere. Essa è contraddistinta dalle corrispondenti caratteristiche strutturali che hanno per strumento la percezione e la conoscenza della realtà del mondo e della storia, che sul piano religioso predispone all'accettazione del mistero e all'approfondimento delle verità di fede su tali argomenti. Comportano quindi una più o meno ampia ed incidente conoscenza della propria religione e delle sue componenti storiche, culturali, ecc.

b) La *componente emotivo-volontaria*. Questa invece fa riferimento all'aspetto collegato col sentimento e quindi alla presenza di vincoli affettivi che si hanno nei confronti della religione. La dimensione *emotivo-volitiva* sottolinea l'idoneità dell'uomo al sentire e al volere che ha sede nella facoltà e capacità di amare. Essa si riferisce e si fonda sulle caratteristiche che convergono verso il concetto di approccio empatico e di potenzialità decisionale e, sul piano religioso, rimanda alla predisposizione verso atteggiamenti devoti e di immedesimazione contemplativa. Questo registra dei livelli minimali, quasi inconsci e si sviluppa fino ad una presa di coscienza completa e globale e ad una forma di identificazione per il soggetto vissuta anche a livello emotivo e simbiotico che porta a forme di rapporto mistico, sia nel senso ristretto (riferibile ai grandi mistici) sia in senso più allargato (riferibile a tutti).

c) La *componente conativo-operativa*. Come dice la stessa parola, tale aspetto riguarda la dimensione attitudinale e quindi ancora a livello di predisposizione e non propriamente di comportamento. La caratteristica *conativo-operativa* si rapporta alla capacità manipolativa dell'uomo per cui egli incide sulla sua stessa componente biologica e sul cosmo circostante per adeguarlo alle sue esigenze. In tale prospettiva operativa confluiscono le diverse abilità umane, che sul piano religioso si presentano come capacità di progettualità, di impegno e di azione sul piano pastorale. I contenuti di questa predisposizione riguardano l'aspetto organizzativo per cui il soggetto percepisce se stesso come parte di un gruppo o comunità, si sente corresponsabile, interdipendente con gli altri e incline alla partecipazione, alla collaborazione e alle altre forme di impegno e coinvolgimento nella vita della propria religione (e più immediatamente del gruppo di cui e membro.

## 2. La configurazione funzionale.

Per completare questa descrizione va fatto riferimento alla configurazione funzionale. Questa mette in evidenza le modalità operative concrete che determinano il funzionamento. Infatti, essa è costituita da meccanismi azionati in base alla consistenza di ciascuna delle componenti esaminate *(valenza specifica)*, da una parte, e dalla presenza di elementi semplici che sono tra loro collegate o intrecciate e più o meno gerarchizzate (*complessità interna*), dall'altra.

a) La *valenza specifica*. Essa si riferisce al peso speciale di una componente nel sistema dell'atteggiamento. Una data componente pur essendo presente assieme alle altre può trovarsi tuttavia in una posizione privilegiata e godere di una certa egemonia. In questo senso i protagonisti possono essere più tendenti alla componente intuitivo-conoscitiva o emotivo-volitiva o conativo-operativa. Essa quindi dà il tono dell'atteggiamento nel suo complesso. Così, per es., se prevale la componente percettivo-cognitiva, l'atteggiamento appare piuttosto razionale, freddo, calcolatore (tendenza alla conoscenza razionale della fede); prevalendo il sentimento invece l'atteggiamento intuitivo-emotivo si presenta piuttosto carico di emotività, di slancio, di sentimento (tendenza alla contemplazione); infine quando ha più peso la componente conativo-operativa l'atteggiamento appare tendenzialmente "pratico, concreto"(o propensione all'azione).

b) La *complessità interna*. Questa, a sua volta, rileva la presenza di molti o pochi elementi, di cui una dimensione può essere la risultante o la combinazione. Così una decisione può essere basata su una maggiore o minore documentazione (conoscenze teologiche e approfondimento della dottrina della fede o consapevolezza di essa e delle sue componenti) o "stimoli" emotivi (e quindi presenza ed incidenza di più sentimenti che spingono i soggetti e li motivano in un modo più o meno intenso) o propensione all'azione (sotto forma di eventuali modalità varie e creative o comunque diversificate come contenuti, ritmi, mezzi ecc., secondo cui si potrebbe passare alla traduzione in pratica). In altri termini si potrebbe avere una polivalenza conoscitiva o emotiva o operativa, per cui le singole persone si presentano con atteggiamenti che riproducono la varietà di personalità diverse.

Prima di concludere questa descrizione occorre evidenziare che ci troviamo di fronte ad una realtà antropologica che può ancora differenziarsi sul piano del divenire. Si può quindi cogliere il carattere congenito o acquisito delle singole componenti. Tali due modalità fanno riferimento al fatto che la presenza delle differenze è determinata da fattori genetici o da fattori educativi. Questi peraltro hanno un'azione interna (configurazione della personalità) e un'incidenza esterna (dinamica dell'individuo). Infatti, essi si influenzano e si condizionano reciprocamente. In concreto la plasticità della natura umana di base presenta predisposizioni di fondo che a loro volta sono potenziate o minate dal processo formativo dei soggetti.

Possiamo quindi dire che il dato congenito predispone allo sviluppo di un certo tratto (o cognitivo o emotivo o conativo) e che la socializzazione (o la formazione) può favorire e potenziare oppure può contrastare e rimuovere l'uno o l'altro di essi. In questo senso, quando il processo socializzante (o formativo) è compiuto, i tratti che i soggetti privilegiano spesso sono di natura in parte congenita e in parte acquisita[7]. A sua volta la presenza di unità semplici mostra coefficienti diversi, sia quando una dimensione è prevalente sia quando si presenta accessoria.

### B. LE COMPONENTI SOCIOLOGICHE

L'appartenenza come fatto psico-sociologico ha anche altre componenti importanti di natura gruppale e che fanno riferimento alla *percezione della religione come realtà sociale e comunitaria*. Infatti, tali aspetti fanno riferimento alla visione collettiva della religione nel suo insieme in rapporto all'ambiente in cui si trova inserita. Il soggetto vive entro un dato contesto micro-sociale che crea le condizioni di tale presa di coscienza e di conoscenza per cui egli assorbe elementi importanti della concezione della dimensione locale e territoriale nella sua strutturazione interna, ma anche nella sua relazionalità con l'ambiente circostante.

### 1. L'aspetto comunitario interno.

Una prima serie di riflessioni fa riferimento alla percezione dello status dell'individuo all'interno del suo gruppo o contesto culturale e quindi anche religioso. Infat-

---

[7] Un esempio significativo e più chiaro può aversi nello sviluppo di una spiritualità collegata con le caratteristiche dei diversi popoli. Infatti ci sono culture più "razionalizzanti" o "contemplative" o "operose". Inoltre si può fare riferimento ad un ordine religioso. Un soggetto è spinto verso un certo tipo di istituto, ma a sua volta l'istituto stesso incide nello sviluppo dei tratti più congeniali alla sua presenza nella chiesa.

ti, ogni soggetto ha una sua propria posizione in base alle qualità strutturali personali (psichiche, sociali, religiose) e alle modalità di interazione di gruppo (dinamismo, relazionalità, efficienza). Articolando meglio la trattazione va fatto riferimento a diversi aspetti fondamentali della vita del gruppo religioso locale.

a) *La coscienza di uno status personale.* Riguarda il modo, da una parte, come il singolo individuo vede se stesso all'interno del gruppo, e dall'altra, come percepisce come gli altri lo considerano. Tale fatto si ripercuote sui diversi aspetti: dall'accettazione e approfondimento delle credenze, alla comprensione del significato della pratica e dei suoi riti e simboli, dalla condivisione della visione etica della religione e dei suoi principi ed obblighi morali, dall'accoglienza della componente storica e dottrinale della configurazione ecclesiale della propria religione. Inoltre ha grande importanza il fascino e la coerenza interna della dottrina e la capacità conciliazione della fede con le esigenze dell'intelligenza, ecc. Infine va fatto riferimento al complesso dei valori quali fattori: di legittimità e plausibilità della fede, delle ragioni e motivazioni per aderirvi ed esserci coerente, della relativa traduzione in pratica cultuale ed etica. Tale incidenza è di natura socioculturale è risulta molto varia in rapporto alla religiosità del singolo, ma nello stesso tempo contribuisce alla forma del suo atteggiamento di appartenenza e di impegno operativo.

b) *L'interdipendenza tra i membri.* L'essere legati sul piano dei valori, interessi, programmi di azione, di stima vicendevole, produce attrazione o gratificazione che favoriscono la adesione e maggiore o minore adesione intima e carica di emotività sia in senso verticale (contemplazione) che orizzontale (senso e ricerca della comunione). In ciò ha molta influenza anche la presenza di vincoli istituzionali (ricezione di sacramenti speciali, manifestazioni di assenso dottrinale in alcune circostanze, programmi di azione comuni, ecc.). Infatti, il soggetto vive entro un dato contesto macro e micro-sociale che creano le condizioni di tale presa di coscienza e di conoscenza per cui egli assorbe elementi importanti della concezione sia della religione sia della sua vita personale. Per questo è importante anche la presa di coscienza personale di un proprio ruolo più o meno attivo e corresponsabilizzante dei singoli fedeli per la vita della chiesa.

c) *La validità della leadership*. Risulta importante anche la valutazione della leadership, e dell'incidenza che deriva da essa. Tale valutazione ha come effetto lo sviluppo della vitalità del gruppo, come sintesi risultante dal complesso dei membri. Le forme secondo cui essa può esprimersi si concretano da una parte nella validità testimoniale della direzione e dall'altra nell'impegno operativo efficace. Quanto alla testimonianza, il leader mostra se stesso come impegnato e coerente a riguardo delle finalità del gruppo, sia sul piano esistenziale (vita), sia sul piano funzionale (gestione dei problemi operativi). L'altro aspetto invece sottolinea più direttamente l'impegno del leader in relazione all'efficienza totale del gruppo tra cui è importante la coesione interna e il raggiungimento dei fini.

d) *Il funzionamento della comunità*. Tale realtà aggregante riguarda da una parte la comunicazione reciproca e dall'altra l'interazione e la relativa gratificazione che ne deriva ai soggetti. La comunicazione fornisce elementi conoscitivi che a loro volta stanno alla base della componente emotiva e conativa. Inoltre essa permette il superamento della misconoscenza reciproca entro il gruppo e quindi contribuisce al morale del gruppo nel suo complesso. L'interazione peraltro aggiunge alla comunicazione il supporto della reciprocità e la funzione di rinforzo per cui lo stesso atteggiamento finale appare più consistente, ma anche più gratificante. L'interazione, infatti, dà a tutti i membri il senso del protagonismo e della propria importanza entro il gruppo cui appartiene.

## 2. La relazionalità ambientale.

Nella struttura dell'atteggiamento comporta anche la presa di coscienza del soggetto nella situazione ambientale. In particolare ha incidenza in vario senso sia la consistenza numerica sia la compattezza interna della comunità nel suo complesso. Queste a loro volta registrano influenze dalla propria collettività come setta e chiesa. Infatti, nella situazione di setta la sua funzione di mediazione dipende sia dalla consistenza numerica locale sia dal morale del gruppo che, come abbiamo detto, in tale tipo di collettività religiosa è piuttosto molto elevata. Invece nel caso di una religione universale la considerazione, oltre alla riflessione circa la situazione locale, deve abbracciare il complesso mondiale.

È ovvio, infatti, che vantaggi e svantaggi locali possono essere potenziati, neutralizzati, o controbilanciati dai vantaggi e svantaggi universali. L'essere membro di una chiesa universale facilmente fa apparire la propria religione come qualcosa di "naturale" per cui si genera e si sviluppa l'atteggiamento di appartenenza come un dato "quasi costitutivo" del proprio mondo culturale ed anche interiore. Il complesso di tali situazioni può offrire diverse configurazioni tipiche[8]:

a) Chiesa e società fuse. L'appartenenza religiosa s'identifica con l'appartenenza sociale. L'appartenenza è "automatica", ma poco incisiva sulla personalità; fenomeni sociali come, emigrazione, cambiamento sociale, ecc. potrebbero minare la presenza (situazione medievale di cristianità o anche più recentemente in alcuni stati della riforma protestante (situazione di ecclesia) o in quelli islamici...)[9].

b) Chiesa in situazione di prevalenza. Una data religione sia in via di diritto (religione di stato) sia in via di fatto occupa una posizione incontrastata o di privilegio anche in questo tipo, l'appartenenza si verifica per socializzazione e quindi in parte in modo automatico e per

---

[8] Cfr. quanto abbiamo detto nel capitolo sulle culture religiose. Ovviamente la presenza della religione in tutti questi contesti viene ad avere un habitat diverso e quindi una diversa incidenza sulla configurazione dell'atteggiamento di appartenenza.

[9] Queste situazioni sono molto comuni in parecchi studi globali riguardanti situazioni in contesto cristiano occidentale.

questo poco incisivamente. Esistono tutta una serie di pressioni tradizionali e ambientali e socioculturali in questa direzione.

c) Situazione di setta. L'appartenenza varia da setta a setta quanto a motivi e quanto ad intensità e durata (Vari tipi di sette di conversione, di introversione, avventiste, gnostiche). In tale contesto l'appartenenza generalmente si manifesta come: rigetto del mondo, rivolta sociale, oppure rassegnazione pacifica, sublimazione, ecc.[10].

d) Situazione di minoranza perseguitata, tenuta al margine della società, o svalutata. Gli effetti che si possono registrare sono vari: in alcuni l'appartenenza può essere rinvigorita, mentre in altri invece può venire viene a mancare. Ambivalente è anche l'effetto in situazione in cui la religione non è perseguitata, ma estranea alla cultura (nelle missioni)[11].

e) Situazione di pluralismo. Si possono avere due tipi: Europa, (Germania, Olanda, ecc.): appartenenza ad un gruppo minoritario, ma in situazione di pluralismo (USA) appartenenza in situazione di identificazione sottoculturale, con dinamica legata all'identificazione di classe o di razza (situazione di denominazione)[12].

---

[10] Cfr. ROBBINS T., *Cults converts and charisma*, London, S. A. G. E. 1988.

[11] Cfr. DAHM C., che descrive la situazione dei cristiani in Unione Sovietica, 1976.

[12] Cfr. HERVIEU-LEGIER D. *Verso un nuovo ...*, op. cit., 1986.

## II. SVILUPPO E FORMAZIONE

L'atteggiamento dell'appartenenza in quanto fatto vitale che esprimono i soggetti è dinamico e non statico. Esso pertanto si evolve ed accompagna la vita del soggetto che lo possiede, per cui è possibile ed utile coglierne gli elementi importanti della sua genesi e del suo successivo sviluppo. L'appartenenza può partire da due basi iniziali: il *processo di socializzazione* che accompagna la genesi e i successivi sviluppi della crescita dei soggetti dall'età evolutiva (prima formazione) al resto della vita (formazione permanente) dei fedeli; la *conversione* come adesione ad una religione tramite un processo caratteristico repentino e spesso traumatico cui fa seguito un processo di adesione progressiva. Ognuno di tali processi ha le proprie caratteristiche strutturali e dinamiche che vanno distinte.

### A. LA SOCIALIZZAZIONE RELIGIOSA

Come la socializzazione in generale anche quella che riguarda l'appartenenza ad una religione, può partire da due situazioni tipiche basilari: la socializzazione primaria che si attua per coloro che essendo nati in una data religione vi crescono entro, e la socializzazione secondaria (ma senza il tipico fenomeno della conversione) che invece fa riferimento a coloro che vengono dall'esterno (cioè da altra religione) in età in cui il processo evolutivo della maturazione personale è già avviato e si trova ad un stadio più maturo e comunque diverso da quello iniziale.

In questo primo momento parliamo del processo che parte dalla prima socializzazione, pensando che in ultima analisi la socializzazione secondaria si aggancia ad essa e ne ripete gli stadi, sia pure con altre caratteristiche e ritmi e con le peculiarità della socializzazione degli adulti[13]. Un altra notazione che vogliamo fare è che in questa sede non ci possiamo dilungare nel descrivere gli aspetti comuni di ogni forma di socializzazione, ma ci limitiamo solo agli aspetti specifici. Esponiamo pertanto l'articolazione in quattro fasi fondamentali e di ciascuna di esse evidenziamo sia alcune caratteristiche generali del processo e le dinamiche particolari che la caratterizzano[14].

## 1. Prima fase: la fanciullezza

Questa prima fase è caratterizzata dall'apprendimento fondamentale, da parte del ragazzo, dell'esistenza della religione e della sua elementare azione anche nei propri confronti, oltre che nei confronti dei propri genitori e delle persone che vivono nel proprio ambiente.

---

[13] Cfr. a questo riguardo qualche trattazione sociologica di carattere generale

[14] Sebbene alcuni autori sottolineino la precocità degli atteggiamenti religiosi, in relazione al processo di socializzazione va ugualmente evidenziata la presenza d'influssi delle diverse agenzie come la scuola, i mass-media, il gruppo dei pari, l'influenza delle ideologie. Nello stesso tempo ovviamente va tenuta in conto anche l'incidenza di varie forme occasioni e modalità di neutralizzazione dei messaggi dovuta alla eventuale contrapposizione dei contenuti delle diverse agenzie. Tale incidenza neutralizzante cresce in modo diretto all'aumentare dell'opposizione reciproca dei messaggi.

La caratterizzazione generale di questa fase può essere colta attraverso il significato di alcuni aggettivi che la descrivono: culturale, imitativa, passiva. Essa si presenta come un fatto culturale in quanto la religione fa parte del complesso delle realtà ambientali che la socializzazione presenta al bambino e che egli impara a conoscere e a valutare, di cui interiorizza elementi che vede tenuti in considerazione dagli adulti. In fondo è uno dei tanti oggetti culturali che il ragazzo incontra nella sua esperienza. La modalità di apprendimento inoltre si presenta come fondamentalmente imitativa in quanto il ragazzo fa quello che vede fare agli altri. Sia a livello di conoscenza come anche a livello di valutazione e se si vuole anche a livello operativo egli tende ad imitare ciò che vede fare ai genitori e agli altri che gli stanno attorno. Infine questo processo è anche passivo dato che il bambino ancora non ha la possibilità di fare delle scelte: quello che gli dicono egli fa[15].

Sulle dinamiche particolari di questa fase si può notare che per il ragazzo il processo di "adesione" presenta diversi aspetti salienti[16]. Tra questi si possono sottolineare: quanto allo sbocco del processo, l'identificazione con la religione della famiglia; quanto all'accettazione, l'influsso dell'ambiente circostante e delle sue tradizioni; quanto a-

---

[15] Tutto questo peraltro è appoggiato dal fatto che anche i suoi coetanei si comportano allo stesso modo facilitando a lui il proprio processo personale di apprendimento culturale, imitativo, passivo.

[16] Il termine non certamente esatto ma serve ad indicare cosa il ragazzo stesso pensa di attuare.

gli agenti, l'incidenza dei coetanei che attuano un'azione di rinforzo specifico delle loro sollecitazioni e dei loro stimoli; quanto alla modalità, la frequenza alla parrocchia per il culto e la partecipazione alla prima catechesi.

## 2. Seconda fase: l'adolescenza.

Col passare degli anni e con l'ulteriore sviluppo del ragazzo, anche il processo di socializzazione religiosa e di "adesione" alla religione prende nuove caratteristiche. Va notato però che a poco a poco alcuni eventi si sviluppo un processo di introiezione per cui alcuni eventi diventano occasione di scelta e di impegno personale.

Quanto alla caratterizzazione di questa fase del processo alcune qualifiche rimangono, ma altre si trasformano più o meno sensibilmente. Fondamentalmente l'*adesione* alla religione rimane ancora come fatto culturale e quindi in tale adesione egli segue l'ambiente e le modalità che sono comuni alla sua età. In questo senso egli sia negli aspetti positivi (ad es. seguire a frequentare la parrocchia) sia in quelli negativi (allontanarsene, insieme e come fanno gli altri adolescenti) attua i modelli propri dell'ambiente.

L'altra caratterizzazione tuttavia si presenta piuttosto differente: alla qualifica di imitativa fa succedere quella di emotiva. In essa si registrano le prime "conquiste" umane e si verificano i primi contatti con il mondo reale, (distinguendolo da quello delle fiabe o da quello della televisione), per cui il preadolescente attua tale identificazione con molta partecipazione emotiva. Infine emerge un impegno più attivo e un ruolo più personalizzato ed impegnativo e quindi attivo. Lo studio e l'apprendimento della catechesi, l'accostamento alla Prima Comunione (oltre che alla Confessione) forse anche alla Cresima. Egli pertanto mostra un suo interesse e svolge un suo ruolo, anche se in ciò è ancora molto presente la scelta dei suoi genitori e la pressione dell'ambiente.

Tutto questo è ovviamente frutto di dinamiche particolari che si possono riassumere nei seguenti punti: nascita e sviluppo di un legame esistenziale con la religione; sviluppo delle prime forme di identificazione personalizzate sia con la religione che tramite l'una o l'altra organizzazione o associazione religiosa; coinvolgimento progressivo nella vita di qualcuna di tali istituzioni con l'inserimento in gruppi più o meno formali e con l'assunzione di piccole funzioni; sviluppo multidimensionale di adesione alla religione, nel senso che si apprende la dottrina propria della religione, si partecipa al culto, si completa le ricezione dei sacramenti dell'iniziazione, come già detto, si partecipa a qualche gruppo e ci si coinvolge in qualche attività (canto, servizio all'altare, iniziative culturali e ricreative, ecc.).

### 3. Terza fase: la giovinezza.

Questa fase già comincia a diventare più complessa sia per gli interessati che per coloro che stanno attorno come anche per i responsabili della religione. Pertanto in questa fase esistenzialmente i giovani si trovano in una situazione di ambivalenza ed indecisione. Fondamentalmente si verificano due caratterizzazioni generali: continuità con l'esperienza precedente, allontanamento più o meno definitivo.

a. *Prosecuzione della continuità.* Questo primo orientamento riguarda coloro che anche nell'adolescenza rimangono legati alla religione. Nel complesso si tratta di una fascia di giovani che oscilla tra una percentuale che va dal 15% al 30%, comprendendovi anche quelli in qualche modo a corrente alterna.

Le caratteristiche di questa fase sono sostanzialmente positive. Si tratta infatti di una adesione che vista la decimazione che la frequenza delle pratiche religiose registra a questa età, sia pure in presenza di influssi, rimane normalmente personale. Infatti, si notano forme di scelta motivata per continuare a frequentare, che mostrano una certa maturazione personale di convinzioni e di valutazioni. Normalmente si presenta anche creativa in quanto il giovane comincia a fare certe sue sintesi che non sono la giustapposizione delle idee che ha assimilato, ma propone accostamenti più o meno originali, si forma in altre parole delle sue idee sulla religione. Infine, come avviene per tutti gli altri aspetti della vita, ciò impone che il soggetto si coinvolga in qualche misura nelle iniziative delle organizzazioni religiose destinate ai giovani come: la pace, le missioni, la celebrazione di giornate particolari, ecc.

I tratti caratteristici di questa fase sono pertanto riassumibili innanzitutto nella scoperta personale della religione, nel senso che essa acquista una sua autonomia nella percezione del soggetto che quindi vi aderisce per propria scelta con forme che talvolta possono raggiungere la vera identificazione. Non mancano ovviamente altre ragioni che comprendono anche dinamiche, come le relazioni con i coetanei, la prospettiva di un utile impiego del tempo libero, oltre naturalmente le attività formative disponibili in gruppi e movimenti religiosi. Per questo in tale periodo si verificano anche forme di coinvolgimento e partecipazione nelle forme di attività individuali e di gruppo (individuale: far il catechismo ai bambini; di gruppo: attività in qualche associazione parrocchiale). La partecipazione inoltre è caratterizzata in modo multidimensionale, in quanto i giovani attuano diversi modi: dall'approfondimento dottrinale, alla partecipazione culturale, alla dimensione comunitaria e a forme di impegno di coerenza[17].

b. *Processo di allontanamento*. Ma la maggioranza, in questa fase, specie nel contesto europeo, abbandona la pratica religiosa. Concluse le "operazioni" legate ai Sacramenti di iniziazione: Prima Comunione e Cresima, si verifica infatti una forma di abbandono della parrocchia, che rappresenta anche un quasi abbandono dell'impegno vivo e attivo verso la religione. In corrispondenza a quanto abbiamo indicato precedentemente in questo caso sul piano quantitativo abbiamo delle cifre molto alte: si verifi-

---

[17] Ovviamente va rilevato che queste varie forme di presenza possono anche contenere aspetti carenti o certe incoerenze, ma questo non esclude fondamentalmente il fatto di considerarlo nel suo complesso.

ca il complemento a 100, rispetto al dato precedente, per cui ci muoviamo nell'ordine del 70% al 85% dei giovani.

Il rapporto con la religione pertanto viene ad interrompersi per una serie di ragioni disfunzionali ad essa e che non sono state ancora oggetto di approfondimento adeguato. Esso pertanto si configura come elusivo, non è cioè approfondito, ma si riscontra una forma di anticipazione della relazione adulta[18]. In altre parole come i maschi adulti si allontanano dalla pratica, così anche i giovani, specie i maschi, finita la fase di iniziazione si pongono nella stessa ottica. Le ragazze invece insistono di meno su questo abbandono, ma anche per esse i livelli sono più o meno uguali a quelli dei ragazzi[19].

Anche a riguardo della tendenza all'allontanamento gli elementi vanno articolati in modo multidimensionale. Il distacco infatti riguarda i diversi aspetti: culturale (assenza alla Messa), comunitario (abbandono delle associazioni parrocchiali), dottrinale (trascuratezza della formazione religiosa), morale (visione cristiana della vita ed implicazioni etiche derivanti), ecc. Si sviluppa sempre più un atteggiamento di estraneità che tuttavia non esclude una presenza di alcuni agganci con le istituzioni religiose quando occorre specialmente in occasione di celebrazioni

---

[18] Cfr. quanto diremo più sotto a riguardo dei fattori che operano in senso negativo sulla dinamica dell'appartenenza a riguardo degli adulti.

[19] Questi dati hanno riscontro in dati empirici da noi raccolti anche se non pubblicati dove il divario tra i ragazzi e le ragazze tende a scomparire.

particolari. In tali occasioni infatti si verifica una forma di riaccostamento obbligato dovuto (ad es. a certe condizioni poste per la attuazione del matrimonio religioso.

### 4. Quarta fase: l'età adulta

In questa fase che è quella più lunga nella esistenza dei singoli individui si verifica un prolungamento nel tempo della fase precedente. Si constata pertanto la continuazione degli orientamenti della terza fase: consolidamento e sviluppo. Ciò è anche legato al fatto che con il matrimonio specie in città si verificano forme di nuovo insediamento abitativo che può far cambiare le abitudini precedenti. Tra queste abitudini tuttavia prevale la forma di allontanamento. Anche le forme di un certo avvicinamento o di pratica più o meno sporadica facilmente si attuano in altro contesto e senza alcuna costanza (questo specialmente per coloro che dalla campagna o da piccoli paesi si sono trasferiti in città che ritornano alla casa paterna o materna per trascorrere il fine settimana).

Non mancano le eccezioni nei due sensi, allontanamento da parte di chi prima aveva manifestato una continuità (prima età matura) ed avvicinamento da parte di chi si era allontanato (eventi particolari all'approssimarsi della terza età). Ciò può essere legato alla nascita dei figli che, in un primo tempo fa avvicinare la prossima mamma, e in occasione del Battesimo, si sia pure in forma momentanea influisce sui due genitori.

Le altre dinamiche positive o negative possono avere motivazioni molto disparate non facilmente riconducibili a schemi o categorie particolari. Si possono tuttavia ricondurre a due forme specifiche, da una parte a forme di conversione, attraverso la scoperta di qualche movimento religioso per adulti (focolarini, neocatecumeni...) oppure attraverso l'avvicinamento che si potrebbe verificare in forma repentina e forte dal punto di vista delle convinzioni e della emotività oppure, infine, sotto forma di trasformazione processuale di avvicinamento in modo lento, specie dopo aver superata la fase attiva e feconda della vita.

### B. LA CONVERSIONE RELIGIOSA

L'altra modalità importante fa riferimento al concetto di conversione che fondamentalmente significa l'adesione totale, improvvisa, almeno normalmente, e accompagnata da crisi verso valori condivisi da una comunità religiosa diversa dalla propria[20]. Dal punto di vista psicosociologico, essa si configura come una disgregazione, sul piano interiore, di una sintesi mentale di contenuti religiosi e la loro sostituzione con un'altra. Ne consegue una visione del mondo caratterizzata dal nuovo apparato di credenze e l'avvio ad un recente atteggiamento di appartenenza[21].

L'approccio al fenomeno della conversione evidenzia la presenza di due livelli fondamentali: quello antropolo-

---

[20] Cfr. FICHTER J. (ed.) *Alternatives to American mainline Churches*, New York, The Rose of Sharon Press, 1983.

[21] CARRIER H., *Psicosociologia dell'appartenenza religiosa*, op. cit., p. 71.

gico e quello psico-sociologico. Il primo significato vede la conversione come una rinascita interiore, una ripetizione della creazione. Il soggetto vive una realtà sublimata e pur non comprendendo bene il travaglio che vive, ha la sensazione di muoversi su un piano ontologico, in cui tutti gli atti che compie, compresi i più comuni, sono come la rappresentazione o la ripetizione di atti archetipici. Pertanto tale processo si configura come una reintegrazione della personalità profonda[22]. In tale contesto sia gli antropologi che i sociologi includono la presenza di un intervento misterioso, definito come una realtà non analizzabile, concepita come profonda separata, santa, ecc.[23].

## 1. Le caratteristiche della conversione

La conversione, come ogni altro concetto, all'inizio sembra una realtà semplice mentre avvicinandosi si configura come una fatto molto complesso. Vi può notare non solo la diversità di accezione che il termine richiama, ma anche la diversa dinamica genetica e i tatti teologici e psicosociologici che presenta. Dal punto di vista linguistico sono importanti vari significati. Una prima accezione è quella *ascetico-mistica* strettamente personale e interiore

---

[22] Cfr. CAZENEUVE J. *Les rites et la condition humaine*, Paris, PUF, 1958, cap. 17.

[23] Inoltre afferma ancora Van der Leeuw, "Non è l'uomo che si converte, è Dio che lo converte che gli fa dono di una nuova vita", Cfr. *La religione nella sua essenza e nelle sue manifestazioni*, oc. cit. pp. 522.

che comprende la presa di coscienza più profonda delle esigenze della propria religione che porta ad un impegno più forte, costante, profondo sul piano del vissuto[24]. Un altro significato riguarda quello propriamente *morale* come un movimento psicologico ed interiore (oltre che teologico e sacramentale), che vive chiunque realizza il passaggio ad una basilare coerenza morale all'interno della propria stessa religione[25].

In questo contesto ci limitiamo solo alla sua connotazione più specificamente religiosa riguarda dal punto di vista della sociologia della religione l'accezione più rilevante ed importante. Tale significato peraltro sta a cavallo tra la dimensione sociologica e quella psicologica. Pertanto dal punto di vista psico-sociologico la conversione religiosa appare come abbiamo l'accezione più importante e significativa nel nostro contesto. Da essa si genera una nuova presa di coscienza globale del soggetto, rispetto ad una interpretazione di se stessi, del mondo della storia, alla luce di una nuova concezione della Divinità che si esperisce. Tale percezione incide non solo sul proprio modo di vedere, ma anche su quello di agire.

Inoltre tale impostazione del processo di conversione va inteso in modo molto più complesso ed articolato sia

---

[24] Basta alle esortazioni della liturgia specialmente nei cosiddetti tempi forti nei quali i fedeli sono invitatati ad un'intima adesione alla contenuto e allo spirito della liturgia.

[25] Anche questa connotazione è molto diffusa e richiama tutta la letteratura riguardante la "conversine dei peccatori".

per i punti di vista da cui può essere osservato, sia in riferimento alla collettività di partenza, sia in rapporto alla collettività di arrivo, ed infine in relazione alla dinamica o processo di attuazione. Pertanto occorre ampliare la trattazione dedicandovi una debita attenzione alle diverse problematiche psicologiche e sociologiche che vi sono connesse.

In tale esperienza occorre distinguere tra la conversione dalle religioni nativiste e quella che muove da un'altra religione o dall'esclusione del fatto religiosa (ateismo o laicismo). La prima è molto più facile e si basa sul fatto che la situazione di partenza è vissuta come una realtà "naturale" o "naturalizzata" e con connotazioni di inferiorità. Per cui la nuova religione appare come una prospettiva più valida e positiva, espressione di una promozione culturale e con minore rimpianto della condizione d'avvio. La conversione da altre religioni o dalla negazione religiose, può dipendere da varie esperienze personali piuttosto insoddisfacenti nel contesto ambientale in cui la persona fino ad allora è vissuta.

Un'altra distinzione può essere fatto a riguardo della dinamica nella sua globalità. In questo contesto normalmente sono evidenziati due modalità: la modalità traumatica e repentina che comporta una sorta di cataclisma nella vita del soggetto con forte travaglio psicologico che poi è anche legato all'immagine che si proietta all'esterno di sé stessi; la modalità progressiva che fa sperimentare un itinerario che presenta ugualmente alcuni aspetti del travaglio interiore come anche quello sociologico, ma in modo più lento e stemperato.

Tale processo di conversione può essere preparata da una percezione particolare in cui la religione di destinazione appare come una realtà di riferimento, ma nella quale ancora non si è entrati effettivamente. Per questo in tale processo si possono applicare i principi psico-dinamici che aiutano alla comprensione dei meccanismi che portano ad una nuova adesione propria del mondo degli adulti. Ma la conversione spesso si verifica senza tale esplicita fase del riferimento, per cui si constata un processo rapido, drammatico, sconvolgente che attanaglia il convertito.

## 2. Lo sviluppo della conversione

Il processo della conversione può durare un tempo molto differenziato, in dipendenza di molte altre circostanze che possono verificarsi. Tali circostanze sono le più disparate e non è facile attuarne un elenco, mentre è più facile cogliere le fasi fondamentali che corrispondono alle seguenti: a) shock iniziale, b) trasformazione progressiva, c) integrazione completa nel gruppo.

1. *Lo shock iniziale.* Il punto di partenza nelle conversioni normalmente è la presenza di uno shock iniziale intellettuale o morale esperito dal convertito. Esso comunque è sempre fortemente emotivo con poco spazio per la dimensione razionale. Comunque esso dà la sensazione di una rinascita spirituale, di un'esperienza ineffabile, in cui si ripercuotono stupori primordiali e archetipici che attingono la personalità profonda.

Tale esperienza è dovuta ovviamene all'azione di fattori che possono essere interni (psicologici) ed esterni (sociologici). Tra i primi si possono cogliere varie circostanze che a loro volta generano delle motivazioni personali ed incisive. Può trattarsi, da una parte: del timore della morte o dell'inferno, della crisi di coscienza e del senso del rimorso, oppure dall'altra: dell'ascolto di predica efficace, dell'esemplarità e della coerenza di una persona con cui si viene a contatto, di altre forme di pressione sociali (o familiari). La dinamica che ne consegue comporta un avvicinamento ai propri doveri morali e generalmente religiosi, sostanzialmente vicini a delle attese standard entro un dato ambiente[26]. L'azione di tali fattori non va intesa come separata ì, ma piuttosto come interagente.

2. *L'integrazione progressiva.* In un primo momento il nuovo gruppo rimane ancora esterno, ma già per il soggetto esso viene a porsi con la natura e la funzione del gruppo di riferimento. Da esso il soggetto attinge idee, istanze, valori, parametri di giudizio che fa propri[27]. Frattanto il convertito chiede di aderire. La nuova religione è sempre contenta di dare risposta positiva; ma mentre sviluppa ulteriori forme di allettamento non esclude la prospettiva di porre

---

[26] PENIDO, M. T. L. distingue tra fattori esogeni o endogeni, cfr. *La conscience religieuse*, Paris, Téqui, 1935, p. 41- 131, Ma già STARBUCK E. D. aveva elencato la serie di motivazioni citate nel testo.

[27] E' interessante a questo riguardo ampliare le implicazioni attraverso un più chiaro riferimento alla teoria dei gruppi di riferimento

delle condizioni ed in particolare l'esigenza di una trasformazione ed adeguamento interiore agli standard propri.

Inoltre si propone di conoscere meglio il nuovo venuto e di trasmettergli la propria dottrina e le proprie tradizioni culturali e comportamentali. Addirittura si potrebbe anche arrivare alla proposta di un itinerario né breve, né facile, visto dall'esterno, ma per il soggetto esso appare logico, plausibile, coerente se proprio non affascinante. Ciò si verifica specie nelle sette che spesso impongono forme di per sé molto "costose" anche se l'entusiasmo del neofita contribuisce al loro superamento[28].

Si tratta di un'esperienza analoga a quella della iniziazione, ma non identica, in quanto nella conversione in senso stretto, che invece mette in evidenza l'idea di un passaggio tra realtà non evolutive (iniziazione culturale), ma sostitutive (conversione religiosa). Tuttavia dal punto di vista antropologico si possono cogliere passi analogici che si richiamano reciprocamente e che comportano una specificità concettuale.

In riferimento al tipo psico-sociologico, va messo in evidenza che può trattarsi di un'esperienza in cui il soggetto sente il passaggio da un "io vecchio" ad un altro "io nuovo" caratterizzato da elementi peculiari che il gruppo di destinazione presenta. Inoltre nella conversione si può notare che tali due processi possono essere più o meno simultanei. In ogni caso però si verifica una sorta di rior-

---

[28] GASCARD J. R., *La religione dei giovani*, Milano, Paoline, 1986, 61-114.

ganizzazione "interiore" in cui, da una parte, la distruzione del *vecchio io* ", diminuisce o sparisce sotto l'azione di uno shock esterno, e la sostituzione con il *nuovo io*, oppure, dall'altra, si verifica l'eliminazione del *vecchio io* nella misura in cui si va prendendo coscienza del *nuovo io*[29].

3. *L'assimilazione completa.* L'itinerario da percorrere si attua come un processo di socializzazione degli adulti. Pertanto vanno evidenziate alcune caratteristiche sia dal punto di vista concettuale sia da quello pratico.

Infatti, da una parte, esso suppone che ci sia (e se non c'è la crea) una sintonizzazione tra religione e neofita che si trasforma in vera e propria affinità elettiva tra soggetto e religione. Infatti il processo di socializzazione, specie per gli adulti anche quando non trova certe caratteristiche strutturali della personalità dei soggetti propone schemi ideali della religione attraverso successive modalità formative, dichiarando concluso il processo stesso di formazione al loro raggiungimento.

Un'altra caratteristica della socializzazione degli adulti consiste nella possibilità di forme varie di comunicazione parlata e/o scritta. Pertanto sono progettate forme varie di occasioni e modalità di studio e di apprendimento dei contenuti dottrinali, cultuali, etici, e funzionali della nuova religione. Infine un'ulteriore caratteristica della socializzazione degli adulti è quella di presupporre la presenza del-

---

[29] BAUDOIN C., *Psychanalyse du symbole religieux*, Paris, Fayard, 1957, 57-75.

le influenze delle vecchie "strutture psichiche e operative" possedute dai soggetti.

In tale processo peraltro vanno notate le influenze degli altri membri della comunità di arrivo che sono sempre improntate all'accoglienza calorosa. Essa peraltro sostiene e facilita il cammino del neofita e rende la sua crescita. Infatti il convertito percepisce che tutte le proprie modalità di essere cambiano e hanno un orientamento chiaro e definito. Egli assimila il modo di vedere il mondo, gli uomini, le cose, e sente che tutto gira intorno ai suoi obiettivi. Inoltre si verifica un'integrazione nel gruppo con relazionalità interpersonale e con assegnazione e assunzione di ruoli e funzioni[30].

## 3. La conversione ai vari tipi di religioni

Inoltre il processo è variamente caratterizzato a seconda che esso si attua in relazione ad un diverso tipo di collettività religiosa. A tale riguardo possiamo distinguere due modi di mettere a fuoco il problema: conversione ad una *setta o ad una chiesa*[31]. Tale diversità ha inoltre influenza non solo per la destinazione ma anche per la frequenza secondo cui avvengono le conversioni e per la consistenza cioè alla prospettiva di durata. Tali due aspetti sono inter-

---

[30] Cfr. ZETERBERGER H. L., *The religious conversion as a chane of social roles*, in "sociology and sociale Research", 1952, pp. 159-166.

[31] Cfr. GILLESPIE V. B., *Religion conversion and personal identity*, Birmingham, Religious Education Press, 1979.

relati tra loro, ma anche con la collettività di destinazione. Più in particolare possiamo affermare:

La frequenza della conversione come forma di adesione, in riferimento alla setta, è: a) il modo più normale e più frequente di aderirvi (anche in contesti di religioni storiche); b) presuppone pertanto che sia attuata in età adulta, o quanto meno giovanile; anzi specie in relazione alle nuove religioni tale età è la più normale (tanto che talvolta sono anche chiamate "religioni giovanili"; c) è caratterizzata da forte carica emotiva di risveglio religioso, è pertanto anche molto personalizzato.

In riferimento alla chiesa tale processo si presenta come fatto: a) non troppo frequente (specie in contesti di religioni storiche, ma sono ugualmente frequenti in situazione ai attività missionaria); b) normalmente legato all'età adulta (tuttavia tale scelta si può verificare anche da giovani); c) molto basato sul fascino della sua dottrina (o appoggiato sulla coerenza interna delle sue componenti e il suo rapporto con la razionalità umana).

La consistenza della conversione, cioè, la persistenza nell'adesione alla collettiva presenta invece un diverso grado. In questo quindi si può distinguere la conversione alla setta che spesso si presenta come instabile o comunque non duratura. Specie in relazione alle nuove religioni, il grado di perseveranza è intorno al 10% di coloro che hanno intrapreso il cammino[32]. In questo senso si parla an-

---

[32] BECKFORD J. A., *Nuove forme del sacro: Movimenti religiosi e mutamento sociale*,

che di una sorta di "nomadismo" religioso. Il processo di conversione indirizzato verso una chiesa invece, appare normalmente, più stabile e duraturo rispetto a quella verso le sette. In altre parole la durata di appartenenza alla chiesa si protrae per tutta la vita del convertito[33].

### III. DINAMICA DELL'APPARTENENZA

Questo periodo dell'età adulta essendo il più lungo e registrando dinamiche più o meno contrastanti merita di essere approfondito. Diventa allora importante vedere come si verificano tali cambiamenti del senso di appartenenza e delle fattori che vi stanno sotto. Questo fatto comporta innanzitutto l'accettazione che il senso di appartenenza può variare, come già detto, in due orientamenti fondamentali: in senso sostanzialmente positivo come potenziamento o comunque persistenza e mantenimento; oppure in senso sostanzialmente negativo come: indebolimento e abbandono. Il significato di tali espressioni è ovvio per aggiungere altre spiegazioni, rimane tuttavia interessante vedere più da vicino i fattori che possono essere determinanti in un senso o nell'altro.

In relazione alla dinamica dell'appartenenza va notata anche la possibilità di andamenti differenziati secondo cui le singole dimensioni possono evolversi. Così mentre le

---

Bologna, Il Mulino, 54-64.
[33] Cfr. DAL COVOLO A., 1989, passim.

credenze possono registrare un progresso, può verificarsi contemporaneamente una decrescita sul piano della frequenza o della componente etica e viceversa, ecc[34]. Ciò nonostante possono cogliersi tre tendenze principali o meglio tre paradigmi tipici:

a). La tendenza alla diminuzione si manifesta, sul piano comportamentale, come inclinazione da parte della gente a lasciare meno spazio e meno tempo alle attività e alle varie manifestazioni religiose. Questo, peraltro, si realizza in genere nell'ambito di tutte le dimensioni. In altri termini più che di abbandono si tratterebbe di marginalizzazione pratica.

b) L'inclinazione alla persistenza mostra una certa capacità di mantenere gli standard attuali anche in futuro. In fondo la crisi c'è, è notevole, clamorosa, tuttavia è necessario evitare affermazioni di moda e lasciarsi trascinare dalle "impressioni". In realtà i livelli di pratica dei principali sacramenti spesso si presentano molto alti.

c) L'aspirazione al potenziamento mette in evidenza la presenza di andamenti controcorrente: nuova coscienza religiosa e al riemergere di nuovi leaders carismatici e di nuovi movimenti religiosi (o nuove religioni). Si nota una proliferazione dei movimenti intra-ecclesiali ed extra-ecclesiale, tanto che talvolta si parla di revival religioso.

---

[34] Cfr. quanto diremo in seguito nel cap. X trattando della situazione attuale e la relativa interpretazione.

Tali orientamenti hanno una particolare modalità di presentarsi nell'esperienza dei singoli soggetti e gruppi per cui è importante tentare di capire meglio tale dinamica cercando di individuarne i fattori principali. Inoltre occorre tener conto che non sempre l'azione di un fattore è isolata e ed incisiva, può trattarsi infatti di sfumature che si cumulano e si rafforzano reciprocamente. Nello stesso tempo va notato che l'azione dei fattori ubbidisce alla legge del potenziamento o della neutralizzazione dovuta alla presenza o meno di uguale direzione dei rispettivi messaggi. Inoltre occorre ricordare il fenomeno della natura selettiva della percezione e della memoria.

### A. Fattori ambivalenti

I principali fattori generici riguardano i processi psichici visti nel loro funzionamento e che normalmente prescindono dai contenuti, per cui possono favorire orientamenti anche contrastanti. Tutte le informazioni nella ricezione e nella ritenzione sono filtrate e selezionate, in base alle acquisizioni precedenti: effetto della crescita. Per questo è importante la costanza cognitiva ed attitudinale (ritenzione di ciò che si è acquisito), nel senso che a parità di condizioni, ogni cambiamento nel campo psicologico è introdotto in modo da produrre il minimo effetto negativo. Infine va notato il movimento spontaneo di difesa, in quanto si registra notevole diffidenza e rifiuto di tutto quello che può contrastare il "mondo" posseduto: effetto della preservazione e della limitazione degli influssi contrastanti. In altre parole ci sono vari tipi di fattori che possiamo individuare come orientati verso esiti positivi, o verso sbocchi negativi. Inoltre alcuni fattori sono generici e quindi prospettano alcune risultanze poco chiare e definite in un senso o nell'altro, sono, cioè, ambivalenti.

Tra i fattori ambivalenti si possono enumerare anche i diversi agenti socioculturali di socializzazione. Queste agenzie, infatti, influenzano comunque il processo di socializzazione ma il loro esito dipende dalla modalità come esse percepiscono (e se la percepiscono) un'esigenza d'impegno in senso dell'appartenenza religiosa. Le agenzie principali da individuare in questo contesto sono: la famiglia, la scuola, le organizzazioni e i gruppi ricreativi o di coetanei o di lavoro, i mass-media, ecc.

La famiglia infatti oggi ha perduto parecchie delle sue funzioni o le sono rese difficili. Particolare difficoltà in questo senso si verificano in rapporto alla socializzazione religiosa, sia per "mancanza" di tempo, dovuta alla trascuratezza verso la funzione "educativa" per rimanere a quella "risultante" meccanicamente della socializzazione. Si nota inoltre una certa carenza di abilitazione ad un tale compito, come effetto della marginalizzazione in cui spesso nel matrimonio è ridotta la componente religiosa, per cui ne deriva anche un certo disimpegno in questo campo e la tendenza alla delega quasi globale (sia pure in modo implicito) di questa funzione ad altre agenzie (ad es. la scuola o la parrocchia o i gruppi).

Anche la scuola deve fare i conti con una serie di fattori che stanno a monte di una eventuale sua funzione a riguardo della socializzazione religiosa. Va considerato quindi lo status giuridico dell'insegnamento religioso nella scuola, ma anche quello culturale (consenso e presa sul serio dell'insegnamento religioso). Infatti si verificano da una parte l'incertezza dello status giuridico degli agenti, da una parte e dall'altra una forma di disaffezione da parte degli alunni che si sentono disinteressati per la mancanza di incidenza curriculare di una tale materia. Un ultimo fattore si può cogliere nella gestione effettiva: metodi, contenuti, finalità prospettive di reale formazione alla fede o ad un fatto culturale.

I fattori collegati con gruppi e movimenti hanno normalmente un ruolo decisivo nella socializzazione. Ciò si verifica anche in rapporto al fatto religioso. Parlando delle associazioni ed organizzazioni di questo tipo ovviamente escludiamo quelle finalizzate alla vita religiosa in quanto esse sono da considerare effettivamente fattori positivi della socializzazione religiosa. Non così si verifica per le organizzazioni ambientali e ricreative, la cui influenza in senso positivo dipende come per le agenzie precedenti dalla caratterizzazione del contesto socioculturale.

L'azione socializzante dei mass-media è andata sempre più aumentando per via della ampiezza, globalità, pervasività, insistenza, raffinatezza e volume di messaggi che provengono dal complesso di essi. Infatti essi fungono da cinghia di trasmissione di tutte le tendenze ambientali e quindi la efficacia in relazione al tema religioso dipende dalla natura dei programmi, dalla intenzione degli operatori, dalla convergenza e finalizzazione verso certi argomenti. Tutte queste condizioni oggi sono molto varie e spesso sono disfunzionali al fatto religioso, per cui la loro azione va quantomeno considerata ambivalente[35]. Va comunque accennato che talvolta altri autori, sottolineando una certa tendenza permissiva, edonistica dovuta anche alla ricerca di una maggior audience, inclinano alla presentazione di programmi dai contenuti piuttosto distaccati, critici e negativi verso la religione.

La caratterizzazione della influenza di ognuna di tali agenzie va considerata ambivalente nel senso che non sempre essa è attuata in senso favorevole alla religione. Ciò dipende dalla caratterizzazione dell'agenzia stessa, qualità questa che a sua volta dipende dalle tendenze generali presenti nell'ambiente. Infatti nel passato poteva essere facile che tali agenzie dessero il loro contributo alla socializzazione religiosa, in quanto e perché inserite in un contesto già caratterizzato da una certa pervasività del fatto religioso. Oggi invece ciò non va considerato scontato, anzi il compito è reso più difficile dalla prevalenza di una certa tendenza verso forme di disimpegno.

### B. Fattori positivi

Non mancano ovviamente i fattori che hanno influenza positiva nei confronti della religione. Tra questi possiamo evidenziare: i fattori si tipo psico-sociolgico, cioè gli

---

[35] Cfr. HOOVER S. M., *Mass-media and religion*, London, S. A. G. E. 1988.

orientamenti positivi che sono favoriti da una serie di istanze collegate con la stabilità degli atteggiamenti in genere e di quelli religiosi in particolare; l'incidenza del contesto ambientale; l'azione positiva di certi gruppi e la collocazione della religione nel contesto culturale[36].

In rapporto ai fattori di natura psico-socio-religiosa va notata la particolare natura dell'atteggiamento dell'appartenenza religiosa. Di essa occorre sottolineare vari aspetti: la precocità e la stabilità tipica degli atteggiamenti religiosi, la quale evidenzia il fatto che gli atteggiamenti religiosi si sviluppano molto presto fin dalla prima fanciullezza. Ciò dipende non solo dal fatto che sono legati a forme primordiali di socializzazione, ma anche ad una "propensione" e maggiore sensibilità da parte degli individui. L'altra caratteristica è la stabilità maggiore rispetto agli altri atteggiamenti, basata: sulle certezze che l'accom-pagnano; sull'Assoluto (o Sacro) verso cui si orienta o rimanda, sulla connessione con i "misteri" dell'esistenza; sulle caratteristiche di universalità e ubiquità delle tradizioni religiose[37].

L'importanza, anche nel campo religioso, del fattore territorio nel senso che spesso un ambiente piccolo e ristretto influisce nel mantenimento di certe abitudini positive alla partecipazione alla vita parrocchiale; la percezione del fatto religioso entro un effetto di alone e fascino che determina diverse forme di attrazione e di gratificazione

---

[36] Cfr. ALLPORT G., *Psicologia della personalità*, Zuerich, PAS-Verlag, 1969.

[37] Cfr. CARRIER H., *Psicosociologia dell'appartenenza religiosa*, Torino, LDC, 1988.

spirituale dell'essere religioso e praticante; la constatazione di funzionalità e funzionamento delle istituzioni, sia per la presenza di responsabili validi ed efficienti come anche per la presenza di forme di autenticità e coerenza; incidenza dei gruppi e movimenti dinamici e vitali e facilitazioni offerte da essi; spinta a forme di recupero di valori contrastati dalla società.

Altri fattori invece possono vedersi come influsso del gruppo religioso e delle sue iniziative. Può infatti trattarsi di iniziative di sostegno e di rinforzo, in quanto tutto l'ambiente ha un'azione promozionale con la sua continuità di adesione e con sforzi ed iniziative concrete: catechesi, attività devozionali, sacramenti, influsso dei vincoli istituzionali, pressione sociale. Non vanno dimenticate le iniziative di recupero, più o meno straordinarie, organizzate per varie circostanze ed occasioni e particolarmente rivolte a chi per vari motivi può aver attuato qualche forma di allontanamento. Inoltre vanno ricordate le forme di revival: presenza di qualche leader dinamico o di movimento e/o gruppi variamente impegnati e operanti con forme di impegno capace di suscitare atteggiamenti nuovi o rinnovati (realizzazione di una missione popolare ben riuscita). Infine non va sottaciuto comunque il senso di stanchezza o di insufficienza delle ideologie contrarie alla religione o di insoddisfazione per gli effetti sociali e politici ottenuti[38].

---

[38] Questa ragione appare più evidente specie dopo il crollo dei regimi del cosiddetto socialismo reale in quanto aveva impostato una lotta cosiddetta "scientifica" contro la religione.

Un'ultima serie di fattori positivi possono provenire dalla collocazione di una data religione all'interno del contesto socioculturale. Questo fattore può prendere forme molto diverse ma sono da sottolineare particolarmente due. Da una parte si può avere un clima caratterizzato da assenza di grandi cambiamenti socioculturali contrari alle istanze religiose o comunque non chiaramente opposti ad esse. In tal caso si verificano forme di continuità della situazione, anzi talvolta ci può essere qualche accenno di miglioramento. Dall'altra invece si può avere la constatazione di stanchezza o di insufficienza delle ideologie contrarie alla religione o comunque insoddisfazione per gli effetti sociali e politici ottenuti. Anche in questo caso, come anche quello di situazione di opposizione alla religione, si possono verificare modalità di maggiore attaccamento alla religione.

## C. Fattori negativi

Anche l'orientamento negativo registra i suoi fattori che in qualche modo sono il rovescio di quelli precedenti, ma con alcune caratterizzazioni particolari. In speciale possiamo notare: L'orientamento negativo nei confronti del senso di appartenenza alla religione con le implicazioni di indebolimento o di abbandono possono essere invece determinati dall'azione di alcuni fattori specifici. Tra questi è bene evidenziare una serie d'influenze che convergono in tre ambiti diversi: quello personale, quello relativo alla chiesa, quello collegato con l'ambiente socioculturale.

Una prima riflessione può essere fatta a riguardo del "tradizionalismo" che normalmente le religioni favoriscono. Molti, infatti, specie nell'età giovanile, trovano nella fissità di schemi e comportamenti un ostacolo alla propria adesione alla religione. Questa modalità si può riferire al fatto oggettivo della tradizione o conformità (la religione appare contro il cambiamento sociale) o come riferimento a figure anche familiari che per il loro tradizionalismo ispirano forme di avversione (non voler diventare come il nonno o la nonna) verso la religione nel suo complesso. Ovviamente nei due casi si tratta sempre di una condizione estremizzata colta in modo a volte acritico favorito da forme di misconscenza degli aspetti in cui la religione invece può indurre a forme di rinnovamento e di protesta.

Da una parte si può verificare l'azione di influenze relative al singolo soggetto che si configurano come forma di trascuratezza nella interiorizzazione delle conoscenze, delle motivazioni, del significato delle varie dimensioni e dei loro punti concreti. Si può costatare una certa tendenza all'apatia e all'indifferenza verso le forme istituzionalizzate (rilassamento o abbandono della religione-di-chiesa). Altre volte può trattarsi di presenza di stimoli negativi come: accettazione passiva del dubbio, lassismo nella vita morale, altre carenze personali dei protagonisti (di fede e di morale, specialmente collegate con il tema sessuale e con quello della fecondità); non accettazione di certi orientamenti circa la famiglia (divorzio, aborto, rapporti pre-ed-extra matrimoniali...).

Dall'altra parte invece può esserci l'influenza di situazioni che fanno riferimento alla dinamica del gruppo. In questo senso gli influssi negativi possono provenire ad es. dalla carenza di strutture ecclesiali, sul piano della qualità (strutture ed organizzazioni insufficienti, iniziative inefficaci, tradizionali...) e della quantità (assenza di clero, crisi delle vocazioni, cattiva distribuzione delle parrocchie...). Non è raro il caso di situazioni invece in cui appare più o meno evidente l'insufficienza della trasmissione del messaggio (catechesi non funzionante, disorganizzazione, pastorale sbagliata, mantenimento di proposte antiquate già superate dallo stesso magistero, (ad es. insegnamenti preconciliari trasmessi ancora come dottrina corrente),errori di metodo o di contenuto...). Infine si deve notare l'eventuale mancanza di testimonianza o presenza di scandali specifici (sia in relazione a problemi di giustizia che in relazione alla problematica sessuale,...). Presenza di esperienze negative di varia natura nei rapporti con il clero o con l'istituzione religiosa (scandali di vario genere);

Anche in relazione al contesto socioculturale possono verificarsi influenze di senso negativo. Per scendere a più particolari, innanzitutto va fatto riferimento al permissivismo imperante e tendenza ad una concezione materialistica ed edonistica della vita. Senso di benessere e di autosufficienza dei nuovi ceti medi. Incidenza disfunzionale alla religione può provenire anche dalla presenza di grandi trasformazioni socioculturali e sviluppo industriale e forme varie di contestazione verso le istituzioni tradizionali (autorità, famiglia, scuola...) compresa quindi l'istituzione religiosa[39]. Vanno anche aggiunte diverse forme di dissenso radicale della mobilità territoriale e dell'anonimato dove l'aspetto religioso ha perduto il sostegno dell'ambiente. Infine va rilevata l'azione da parte delle ideologie non solo con funzione di alternativa ma anche, in opposizione all'istituzione religiosa. Non va esclusa infine la diffusione di altre forme di religiosità (movimenti e sette) attuata in forme di concorrenza più o meno sleale.

## IV. TIPOLOGIA DELL'APPARTENENZA

Quanto detto circa la formazione e dinamica dell'appartenenza comporta che in un dato momento la situazione della popolazione di una religione venga a trovarsi disposta come in un *continuum* dal polo positivo a quello negativo. Al limite tale differenziazione può corrispondere a tante posizioni quanti sono i suoi fedeli, ma è ovvio che possono formarsi dei raggruppamenti tra quelli che presentano tratti che si configurano similari e tipicamente distinti da altri. Pertanto per attuare come uno spaccato della situazione di una religione possiamo attuare una tipologia generale. Essa come tutte le altre tipologie non va certamente assolutizzata, ma neppure svalutata, in vista di una migliore comprensione dell'appartenenza.

Nel fare una tipologia occorre da una parte sottolineare la plausibilità della sua creazione e impostazione e,

---

[39] SCARVAGLIERI G. *Religione e società a ...*, op. cit. 1982, 240-247.

dall'altra, la necessità di prendere alcune precauzioni nella costruzione effettiva. Così l'operazione ha la sua giustificazione razionale e nello stesso tempo prospetta e tenta di risolvere le difficoltà e i problemi dei casi liminari. La razionalità di una tipologia esige che la sua creazione sia attuata con prudenza e basata sui dei criteri oggettivi e validi e in un certo senso sufficienti[40].

Innanzitutto la specificità dei riferimenti alla religione per cui l'atteggiamento corrispondente appare nella sua originalità e peculiarità. Un altro elemento importante è l'esigenza di multidimensionalità ma in senso doppio: in riferimento ai diversi aspetti del fatto religioso, in al punto di vista percettivo, emotivo ed operativo dell'atteggiamento. Per ottenere pertanto una tipologia completa occorre evidenziare la presenza ed azione di più componenti che caratterizzano la realtà concreta. Questo rientra nella coerenza generale del nostro sistema di studio di attuare un approccio multidimensionale. Pertanto anche a riguardo della tipologia dell'appartenenza non ci si può basare solo sulla pratica religiosa o solo sul coinvolgimento e sulla collaborazione, ma si devono abbracciare tutti gli aspetti e farne una sintesi.

Queste ragioni o criteri ci sembrano in grado di garantire una tipologia razionale e funzionale ai fini di una migliore comprensione della complessa situazione delle reli-

---

[40] Per criterio si intende un principio logico già ampiamente condiviso o per la sua plausibilità intrinseca o per la comprovata validità razionale.

gioni nella loro varietà storica ed attuale. La tipologia può avere quindi un'applicazione puntuale o dinamica. È puntuale quando ci si riferisce ad uno spaccato particolare della situazione di un gruppo o di una persona, quasi una fotografia che coglie un dato momento particolare. È dinamica quando si vuol seguire la diversa immagine che una stessa persona o gruppo presentano in diversi periodi della loro vita, e ciò tenuto conto del diverso peso e incidenza nella configurazione globale. Nell'un caso e nell'altro ha un grande valore in vista di una maggiore chiarezza pratica che in fin dei conti si ripercuote come un vantaggio anche sul piano operativo, in quanto l'appartenenza è empiricamente variamente applicabile quanto all'estensione.

Ma occorre sottolineare anche i limiti che più o meno costantemente si presentano e che debbono comunque essere tenuti in debito conto in modo che la tipologia sia un aiuto euristico e non un intralcio alla visione realistica della situazione. Sono varie le condizioni di cui occorre farsi carico. Può verificarsi infatti un problema circa la individuazione ed operazionalità degli indici usati, per cui si ha una certa arbitrarietà nella assegnazione generale. Come in ogni tipologia rimane presente la problematica della collocazione dei casi "limitrofi"[41]. Va fatta inoltre debita distinzione a riguardo della valutazione oggettiva e co-

---

[41] Ovviamente questi sono sempre delle situazioni particolari che, pur costituendo un problema, non neutralizzano i vantaggi più generali che derivano da una tipologia.

scienza soggettiva. Infatti può capitare a volte una discrepanza di valutazione a riguardo, nel senso che si dà significato diverso alle espressioni a secondo che si tratti di una classificazione dal punto di vista oggettivo per persone che magari da loro stessi si collocherebbero in altra classe[42]. Per questo infine va fatto un certo bilanciamento della presenza di tali criteri con un dosaggio globale della loro incidenza in riferimento ai singoli individui e a categorie più o meno ampie.

### A. Le proposte in base a singole dimensioni

Da quanto detto ci sembra che attuare una tipologia sia una fatto utile dal punto di vista scientifico e comunque facilita una comprensione più adeguata e sintetica delle singole situazioni. Ciò peraltro è confermato dal fatto che in tutte le scienze ci sono delle tipologie. Non ne mancano peraltro in rapporto alla vita religiosa. Tra di esse sono famose: quella di Le Bras, e quella di Fichter.

Pensiamo tuttavia che esse sono troppo ancorate o al tempo (anni cinquanta) e al contesto (americano del Nord) in cui sono state realizzate, o all'uso di un singolo criterio (la pratica religiosa) per cui alla loro validità parziale non fa riscontro una applicabilità più ampia e più attuale e multidimensionale[43]. Per questo, dopo un breve esposi-

---

[42] Pertanto occorre sempre evidenziare quale tipo di tipologia è attuata e con quali mezzi tecnici di rilevazione.

[43] Cfr. critica anche la critica all'orientamento sociografico espresso preceden-

zione di ciascuna di esse, proponiamo una nostra tipologia che pensiamo possa essere di una qualche utilità, in quanto si presenta come interculturale e multidimensionale.

## 1. La tipologia di Le Bras

È certamente quella più antica e anche più famosa. Essa prevede una serie di tipi che ovviamente vanno dal grado maggiore di identificazione da parte dei fedeli fino alla prospettiva di estraneità. Le Bras in realtà ha proposto diverse volte la sua tipologia, migliorandone l'impostazione e impegnandosi per una maggiore adeguatezza dei termini nella loro capacità descrittiva e connotativa i diversi stati globali delle persone[44]. I tipi fondamentali sono così proponibili e denominati:

a) *pii e devoti*: sono quelli che vivono più da vicino le esigenze della vita religiosa, sono assidui alle diverse obbligazioni, ma anche alle devozioni consigliate, spesso anche alla Messa giornaliera, si impegnano anche sul piano della vita parrocchiale e delle sue iniziative.

b) *praticanti*: (o messalizzanti): rientrano in questo tipo gli ordinari frequentatori dei diversi riti importanti ed obbligatori con regolarità ed impegno: Messa domenicale, precetto pasquale, richiesta del sacramento dell'estrema unzione, invio dei figli alla catechesi, ecc.

---

temente

[44] LE BRAS G., *Studi di sociologia religiosa*, Milano, Feltrinelli 1969, 33-40.

c) *conformisti stagionali*: sono quelli per i quali la religione si definisce in base ai riti fondamentali (Battesimo, Matrimonio, esequie. Ciò non esclude la partecipazione ad altri riti particolari: Prima Comunione dei figli, Precetto Pasquale, feste patronali, partecipazione ai funerali e qualche altra discontinua occasione.

d) *dissidenti*: comprende i cristiani che seppure battezzati rifiutano l'aspetto religioso della vita (separati). Vi sono inclusi anche gli appartenenti ad altre religioni e quelli che escludono più o meno coscientemente ogni affiliazione religiosa (estranei).

## 2. La tipologia di Fichter

È ugualmente molto nota, anche se meno diffusa di quella di Le Bras. Egli articola la sua tipologia in quattro tipi fondamentali, non solo sulla base del rapporto con la vita religiosa in genere, ma più specificamente in rapporto al grado di presa di coscienza e di coinvolgimento nella vita della parrocchia[45]. Anche al sua tipologia tenta di dare un valore significativo alle connotazioni terminologiche, anche qualche aspetto sembra piuttosto ripetuto:

a) *nucleari*: presentano una perfetta ortodossia, quanto alla fede e una fedeltà costante quanto alla partecipazione ai riti e alla vita parrocchiale. Mostrano anche nella vita di

---

[45] FICHTER J. *Social relations in the urban parish*, Chigago, The University of Chigago Press, 1954, 106 e ss.

ogni giorno aspetti e motivazioni religiosi, buoni rapporti con il clero, condividono i valori proposti dalla chiesa, s'impegnano frequentemente nella collaborazione attiva e responsabile con la parrocchia, ecc.

b) *modali*: rappresentano la fascia più ampia fra tutti i tipi (da ciò la stessa denominazione che viene dal termine statistico *moda:* categoria più numerosa). Sono abbastanza regolari, ma presentano forme meno impegnate e garantite circa la fede, la condivisione dei valori, la partecipazione alla comunità parrocchiale, ecc.

c) *marginali*: come dice la stessa parola questa categoria contiene coloro che mettono in discussione la fede, la pratica, sono poco identificati con la parrocchia, nella vita quotidiana hanno scelte e comportamenti che quasi non li distinguono dagli altri, anche non cattolici.

d) *dormienti*: Vi sono inclusi quelli che in realtà sono quasi del tutto separati dalla vita della chiesa in relazione ai diversi indicatori. Non hanno ancora abbandonato del tutto la religione, ma non partecipano mai, hanno un grado minimo di identificazione e non risentono alcuna influenza religiosa sul loro comportamento.

B. Un'impostazione multidimensionale

Queste tipologie sono piuttosto limitate. Quella di Le Bras è basata quasi esclusivamente sulla pratica religiosa (le altre indicazioni sono piuttosto delle illazioni) e non si riferisce quindi al fatto religioso nella sua globalità, in maniera multidimensionale. Inoltre, è ormai lontana nel tempo (sono passati ormai parecchi anni dalla sua creazione) e quindi è meno applicabile al contesto attuale che ha registrato un ulteriore passaggio di mentalità. Quella di Fichter si riferisce piuttosto al contesto ambientale nordamericano e quindi anch'essa appare poco funzionale per altre situazioni ed è basata principalmente sulla dimensione comunitaria. Per questo la sua base monodimensionale, non offre un'immagine completa della vita religiosa di una data comunità.

Occorre pertanto superare tali limitazioni e prospettare una tipologia che dia la possibilità di una applicazione più ampia (non una sola dimensione) ed aggiornata (e non funzionale a situazioni lontane nel tempo) applicabile in contesti diversi (una certa universalità interculturale) e non solo in un ambito particolare e che nello stesso tempo sia anche multidimensionale (secondo la impostazione di fondo di tutta la nostra trattazione). Proponiamo pertanto la seguente tipologia che sintetizza diversi studi empirici da noi fatti in vari contesti e le relative classificazioni ricavate tramite l'impiego l'analisi fattoriale[46].

a) Attivi. I soggetti fanno propri gli scopi della religione, adottano le sue soluzioni ai vari problemi, ne utilizzano gli strumenti operativi, per valutare il mondo, le cose, la storia alla stregua delle posizioni ufficiali del

---

[46] Cfr SCARVAGLIERI G., *La religione nella società...*, op. cit. 1998, in questo contesto la presentiamo con una terminologia descrittiva sul piano della intensità quantitativa e qualitativa con cui sono percepite e vissute le vari dimensioni.

gruppo. Ciò si può verificare sia in maniera molto esplicita cioè, tramite una presa di coscienza documentata e approfondita, o in forma implicita sulla base di fiducia scontata. In altre parole vivono un'identificazione totale.

Nell'un caso e nell'altro il soggetto vive inserito partecipando attivamente al culto e alle altre manifestazioni religiose, mostrando un coinvolgimento multidimensionale nella vita parrocchiale: fede, pratica, aspetto comunitario, e dimensione etica). Trasporta nella pratica le istanze di fondo della religione. Tali atteggiamenti sono vissuti con o senza mediazione dei sottogruppi di varia denominazione. Questo tipo si applica agli specialisti religiosi (clero e religiosi) e ai laici "devoti" e/o impegnati. Staticamente non rappresenta una quota importante della popolazione, si aggira intorno a percentuali piuttosto basse.

b). Aderenti. Coloro che rientrano in questo tipo mostrano una forma di identificazione convenzionale o culturale e comunque parziale con i valori e le norme proposti dalla propria religione, cioè senza quella coerenza ed intensità che sarebbero necessarie. La partecipazione è discontinua e scompensata sia al culto che alle altre manifestazioni religiose. Si verifica piuttosto una semplice utilizzazione dei servizi parrocchiali, come servizi che si acquistano al mercato o al distributore, anche se con una certa regolarità. In altre parole vivono un'identificazione parziale.

Vi si nota una carenza di impegno personale ed attivo sia in relazione alla attività religiose che agli altri aspetti. Sul piano multidimensionale si notano diversi scompensi sia sulla fede e sulla pratica, come anche in relazione alla vita morale, (tendenza ad una forma si autogestione della morale). Nel complesso però viene ad esservi una pluralità di configurazioni religiose (sotto le varie dimensioni) della vita dell'individuo e del gruppo. Di esse alcune nel versante positivo (sottotipi accettabili) altre invece nel versante negativo (sottotipi meno validi). Nel complesso questo tipo si applica alla grande massa di fedeli[47].

c) Marginali. Per i partecipanti a questo tipo la religione non è sentita personalmente anzi se ne sono quasi tagliati fuori. Pertanto è un tipo molto diffuso e rispecchia l'attuale tendenza alla disaffezione nei confronti della propria religione. Altre caratteristiche della componente conoscitiva e della fede sono poco sviluppate per cui è prevalente la configurazione implicita dei vari punti del credo. Anche la partecipazione ai diversi momenti della pratica religiosa risulta quasi elusa, oppure è intesa solo come obbligazione di tipo prevalentemente socioculturale, e soltanto in minima parte di natura religiosa. In concreto vivono in una situazione marginale.

Per quanto riguarda gli altri aspetti della vita religiosa si nota una elevata indifferenza e distanza dalla vita religiosa alle sue esigenze organizzative anche minime. Per quanto riguarda la morale si accentua ancora di più il senso dell'autogestione che arriva fino ad una forma sistematica di esclusione di una morale religiosa o di un ruolo della chiesa sulla morale. Specialmente l'aspetto comunitario lascia a desiderare, in quanto si vive piuttosto lontani e distaccati dalla propria chiesa, senza alcuno contatto sia pu-

---

[47] IBIDEM, 240-248.

re sporadico. Statisticamente anche questo tipo, specialmente oggi, è abbastanza ampio, ma non eccessivamente.

d) Passivi. Per le persone che rientrano in questo tipo la religione quasi non esiste o rimane solo come una realtà giuridica dalla quale si sentono staccati, con la quale si hanno solo dei contatti formali e burocratici. Le persone che rientrano in questo tipo presentano un'abituale lontananza dalla pratica religiosa in tutti i suoi aspetti, compresi anche quelli più rilevanti e che riguardano l'accostarsi ai sacramenti della confessione e della comunione a pasqua o altre obbligazioni essenziali, eccetto in occasioni socioculturamente importanti come: matrimoni, funerali, ecc.[48]. In concreto vivono in una posizione nominale.

In sostanza mostrano una totale estraneità mentale e comportamentale con la vita religiosa. Vi si nota anche una sistematica assenza fattuale di ogni coinvolgimento circa la fede e i valori. Nel versante morale si regolano secondo una morale o laica o comunque indipendente dalle indicazioni della chiesa. In realtà la loro ascrizione e conteggio come membri di un data religione si basa su una ascrizione iniziale (ma sempre importante dal punto di vista teorico cioè teologico) dovuta al fatto che tali persone a sua tempo hanno ricevuto il battesimo.

e) Distaccati. A loro riguardo si può parlare anche di una completa rottura dell'appartenenza. Essa si manifesta come abbandono della religione, attuando una rinuncia alle credenze fino all'abbandono totale della religione (stato

---

[48] Cfr. AA.VV. *L'indifferenza religiosa*, Roma, Città Nuova, 1978.

di lontananza o anche addirittura, rinuncia positiva e cosciente della religione)[49]. Le forme principali che può assumere possono essere sintetizzate nelle seguenti categorie: a) negazione filosofica (di matrice razionalista e materialista), b) negazione secolarista (di matrice pratica ed edonista), c) negazione (in funzione di un impegno in vista di una trasformazione socio-politica del mondo), d) negazione tradizionale (accettazione socioculturale di un atteggiamento non religioso). In funzione di completezza si può aggiungere anche la presenza di coloro che sono del tutto estranei ad una data religione.

Dal complesso delle riflessioni che abbiamo svolto emerge il significato specifico di appartenenza alla religione come atteggiamento. Tale trattazione però è certamente un contributo importante all'analisi della dimensione sociologica della religione, in quanto fa luce su aspetti teorici di grande rilievo e comunque rappresenta un ulteriore aspetto al quale si applica la problematica dell'appartenenza. Essa inoltre può essere visto nella sua portata operativa e cioè come base per una corretta impostazione pastorale da parte dei responsabili. La tipologia presentata infatti ci ha fatto vedere come le proporzioni di consistenza dei vari tipi propendono verso un quadro globale discutibile.

---

[49] Non includiamo i non battezzati (o "esterni"), in quanto non fanno parte di nessun tipo, possono comunque essere considerati come pubblico ed oggetto potenziale.

# CAP. VIII
# RELIGIONE E CONTESTO CULTURALE

Una componente centrale nella sociologia della religione riguarda il suo collocarsi nella società circostante. Tale inserimento è costantemente presente anche quanto si parla della struttura interna e della dinamica evolutiva del fenomeno religioso. Ma data la sua importanza e rilevanza teorica non si può non farlo oggetto di una trattazione speciale. In questo senso si evidenzia il rapporto tra la stessa sociologia della religione e la teoria sociologica generale. Infatti, già parlando dell'oggetto abbiamo fatto cenno al problema del rapporto tra religione e società come di un argomento di grande rilievo e costantemente presente nello sviluppo teoretico e storico della sociologia della religione. È interessante allora riprendere la questione e vedere come esso può essere impostato e spiegato.

Queste affermazioni però non vanno intese nel senso che tra società e religione tutto proceda in modo gradito, funzionale, irenico, che, cioè, i rapporti rispondano a quanto ci si potrebbe aspettare. In realtà le cose non stanno così. Quello che vogliamo precisare in questo contesto indica che le due realtà: la religione e la società sono interdipendenti, senza emettere alcun giudizio di valore circa tale tipo di rapporti.

Del resto è intuitivo che le relazioni saranno gradite e positive nei casi in cui si verifica consenso e convergenza tra i valori della società e della religione, mentre negli altri casi si costano contrasti e conflitti, più o meno gravi, fino alla lotta aperta e allo scontro anche mortale. Esempi di tale difficoltà possono essere le situazioni di persecuzione (la persecuzione al tempo dell'impero romano contro il cristianesimo) o situazione di underground (situazione di varie religioni in diversi stati e situazioni anche recenti) in cui potrebbe essere costretta una religione, o viceversa, la capacità di essa di sostituirsi alle istituzioni sociali e politiche e di imporre loro una propria egemonia, quando queste fossero deboli[1].

Anche dopo queste esemplificazioni, sembrerebbe che, a prima vista, il rapporto non possa stabilirsi in modo paritetico, come tra due partner di uguale importanza e consistenza, in quanto il contesto socioculturale va considerato come più ampio e comprensivo del fenomeno religioso. Tuttavia rimane ugualmente plausibile questa riflessione, per il fatto che tale tipo di relazione si applica anche nei rapporti tra entità non del tutto uguali. In questo senso occorre realizzare una riflessione più approfondita dell'entità dei rapporti in sé e delle rispettive prospettive ci concretizzazione.

Di essa risulta interessante cogliere l'effettiva modalità di presentarsi in vari periodi storici, emerge che tra religione e società possono applicarsi i criteri dei rapporti tra istituzioni[2]. Ne deriva quindi un'impostazione generale

---

[1] Esempi di situazioni come queste possono essere intraviste nell'impero nel medio evo, o nell'Iran all'avvento della repubblica islamica, ecc...

[2] In questo contesto non possiamo dilungarci sulla giustificazione di queste affermazioni, ma rimandiamo a testi di sociologia generale.

complessa ed ampia che va sviluppata distinguendo la tematica delle relazioni globali da quelli relativi al rapporto tra religione e singole istituzioni esistenti all'interno della società. Per esigenza di ordine espositivo e di chiarezza tratteremo separatamente le due tematiche. Nella prima sezione tratteremo della struttura e dei requisiti del modello generale e successivamente esporremo la dinamica concreta insistendo sulla sua esplicazione, concludendo alla fine parlando degli aspetti particolari.

## I. L'IMPOSTAZIONE GLOBALE

Fin dal sorgere della sociologia è emerso il problema del rapporto tra religione e società. L'interesse dei sociologi era di vedere quale fosse il rapporto di fondo, al di là delle vicende spicciole e concrete che l'analisi delle varie epoche storiche presentava. In parallelo con il tipo di approccio ai vari problemi sociologici, anche in relazione al problema dei rapporti prevale l'approccio globale. Pertanto in modo piuttosto generale si orientava l'attenzione al fenomeno nel suo insieme e alla ricerca di una soluzione piuttosto semplice di spiegare i rapporti tra religione e società. Emergevano due indirizzi di fondo derivanti dai principali sociologi: la religione come "variabile dipendente", e la religione come "variabile indipendente"[3].

---

[3] Abbiamo accennato a tali teorie nell'ambito dell'esposizione dello sviluppo storico della sociologia della religione. Cfr. quanto abbiamo già detto nel cap. II.

Nonostante si sia verificato un seguito imponente per l'una e l'altra teoria, tuttavia ambedue le concezioni, considerate isolatamente, propongono una soluzione insufficiente. Per questo si è sempre più imposto un nuovo orientamento che sottolineasse, da una parte, l'autonomia delle due variabili e, dall'altra, la reciproca interdipendenza. Tale impostazione rileva l'unilateralità delle due impostazioni singolarmente considerate e tenta di conciliarle tra loro organizzando la spiegazione in modo diverso da come suggerito dal solo concetto di dipendenza. Tale soluzione pertanto è denominata con l'espressione: "Teoria della variabile autonoma". Pertanto appare giustificato il tentativo di fonderle in una teoria unica che quindi risulta più completa e plausibile.

La teoria della *variabile autonoma* pertanto afferma che tra i due partner esistono una molteplicità di rapporti attivi e passivi, ma che la natura dell'uno o dell'altro tipo d'influenza, la consistenza e l'incidenza, gli aspetti o ambiti concreti e l'alternanza non si verificano in modo unidirezionale e sistematico, ma in maniera biunivoca ed imprevedibile. In ciò operano una serie di fattori interni ed esterni, sia alla società che alla religione, che rendono il rapporto piuttosto complesso e complicato. Per questo essi vanno colti in modo da ricostruire un approccio più realistico e capace di offrire una spiegazione logica e plausibile.

Benché già alcuni autori seguano questa impostazione, essa ha ancora bisogno di ulteriori approfondimenti ed apporti. Tra questi ci sembra importante l'applicazione del modello cibernetico che da tempo andiamo attuando[4]. Ci sembra interessante nell'ambito della problematica dei rapporti tra religione e società attuare una sia pur breve e sintetica chiarificazione delle componenti del modello che comporta: la costituzione dei due campi e l'individuazione dei paradigmi delle relazioni.[5]

### A. I REQUISITI COSTITUTIVI

Un'esigenza immediata è quella di vedere come si devono configurare i due partner, nel nostro caso, religione e società, per poter trovarsi in relazione reciproca e duratura. Pertanto occorre postulare che essi abbiano certi requisiti che possiamo chiamare costitutivi. In altre parole occorre vedere quali siano le strutture preliminari che funzionano come requisiti costitutivi di tale rapporto, che poi si trasformano in strumenti di interpretazione. Si tratta quindi di individuare tali presupposti e di descrivere il modello.

Ciò comporta che essi siano dotati almeno di una relativa autonomia esistenziale ed operativa e di una più o meno sviluppata organizzazione interna. In tale modello la religione e la società sono concepiti quindi come organismi vivi e dinamici che venivano a contatto tra loro in vari modi. Possiamo allora sottolineare il costituirsi dei due

---

[4] SCARVAGLIERI G., *Religione e società a confronto*, Reggio Emilia, Bizzocchi, 1982, 70 80; IDEM, *Sociologia della parrocchia*, Roma, PUG, 1991, 105-120.

[5] Per ulteriori approfondimenti sul modello cibernetico rimandiamo alle opere specifiche e alle citazioni richiamate nella nota precedente.

campi pertanto che si realizza tramite la specificazione istituzionale, che comporta anche lo sviluppo più o meno strutturato ed ampio della propria presenza e competenza e capacità di interazione. Occorre quindi chiarire meglio tali requisiti di cui offrire dopo gli esisti concreti dell'interazione.

## 1. La specificazione istituzionale.

La situazione odierna, specie nel mondo occidentale e cristiano, ha alle sue spalle una posizione che si è andata evidenziando sempre più a partire dal Rinascimento. Fino a quel periodo le varie istituzioni erano tra loro interpenetrate e collegate strettamente tanto da offrire l'immagine di un contesto compatto ed omogeneo culturalmente e strutturalmente. Dopo tale compattezza ha perduto sempre più terreno. Il fenomeno che si è venuto sviluppando, denominato specificazione istituzionale, ha determinato come una separazione, un'estraneizzazione delle istituzioni. In concreto tale fenomeno si configura come autonomia reciproca, da una parte e come consolidamento e complessità interni, dall'altra.

In rapporto all'autonomia ogni istituzione accresce la sua tendenza verso l'emancipazione dall'influsso delle altre istituzioni, anzi talvolta arriva fino a forme di opposizione e di concorrenza con le altre. Ne consegue la rottura dell'impostazione unitaria e totalizzante che caratterizzava la società prima dell'affermarsi di tale impostazione. In altre parole, all'interno della società globale, si verifica una sorta di divisione di ruoli tra le varie istituzioni, senza funzione di supplenza dell'una rispetto alle altre, come accade in situazione in cui le istituzioni sono come fuse tra loro. L'individuo accederà in tempi e luoghi successivi ai servizi delle varie istituzioni, il cui influsso diventa settoriale e solo in un secondo tempo (in senso psicologico, non cronologico) registra una riunificazione nella vita del soggetto.

Le singole istituzioni prendono la configurazione di filoni che percorrono un loro tracciato. Così la politica cessa di pretendere di avere una "cura religionis", e di assolvere il compito di proteggere con leggi e sanzioni i precetti religiosi. La famiglia non offre il supporto socializzante precedentemente svolto rinviando alla chiesa tale impegno ed onere. Anche la scuola, sia pure in un periodo più recente, si distanzia da funzioni confessionali contribuendo quindi alla estraneizzazione dei soggetti rispetto al patrimonio religioso. In questo senso si muovono pure, specie attualmente, non solo l'economia, ma anche le altre istituzioni espressive e quelle ricreative[6].

## 2. La complessità interna

In rapporto alla complessità, si constata che tale fenomeno non va visto solo nella sua evoluzione, ma anche nel suo consolidamento e complessificazione. Pertanto accanto al concetto di specificazione istituzionale va posto quello riguardante la complessità interna delle varie istituzioni e

---

[6] Cfr. MOBERG D. O., *The Church as a social institution*, E. Cliffs, Prentice-Hall, 1962.

nel nostro caso del fenomeno religioso. Con ciò si suole indicare il processo di sviluppo di strutturazione e consolidamento degli elementi ideativi e comportamentali sia individuali che comunitari collegati con l'aspetto religioso.

In altri termini si afferma la realizzazione del processo di istituzionalizzazione con tutto quello che tale processo implica sia in riferimento alla dinamica interna (esigenza di chiarificazione concettuale, di semplificazione e fissazione comunicativa, simbolica, rituale, ...), sia in relazione alla dinamica esterna (influssi del contesto socioculturale sul piano delle conoscenze filosofiche, degli sviluppi scientifici, delle trasformazioni valoriali)[7].

Inoltre tale processo va visto distintamente in relazione alle singole dimensioni di cui abbiamo parlato già diverse volte. Esso quindi si configura come fenomeno globale ma anche specificabile in rapporto alle singole dimensioni. Le credenze implicano la propria determinazione nell'interiorizzazione dei vari punti, la chiarificazione, dei punti fondamentali del "credo", che si sviluppa in un sistema teologico articolato. L'esperienza religiosa nella pratica del culto comporta la formalizzazione dei segni e simboli dell'esperienza stessa determinando e fissando le formule, i gesti, le persone abilitate e i luoghi adatti.

L'aspetto comunitario registra un passaggio che va dal carisma all'ufficio, con la ripartizione rigida di competenze e facoltà funzionali e gestionali attribuite a singole persone o a categorie particolari con la divisione dei ruoli

---

[7] Cfr. LUHMANN N., *Funktion der Religion*, Frankfurt a. M., Suhrkamp, 1977.

in maniera più burocratica. Il piano morale attua un passaggio dalla spontaneità al giuridismo, moltiplicando i precetti e le norme obbligatorie, ma anche pensando di stabilire una volta per sempre gli obiettivi e le conseguenti scelte strumenti comportamentali.

In concreto si constata un'amplificazione concettuale e pratica del fenomeno religioso e delle sue componenti, per cui le forme di relazione risultano più articolate e capaci di suscitare una dualità maggiore rispetto al contesto circostante. Ciò pone le condizioni delle reciprocità dei rapporti, ma anche la maggiore o minore consistenza che tali relazioni possono avere nel succedersi del tempo[8].

### B. I REQUISITI INTERPRETATIVI

L'enunciazione dei requisiti costitutivi è propedeutica al processo interpretativo. Questi si configurano come strumenti logici che descrivono le modalità concrete di tali requisiti di cui colgono, da una parte, la forma e il contenuto delle influenze e, dall'altra, la consistenza e l'alternanza più o meno ritmica del ruolo egemone.

### 1. La forma dei rapporti

In concreto le relazioni abbracciano delle caratteristiche particolari che qualificano e specificano i rapporti, ne mostrano la natura e le modalità di presentarsi e quindi di agire. Tale requisito costituivo fa riferimento alla natura e portata concettuale e pratica che prendono le transazioni verso

---

[8] Cfr. cap. IV.

l'altro partner. Tale impostazione è come la chiave di lettura di tutto il processo e permette una più completa comprensione del suo funzionamento[9]. Gli influssi sostanzialmente si possono presentare come: *comunicazione* (trasmissione di conoscenza e di diffusione simbolica) e *azione* (trasmissione di energia ed impulsi operativi). I primi fanno riferimento ai dati intellettuali (filosofia, scienza, visione della storia, mentre i secondi richiamano dati operativi (motivazioni, scelte, pressioni sociali dell'ambiente circostante).

Più in linea con il modello cibernetico possiamo parlare di informazione e di energia. L'informazione è un concetto chiave. Nel senso abituale del termine essa è la trasmissione di una nozione o significato mediante un simbolo più o meno convenzionale in un dato contesto spazio-temporale. Nel nostro caso si tratta sostanzialmente di una comunicazione intellettuale che si riferisce quindi ai dati cognitivi dei due sistemi. Anche il concetto di energia è importante. Essa sta ad indicare la forza o la spinta che porta alla transazione, entro i due sistemi, che avvia a trasformazioni concrete della situazione dell'altro partner. In concreto comporta la trasmissione di elementi vitali, dotati di proiezione e capacità di persistenza nel tempo.

## 2. Il contenuto dei rapporti

Ma la forma non è una realtà vuota e solo convenzionale, ma richiama e rimanda ai contenuti, per cui si tratta

---

[9] Oltre ai riferimenti della nota precedente cfr. SCARVAGLIERI G., op. cit. 1982, 40-47.

di scambio di "oggetti" specifici che sono proiettati e indirizzati verso l'altro partner. I contenuti quindi sono le conoscenze concettuali (sapere e interpretazione sociale) e concretizzazioni energetiche (motivazioni e proiezioni operazionali). Per questo li possiamo catalogare all'interno della concezione globale del fenomeno religioso, pur restando ancorati e caratterizzati dalla forma.

Abbiamo così aspetti che fanno riferimento alla informazione ed altri alla azione propria e specifica dei due partner e che in concreto sono orientati verso l'aspetto conoscitivo (patrimonio concettuale), simbolico (espressioni analogico-rappresentative e rituali), associativo (modalità organizzative), comportamentale (aspetti etici). Tali contenuti peraltro cambiano nel tempo, per cui le transazioni in un periodo specifico e in un contesto concreto sono diverse da quelle di un altro. Così è differente il rapporto tra chiesa e stato al momento attuale, rispetto a come si presentava nel medioevo, dalla sua posizione in Europa o in Asia, ecc.

### 3. La consistenza dei rapporti.

La consistenza dei rapporti fa riferimento alla reale capacità di un sistema di modificare l'altro. Tale consistenza, sul piano concettuale, è rappresentata dalla struttura interna dell'uno e dell'altro partner e quindi dal complesso o ricchezza di contenuti informativi e di capacità delle energie disponibili. Richiama il livello e lo stadio evolutivo nella presa di coscienza di se stessi e della propria robustezza relazionale, richiamando così gli effetti della specificazione e della complessità come fonte di energie relazionali.

Sul piano concreto essa si manifesta come volume degli influssi e della loro forza nel dare le risposte cui i sistemi devono far fronte in dipendenza delle interpellanze che sono avanzate dalle persone che vi stanno dentro. Pertanto nei rapporti reciproci di influenza vanno sottolineati: il peso che ciascuno ha in tale reciprocità sul piano della qualità (entità tipica di essa), della quantità (ampiezza degli ambiti in cui è esercitata), della durata nello svolgimento di ruolo egemone (forza e tenacia dell'influenza).

## 4. L'alternanza del ruolo egemone

Ma tale consistenza dei rapporti è entità variabile, cioè cresce e decresce, in base alla ricchezza degli elementi propri di ogni sistema e della vitalità loro specifica dei due partner. Questa sottolinea la prestanza, la forza espansiva e creatrice del singolo partner, che si configura come il presupposto che dà origine alla consistenza dei rapporti. Essi sono generati dalla robustezza globale del singolo sistema, quello religioso e quello sociale, tenuto conto della forza ed identificazione con cui i soggetti producono messaggi orientati verso l'altro.

Oltre alla situazione interna attuale, non è esclusa tuttavia l'incidenza derivante da elementi storici che possono avere influenza nei confronti dell'altro. Infatti, in un senso o in un altro, è ovvio che si verifichi una maggiore o minore intensità e vitalità differenziata, per cui, in un dato momento, uno dei partner presenta una carica maggiore di informazione o di energia e per questo e capace di influenza sull'altro, mentre questo secondo si trova in una situazione deficitaria e per questo è costretto a subire.

## II. LA DINAMICA CONCRETA

Una ragione profonda della validità del modello cibernetico consiste nel concepire la sociologia della religione come parte integrante della teoria sociologica generale. Ne deriva che il fenomeno religioso vi è considerato in stretta connessione con la vita sociale. Questa impostazione sottolinea l'aggancio agli autori classici e il recupero del ruolo fondamentale della teoria nella ricerca. Un'adeguata comprensione del modello cibernetico e della sua portata euristica comporta una puntualizzazione circa la modalità di interazione che caratterizzano questo tipo di approccio.

### A. L'AMBITO DELLE INTERAZIONI

L'ambito delle relazioni richiama i due concetti di fondo già evidenziati nel contesto del primo capitolo, e cioè i concetti di cultura e di struttura. Articolando meglio tali concetti ed applicandoli al contesto socioculturale e al fenomeno religioso, ne deriva la possibilità di un rapporto che può essere visto secondo due livelli di complessità.

Un primo livello coglie la direzione unilineare che può essere: attiva (influssi che dal fenomeno A vanno verso il fenomeno B: la religione influenza il contesto socioculturale) e passiva (influssi che dal fenomeno B vanno verso il fenomeno A: il contesto socioculturale influenza la religione). Un secondo livello coglie la relazione biunivoca secondo uno schema attivo-passivo come flusso continuo, diffuso e reciproco dove solo la ragione riesce a distinguere chi è passivo e chi è attivo (modello cibernetico)[10]. In questo senso allora vanno riconsiderati i termini di cultura e di struttura sociale da una parte e di contenuti "religiosi" o "non religiosi" dall'altra.

Riproducendo in modo schematico l'intrecciarsi di tali concetti possiamo avere il seguente quadro che schematicamente presenta come si possono prospettare le situazioni tipiche che ne emergono[11].

Quadro 1. Modalità di incroci tra i vari aspetti culturali e religiosi

| Aspetti / contenuti | Contenuti religiosi | Contenuti non religiosi |
|---|---|---|
| Aspetti culturali | 1 | 3 |
| Aspetti strutturali | 2 | 4 |

Dal riquadro possiamo evidenziare quatto campi importanti di cui due direttamente rientranti nella nostra problematica. Essi mostrano come c'è sempre un'intera-zione tra gli aspetti della sociologia generale e

---

[10] Cfr. quanto abbiamo detto a riguardo della puntualizzazione dell'oggetto della sociologia della religione sia in rapporto all'aspetto strutturale che culturale, ma specialmente in riferimento all'aspetto relazionale.

[11] ROBERTSON R. op. cit. 1972, 65-70.

i contenuti religiosi per cui si individuano complessi problematici: cultura religiosa e struttura religiosa. In altre parole dall'incrocio delle variabili emergono quattro situazioni sia nel loro formarsi che nel susseguente sviluppo registrano molteplici rapporti in senso attivo e passivo.

### B. LA COMPLESSITÀ DELLE INTERAZIONI

Essi sottolineano come i contenuti religiosi prendono da una parte forma culturale e dall'altra assumono forma strutturale. A loro volta gli aspetti culturali e strutturali generali non possono non risentire delle influenze che derivano loro dalla dimensione religiosa. Infatti, presso alcune culture, specie quelle primitive, ma in qualche misura anche altre situazioni, si registra una serie di influssi da parte delle aspetti religiosi verso quelli generali. Per gli aspetti culturali alcune spiegazioni sia cosmologiche che antropologiche hanno origine dalla proposta religiosa presente in un contesto. Lo stesso si può dire degli aspetti strutturali che riproducono i parametri religiosi quanto alla forme aggregative e alla gerarchizzazione.

Questi rapporti vanno visti nella loro biunivocità tra aspetti omogenei (culturali e culturali, strutturali e strutturali) e tra aspetti non omogenei e trasversali (culturali versus strutturali e viceversa). Per cui vanno sottolineate le diverse direzioni: sia in senso orizzontale che diagonale tra gli aspetti culturali e le strutture sociali della religione e gli aspetti culturali e quelli sociali generali. Cogliendo quindi i rapporti lineari e intrecciati tra i quattro ambiti di tematici, sopra accennati, otteniamo uno schema ideale intrecciato che permette un ulteriore spiegazione dei rapporti tra religione e società.

Quadro 2. Modalità di incroci tra i vari aspetti culturali e religiosi

| Aspetti / contenuti. | Contenuti religiosi | Contenuti non religiosi |
|---|---|---|
| Aspetti culturali | 1 | 3 |
| Aspetti strutturali | 2 | 4 |

I collegamenti vanno intesi nelle due direzioni, in quanto indicano le diverse possibilità di influsso attivo-passivo tra il fenomeno religioso e i fenomeni non religiosi, in altre parole il rapporto tra religione e società. Benché ci interessano i rapporti tra le variabili 1 e 2, come fonte dell'interazione, in questo contesto, non sono da considerare, in quanto tale collegamento indica l'influenza vicendevole, ma interna tra gli aspetti culturali e strutturali all'interno dello stesso fenomeno religioso. Lo stesso va detto per la connessione tra i punti 3 e 4 che interessano dei fenomeni estranei alla sociologia della religione (si tratta di relazioni tra le componenti culturale e strutturale del contesto socioculturale generale).

Sono importanti le altre linee di influenza. I collegamenti tra Le 1 e 3 e quelli tra 1 e 4 indicano i rapporti "esterni" dei contenuti culturali religiosi rispettivamente con la cultura generale w con gli aspetti strutturali generali. Ugualmente importanti sono le connessioni tra 2 e 3 e quelli tra 2 e 4 che riguardano i rapporti "esterni". Tali rapporti possono denotare in che senso, settore, modo, con quale dinamica, valenza differenziata gli aspetti culturali della religione influiscono sul contesto socioculturale e come questo influisca sugli aspetti culturali della religione.

Pertanto tali rapporti sono intesi in senso sia attivo (influsso rispettivamente delle componenti culturali e strutturali religiose sulle analoghe componenti del contesto socioculturale) che passivo (influsso che dalle componenti culturali e strutturali e ambientali si ripercuote sugli analoghi elementi religiosi). Possono inoltre essere intesi in modo attivo-passivo (cioè in base al modello cibernetico in cui un partner non può essere attivo senza essere passivo e viceversa).

Questa riflessione pertanto permette di cogliere come in uno spaccato i rapporti tra religione e società. Esso però in tali termini appare nella sua staticità e immobilità e fa supporre che i rapporti tra religione e contesto socioculturale siano fissi e stabili una volta per tutti.

### C. Il processo evolutivo

Intuitivamente si possono ipotizzare delle fasi evolutive piuttosto generali che vanno dalla fase iniziale dell'interdipendenza a quella attuale della separazione e ramificazione. In realtà la cangiante situazione sociale e il diverso modo di essere presenti delle diverse componenti nella coscienza e nei comportamenti di singoli individui e di una più o meno grande pluralità di persone comporta situazioni diverse che si svolgono entro due poli fondamentali in relazione a due altri fenomeni centrali: lo sviluppo della complessità interna e quello della specificazione istituzionale.

Lo sviluppo della complessità interna mostra come nel tempo e per effetto di vari fattori sia gli elementi culturali che quelli sociali si evolvono verso forme di articolazione e ramificazione comportando un accresciuto chiarimento, ma anche una maggiore suddivisione dei contenuti e delle strutture. Così un sistema religioso, all'inizio piuttosto semplice, diventa complesso e molto articolato. Il fenomeno della specificazione istituzionale indica che nei rapporti tra religione e contesto socioculturale si verifica il processo più generale che caratterizza i rapporti tra le singole istituzioni per cui le singole istituzioni tendono a rendersi autonome e indipendenti reciprocamente. Così avviene che anche tra religione e ambiente socioculturale si constatano momenti di maggiore avvicinamento o allontanamento.

In concreto tali due componenti dei rapporti non procedono in modo separato, ma sono costantemente correlati ed interdipendenti per cui in realtà i fenomeni sono effettivamente più complessi, variegati e sfumati. È utile pertanto evidenziare meglio le configurazioni tipiche di tali rapporti così come essi si presentano a seconda del modo di intrecciarsi e di evolversi dei rapporti. Per far questo è conveniente disporre in modo paradigmatico i due fenomeni individuando le forme estremizzate che essi prendono. Possiamo avere così il seguente paradigma.

Quadro 3. Incrocio tra specificazione e complessità

| Religione / Società | Non complessità | Complessità |
|---|---|---|
| Non specificazione | 1 | 2 |
| Specificazione | 3 | 4 |

L'incrocio tra i due grandi orientamenti che possono verificarsi nei rapporti è indicato in modo tipico dai numeri nelle caselle centrali. Essi pertanto mostrano come concretamente possono verificarsi le diverse situazioni storiche. In funzione esemplificativa proponiamo le seguenti riflessioni sulle situazioni storiche specifiche di varie religioni in diversi momenti storici.

A) Le relazioni indicate dall'area n. 1 sono proprie o comunque fanno riferimento alla situazione di una religione non distinta dalla società e non sviluppata e non articolata al suo interno. Si tratta quindi di una situazione allo "statu nascenti" o ad esso assimilabile. Nello stesso tempo in relazione alla società tale situazione appare ancora non differenziata e/o distinta, nel senso che non è facile distinguere ciò che è sociale e ciò che è religioso. Anzi spesso si ha l'impressione che tutto il sociale sia religioso e che tutto il religioso sia sociale. In questo modo di collocarsi del fenomeno religioso rientrano le situazioni sociali e religiose dei popoli primitivi.

B) Le relazioni rientranti nell'area n. 2 mostrano le situazioni tipiche di quelle religioni che sono riuscite in un dato contesto socioculturale a "culturizzarsi" qualitativamente e quantitativamente in modo tale che abbiamo una predominanza anche nella concezione della cultura e nell'ordinamento della società in cui sono inserite e da cui appunto non risultano in un certo senso specificate. Il fenomeno religioso peraltro ha realizzato forme di complessità interna sia culturale che strutturale per cui appare ben organizzato ed articolato al suo interno. Vi si possono far rientrare la situazione: dell'antico Egitto, di cristianità nel Medioevo, ma anche la situazione ancora attuale di molte nazioni e repubbliche islamiche.

C) Le relazioni prospettate dall'area n. 3 mostrano il fenomeno religioso allo stadio iniziale e quindi ancora non articolato e non organizzato al suo interno. Esso però nasce o emerge in un contesto che non si identifica con esso per cui i rapporti sono caratterizzati da specificazione più o meno accentuata anzi talvolta anche in modalità di ostilità verso tale nuovo movimento o gruppo religioso. Esso quindi fa riferimento alla nascita dei nuovi culti in società già evolute o comunque caratterizzate in modo indipendente da tali nuovi orientamenti religiosi. Vi rientrano pertanto i momenti di nascita delle grandi religioni, nel passato, e delle sette e dei nuovi culti, oggi.

D) Le relazioni che entrano nell'area n. 4 richiamano alla mente molte situazioni attuali di società industrializzate e moderne in cui prevalgono le concezioni di separazione tra religione e società. Pertanto le religioni hanno un loro complesso apparato culturale e strutturale, ma sono poste in certo senso e in certa misura come ai margini della vita sociale. Vi rientrano molte situazioni attuali in cui non solo a livello di costituzione, ma anche a livello di costumi della gente, si verifica una tale forma di specificazione culturale, di opposizione alla religione: stati marxisti, laicisti, ecc.

### D. L'AVVICENDAMENTO DEL RUOLO EGEMONE

L'evolversi delle situazioni registra vari stati concreti dei due partner. I relativi flussi di rapporti e la loro consistenza e direzione dipendono, infatti, dalla vitalità momentanea dell'uno e dell'altro partner che peraltro ovviamente può registrare un'alternanza di attività o passività. Nel deriva anche un'alternanza del ruolo egemone Tale alternanza del ruolo ovviamente si basa sulla vitalità nel senso più ampio del termine che momentaneamente l'uno o l'altro partner possiede, da cui poi deriva sia il tipo che il ritmo dei rapporti. Ma il tipo di rapporto con la società dipende anche dallo stadio evolutivo della religione stessa e della sua vitalità e attività, la sua diffusione numerica entro una data nazione, come anche situazione piena di vita e di dinamismo della società. Il ritmo di tale processo dipende dalla vivacità delle due dinamiche. Può quindi presentare nel complesso momenti di accelerazione o di ristagno, mentre per i dettagli si verifica uno sviluppo differenziato delle dimensioni.

In relazione alla religione, oltre al tema della complessità interna bisogna fare riferimento anche al momento evolutivo che la caratterizza in un dato momento (stadio della sua istituzionalizzazione). Con ciò si vuole cogliere la sua capacità di sviluppo e di strutturazione degli elementi ideativi e comportamentali. Lo sviluppo della vitalità è legato sia alla dinamica interna: esigenza di chiarificazione concettuale, di semplificazione comunicativa, alla facilitazione del controllo, al recupero carismatico, alla capacità di cogliere i problemi del momento della società, ecc., sia alla dinamica esterna: influssi da parte del contesto socioculturale che si evolve, esigenza di cooptazione delle nuove situazioni culturali e tecnologiche, loro efficace inquadramento nell'ambito concettuale e dottrinale della religione.

Per quanto riguarda la società bisogna fare riferimento all'analogo processo di consolidamento e sviluppo, come anche alla sua capacità attiva. Anche per la società occorre far riferimento al processo di istituzionalizzazione nel suo complesso e alla eventuale situazione momentanea circa la vitalità e la capacità di assolvere un ruolo prevalentemente attivo. Infatti anche per la società si verificano alternanza: di accelerazione sociale (potenziamento, sviluppo...) o di ristagno (stasi, involuzione...) capacità di reagire alle vicende meno positive.

Incrociando le due modalità dei momenti attivi e non attivi dei due partners tra loro abbiamo un ulteriore quadro che ci aiuta a capire meglio come si sviluppano le relazioni, e che ci offrono situazioni storiche ed attuali molto interessanti.

Quadro 4. Ruoli attivi e passivi di religione e società

| Religione / Società | Ruolo Attivo | Ruolo Passivo |
|---|---|---|
| Ruolo Attivo | 1 | 3 |
| Ruolo Passivo | 2 | 4 |

Dalla tabella deriva una rete di relazioni continue e reciproche, che si condensano in quattro situazioni tipiche[12]. La prima corrisponde al momento profetico o carismatico, la seconda al momento istituzionalizzato o conservatore. Questi due momenti sono poi applicabili alternativamente sia alla religione che alla società. Tuttavia va sottolineato che sia per il contesto socioculturale, che per la religione si verifica normalmente una pendolarità dialettica tra momento o polo passivo e momento e polo attivo. Si tratta di quella alternanza tra processo di istituzionalizzazione e caos (o statu nascenti) istituzionale da cui prendono il via le istanze per un rinnovamento[13].

Venendo a maggiori dettagli ed esemplificazioni sul piano storico le diverse situazioni tipiche si alternano e si

---

[12] I quattro tipi ideali che ne derivano, secondo la concezione esposta da Weber, non si riscontrano direttamente e nella realtà, ma offrono tuttavia uno strumento metodologico per analizzare meglio le diverse situazioni. Queste peraltro vanno pensate come collocantisi ai diversi punti del continuum tra i due poli di ogni variabile.

[13] Cfr. AA. VV., *Religion and social...*, 1975; HADDEN J. K., *Religion in radical transition*, Chicago, Aldine, 1971; KELLEY D. M., *Religion in radical transition*, Chicago, Aldine, 1972.

susseguono senza un ordine preciso, ma non per questo meno interessante .

1. Convergenza tra contesto socio culturale attivo (periodo di grandi cambiamenti, di innovazione culturale, spesso anche economica e politica, ecc...) e religione attiva (periodo di nascita di una religione o di un suo processo di rinnovamento profetico e carismatico di grande slancio missionario, ecc...). Si verifica che sia la religione che il contesto socioculturale svolgano ruoli attivi (periodi o situazioni di grande effervescenza culturale e religiosa). Sono varie le situazioni storiche che rientrano in questo tipo, vi sono compresi a diverso titolo e con sfumature diverse: il cambiamento sociale dopo l'editto di Milano da parte di Costantino e l'azione di rinnovamento profetico e carismatico dei grandi Padri dei primi concili.

Vi rientra anche il periodo di potenziamento strutturale del sacro romano impero intorno all'anno mille e l'azione di rinnovamento attuata da Gregorio VII con la sua lotta per il riassetto dell'impero e della cristianità. Successivamente il periodo di Federico II e di Innocenzo III (periodo della nascita degli Ordini mendicanti). Nel secolo XVI in Germania, l'azione della riforma e il rinnovamento politico e sociale specie dei Calvinisti. Più recentemente la rivoluzione americana e la caratterizzazione in una triplice coscienza religiosa degli Stati Uniti; in Inghilterra l'azione di Cromwell e dei puritani; al giorno d'oggi la rivoluzione Iraniana, le trasformazioni recenti della Polonia, ecc.

2. Contesto socioculturale passivo (conservatore) e religione attiva o profetica. In tale situazione si costata che

sia la religione attiva e la società più passiva (periodi o situazioni della nascita o rilancio di una religione e di conservatorismo socioculturale). Si verifica questa situazione quando il potere politico è consolidato e rifiuta di rinnovarsi mentre al suo interno solo l'aspetto etico incentrato sulla religione funziona da forza propulsiva per il rinnovamento sia religioso che sociale.

Esempi di questo tipo si possono riscontrare al tempo dell'azione di Cristo e degli apostoli nel contesto dell'impero romano, della predicazione di Maometto nei territori dell'impero d'oriente. Oggi esempi di questo tipo si possono riscontrare nell'America Latina e nella sua azione di propulsione per la "liberazione" e la sua lotta contro i poteri conservatori del Sud-America e in parte nell'Unione Sovietica comunista. In tali situazioni cui l'unica molla della protesta consisteva nel rifugiarsi nell'etica religiosa e nei suoi valori per trovare uno spazio inattaccabile dal potere politico.

3. Presenza di un contesto socioculturale attivo e della situazione di passività da parte della religione. Si dà il caso che sia la società ad essere attiva e la religione passiva (periodi o situazioni di crisi religiosa e creatività culturale). Corrisponde a periodi di grande creatività sociale e culturale, al trapasso da un tipo di regime ad un altro, mentre la religione è piuttosto o totalmente passiva. Alla attività che manifesta la società non fa riscontro un'uguale capacità di dinamica da parte della religione per cui si costata una direzione degli influssi per cui è più giustificata l'impostazione della teoria della variabile dipendente.

Esempi di questo tipo si possono riscontrare in Italia al tempo delle Signorie e del Rinascimento, al tempo della Rivoluzione Francese e di quella Russa, attualmente in diverse situazioni Europee, caratterizzate da un atteggiamento poco creativo, specie prima del Concilio.

4. Contesto socioculturale passivo (conservatore) e religione ugualmente passiva e istituzionalizzata. Si verifica il caso di una religione e di una società passive (periodi e situazioni di stagnazione diffusa in un dato contesto). Si tratta di periodi in cui le due componenti si direbbe vivono di rendita in base a situazioni ereditate dal passato senza la necessaria capacità creatrice e innovatrice, anzi con forme più o meno involutive.

Esempi di questo tipo si rilevano nell'alto medioevo (secoli VII - VIII), nel periodo di assestamento dopo le guerre di religione del tempo della riforma e controriforma fino alla rivoluzione francese, ecc. Attualmente situazioni di questo tipo si riscontrano nei Paesi del Nord-Europa (Danimarca, Norvegia, Svezia), nelle zone meno sviluppate di parecchi paesi tradizionalmente cristiani (Italia, Spagna, Portogallo, Austria, ecc...) in alcuni paesi dell'Est Europeo (come Albania, Bulgaria).

Cosi inteso il modello cibernetico appare uno strumento interpretativo veramente efficace, vario ed applicabile alle più diverse situazioni culturali e storiche sia in senso orizzontale (varie situazioni culturali ad un dato momento storico), sia in senso verticale (varie situazioni di una stessa cultura attraverso il tempo). Queste prospettive inoltre si attuano sia recuperando innanzitutto l'aggancio alla teoria sociologica, sia evitando gli aspetti negativi delle singole teorie basate sul concetto della variabile dipendente o indipendente. In un certo senso il modello cibernetico si presenta come una nuova teoria generale dello studio dei rapporti tra religione e società.

## III. PROBLEMI PARTICOLARI

L'importanza della problematica dei rapporti tra religione e società suggerisce che si approfondiscano ancora di più i vari modi, come possano presentarsi le relazioni tra singoli aspetti della vita sociale e il fatto religioso. Questa situazione del resto si presenta come una puntualizzazione più specifica del tema generale già tratteggiato. Tuttavia le modalità esplicative pur rientrando nello schema generale richiedono per l'importanza dei temi e per la peculiarità dell'interazione, una trattazione più ampia e approfondita che corona l'analisi fin qui svolta.

Pur essendo molti i temi che si potrebbero affrontare, ci limitiamo ad alcuni ambiti più rilevanti che costantemente nella storia hanno registrato varie forme di rapporti. Anche nell'attualità, tali aspetti risultano molto interessanti. Il breve elenco cui facciamo riferimento vuole rappresentare una molteplicità di casi che le diverse religioni e i diversi contesti culturali rendono di non facile sintesi[14].

---

[14] Cfr. YINGER J. M., *Sociologia della religione*, op. cit. 1965, passim.

## A. Religione e politica

Il rapporto tra religione e politica è uno dei più costanti, ma anche dei più travagliati. Ciò è vero sia che lo si intenda in senso generale, sia se lo si riferisce ad un ambito più limitato ed istituzionale: rapporto tra chiesa e stato. Vi rientra quindi oltre che la questione dell'influenza politica della religione o della chiesa sulla vita associata e la sua gestione politica, anche la dibattuta questione dei rapporti tra chiesa e stato. Nell'un caso e nell'altro si constata un'ineliminabile interferenza reciproca sui settori specifici dell'uno nei confronti dell'altro e viceversa. Ciò è dovuto all'azione di vari fattori, fra cui possiamo notare:

a) Somiglianza dei problemi. Si percepisce una valenza politica che deriva dalle concezioni religiose, che, nella loro funzione totalizzante e la loro capacità di spinta all'azione prospettano e presentano modalità di regolazione dei rapporti politici. Di fatti anche quando si dice che l'azione della chiesa è limitata alla sfera della coscienza, tuttavia tale fatto ha ripercussioni sul modo come i soggetti contribuiscono alle scelte politiche, specie in democrazia[15]. In questo senso si può fare riferimento a certe tesi di alcuni autori secondo cui alcuni aspetti della stessa strutturazione e impostazione attuale degli stati e della lo-

---

[15] Del resto è fin troppo comune lo slogan che tutte le scelte, anche le private, hanno una carica politica, tra queste in particolare vanno sottolineate quelle derivanti dalla religione.

ro configurazione democratica abbia avuto la base in certe esperienze di origine religiosa[16].

b) *Prospettiva e bisogno di aiuto reciproco*. Lo stato si attende dalle religione delle facilitazioni nell'ottenere il consenso (instrumentum regni), mentre la chiesa spera di far eseguire certe sue scelte e decisioni (braccio secolare). In questo caso quindi i due partner sentono bisogno l'uno dell'altro. Da ciò dipendono le scelte di accordi o concordati che gli stessi stati sanciscono con le chiese, oltre che spiegare alcuni fatti particolari, tra cui basta citare come esempi: il viaggio di Enrico IV a Canossa, e più recentemente la caduta dello Scià di Persia in Iran. Ciò dimostra che si può avere incidenza della dimensione sociale organizzativa delle religioni e valutazione della efficacia del loro ordinamento sui fedeli anche quando non avessero potere di costrizione in senso fisico e materiale.

Tali fattori non operano sempre e comunque con la stessa incidenza e intensità. Ne derivano pertanto una serie molto varia e sfumata di concezioni e realizzazioni dei rapporti. Tipicamente (cioè in forma più rilevante e costante oltre che sintetiche) questi potrebbero presentarsi entro tre categorie fondamentali: integrazione, distinzione, separazione. Questi tre periodi peraltro rispondono ai tre stadi che sono proposti da coloro che studiano il tema del potere delle chiese nei confronti degli stati. Al primo stadio corrisponde la teoria del potere diretto, mentre al se-

---

[16] MOULIN L., *Vita e governo degli ordini religiosi*, Torino, Ferro, 1960, 149-220.

condo corrisponde al teoria del potere indiretto e, infine, al terzo stadio corrisponde quello del potere direttivo[17].

a) Integrazione. È la situazione di fusione tra religione e politica sia sul piano culturale (convergenza sui valori, sulla visione generale della vita, dell'uomo, della storia, i principali fini e obiettività delle istituzioni e corpi intermedi ecc...), che sul piano strutturale (riconoscimento reciproco della organizzazione propria, della stratificazione sociale, delle strutture locali, intermedie e periferiche, della leadership, e appoggio strutturale dei due poteri: "braccio secolare", "instrumentum regni". In questo tipo possono verificarsi varie modalità circa il rapporto di potere. Esso è potere diretto della chiesa sullo stato: essendo l'aspetto spirituale entitativamente più importante la chiesa può comandare anche allo stato (situazione di parecchi stati primitivi; popolo ebraico fino ai Giudici, riforma medievale...); viceversa si può attuare il potere diretto da parte dello stato sulla chiesa: lo stato come suprema autorità, garante della unità e della ortodossia (modello impostato già da parte di Costantino, sviluppato da Giustiniano e da Carlo Magno, e ultimamente ripreso dalla riforma protestante e riproposto con il principio: cuius regio eius et religio").

b) Distinzione o autonomia. È la situazione di riconoscimento giuridico della forza morale della chiesa. Essa si basa su un consenso elevato verso la natura e la funzione della chiesa culturalmente forte e presente nella società.

---

[17] Cfr. SCARVAGLIERI G., *L'istituto religioso ...*, op. cit. 1973.

Ciò porta lo stato a una certa delimitazione del suo stesso potere ed accettazione dell'organizzazione della chiesa, anche sul piano strutturale. Si verificano varie forme di convenzioni o concordati che regolano i rapporti e garantiscono la pace religiosa. Nell'esercizio del potere si realizza la concezione del potere indiretto da parte della chiesa. Questo è delimitato dalla autonomia dello stato, per cui esso significa possibilità di qualche funzione anche amministrativa entro le competenze dello Stato.

c) Separazione: Chiesa e Stato si misconoscono; lo stato non riconosce alcun limite e la chiesa non interferisce sulla vita dello stato[18]. In tutte le materie di potenziale "conflitto" ristabiliscono sistemi paralleli: matrimonio, scuole, patrimonio economico, ecc... Facilmente il regime di separazione può portare o a qualche forma di convivenza o a forme di "ostilità" o di persecuzione da parte dello stato. Lo stato non pretende di emettere giudizi di valore, ma si limita ai problemi dell'ordine pubblico. La religione facilmente è ridotta ad affare privato. Quanto al tipo di potere la chiesa si limita al cosiddetto potere direttivo per il quale fa riferimento direttamente alla coscienza dei fedeli e non all'ordinamento giudirico-amministrativo. Lo stato non si "inserisce" nell'ambito religioso, salve le competenze normali nei confronti di tutte le persone fisiche e morali. Esso inoltre pensa di dover essere delimitato appunto dalla stessa coscienza dei suoi cittadini e nello stesso tempo pensa che non sia di sua competenza di e-

---

[18] I due partner almeno tentano di evitare interferenze reciproche.

mettere giudizi di valore sui contenuti teologici e morali delle religioni, ma limitarsi a proteggerle e a garantire l'ordine pubblico (libertà religiosa).

### B. Religione ed economia

Anche a questo riguardo il tipo di rapporti sono molteplici e costanti e si possono cogliere dei fattori per cui si verificano delle implicazioni che possono costatarsi a vari livelli e con diverse conseguenze. Anche a questo riguardo possiamo citare quelli che hanno configurazioni tipiche.

Una prima raffigurazione del fattore si può riscontrare nell'incidenza che si costata a livello di concezione del lavoro. Questo può essere visto solo come fatica (della condanna dell'uomo), oppure in modo più positivo (come missione e vocazione ad un ruolo "creativo").

Una seconda modalità evidenzia che anche l'atteggiamento etico verso il lavoro. Esso che comprende sia la visione che si ha di esso come anche il senso sociale secondo cui lo si attua (senso dell'impegno: rendimento, assenteismo, finalità sociale).

Una terza modalità riguarda il frutto del lavoro (ammontare del salario come prospettiva di un'eventuale distribuzione della ricchezza) e la proprietà dei mezzi di produzione. Anche questo argomento registra posizioni contrastanti, specie tenuto conto della tendenza all'accumulo e allo sfruttamento degli altri.

Una quarta area di fattori riguarda la valutazione della stratificazione sociale e l'accettazione di essa sulla base di idee religiose (modellata sulla gerarchia celeste) oppure come conseguenza di idee sulla reincarnazione.

In concreto il rapporto tra religione ed economia ha registrato una differente modalità di presentarsi a seconda del tipo prevalente di attività economica. Nel contesto della società contadina la religione ha avuto un ruolo preponderante, sia come concezione generale (visione del prodotto della terra come dono di Dio), sia come funzione operativa (intervento per lo sviluppo agrario per le bonifiche, ecc.). Nel contesto industriale[19] la posizione della chiesa è stata marginale. Ciò è dipeso: dal ritardo nello sviluppo della visione positiva della concezione del lavoro (dottrina sociale della chiesa); dalla carenza nella difesa del lavoratore sfruttato. In realtà però le principali teorie fanno riferimento al mondo economico a prescindere da tali evoluzioni storiche.

a) La concezione liberale. Esclude una funzione della religione in relazione al fatto economico. Il principio generale è che l'economia ha le sue leggi e la chiesa non le può intralciare con i suoi precetti morali. L'unico atteggiamento che deve avere è quello di lasciare la piena libertà alle leggi del mercato e della domanda e dell'offerta. La chiesa peraltro, dovrebbe rendersi conto che questo non è un campo di sua competenza.

b) La concezione marxista. Il lavoro è una realtà dipendente dalla natura umana, ma il suo modo di essere

---

[19] Ovviamente queste riflessioni riguardano specialmente il contesto occidentale e quindi particolarmente le chiese cristiane. Cfr. a questo riguardo WILSON B. R., *La religione nel mondo ...*, op. cit. 1985, 41-69.

strutturato ed organizzato dipende dall'assetto momentaneo rispetto al processo produttivo. Ogni altra concezione è parte della sovrastruttura, quindi anche quella della religione. In questo senso la religione è fonte di alienazione. Questa peraltro spesso si trasforma in un affare economico privatistico che quindi con l'avvento del comunismo scomparirà assieme alla stessa religione. La chiesa in particolare ha appoggiato il proprietario terriero o industriale, senza prendersi cura dei diritti del lavoro e dei del lavoratori, cui peraltro pensava di offrire una panacea nell'al di là (oppio dei popoli) [20].

c) La concezione weberiana. Una certa concezione metafisica (basata sulla trascendenza) ed etica (positivamente orientata alle realtà storiche e alla vita economica) ha una funzione positiva ed attiva nei confronti dello sviluppo della razionalizzazione e del processo produttivo. Anzi essa stimola ad un impegno e all'investimento ulteriore, accrescendo la produzione. Tale impostazione è intesa come effetto della concezione religiosa del lavoro e del modo come l'uomo si dovrebbe rapportare con esso[21].

d) La concezione socio-teologica (Dottrina sociale della chiesa). Tutta l'attività dell'uomo va vista come manifestazione della sua natura ed è finalizzata alla sua crescita individuale, familiare, sociale. Essa pertanto deve essere regolata in riferimento alle modalità di attuazione e al suo prodotto, a servizio dell'uomo e della sua dignità. La stes-

---

[20] Cfr. MARX. C. - ENGELS F., *Scritti sulla religione*, Roma, Savelli, 1973.
[21] WEBER M., *Economia e società*, op. cit., 258-308;

sa proprietà privata (anche se non esclusa) va subordinata ai fini sociali. Il lavoro è inoltre lo strumento secondo cui l'uomo attua la missione di "collaboratore di Dio[22].

### C. Religione e famiglia

Anche in relazione all'istituzione familiare il rapporto con la religione è stato sempre presente. Tale tipo di rapporto fa riferimento ai due principali aspetti: quello dell'essere dell'istituzione familiare (costituirsi e svilupparsi della famiglia); e quello delle funzioni specifiche centrate nella generazione ed educazione dei figli (verso le nuove generazioni), e più recentemente anche con la puntualizzazione del tema del sostengo reciproco dei coniugi (dimensione affettiva).

La religione è interessata alla costituzione della famiglia in quanto tale istituzione sociale comporta diverse ragioni fondamentali: famiglia come luogo di partecipazione all'azione di Dio, nell'origine della vita; forza e incidenza della componente sessuale nella vita dell'uomo, che va regolata con le modalità più capaci che imporsi nel comportamento e cioè leggi morali e se necessario anche con tabù; importanza, specie nella concezione moderna, della componente del sentimento e della integrazione affettiva che viene fatta rientrare in qualcosa di "sacro"[23].

---

[22] Collegato con tali teorie è anche il tema del rapporto tra religione e sviluppo, e tra religione e impegno sociale.
[23] BLTRAO, P. *Sociologia della famiglia*, Roma, PUG, 1985.

Ne sono derivati usi e costumi, modelli di comportamenti e istituzioni complesse, che riguardano la vita della famiglia in tutte le fasi del sua sorgere e del suo agire e che prendono figura nella presenza di riti che li regolano e li "sacralizzano". Infatti, in diverse contesti storiche e culturali sono sempre presenti indicazioni conoscitive che riguardano: la genesi della famiglia (fidanzamento, matrimonio), il suo sviluppo nel tempo (regolazione dei rapporti tra marito e moglie, funzioni nei confronti dei figli), la visione dell'eventuale risoluzione del contratto (separazione, divorzio, altra risoluzione del vincolo), ecc.

Molto importante è anche a questo riguardo la funzione di socializzazione religiosa da parte della famiglia. In rapporto alla funzione di socializzazione religiosa è semplicistica la spiegazione di coloro che affermano che sia stata la religione cristiana ad utilizzare tale funzione della famiglia. Essa già è esistita, anche nel contesto delle religioni primitive e si è protratta anche nelle religioni storiche. Attualmente la situazione è più complessa. Da una parte la famiglia con il fenomeno della riduzione funzionale ha perduto tante funzioni che prima erano considerate "naturali" e proprie della famiglia. Tra queste rientra anche quella della funzione religiosa. A tale riguardo la perdita dipende, da una parte, dalla diminuzione della componente religiosa nella famiglia, e, dall'altra, dalla carenza di adeguata preparazione degli stessi genitori, che rende questi non in grado di adempiere a tale loro funzione di socializzazione religiosa verso i figli.

Anche in relazione all'istituzione familiare s'è avuta una notevole evoluzione che va dalla concezione "sacrale" alla più o meno completa autonomia in cui l'aspetto religioso viene limitato sul piano qualitativo, quantitativo e funzionale, tanto da essere percepito e vissuto in forma marginale o rifiutato del tutto (matrimonio civile). La nuova situazione pertanto comporta da una parte una condivisione della responsabilità della funzione socializzante con le altre agenzie (scuola, gruppi di coetanei, gruppi religiosi) e in particolare modo con la parrocchia.

### D. Religione ed istituzioni espressive

Col termine "istituzioni espressive" si intendono tutti i complessi di tratti culturali convergenti sulle attività conoscitive e artistiche e quelle che in un modo o nell'altro sono collegate con la comunicazione. Vi rientrano pertanto le attività propriamente conoscitive che riguardano lo sviluppo del sapere dal punto vista scientifico e filosofico. Vi sono incluse le attività caratterizzate dall'espressione del bello nelle sue varie forme (letteraria, pittorica, musicale, simbolica (spettacoli ed espressioni comunicative). In altre parole tutte le modalità che servono a trasmettere contenuti dell'intelligenza, del sentimento e altri stati psicologici ed interiori in modo più o meno artistico o affine.

A riguardo della filosofia e della scienza i problemi che si pongono riguardano da una parte la prospettiva di ricerca (sia essa filosofica che scientifica) e le aspettative della religione di vedere garantite le proprie verità di fede e i propri orientamenti morali. Tra queste due impostazioni: libertà di ricerca e garanzia della verità si verifica una costante tensione che ha portato e ancora porta ad alternanza di avvicinamento e di conflitto. Tali attività sono collegate in modo diverso con la religione, ma sostanzialmente si ha un'offerta di servizi reciproci. Nella fase iniziale è la religione che prospetta dei contenuti conoscitivi che la filosofia ulteriormente elabora e la scienza verifica, sviluppa e applica. Nelle fasi ed attuali successive la filosofia e la scienza propongono autonomamente i loro contenuti e li confrontano con quelli religiosi[24].

Anche le varie forme artistiche, all'inizio, prevalentemente trattano contenuti religiosi e servono alla caratterizzazione religiosa e artistica degli ambienti di culto e della simbolizzazione religiosa degli altri habitat umani: costruzione di templi e di chiese e di altri simboli (edicole) che caratterizzano gli sviluppi urbanistici, arredo delle case private adornate con opere espressive derivanti dalla religione. Serve anche alla sacralizzazione del sapere (alla cui sommità si colloca la teologia) che ispira gli artisti e offre non solo occasioni di lavoro (funzione di mecenatismo della chiesa), ma anche usa le espressioni artistiche come strumenti di cultura popolare (rappresentazioni artistiche come "Bibbia" dei poveri)[25].

---

[24] Cfr. ARDIGO' A. - GARELLI F., *Valori, scienza e trascendenza*, Torino, Fondazione Agnelli, 1989.

[25] Basta fa riferimento a qualunque storia dell'arte, in cui tale aspetto è documentato in modo abbondante in rapporto ai vari periodi ai differenti stili.

Importante è stato anche il rapporto tra religione e scuola a partire dalle religioni primitive, nella misura in cui è stata presente questa funzione in tali culture. Successivamente tale rapporto si è molto sviluppato specie in occidente dove la chiesa ha realizzato iniziative decisive per la cultura in vari periodi storici. Ne sono testimonianza le scuole episcopali ed abbaziali, le "universitates" medievali che hanno svolto la funzione di culla del sapere, quindi l'allargamento dell'istruzione, in un certo senso alle masse popolari, con gli istituti religiosi dediti alla scuola, fino all'attuale situazione in cui tale aspetto è assunto in proprio dagli stati.

Un aspetto particolare della problematica della scuola in rapporto alla religione, oggi, è quello dell'insegnamento della religione nelle scuole. Tale aspetto oggi è molto dibattuto sia per la svalutazione di fatto che esso ha registrato sia per la difficoltà di trovare una soluzione adeguata. Infatti i termini del problema sono complessi e dibattono tra due poli di riferimento: laicità dello stato e libertà religiosa, presenza di gruppi maggioritari e dovere delle stato di rispondere ai diritti anche delle religioni minoritarie, esigenza scuola statale e diritto delle famiglie di scegliere l'orientamento formativo, scuola di religione nelle scuole dello stato e diritto delle autorità religiose di vedere garantita l'ortodossia dell'insegnamento, ecc., con i diversi problemi concreti che tale situazione comporta[26].

---

[26] MALIZIA G., - TRENTI Z., *Una disciplina in cammino. Rapporto sull'insegnamento della religione cattolica nell'Italia degli anni '90*, Torino. SEI, 1990.

A conclusione di questo capitolo si può affermare che la situazione dei rapporti sia in generale che in riferimento agli aspetti particolari sottolinea l'importanza della problema in sé e di una sua preliminare e corretta impostazione dell'approccio sociologico in base a tale esigenza e alla sua corretta spiegazione. Inoltre essa rende plausibile l'impostazione di fondo della problematica da noi proposta riguardante la stretta connessione del contesto socioculturale nelle sue varie componenti fondamentali con il fenomeno religioso sia nei rapporti reciproci globali, sia in quelli di natura e portata parziale delle singole istituzioni.

Pertanto superando l'impostazione delle teorie della variabile dipendente o di quella della variabile indipendente, diventa più adeguata e realistica l'impostazione della variabile autonoma e all'interno di essa l'applicazione ai rapporti del modello cibernetico. Tale applicazione offre una migliore comprensione dei rapporti reciproci tra religione e società sia nelle sue componenti fondamentali che nella sua dinamica. Essa può spiegare inoltre sia la persistenza del fenomeno religioso che la sua trasformazione e la diversa configurazione attuale

# CAP. IX
# LA RELIGIOSITÀ POPOLARE

La religiosità popolare non è un fenomeno solo dei nostri tempi. Essa si è sempre verificata perché il suo significato fondamentale è legato al fatto che le diverse manifestazioni religiose sono denominate popolari, quando acquistano particolari caratteristiche di svolgimento e sono attuate da grandi masse. In tal caso, infatti, la loro performance comporta anche delle semplificazioni contenutistiche ed espressive ed anche trasformazioni concettuali e modalità esecutive, che si differenziano da quelle ufficiali.

In questi ultimi tempi, tuttavia, tale fenomeno si è maggiormente sviluppato, proprio quando ci si aspettava una progressiva scomparsa della ritualità religiosa popolare, o in ogni modo, si pronosticava una sua notevole riduzione. Per questo il recupero di tali forme di religiosità, che peraltro si è configurato come una sorta di revival, è apparso clamoroso. In particolare è stata evidenziata una serie di circostanze, occasioni, modalità di sentire e di vivere in tal modo il fenomeno religioso[1]. Si è riavviata e ravvivata l'attrattiva e la partecipazione alle sagre paesane; è stata ripresa l'attuazione delle processioni e la cele-

---

[1] Cfr. AA. VV., *Ricerche...* ,1979; vi si contiene una buona bibliografia anche se ormai non molto aggiornata.

brazione delle feste. Un fascino particolare hanno suscitato le sacre rappresentazioni della settimana santa e i pellegrinaggi ai santuari[2].

Pertanto, diventa importante nella nostra trattazione organica e sistematica dell'approccio sociologico al fenomeno religioso, dedicare una particolare attenzione a tale problematica. In questo senso, dopo aver attuato una chiarificazione della natura e portata dell'espressione "Religiosità popolare", svilupperemo gli elementi principali di tali manifestazioni in base alle diverse dimensioni. Infine proporremo un bilancio critico trattando delle potenzialità, ma anche dei limiti intrinseci al complesso delle manifestazioni religiose popolari.

## I. SIGNIFICATO E PORTATA DEL PROBLEMA

Una prima esigenza di fronte al complesso di tali manifestazioni popolari è quella di farsi un'idea chiara della sua natura e portata. Tale esigenza, infatti, non è solo decorativa, ma realmente funzionale alla comprensione del problema e alla sua valutazione critica. Per questo essa ha interessato non solo i sociologi della religione, ma anche teologi di ogni specialità (dogmatici, liturgisti, spiritualisti, moralisti), che si sono accostati con interesse alla religione popolare. Specialmente nei paesi di antica tradizione cat-

---

[2] Cfr. SCARVAGLIERI G., *Il pellegrinaggio alle soglie del terzo millennio*, Milano, Paoline, 1999.

tolica (Francia, Spagna, Italia, America Latina), dove in concreto si è manifestata tale rinascita inattesa, sono stati molti gli apporti e le analisi[3].

Attorno alle loro spiegazioni e interpretazioni pertanto s'è acceso un vivace dibattito a livello culturale, prospettato in molteplici studi e ricerche. Va subito detto che tale produzione presenta una grande varietà di contenuti analizzati ed approfonditi, ma come ci si poteva aspettare, con un diverso grado di consistenza scientifica, ed anche con un'ampia gamma di interpretazioni e valutazioni non sempre serene e spassionate ma frammiste a motivazioni e preoccupazioni, talvolta anche di parte. Esse vanno da un estremo all'altro: dal rifiuto completo all'accettazione acritica, dall'esclusione per principio all'ammissione per moda o per prestigio, ecc.

Anche l'approccio sociologico, ai problemi e fenomeni religiosi e alle sue manifestazioni popolari registra reazioni contrapposte e spesso contrastanti. Essi vanno da un estremo all'altro: dal rifiuto completo all'accettazione acritica; dall'esclusione per principio all'ammissione per moda, per motivi di prestigio, ecc. Per i primi l'approccio sociologico costituisce un'indebita interferenza in un campo per il quale il suo apparato teorico e i suoi strumenti di ricerca sono inadeguati. Per altri l'intervento da parte della sociologia non solo è legittimo, ma essere indispensabile.

---

[3] Cfr. AA. VV. *La religiosità popolare*, Roma, Teresianum, 1978, passim.

Per un approfondimento significativo e valido della problematica che ne è derivata, occorre mettere in evidenza alcuni suoi tratti caratteristici. É bene quindi accennare brevemente a tali modalità di presentarsi, evidenziandone le implicazioni il suo statuto epistemologico.

### A. Lo stato della problematica

L'attuale panorama censuale deriva da molti fattori e presupposti storici che ne stanno alla base, ma occorre anche tentare una spiegazione delle dinamica della situazione attuale e delle prospettive che si delineano per il futuro. Per questo il fenomeno nel suo complesso va sottomesso ad ulteriore analisi ed approfondimento per evidenziare l'aspetto morfologico o entitativo delle manifestazioni stesse è rendersi conto della loro diversa consistenza strutturale e, nello stesso tempo, arrivare ad una valutazione funzionale.

Tale finalità comprendono una conoscenza approfondita del fenomeno popolare mariano e pertanto deve fare riferimento alla componente contenutistica e alle esigenza di natura metodologica sia storico-evolutiva che morfologica e qualitativa, ed infine la sua incidenza culturale.

### 1. Istanze contenutistiche

In genere la manifestazioni pervenute a noi fino ad oggi hanno origine, alcune nel tardo medioevo, altre nel periodo della controriforma cattolica. Le ragioni di fondo vanno riscontrate nel fatto che nel medioevo incominciavano ad affermarsi le lingue volgari e si verificava un certa incomprensione del cerimonie ufficiali. Pertanto si sviluppano forme alternative e/o complementari quali forme più popolari. Le manifestazioni emerse dopo il Concilio di Trento risentono delle critiche derivate dal protestantesimo e si sviluppavano anzi con più impegno.

Sulla base di tale prima sguardo storico si può arrivare ad una sorta di identikit del fenomeno della religiosità popolare da cui si passa a individuare le strutture e a precisarne la consistenza. È anche necessario indagare sul raggio di diffusione del fenomeno stesso per determinare la portata e la vera consistenza. Per questo sarà necessario vedere come si verificano eventuali variazioni di incidenza tra le sottocategorie che possono trovarsi entro una data popolazione. Tali articolazioni possono farsi sia in senso verticale (o temporale) ed orizzontale (o sub-culturale).

In rapporto al senso verticale si può notare l'andamento dei medesimi fenomeni all'interno di uno stesso contesto, attraverso il passare del tempo. Pertanto vanno notate le diverse fasi evolutive che una data manifestazione o devozione o un santuario può aver registrato. Nel tentativo poi di un maggiore approfondimento vanno ricercate le possibili circostanze o anche cause che vi hanno avuto (o vi hanno ancora) incidenza sia in direzione del potenziamento o del suo eventuale indebolimento o comunque delle variazioni che vi sono connesse.

In senso orizzontale invece va fatto riferimento alla diversa intensità secondo cui le diverse sottocategorie possono avere una maggiore caratterizzazione in tale ordine di idee. Tali categorie possono ricavarsi in base ai soliti parametri. Un primo parametro in base al sesso offre la possibilità di vedere se e come le donne si atteggiano in riferimento ad un elemento della religiosità e così anche gli uomini. Un altro elemento si basa sul parametro età. Essa offre la possibilità di vedere se e quali manifestazioni sono più seguite da una data categoria di persone.

## 2. Istanze metodologiche

Particolare importanza ha in questo contesto l'osservazione della partecipazione e rispettive modalità esecutive da parte dei fedeli distinti in base alla cultura e alla collocazione sociale. In tale contesto va studiato il comportamento differenziato nei confronti delle singole manifestazioni da parte della diverse classi ricavate in base al livello di cultura. Per esempio, in rapporto alla religiosità popolare occorre vedere se e in che misura ad essa partecipano solo le classi popolari e come invece si sono coinvolti i ceti professionali. Uguale rilevanza acquista l'osservazione della partecipazione in base alla collocazione nella scala sociale e quindi vedere dove si collocano i protagonisti della religiosità popolare se sono solo popolani oppure vi sono presenti anche le altre posizioni della scala sociale.

Si può fare riferimento, inoltre, al tipo di insediamento abitativo. In base a questo parametro si può studiare la consistenza e l'incidenza nella religiosità popolare nelle diverse zone che entro un dato territorio possono individuarsi. Una distinzione può far riferimento al contesto urbano e rurale, e quindi far emergere le differenziazione in base a tale scala: si può anche sottolineare altri tipi in rapporto alle altre modalità di articolazione del territorio: Sud, Nord, Centro. Oppure si può far risaltare il rapporto con il tema dello sviluppo: zona industriale o di sviluppo, zona tradizionale, caratterizzazione burocratica ed impiegatizia, ecc.

Non va poi dimenticata un'analisi qualitativa mirante a cogliere il significato oggettivo e soggettivo che posseggono i partecipanti delle diverse manifestazioni. Si nota sempre grande differenza, infatti, tra quello che ufficialmente viene presentato come dottrina o culto ufficiale e le modalità concrete secondo una data devozione viene recepita, assimilata e vissuta dalla gente. Un caso particolare è legato alla modalità di comprensione delle preghiere o di frasi che prima erano riproposte in latino con le frequente incomprensione delle frasi[4]. In tale situazione può verificarsi uno scambio d'influenza tra l'aspetto oggettivo e quello soggettivo e viceversa. Di tale reciproca influenza inoltre si può vedere: tempi e modalità, occasioni e circostanze, tipo di protagonisti che vi sono interessati.

### B. Puntualizzazioni concettuali

È frequente costatare una notevole confusione di significati attribuiti sia al sostantivo "religiosità" che

---

[4] E' famosa a questo riguardo l'espressione di Gramsci che, da bambino, interpretava la frase "da nobis hodie" con il riferimento ad una signora che si chiamasse: "donna Bissodia".

all'aggettivo "popolare". È bene quindi chiarire le diverse accezioni che tali termini hanno sia in se stessi che in rapporto al nostro argomento, ma anche le loro caratteristiche di contenuto e di uso. Ciò servirà sia a descrivere meglio i fenomeni in sé che a proporne una più adeguata comprensione e pertanto a spiegarli in modo più valido ed approfondito. Possiamo quindi svolgere la riflessione separatamente osservando le implicazioni nei due versante: religioso e culturale.

Il complesso del materiale che vi si può ritrovare rappresenta una grande mole di documentazione di varia consistenza, ma anche di diverso valore scientifico. Ne deriva l'esigenza di attuare un lavoro di approfondimento e di discernimento. Infatti sono molte le proposte teoriche e le interpretazioni avanzate a cominciare dalla stessa comprensione dei termini di **religioso** e di **popolare** in vista di un uso congiunto per denominare quella serie di fenomeni che rientrano nel significato di religiosità popolare.

## 1. Sul versante religioso

Anzitutto ci sembra utile svolgere alcune riflessioni in relazione al modo di usare nel nostro contesto il concetto stesso di religione. Tale concetto infatti, come abbiamo già chiarito fin dal primo capitolo, dovrebbe abbracciare tutte le manifestazioni che mettono in rapporto con realtà meta-storiche e meta-empiriche, o comunque con il "sacro", evitando indebite applicazioni ai fatti che solo apparentemente sembrano religiosi. Nel caso della religione popolare una tale chiarificazione comincia dalla puntualizzazione circa il termine da usare eliminando ambiguità derivanti dall'uso di termini impropri per indicare una data realtà. Vengono infatti usati diversi termini che è meglio fare oggetto di discussione per mettere meglio a fuoco il loro significato fondamentale[5].

Alcuni infatti parlano intendendo il concetto di religione come sinonimo di pietà popolare[6]. Una tale connotazione ridurrebbe il fenomeno religioso ai suoi singoli atti rituali facendoli rientrare dal punto di vista contenutistico entro il contesto della pratica religiosa e dal punto di vista metodologico entro l'ambito dell'impostazione sociografica. Tale concezione considera la pratica religiosa sconnette il contenuto dalla visione propriamente teologica e la usa come indicatore principale se non addirittura esclusivo, il che oggi sembra riduttivo. Perciò, per indicare il fenomeno complessivo in questione in tutti i suoi aspetti è preferibile il termine, più comprensivo e più neutro, di religione popolare.

Altri, però, preferiscono parlare di fede popolare, di cui la religione è "l'emergenza storica", ma con cui non

---

[5] Come abbiamo puntualizzato nel primo capitolo vanno distinti i due termini: religione e religiosità. Il primo proprio serve ad indicare modo di intendere e di vivere la religione cui si appartiene secondo una valenza più oggettiva sistematica ed ufficiale del termine, mentre religiosità denota il complesso delle manifestazioni concrete e viste nella loro valenza più soggettiva e, talvolta, anche più emotiva e derivane dalla "pietas" personale.

[6] Anche nella "*Evangelii Nuntiandi*" (n. 48) Paolo VI usa tale affermazione: "A motivo di questi aspetti, noi la chiamiamo volentieri 'pietà popolare, cioè religione del popolo, piuttosto che religiosità".

coincide. Questo tentativo, basato sulla classica distinzione corrente, ma talvolta usata in modo superficiale, tra fede e religione, dal punto di vista contenutistico è poco teologico e dal punto di vista sociologico in realtà sposta solo la dimensione principale ma non è ugualmente soddisfacente, rimanendo similmente riduttivo[7]. Anche l'uso del termine "religiosità" invece di "religione" non è accettabile. Infatti tale sostituzione più che chiarire il problema lo complica, in quanto sottolinea una componente, quella psicologica, che nei fenomeni umani completi non va mai considerata da sola, essendo essa sempre compresente, quando in modo corretto è usato il termine religione come fenomeno concreto e vissuto in un dato contesto storico e culturale.

Chiarite tali distinzioni terminologiche crediamo sia più importante cogliere le caratterizzazioni delle manifestazioni religiose popolari considerate nella loro derivazione religiosa generale e come si possono individuare i loro connotati specifici e le loro caratterizzazioni particolari. In concreto ci sembrano più rilevanti le peculiarità connotative derivante dal termine religione applicato al nostro argomento, che rientrano nei seguenti ambiti concettuali più significativi.

---

[7] Alcuni usano l'espressione "cattolicesimo popolare", perché il termine "religione" appare ad essi troppo vago. A nostro parere la questione è solo oziosa in quanto l'importante è definire i termini bene, e ciò basterebbe ad evitare confusioni.

a) *Derivazione teologica*. Le varie manifestazione della religiosità popolare hanno un fondamento sostanziale nel messaggio rivelato. I suoi contenuti vengono peraltro influenzati dalla dinamica propria dell'uso che viene fatto dal singolo popolo o di una data comunità locale in un dato contesto storico e culturale. In particolare emergono gli effetti della semplificazione concettuale, dell'enfatizzazione emotiva, dell'attuazione poliespressiva[8].

b) *Derivazione liturgica*. Le manifestazioni popolari sono anche amplificazioni e/o trasformazioni (modalità più colorite, semplificate, espresse con una linguaggio globale) sul piano rituale e simbolico di quanto in modo più ufficiale e teorico viene proposto dalla liturgia ufficiale. La partecipazione del popolare comporta che le componenti ufficiali siano prolungate e modificate per renderle più accessibili, eloquenti e comprensibili alla generalità delle persone[9].

c) *Derivazione culturale*. Le manifestazioni popolari si configurano come pii esercizi (nel senso più ampio del termine) direttamente creati o trasformati lungo i secoli per e da il popolo[10]. Pertanto da una parte si tratta della realizzazione in forma più o meno artistica, da parte di

---

[8] Cfr. CONGREGAZIONE CULTO DIVINO, *Direttorio su pietà popolare e liturgia*, Vaticano, LEV, passim.

[9] Cfr. AA. VV., *Religiosità...*, op. cit., 122-148.

[10] Diciamo "creati per il popolo perché solo in rarissimi casi (occasioni piuttosto emotive e improvvisate) è lo stesso popolo a crearli, ma più spesso a trasformarli.

qualche personaggio particolare che quindi ne è l'autore, capace di cogliere e preparato ad interpretare l'animo dei suoi conterranei e di valorizzarne i gusti e di gratificare le attese in maniera accessibile e facile[11]. Ma rientrano in questa categoria storico-genetica anche quelle manifestazioni di cui successivamente il popolo nelle varie "ripetizioni" ha apportato delle trasformazioni più o meno incisive che danno quasi una nuova configurazione a tali atti.

d) *Derivazione "sacrale"*. Talvolta si constata una derivazione (spesso anche come riduzione) di tali manifestazioni in senso "sacrale", in quanto con il passare del tempo il peculiare sostrato ideativo, simbolico ed espressivo va configurandosi (o degradandosi) in modo tale da suscitare aspetti attitudinali e comportamentali secondo una prospettiva piuttosto magica o superstiziosa. Vi è prevalente quindi l'incidenza di concezioni che appaiono non corrette né autentiche, percepite e vissute in modo emotivo ed immediato o, comunque, miranti ad ottenere favori interessati e particolaristici. Vi e spesso connesso un certo atteggiamento manipolante e pensato come "irresistibile", o capace di imporre alle forse occulte le propria volontà e il proprio potere[12].

A proposito di queste varie accezioni del concetto di manifestazioni religiose popolari si può dire che general-

---

[11] Anche questa prospettiva non va trascurata per evitare interpretazioni preconcette circa la genesi delle manifestazioni popolari.

[12] ORLANDO V., *Feste, devozione, religiosità*, Galatina, Congedo, 1981, 20-29; 76-83; IDEM, *La religione del popolo*, Bari, Ed. Ecumenica, 1980, 7-20.

mente tali diversi significati non sono escludentisi, ma completantisi tra loro. Queste diverse derivazioni confluiscono in una manifestazione che coniuga tali aspetti. In questo senso vi rientrano tra le pratiche religiose popolari tutti quegli atti ed ampliamenti cerimoniali derivanti dalla liturgia e dalla celebrazione dei sacramenti, ma anche eventuali aggiunte prodotte e/o create ed organizzate appositamente per il popolo e/o da esso trasformate, ma che sono attuati con caratteristiche devozionali e espressivamente e simbolicamente più facili e più colorite, che, talvolta, vengono vissuti con intenzioni e motivazioni sacrali.

## 2. Sul versante culturale

Ugualmente ricco di accezioni è il versante culturale del termine "popolare". Etimologicamente la parola deriva da *"popolo"* e quindi rappresenta qualcosa che viene vissuto ed attuato in modo collettivo da tutti coloro che realizzano un'unità aggregativa globale con particolari e uguali tratti culturali (cioè ideativi, operativi, finalistici e valoriali) ed inserito entro un determinato territorio. Tuttavia l'uso del termine sottolinea ora un aspetto o l'altro in dipendenza da connotazioni storiche che sono state collegate con le manifestazioni collettive[13]. É bene evidenziare le seguenti connotazioni.

---

[13] GUIZZARDI G. *La religione della crisi*, Milano, Comunità, 1979, 171-175; BOLGIANI F. (in AA. VV., *Pellegrinaggio...*, 1970), 11-41.

a) *Accezione "romantica"*. Alcuni prendono l'aggettivo "popolare" nella sua accezione romantica, facendo riferimento ad un complesso di manifestazioni che sono animate dal cosiddetto spirito o genio o cultura di un popolo. In tale concetto il popolo si riconosce, vi connette qualcosa di molto intimo e di specifico, attuando una forma di identità collettiva. Da ciò dipende, in tali manifestazioni, il senso della reminiscenza e della identificazione con le proprie origini etniche più o meno remote. Tale interpretazione vede nel popolo originalità, creatività, freschezza di sentimenti, senso profondo del sacro e del divino. Specie a livello religioso tali manifestazioni raccolgono tradizioni locali in cui traspare l'animo genuino del popolo, offrendo l'impressione di cogliere le fasi della evoluzione della sua cultura[14].

b) *Accezione "arcaica"*. Altri invece accentuano nel concetto di "popolare" il significato di arcaicità. In questo senso tale aggettivo sarebbe sinonimo di pre-moderno, pre-industriale, pre-evoluto. Le manifestazioni popolari sarebbero legate alla situazione oggi molto più delimitata e ridotta, ma prima dominante, della civiltà contadina e artigiana, normalmente risalente al periodo medievale o post-rinascimentale (periodo della controriforma cattolica e del barocco). Sia i contenuti che i tempi come anche le manifestazioni concrete utilizzano strumenti, occasioni,

---

[14] Questa accezione è proposta da vari studiosi di tradizioni popolari tra cui PITRÉ, COCCHIARA, TOSCHI.

simbolismi e modalità legate ad un'impostazione di vita ormai scomparsa ma che sul piano della commemorazione e della ricostruzione ha un sapore gradito e talvolta idilliaco. Tutto come rappresentazione, appare bello in quanto fa rivivere situazioni caratterizzate da semplicità ed immediatezza espressiva[15].

c) *Accezione classista*. Un altro modo di intendere "popolare" è quello che ne presenta il *significato classista* e basata sulla visione conflittuale della vita sociale in senso marxista. Pertanto esso è usato per indicare la religione della classe bassa della società, in opposizione ad una religione dell'élite o dell'aristocrazia. Popolare allora indicherebbe la modalità di percepire e di vivere il fatto religioso da parte delle classi subalterne e sfruttate in opposizione alla religione delle classi dominanti. Da ciò emergerebbe una forma di lotta sociale *sui generis*, applicata alla vita religiosa come intesa da alcune classi, le più basse soltanto. In realtà quella che si chiama religione popolare è la forma di attuare entro una data cultura le diverse manifestazioni collettive della religione che però sono condivise da tutti[16].

---

[15] Cfr CARRIER H. - PIN E., *Saggi di sociologia religiosa*, Roma, AVE 1965, 79-92; 171-192.

[16] Il contrasto vero è stato, sempre storicamente, non tra religione del popolo e religione degli aristocratici o delle classi dominanti, ma tra le deformazioni della religione popolare e le sue contaminazioni con la superstizione e la magia da una parte, e la teologia e la autorità della Chiesa, dall'altra, che hanno cercato di purificare le manifestazioni popolari dagli abusi. GUIZZARDI G., *La religione della crisi*, op. cit., 171-175; Cfr anche LANTERNARI V, *Folklore e dinamica culturale*, Napoli, Liguori, 1976.

d) *Accezione folclorica*. Collegata con tale corrente va rilevata la concezione derivante da una visione negativa della religiosità popolare per la sua degradazione a folclore, in quanto essa avrebbe perso il suo aggancio ai contenuti del messaggio cristiano, ridotto solo a parte del patrimonio culturale frammisto di miti, leggende, ecc., che quindi si sarebbe trasformato in un elemento decorativo delle tradizioni popolari. La popolazione non coglierebbe più le componenti trascendentali del cristianesimo e le manifestazioni rimarrebbero solo a livello culturale come fenomeni antropologici, peraltro sostenute e difese dal popolo come un ambito di libertà di autonomia e di rivendicazione di classe, oltre che come un prodotto proprio e gestite con motivazioni e finalità che prescindono dalle indicazioni della chiesa ufficiale[17].

e) *Accezione socioculturale*. Infine da altri studiosi viene proposta la concezione di "popolare" come sinonimo di "massivo", diffuso e "comune". *Popolare* sarebbe quindi tutto quello che vede il popolo non come spettatore, ma come protagonista, e tutto quello che ne risulta quando i vari elementi sono attuati effettivamente da una grande folla, a prescindere dalla qualità e dalla collocazione sociale dei partecipanti. D'altra parte questo significato si basa sulla teoria secondo cui ogni trascrizione di eventi, avvenimenti e manifestazioni di massa comporta delle trasformazioni. Tutte le realtà, all'interno della cultura, comprese quelle religiose, si trasformano nella loro dinamica,

---

[17] A tale riguardo fare riferimento agli studi antropologi ed etnologici.

ogni qualvolta sono fatte proprie da grandi collettività e sono vissute dalla partecipazione emotiva delle masse. In esse emerge quella carica di sentimento, quella creatività di concezione e di traduzione in forme plastiche, in e rappresentazioni poliespressive (linguaggio globale) proprie dei fenomeni di massa[18].

Normalmente tali trasformazioni seguono diverse direttrici: semplificazione e riduzione concettuale, amplificazione "sentimentale" e comportamentale, immediatezza espressiva e coloritura estesa alle diverse modalità di linguaggio: parole, musica, arti figurative, gesti, simboli ecc... (linguaggio totale). In ogni caso tali manifestazioni, a prescindere dagli stessi contenuti e dalle motivazioni, si presentano fenomeni intimamente connessi con il contesto socioculturale. Ciò comporta l'accettazione, sostanzialmente, da parte di tutta la "comunità", e il loro carattere "tradizionale", non escluse anche a volte delle contaminazioni derivanti dalla superstizione e dalla magia (o dall'uso magico della religione).

Queste varie concezioni tuttavia sono interconnesse per cui una vera definizione di religiosità popolare usa tutte queste accezioni sia nel versante religioso che in quello sociale. In vista di una reale comprensione del termine religiosità popolare in modo globale e scientifico, più che privilegiare l'una e l'altra concezione, occorrerebbe

---

[18] Questa modalità una volta affermatasi viene ripresa e ripetuta anche a livello individuale e nelle manifestazioni con pochi partecipanti, ma caratterizzate dalle forme dovute alla psicologia delle masse.

quindi tenerle tutte presenti come componenti di una sola spiegazione più ampia.

In tale ottica la definizione completa di religiosità popolare comprende tutte quelle manifestazioni derivanti dalla liturgia o trasformate o create direttamene ad uso del popolo e che nello stesso tempo siano talmente incarnate in un popolo da riprodurne tratti fondamentali, non solo attuali, ma anche storici e tradizionali e legate a condizioni pregresse e superate ma che mantengono un sapore arcaico. Sia nel mantenimento che nella attuazione tali aspetti possono aver una certa funzione di sub-identificazione di classe, e possono registrare una qualche forma di folclorizzazione. Il tutto va considerato connesso con il fatto che tali manifestazioni sono vissute e fatte proprie dal popolo e attuate con le specificità della psicologia delle masse.

Per questo le manifestazioni della religiosità popolare appaiono piuttosto complesse e, talvolta ambivalenti. Richiamano infatti contemporaneamente situazioni e momenti storici e culturali diversi, suggeriscono e stimolano stati d'animo e motivazioni varie e distanti tra loro, sono attuate da grandi masse e secondo particolari modalità: soggettive (sentimenti, emozioni, congenialità con un dato popolo...), oggettive (assenza di ricercatezza) e vissute con modalità contrastanti, presenti nelle svariate manifestazioni attuali.

## II. VARIETÀ DI MANIFESTAZIONI.

Per approfondire di più il significato di religiosità popolare occorre evidenziare di più, attraverso vari esempi, il contenuto che esso raccoglie. Seguiremo due linee di fondo. Infatti, il momento attuale rappresenta una sorta di punto di confluenza di consolidamento di prodotti accumulatisi lungo la storia. Tale evoluzione riguarda sia il significato dei termini sia la portata concreta delle singole manifestazioni.

A. Censimento multidimensionale.

In coerenza con il metodo di studio fino ad ora sviluppato anche l'analisi della religiosità popolare non può non basarsi sull'analisi multidimensionale. Si favorisce una migliore comprensione del fenomeno sia dal punto di vista teorico che da quello pratico. Inoltre come già detto esporremo aspetti positivi e negativi, per cui il risultato finale è quindi una fisionomia complessa e complicata della religiosità popolare[19]. A questo modo ci sembra che faciliteremo una comprensione del fenomeno che diventa la base per una possibile valutazione critica che dia ragione della genesi delle manifestazioni popolari, del loro sviluppo recente e del loro recupero attuale.

Proporremo le due componenti fondamentali delle descrizione rilevandone cioè gli aspetti negativi da una parte, ma anche gli aspetti postivi, dall'altra. Vi si riscontra infatti varietà di aspetti, per cui alcuni hanno visto nelle manifestazioni popolari una risurrezione della coscien-

---

[19] Cfr SCARVAGLIERI G., *Pellegrinaggio ed esperienza religiosa*, San Giovanni Rotondo, ed. P. Pio da Pietrelcina, 1987, passim; cfr. anche *Il pellegrinaggio alle soglie del terzo millennio*, Milano, Paoline, 1999.

za religiosa, la cui presenza nel complesso in qualche modo li controbilancia. Altri invece vi hanno scorto quasi un ritorno indietro, una ripresa di celebrazioni e riti inautentici, arcaici, sincretistici se non una ripresa o un recupero di riti e motivazioni precristiani. Così emerge una visione d'insieme e di dettaglio che sottolinea le luci e le ombre presenti nel fenomeno e che sono alla base dell'attuale dibattito sia all'interno della chiesa che tra gli studiosi.

Inoltre faremo un tentativo di censimento multidimensionale (centrato sulle diverse grandi dimensioni del fenomeno religioso) e quindi proporremo dei criteri di valutazione critica. In questo senso è molto istruttivo analizzare le diverse manifestazioni e cogliervi le componenti in base alle diverse dimensioni: intuitivo-cognitiva, cultuale, comunitaria, etica. Per ognuna di tali dimensioni vedremo il modo come sono percepite e il modo secondo cui sono vissute. Si evidenzierà così una comprensione più approfondita e si prepara il terreno per una comprensione sulla spiegazione causale e distinzione tipologica delle manifestazioni della religiosità popolare.

## 1. Piano conoscitivo o delle credenze

Questo piano comprende tutti gli aspetti presenti nel fenomeno religioso e che riguardano i contenuti intuitivo-cognitivi. Pertanto si fa riferimento alle credenze, dottrine, opinioni teologiche e popolari. In questo contesto rientrano i modi con cui i ceti popolari hanno ricevuto e letto il messaggio cristiano, lo hanno rielaborato ed espresso quasi creandosi una propria cultura e visione del mondo e della religione, e pertanto lo hanno adattato alla propria condizione e situazione culturale.

In rapporto agli aspetti negativi sono da notare le forme di fede e di credenze tradizionali caratterizzate da una sorta di incomprensione del concetto di "sacro". Esso è pensato non come un dato intenzionale, ma come un dato reale, cioè una qualità intrinseca, nuova, particolare, inerente a cose, persone, atti, ecc. Il mondo viene concepito come una realtà panteistica, commista con le divinità. In questo senso in concreto la visione soprannaturale sembra in qualche modo combinata con la visione naturale. Conseguentemente, il modo di rapportarsi con Dio, viene ad avere tale caratteristica. Le credenze potrebbero quindi essere intese come un superamento conoscitivo dei limiti umani dovuta alla coscienza della grandezza della natura dal punto di vista anche cosmologico.

Anche le componenti dottrinali delle credenze cristiane vengono ad essere un po' deformate. Tra queste va rilevata innanzitutto l'immagine che si ha di Dio, della Trinità, e degli attributi che sono particolarmente accentuati. Questi più frequentemente sono rapportati ad una visione terribile di Dio oppure vedono il lui una risposta ai propri bisogni: Bontà, Giustizia, Paternità, Beneficenza, ecc. In altre parole prevale una visione naturale di Dio. Questa non esclude, di per sé né del tutto, una visione trascendente e soprannaturale e neppure la rivelazione che Dio abbia offerto all'uomo.

Inoltre vanno elencate le modalità secondo cui si coglie anche la figura di Cristo e dei santi. Così sono sottolineati o i momenti della sua vita e gli aspetti della sua persona: la Natività o la Passione e la morte, in relazione alla consolazione, al sostegno che da essi si fa derivare. Conseguentemente in riferimento agli aspetti della sua persona vengono rilevati: amore, perdono, compassione, zelo, ecc. Da ciò derivano ancora altre devozioni come: l'Eucaristia, il Sacro Cuore, intese come manifestazioni dell'amore di Cristo, ma anche come strumenti per risultati relativi alla salvezza, ecc.

Accanto a questo si potrebbe constatare la tendenza a potenziare la figura e la funzione dei Santi. Questa viene concepita diversamente dalla corretta dottrina della "Comunione dei Santi". Il Santo viene concretamente concepito non più come un intermediario, ma come fonte. Una collocazione rilevante occupa la figura di Maria. In relazione a lei come in rapporto ai santi emerge prima di tutto la diffusione della loro fama, la grazia che si crede si può ottenere, ecc. Viene attribuita loro una presenza e una funzione non in subordine alla volontà di Dio, ma quasi in parallelo, o, se vogliamo, in appalto, per cui alcune sfere, settori di intervento verrebbero gestiti da loro autonomamente anche rispetto a Dio. Inoltre facilmente si dà importanza a tutto ciò che fa riferimento alla presenza di idee credenze più congeniali ad istanze emotive, ad istanze bio-cosmologiche.

In rapporto alle manifestazioni che si potrebbero definire positive, una prima osservazione che fa riferimento al piano delle credenze, evidenzia la presenza di componenti esperienziale-intuitive, oltre che quelle conoscitive. Pur dovendo ammettere che spesso la componente conoscitiva è piuttosto carente, tuttavia si rilevano delle capacità intuitive profonde, capaci di trascinare tutto l'uomo. Questa dimensione esperienziale è legata ad un profondo senso di Dio, del sacro, che talvolta può anche deviare, ma che sostanzialmente contiene un senso della grandezza di Dio. Ciò favorisce una concreta incarnazione dei riti. Essa offre linguaggio e simboli specifici fino ad una reale identità della cultura in senso religioso. Il dato di fede non è esterno, astratto, ma fatto proprio e reso concreto ed aderente alle diverse condizioni di vita e spesso espresse a livello piuttosto profondo.

## 2. Piano cultuale e devozionale

Il piano cultuale, che fa riferimento alle diverse modalità secondo cui il popolo si mette a contatto con la Divinità, riguarda sia le occasioni che le modalità secondo cui tali rapporti possono verificarsi. Vi rientrano quindi le preghiere, i canti, e le altre espressioni e manifestazioni. La religiosità popolare è molto ricca di fantasia e di sincerità. Per esprimersi essa ha bisogno di segni visibili, di immagini e usa parole, gesti corporei, come vedere, sentire, toccare. In tale coacervo di manifestazioni se ne trovano di varia qualificazione: positive e negative[20].

---

[20] AA. VV., *La religiosità...* 1979, 55-78.

In rapporto agli aspetti negativi vanno evidenziate le modalità di attuazione di certe celebrazioni in cui la grande affluenza comporta più chiasso che silenzio e raccoglimento. In un certo senso si verificano una sorta di festeggiamento tra l'orgiastico e il baccanale. Sono eseguite talvolta in questo modo alcune feste in occasione della celebrazione dei Sacramenti (tra cui principalmente: Battesimo, Cresima, Prima Comunione, Matrimonio, ecc.), le feste o sagre patronali, l'attuazione di pellegrinaggi. In tali contesti l'importanza della festa non è data dalla rilevanza liturgica, dalle norme del calendario religioso, ma dalla tradizione e dalla trasmissione culturale[21].

Non fa meraviglia quindi se frequentemente tali riti e feste manifestano una componente folcloristica, esteriore, coreografica, che potrebbe impedire o addirittura eliminare il significato più profondo ed importante del culto stesso. Anzi spesso esso si presenta commisto ad aspetti di tipo mondano che mal si adattano, se addirittura non si oppongono, alle caratteristiche religiose della festa: giochi, balli, ubriacature, dissolutezze, concerti con canti dai contenuti contrastanti con il messaggio della festa.

Nella religiosità popolare c'è un forte attaccamento al rito, compiuto secondo la tradizione in cui viene sottolineata la prevalenza quasi esclusiva della funzione utilitaristica o strumentale rispetto alle funzioni di lode e di rin-

---

[21] Cfr. SCARVAGLIERI G., *Dal folklore alla fede*, in "Rivista di Pastorale liturgica", 5 (1992) 54-62.

graziamento. Facilmente quindi si pensa alla preghiera solo in funzione dei propri bisogni, come richiesta di grazie specialmente materiali. La preghiera inoltre può essere caratterizzata da forma e/o intenzionalità, a volte, superstiziose, e cioè non tanto come interpretazione, ma piuttosto come posizione di atti, pronuncia di parole, utilizzazione di cose "sacre" che automaticamente e meccanicamente otterrebbero l'esito positivo. Gli atti come tali (con le espressioni verbali, i simboli e con l'uso di particolari oggetti come; acqua benedetta, incenso, candele, ecc.) produrrebbero tali esiti, per cui in tali riti "ortodossi" si potrebbe verificare un uso magico della religione.

Per quanto riguarda gli aspetti positivi si possono notare il tentativo di superare la componente di moda, della trovata dell'ultima ora. Non sono apprezzate le innovazioni, molte volte buone, ma talvolta anche piuttosto artificiali. La religiosità popolare è restia alla liturgia pensata e proposta a tavolino, una liturgia "nazionale" e spesso anche d'élite. Essa invece, essendo più legata alla vita, utilizza un linguaggio totale: canto, immagini, gesti, manifestando una grande capacità creativa rispetto alle proposte ufficiali. In altre parole sul piano cultuale presenta molti elementi interessanti, che arricchiscono le celebrazioni con una maggiore preziosità di simbolismo capace di una mediazione espressiva più efficace. Tali arricchimenti, che possono attingere le varie forme spontanee e aperte, esprimono il sentimento umano e religioso di vicinanza e di presenza di Dio[22].

Inoltre possiamo sottolineare le forme di pietà personale ed autonoma. La disposizione interiore, presupposto dell'atteggiamento interiore che si esprime nella preghiera spontanea e ricca di emozioni. Comunque il tipo di preghiere popolari molte volte anche in dialetto, si presentano come dei capolavori sul piano dell'espressione di fede e su quello linguistico. Legate come spesso erano alla trasmissione orale del sapere sapienziale venivano composte in rima e in forme molto poetiche di pregiata fattura. Meritano che siano raccolte e studiate più ampiamente. Altre forme invece sono di accrescimento delle celebrazioni liturgiche che così sono rese meno schematiche e fredde, e comunque più incastonate nella vita effettiva.

## 3. Aspetto organizzativo e comunitario

Nell'ambito dell'approccio multidimensionale va sottolineata la componente aggregativa che fa riferimento sia ai movimenti di massa che alle forme aggregative stabili di gruppi che vengono attuate come strumenti, occasioni

---

[22] Basta scorrere le diverse raccolte di benedizioni, scongiuri ed esorcismi del passato, ma anche del presente, come si può osservare scorrendo anche il nuovo *Benedizionale*, Roma, Libreria editrice Vaticana, 1992. A questo riguardo si può anche SCARVAGLIERI G., *L'approccio sociologico al benedizionale*, in "Santuario luogo d'incontro tra i bisogni dell'uomo e la protezione di Dio", Atti del Convegno nazionale del C. M. N. (Pompei 21-24, nov. 1994) in "La Madonna", 1 (1995), pp. 47-70.

di espressione della propria vita religiosa. Pertanto vi rientrano quelle manifestazioni collettive come le feste, le processioni, i pellegrinaggi, i gruppi devozionali quale le confraternite, ecc. Infatti queste modalità sono per definizione "popolari" in quanto manifestano ed attuano la presenza effettiva di masse e quindi realizzano l'accezione socioculturale o massiva del termine popolare. Ma anche a questo livello si possono notare aspetti positivi e negativi[23].

Per gli aspetti negativi, in rapporto all'aspetto comunitario, a livello di religiosità popolare, si verifica più facilmente quella che viene chiamata "l'ascrizione" alla comunità religiosa. Questa modalità sottolinea l'aspetto meccanico, automatico, fattuale, cioè legato alla nascita e alla eredità culturale, non evidenziando sufficientemente la presa di coscienza, la scelta libera e volontaria del singolo, basata su un'adeguata conoscenza e documentazione. Si verifica un'ascrizione tradizionale con sviluppo dell'appartenenza che trova nella socializzazione religiosa il suo principale fattore.

Il senso di appartenenza alla chiesa viene imposto dall'esterno. Si darebbe troppo nell'occhio se si volesse essere piuttosto estranei, originali e si rifiutassero atti e riti religiosi prescritti culturalmente. In tali condizioni però non si sente il gruppo come proprio, non se ne condividono i ruoli, anzi a questo ultimo riguardo, si tiene un atteg-

---

[23] Documentazione a questo riguardo si può trovare anche in FAVALE A., 1980, passim.

giamento da clienti. La gente partecipa poco e si tende a "delegare" agli specialisti (clero, vescovi, Papa) tutte le funzioni considerando se stessi come consumatori delle prestazioni offerte da tali operatori.

Tuttavia sul piano dell'aspetto comunitario la religiosità popolare presenta aspetti positivi notevoli. Una modalità caratteristica di essa è il fatto, appunto, di adunare il popolo, di costruire la comunione e l'intesa dentro la comunità, di estendere il fatto religioso e renderlo coestensivo alla comunità culturale. Essa quindi raduna grandi masse e fonde in un solo popolo tutte le categorie, le classi, i gruppi. Importante in tale contesto sono le funzioni e la modalità espressiva gioiosa dell'incontro, dello scambio, della comunione. È una grande testimonianza della presenza di funzioni integrative del fatto religioso, sia nell'ambito psicologico che in quello culturale[24].

Altri aspetti di grande rilievo e quindi da notare sono, in alcune circostanze, alcune forme di collaborazione della gente nella organizzazione delle feste, dei pellegrinaggi, nelle manifestazioni più straordinarie. Anche se spesso imperfetto è interessante in questo contesto l'esplicazione del ruolo di agenti della socializzazione religiosa assegnato alla famiglia, alle organizzazioni religiose, alle strutture scolastiche, ecc... Non va tralasciato un richiamo a riguardo della simbologia sacra collettiva come: l'articolazione del tempo (feste, calendario religioso) e dello spazio (segni

---

[24] SCARVAGLIERI G., *Sociologia della parrocchia*, Roma, PUG, 1991, 119-136.

sacri nello spazio, toponomastica) e urbanistica (chiese, edicole, "capitei", ecc.).

## 4. Implicazioni comportamentali ed etiche

In questo piano si fa riferimento a come il popolo intravede la vita cristiana come progetto di vita. Vi rientra quindi come esso sente il suo impegno per la coerenza tra fede e vita e come comunque si adagia ad una livello che combina, come si suol dire, il diavolo e l'acqua santa. In altre parole si vede come il popolo fa derivare dalla religione elementi normativi quali fonte di ispirazione e di guida per il proprio comportamento. Pure a questo riguardo infatti la trascrizione massiva può portare ad impostazioni valutabili positivamente, ma anche a deformazioni e a forme di disimpegno.

Per l'aspetto negativo si può verificare una concezione meccanicistica di conseguimento della salvezza. Più che pensare ad una trasformazione interiore, ad un impegno sul piano morale, ci si limita a quelle devozioni che sono presentate come "tessera d'entrata in Paradiso", senza che il proprio comportamento sia migliorato. Sono molte a tale riguardo le rivelazioni private e comunque le credenze popolari che a fronte di gesti e devozioni piuttosto facili sostituiscono l'impegno e la coerenza. In rapporto ai principi e norme morali peraltro "vigenti" si può notare che pur essendoci un substrato fondamentalmente di origine cristiana, la sua accettazione spesso diventa più cogente per via della imposizione socioculturale.

In questo contesto diminuisce l'accettazione della funzione morale della chiesa specie in alcuni ambiti, come ad es. l'ambito della morale sessuale. Spesso viene a prevalere un concetto culturale per cui le stesse norme sono accettate in quanto ormai parte del contesto ambientale, come prassi, o come normativa civile. Si può fare quindi riferimento per es. alla cosiddetta esistenza di una doppia morale o di una trasformazione morale di certe norme quando queste vengono ad avere una nuova collocazione morale dal punto di vista delle leggi statali (ad es. divorzio ed anche aborto).

Su questa base si verifica normalmente una differenziazione della scala dei valori culturali da quella dei valori propriamente religiosi. La scala socioculturale differisce dalla scala evangelica, sia nella determinazione dei contenuti, sia nella attribuzione della obbligatorietà delle diverse norme. Infatti alcune volte capita che il cambio di status morale di una norma sul piano civile la fa decadere nella sua valutazione religiosa. Basta pensare all'incidenza in questo senso dell'introduzione del divorzio.

Volendo cogliere gli aspetti positivi, in riferimento alla dimensione etica, infine si può e si deve rilevare innanzi tutto l'interconnessione tra religiosità popolare e vita quotidiana. Esse appaiono strettamente collegate e interpenetrantisi quasi una situazione di pendolarità tra i due poli. Importante a questo riguardo è stato lo sviluppo del volontariato. Un'altra connotazione positiva è l'attuazione di una preferenza per i poveri, i semplici, che trovano nella componente religiosa, appunto, una loro collocazione che non ripete le discriminazioni che si verificano normalmente sul piano economico, politico, del potere, ecc.

La religiosità popolare quindi, come già accennato, serve a mantenere e talvolta a rinforzare la propria identità culturale basata su un'impostazione sostanzialmente religiosa, che seppure ormai più culturale che religiosa, tuttavia mantiene sul piano oggettivo un fatto di per sé positivo. In alcune situazione la norma morale preservato una modalità di coesione interna e talvolta anche di identità nazionale.

### B. Altre manifestazioni religioso-culturali

Nell'ambito delle manifestazioni popolari non vanno misconosciute altre forme di espressioni popolari che costituiscono come delle sintesi di aspetti appartenenti a diverse dimensioni e intimamente connesse anche con la culturale locale. Esse fanno riferimento a situazioni della vita quotidiana della gente nelle due coordinate di spazio (ne caratterizzano l'habitat generale in cui si svolgono i diversi momenti ed aspetti) e di tempo (accompagnano la vita dei singoli e delle comunità) e altre circostanze e situazioni particolari più o meno insoliti e straordinari.

## 1. Caratterizzazione del territorio

Possiamo fare un primo riferimento modalità di configurazione della componente territoriale derivante dalla molteplicità delle chiese presenti in un dato contesto dalle piccole cappelle alle sontuose basiliche. Tale fenomeno rappresenta un'alta percentuale delle espressioni artistiche di una data cultura e sono fonte di ammirazione sia religiosa che turistica. In tali opere, peraltro, si sono espressi i gradi geni delle ari espressive: pittura, scultura, architettura, ecc. In particolare vanno citati i santuari e i relativi pellegrinaggi. Si può affermare che quasi in tutte le religioni, si verifica il fenomeno dei luoghi sacri, meta frequentata, per diversi motivi, da numerosi pellegrini. Essi sono considerati sacri perché vi si è rivelata e vi si è riconosciuta presente una potenza superiore, alla quale viene attribuito un culto.

Questa interpretazione dello spazio riguarda altre manifestazioni popolari che sono svolte in concessione con particolari e sorprendenti fenomeni naturali: luoghi suggestivi, monti, grotte, meteore, impressionanti esperienze personali (audizioni, visioni, sogni). In questo contesto rientrano specialmente i santuari e i fenomeni specifici che vi sono connessi. Non solo nel passato, ma anche oggi, il fenomeno del pellegrinaggio sta registrando un'altra grande stagione con la partecipazione di tutti gli strati della popolazione, cosa questa che sembra andrà ancora crescente in vista del prossimo Giubileo per l'anno 2000[25].

Vi rientrano anche le rappresentazioni (immagini, edicole, varie forme di arte). Esse hanno costituito lungo i secoli, fin dalla più remota antichità, mezzi di espressione

---

[25] Cfr. SCARVAGLIERI G., *Pellegrinaggio ed ...*, *op. cit.* 1987. A questo riguardo è interessante sottolineare l'importanza che sempre nella storia e nella vita delle diverse religioni ha avuto il pellegrinaggio. Cfr. a questo riguardo: *Il pellegrinaggio alle soglie...*, 1999.

della devozione ordinaria ma prendendo forme più o meno straordinarie. Sono manifestazioni di religiosità popolare sia il culto (o l'arredamento con immagini sacre delle case) la costruzione di edicole religiose che si trovano nelle vie, nei crocevia, agli angoli dei palazzi di molte città. Interessante è anche l'uso di portare addosso immagini di santi sotto forma di spille, o di immagini da tenere nel portafogli, come l'uso di immagini come ricordini ed annunci per vari eventi religiosi: Battesimo Cresima, Comunione, Matrimonio, funerali, ecc. ma anche ordinazione sacerdotale, professione religiosa, ecc. Collegato vi è anche il fenomeno dei ricordini o souvenir dei santuari che sviluppa un tale giro di affari per la popolazione locale, pur restando un segno valido di religiosità popolare.

## 2. Momenti e tappe dell'esistenza

Questo riferimento riguarda sia la vita del singolo che quella della comunità cristiana. Vi rientrano momenti che incominciano dalla stessa concezione, passano attraverso la nascita e accompagnano le grandi e piccole tappe della vita. Infatti per ogni circostanze sono state proposte modalità di interpretazione nel contesto della cosmovisione caratterizzata dalla religione. Inoltre sono state create e proposte forme rituali specifiche o comunque componenti che contribuiscono alla loro accettazione tranquilla e serena: ad esse sono state aggiunte prospettive di superamento delle eventuali forme di insicurezza e di paura che potevano generare. In particolare sono stati proposti riti e devozioni che rispondono a tali circostanze.

A questo riguardo si potrebbe scendere in altri particolari osservando come le diverse circostanze non solo della vita individuale, ma specialmente collettiva sono punteggiate da manifestazioni della religiosità popolare. La vita della comunità è scandita da occasioni circostanze ricordi della propria storia, che spesso è anche storia religiosa, come anche dalla strutturazione dei ritmi collettivi che si sviluppano durante l'anno. In particolare si può fare riferimento al succedersi delle circostanze e situazioni culturali sociali ed anche economiche (tempi e ritmi della produzione specie agricola) che risultano come inframmezzati dai momenti dell'anno liturgico: celebrazione del Natale, della Pasqua, le altre feste della Madonna e dei santi in genere e del santo patrono in particolare.

### 3. La gestione di aspetti straordinari

Altri aspetti interessanti riguardano fenomeno più collettive e comunque propositi e vissuti non tanto come singole persone ma coinvolgenti la comunità ecclesiale a vari livelli. Tra i fattori che determinano la religiosità popolare le apparizioni sono di un rilevo particolare. Possiamo fare riferimento innanzi tutto alle apparizioni attribuite a Dio, a Gesù Cristo, a Maria e ai Santi. Si tratta di fatti verificatisi fin dalle età più antiche della Chiesa, ma aumentati specie in questi ultimi tempi. Nel corso dei secoli le asserite apparizioni della Madonna si sono moltiplicate in misura molto elevata. Di solito il popolo risponde con una devozione massiccia ed entusiasta nei luoghi dove Maria si è in qualche modo rivelata, senza attendere che la gerarchia si pronunci. Spesso i fedeli non si preoccupano di informarsi sulla natura dei fatti accaduti, sulla loro storia e tanto meno si pongono dei problemi di natura critica, ma si lanciano verso la presenza del fatto straordinario[26].

Interessanti manifestazioni e fonte di religiosità popolare sono i miracoli e altre grazie speciali. Il popolo vede in questi fatti una modalità dell'intervento di Dio tramite la Vergine e i Santi nella sua vita. Connesso con i miracoli specie se legati ad una devozione presso un santuario è il fenomeno degli ex-voto. Esso costituisce un altro importante aspetto del fenomeno della religiosità popolare in quanto esprime il tipo di rapporto tra il miracolato e il Santo. Il supporto materiale e artistico degli ex-voto rappresenta una sintesi di fede e di devozione, di arte di religione culturizzata. Esprimono i sentimenti di bisogno, ma anche il senso di gratitudine di coloro che si sono sentiti gratificati dall'intervento celeste[27].

Un certo rilievo acquista anche il complesso fenomeno della onomastica e toponomastica. Oltre alla riproduzione dei nomi di Gesù e di Maria, anche di altri Santi e di feste e titoli del calendario: Natale, Pasquale, i nomi derivanti dalle feste mariane: Concetta, Assunta, Annunziata; la tra-

---

[26] Cfr, VALENZIANO C., *Liturgia e antropologia,* Bologna Dehoniane, 1997, 45-76.

[27] Sono molti specie in questi ultimi anni gli studi sugli ex-voto e i tentativi di approccio globale comprensivo cioè delle diverse componenti che lo costituiscono.

sformazione in nomi di titoli e luoghi di santuari mariani: specie in lingua Spagnola, come: Dolores, Soledad, Amparo; Lourdes, ma anche Loreta, Tindara, Guadalupe). Anche i nomi e le devozioni ad alcuni santi sono molto diffusi: Antonio, Pietro, Paolo, Giovanni, Francesco, ecc... Molti sono anche i nomi di località di paesi e paeselli, contrade, ecc... denominati con nomi di santi.

La religiosità popolare infine partendo da quella che abbiamo definito una mentalità religiosa naturalistica ha dato adito o si basa a volte su leggende e miti o tradizioni locali. Ogni paese in questo senso ha le sue tradizioni. In particolare le leggende ed altri racconti copiati su un canovaccio comune, vengono a svilupparsi in rapporto alla devozione alle reliquie, alla scoperta miracolosa di immagini. Nell'un caso e nell'altro non è raro che in seguito venga eretto un santuario che custodisce le reliquie o costituisce un ricordo dell'apparizione o della scoperta di un'immagine. Così anche si tenta di giustificare ricorrenze e usi locali attraverso il ricorso o ricostruzioni che talvolta richiamano i miti delle origini di una comunità locale.

### III. POTENZIALITÀ E LIMITI INTERPRETATIVI

Dalla esposizione finora attuata emerge una panoramica ampia e diversificata, ma in un certo senso dispersiva. Una modalità di riportare un certo ordine è dato dalla prospettiva di riorganizzazione e manifestazioni in una tipologia interpretativa globale. Tale impostazione permette di cogliere le potenzialità e i limiti insiti nel fenomeno religioso popolare in sé stesso, e propri del tipo di approccio sociologico che ne se può attuare. Essa peraltro serve anche ad offrire parametri e criteri per una valutazione finale del fenomeno che stiamo studiando.

### A. Tipologia delle manifestazioni popolari

Ai fini di un'adeguata interpretazione sul piano conoscitivo e di un'eventuale progettazione in vista di una ricerca è necessario sapere distinguere le varie forme di religiosità popolare. Sia pure nei limiti già più volte accennati nei confronti delle tipologie, ci sembra opportuno avviare un tentativo che sottolineando vari aspetti renda un servizio ad una sistemazione della ricca fenomenologia. Pertanto occorre articolare l'esposizione della tipologia evidenziando i parametri di fondo e descrivendo concretamente i tipi che ne derivano, la componente oggettiva e soggettiva delle singole manifestazioni e la modalità prevalente secondo cui effettivamente attuate e partecipate dalla maggioranza della popolazione.

## 1. I parametri di fondo

Una tipologia ha sempre bisogno di essere un procedimento razionale e quindi va basato su alcuni principi e presupposti concettuali che la giustificano e la rendono plausibile. Nel nostro caso ci sembra che sia necessaria una puntualizzazione degli elementi più importanti che costituiscono le manifestazioni stesse e nelle stesso tempo occorre tener conto della loro effettiva esecuzione. In altre parole un'impostazione tipologica deve far riferimento alla dimensione strutturale soggettiva e oggettiva, ma anche all'aspetto applicativo nell'intento di offrire un apporto valido dal punto di vista interpretativo della realtà.

a) Le coordinate concettuali

Tra le coordinate concettuali vanno sottolineati gli aspetti soggettivi presenti nelle manifestazioni religiose popolari in quanto tali. Essi fanno riferimento agli elementi dottrinali (credenze, idee, simboli, implicazioni comunitarie e conseguenze etiche) considerati in sé, da cui dipendono le convinzioni dei soggetti e quindi anche le loro motivazioni. Altri aspetti soggettivi riguardano le modalità di valutare e interpretare la presenza e i ruoli delle persone, la loro abilitazione giuridica e funzionale per la realizzazione delle manifestazioni. Vi rientrano anche: la valutazione delle cose che sono usate e che comunque sono presenti, siano esse elementi strumentali o parte dell'ambiente, l'interpretazione dei gesti simbolici e il loro rapporto con i contenuti, il valore dato ai comportamenti che sono svolti, sia in se stessi sia nella la collocazione della cerimonia in un dato tempo (calendario o comunque periodo dell'anno in genere e di quello liturgico in particolare) e in un ambiente fisico e sociale e cioè luogo sacro o no, città o campagna, ecc.

In questo contesto vanno anche prese in considerazione gli stati interiori vissuti da soggetti che riguardano le motivazioni e le intenzioni sia manifeste (espresse dai soggetti) sia latenti (vissute in modo implicito). Di essi vantata la capacità di incidenza per cui spingono alla partecipazione e la loro capacità di indurre a comportamenti coerenti i partecipanti. Ovviamente tali aspetti intimi sono spesso corredati di sentimenti che li accompagnano e che vanno valutati secondo il grado di incidenza prima e durante le celebrazioni. In tale osservazione va anche analizzato il modo come essi favoriscono oppure intralciano l'attuazione del concreto atto devozionale, ma che la crescita spirituale dei soggetti o comunque occorre vedere se essi siano sostanzialmente validi, oppure siano intrisi di elementi negativi.

Questi vari aspetti vanno visti nella loro interazione reciproca. Pertanto vanno considerati come parti integranti di una stessa realtà. Da una parte essi, nel concreto non sono indipendenti gli uni dagli altri, nel senso che, ad es. gli aspetti soggettivi rendono funzionali e plausibili i contenuti e i simboli: questi poi presuppongono o suscitano determinati atti mentali e attitudinali. A ciò contribuiscono anche le altre caratteristiche che riguardano la tradizione e la partecipazione di massa. Da un'altra parte accanto alla loro interdipendenza, va notata una loro certa autonomia concettuale ed esistenziale, è possibile riscontrare un alto grado dell'elemento soggettivo accanto ad una carente sul piano oggettivo e viceversa. Pertanto tali elementi possono combinarsi tra loro in modo molto vario. Ne conseguono molte situazioni esecutive che si dispongono in una scala molto ampia: si va dal massimo sviluppo positivo delle varie componenti fino al polo contrario.

a) La componente esecutiva

In relazione all'esecuzione vanno notate le modalità di realizzazione dei gesti, dei movimenti, personali e collettivi, le modalità dell'attuazione concreta la capacità di rispecchiamento della natura dei contenuti. Non basta infatti avere delle buone intenzioni e motivazioni per una valutazione globale, è interessante notare la loro traduzione in pratica. Gli aspetti esteriori certamente da soli non servono, ma è ovvio che essi richiedono un presupposto interno, e viceversa le intuizioni e gli altri elementi soggetti richiedono una coerente applicazione, perché il giudizio finale possa essere espresso in termini validi. Inoltre i riti e gli altri aspetti esecutivi vanno considerati sia nella loro entità singola, sia nella loro combinazione. Infatti, talvolta, capita che le singole componenti siano valide, ma gli accostamenti rendono la manifestazione caotica o complessa se non addirittura contraddittoria.

Tra le componenti esecutive, ovviamente vanno, considerate anche le circostanze di tempo e di spazio. Infatti anche una ritualità in origine accettabile, se spostata di tempo o di luogo potrebbe indurre ad una valutazione diversa. Esempi a riguardo si possono trovare negli atti di pietà per i defunti, per i quali talvolta si attuano visite o si dicono (o fanno dire) preghiere in momenti o circostanze meno indicate. Disfunzionali in tale campo potrebbero essere considerato: andare al cimitero alla domenica per fare una visita ai defunti e tralasciare la partecipazione alla Messa; curare gli aspetti festaioli della celebrazione dei sacramenti trascurando la loro preparazione e la presa di coscienza interiore; credere a tutte le apparizioni private, ma tralasciando il dovere e l'impegno di approfondire la propria fede.

Per questo nella valutazione, le componenti e i criteri di esecuzione ovviamente vanno osservati sia sulla base della specificità di ogni componente simbolica ed artistica: musica e canto, gesti e modalità di procedere in processione, movimenti e corrispondenza di spostamenti, ecc., sia dal punto di vista propriamente estetico ed espressivo o contenutistico. Inoltre è importante vedere come tutte queste entità siano tra loro coordinate in maniera armonica e coerente, superando forme di scompensi e di deformazione che potrebbero renderle riti magici o uso magico della religione.

## 2. I tipi concreti

Dal complesso di combinazioni degli aspetti soggettivi ed oggettivi a seconda che siano attuati in modo valido o no, derivano quattro situazioni tipiche: positività delle due componenti; situazione positiva degli aspetti soggettivi e negativa di quelli oggettivi e viceversa; negatività di tutti e due gli aspetti. Ne derivano altrettanti tipi fondamentali e sintetici di manifestazioni religiose che sono variamente denominate. Ecco come si potrebbero delineare a grandi tratti i singoli tipi sottolineandone la valutazione positiva o negativa degli aspetti sia soggettivi che oggettivi: manifestazioni devote, ingenue, folcloristiche, superstiziose. Questa tipologia fondamentale è immediatamente comprensibile, ma richiede alcune puntualizzazioni.

a) Manifestazioni devote.

In questo tipo rientrano quelle manifestazioni religiose che sul piano *oggettivo e in quello soggettivo presentano valori positivi,* almeno sostanzialmente. Vi si nota quindi una corretta visione di Dio, e del modo di rapportarsi con Lui. Anche se piuttosto implicito, l'influsso di tale visione di Dio e della sua presenza può essere considerato genuino e autentico. Il senso della grandezza di Dio è associato ad una fiducia nel suo amore. Anche nei confronti dei Santi e, specialmente della Madonna, si attua una corretta concezione sul piano oggettivo: corretta visione teologica nell'ambito della dottrina cristologica ed ecclesiologica e della comunione dei santi. Si nota inoltre una corretta interpenetrazione tra cultura e religione e l'influenza che questa ha nel contesto socioculturale specialmente popolareggiante.

Sul piano dell'attuazione rituale le manifestazioni si presentano ben impostate e ben eseguite: dai testi al canto, dai gesti ai simboli. In questa situazione si presuppone inoltre che il linguaggio sia ben ideato e realizzato per cui arriva a forme di coralità molto ricca e suggestiva. Il senso della partecipazione personale è notevole, spesso caratterizzato da corresponsabilità e divisione di ruoli e funzioni. Il riferimento ai santi non è staccato dagli aspetti cristologici e si sottolinea adeguatamente come il culto sia sostanzialmente diretto a Dio e trova in Maria e nei santi una forma di intermediazione voluta da Dio stesso. Il tutto va considerato come un'esaltazione non fine a se stessa ma piuttosto come uno strumento un'occasione di cogliere istanze e stimoli per rendere onore a Dio.

b) Manifestazioni ingenue.

Questo tipo raccoglie quelle manifestazioni che presentano la parte *soggettiva accettabile*, ma *l'aspetto esecutivo rituale carente*; nei casi estremi si arriva all'uso magico della religione. In altre parole si può costatare una serie di disposizioni interiori basate su una buona concezione della religione in genere, piuttosto o comunque, sostanzialmente positiva, mentre le espressioni esterne sono piuttosto non vi corrispondono bene e quindi sono inaccettabili. Sono esempi di questo tipo: usi, tradizioni e costumi tramandati dal passato, ma che ormai on sono ben compresi e quindi attuati in modo inadeguato. Uso di preghiere in latino storpiato, di simboli di cui ormai non si coglie la funzionalità. Lo stesso si può dire per certe forme di penitenza: viaggi a piedi o percorsi in ginocchio, strisciare la lingua, battersi con corde, flagelli o catene, ecc.

In tali casi si verifica il mantenimento di certe forme di preghiera e vecchi rituali come benedizioni le più impensate ed anche strane. Spesso si verifica un'inclinazione all'uso improprio di reliquie (ad es. come talismani) e, come si suol dire, si mischia il diavolo e l'acqua santa. In rapporto al culto mariano si può costatare una trasformazione delle immagini di Maria o della corona del rosario o l'abitino o scapolare in qualcosa di magico. Anche l'uso di andare ad un santuario o l'attuazione di certe devozioni realizzate con retta intenzione o buone motivazioni, talvolta è accompagnato da qualche rito particolare non del tutto raccomandabile: sedersi su certe pietre, toccare certi oggetti, prendere per portare con sé qualcosa come acqua, olio, terreno, ecc.

c) Manifestazioni folcloristiche.

Un altro tipo si può individuare ipotizzando la *presenza o l'uso di riti accettabili* (come ad esempio le funzioni ufficiali) ma basate su presupposti *soggettivi insufficienti o del tutto carenti*. Ciò si può configurare come tendenza a sostituire l'impegno morale con atti di culto, ad esempio: far celebrare Messe, fare dei voti o promesse, aiutare economicamente la chiesa come sostitutivo dell'impegno morale nella vita. Si frequentano le feste o le cerimonie per evasione e divertimento o per il loro aspetto estetico o per farsi vedere. Si richiedono preghiere per grazie anche moralmente inaccettabili. Inoltre si possono costatare forme varie di utilizzazione e strumentalizzazione del culto dei Santi. Spesso si ha una quasi esclusiva prevalenza della funzione utilitaristica della devozione alla Madonna o ai santi, cioè la devozione è intesa e si verifica solo, o quasi, in funzione dell'impetrazione di una qualche grazia, che frequentemente è di ordine materiale.

In alcuni casi si riscontra anche l'uso strumentale di riti e manifestazioni religiose anche corrette per asservimento sociale delle masse, da parte delle classi dominanti, oppure in funzione di autoconsolazione futura per le classi subalterne. Inoltre le cerimonie religiose servono ad una finalità sociale o socioculturale e di identità di gruppo. In tutti questi casi viene curata di più l'esecuzione che non la sostanza dei riti. In questo senso tali manifestazioni sono coreografiche e folcloristiche, cioè realizzate esternamente bene ma con aspetti soggettivi sbagliati. Possono quindi essere paragonati ad una pantomima o manifestazione teatrale, magari ben curata ma appunto, mancando gli aspetti soggettivi, sono senz'anima, rimanendo solo un qualcosa di fondamentalmente carente folcloristico.

d) Manifestazioni superstiziose.

All'estremo opposto al primo tipo si riscontrano le manifestazioni che presentano *aspetti negativi sul piano soggettivo e oggettivo*. Vi manca una corretta concezione di Dio, spesso connessa con opinioni sbagliate se non proprio offensive di Dio stesso. L'uomo se ne sente dipendente, come schiavo e non come figlio, e Dio viene visto sotto forma di un despota o di un vendicatore. A Maria e ai santi viene attribuita una funzione parallela a quella di Dio, specialmente alla Madonna che talvolta appare una Divinità. Anzi mentre Dio è talvolta presentato come giustiziere, Maria sarebbe tenera e comprensiva, per cui bisogna ricorrere a Maria per evitare i castighi di Dio[28]. Maria e i santi sono spesso intesi termine finale della devozione, senza la necessaria funzione di modelli di vita cristiana.

Inoltre la componente oggettiva e rituale è ugualmente carente. Le manifestazioni si riducono ad elementi core-

---

[28] Talvolta si estremizza la psicologizzazione dei rapporti materni e paterni applicati rispettivamente a Maria e a Dio e si attribuiscono quindi a Maria doti di sensibilità, di premura o di bontà che sarebbero superiori a quelle di Dio.

ografici e folcloristici che prendono il posto principale rimandando al piano accessorio le motivazioni e i simboli autentici. Si nota inoltre una commistione con elementi di tipo mondano che mal s'adattano se non, addirittura si oppongono alle esigenze propriamente religiose (giochi, balli, dissolutezze varie ubriacature...). Talvolta si perviene anche all'impostazione magica o all'uso magico delle stesse manifestazioni religiose: novene, tridui, preghiere sono uniti a gesti e/o simboli in funzione di merce da barattare con Dio o addirittura usati con la mentalità di una loro efficacia cui Dio stesso non può opporsi, non può resistere ad essi (riti magici). Non mancano occasioni in cui si possono riscontrare intenzioni e gesti contrari alla morale ad es. quando si chiedono grazie per motivi moralmente inaccettabili o si chiede il castigo di chi ha fatto del male, e, per giunta con mezzi magici e superstiziosi.

    La tabella ci fa capire, in modo immediato, da una parte, l'utilità e la validità della impostazione e, dall'altra, ci suggerisce un certo realismo nell'uso che se ne può fare. Infatti questi tipi sono piuttosto formali ed ideali. Essi infatti indicano quali aspetti o elementi si possono notare nei singoli tipi anche se poi in concreto la tipologia potrà essere fatta in base piuttosto ad un dosaggio più sfumato. Essi quindi vanno considerati dei tipi ideali in quanto l'uno o l'altro tipo non è determinato dalla esclusiva presenza di tutte le caratteristiche attribuite al singolo termine, ma piuttosto dalla loro prevalenza e capacità di caratterizzazione. Ciò quindi mostra che in concreto i tipi sono molto più numerosi, ma tendenzialmente inclinati a quelli descritti, che rappresentano degli ideal-tipi.

Ecco come possono schematizzarsi i vari tipi.

| Tipi / Categorie | Aspetti soggettivi | Aspetti esecutivi |
|---|---|---|
| Manifestazioni devote | Buono | Buono |
| Manifestazioni ingenue | Buono | Cattivo |
| Manifestazioni folcloristiche | Cattivo | Buono |
| Manifestazioni superstiziose | Cattivo | Cattivo |

B. Valutazione critica

Come abbiamo potuto vedere dal complesso delle riflessioni sviluppate il fenomeno della religiosità popolare è molto complesso e quindi non facile da spiegare. Pertanto non si può pretendere di partire dal presupposto che ci sia un'interpretazione semplice unica e globale da proporre a riguardo del complesso dei fenomeni che vi sono inclusi. Infatti vi sono presenti dei problemi per la delucidazione del fenomeno religioso popolare in sé e quelli riguardanti l'attuale risveglio. Il primo aspetto richiama quanto abbiamo in un certo senso intravisto nella proposta di un concetto di "popolare", cioè manifestazioni massive. Il secondo invece fa riferimento a fenomeni locali verificatisi di recente e che illustrano l'attuale risveglio.

È bene però proporre due chiarificazioni preliminari. In primo luogo nonostante tutto va notato che è meglio parlare di ipotesi e non di conclusioni, perché ancora tali proposte di spiegazione vanno ulteriormente verificate. Tuttavia ci sembra che esse rappresentino una base che nel complesso fornisce allo stato attuale dello sviluppo della ricerca una piattaforma soddisfacente. Inoltre le proposte avanzate devono necessariamente fare riferimento ai due aspetti fondamentali nella valutazione delle manifestazioni della religiosità popolare. Occorre quindi articolare la trattazione distinguendo le ipotesi che spiegano sia gli aspetti positivi sia quelli negativi.

## 1. Ipotesi esplicative degli aspetti positivi

Ciò premesso, possiamo passare alla esposizione delle diverse ipotesi che possono spiegare il fenomeno della religiosità popolare, sia nel passato, ma anche nel presente, sia spontanee, sia progettate dai responsabili.

a) *Esigenza di adattamento*. Un prima ragione può essere vista nella esigenza di adattamento delle manifestazioni quando queste sono attuate da tutto un popolo in funzione di protagonista. In tal caso si costata una forte esigenza di linguaggio totale. Esso rende le cerimonie dotate di senso, ma anche trasmette e fa cogliere tale senso. Del resto in tale prospettiva ogni aspetto del linguaggio è visto come qualcosa che da solo non basta. In questo caso i singoli aspetti sono appena accennati o simboleggiati se è usato soltanto un singolo mezzo di veicolazione. Il complesso del linguaggio rende plastico e concreto tutto il senso della manifestazione. Tali altri aspetti pertanto rinforzano sia i contenuti cognitivi che devono essere presenti nelle funzioni come anche gli aspetti pratici che aiutano alla crescita delle motivazioni e delle percezioni soggettive in modo intonato e sintonizzato con l'evento nel suo complesso.

b) *Tendenza alla semplificazione*. Non si può trascurare inoltre l'esigenza di semplificazione che richiede sempre una trascrizione in termini più accessibili i diversi aspetti dell'atto di culto. Tale trascrizione popolare comporta una serie di adattamenti dei contenuti per raggiungere una maggiore immediatezza espressiva delle componenti simboliche e comportamentali da essere attuate da tutti i presenti. La psicologia delle masse infatti è qualitativamente omogenea a quella individuale ma quantitativamente differenziata. Una tale presa di coscienza pertanto fa intendere che occorre una tale trasformazione e semplificazione delle singole componenti per essere adatta alle grandi folle. D'altra la presenza di grandi masse rende difficile dare ampie spiegazioni e usare ragionamenti sofisticati.

c) *Reazione a forme elitistiche*. Un'altra ipotesi fa riferimento al risveglio della religiosità come reazione al razionalismo e all'elitismo della stessa impostazione o almeno alla traduzione in pratica della riforma liturgica. Infatti a questo riguardo subito dopo il Concilio specie da giovani sacerdoti s'è fatto d'ogni erba un fascio eliminando in modo indiscriminato molte manifestazioni popolari connotandole come manifestazioni superstiziose senza distinguere in modo adeguato le une dalle altre e, quello che è peggio, senza sostituire quello che si toglieva con nuovo simbolismo più autentico e più teologicamente fondato, ma riducendo tutto a forme astratte e/o cervellotiche. Sembrava che il concilio avesse potuto far crescere le masse dei fedeli in un batter d'occhio e che fosse possibile impostare la liturgia in modo del tutto schematico e geometrico. Pertanto tali schemi elitistici avevano come conseguenza un impoverimento delle modalità in cui la gente riuscisse ad avere esperienze religiose.

d) *La festa come fatto culturale*. Infine va evidenziato il fondamento biblico di certe forme di vivere i fatti religiosi popolari[29]. Non solo nel vecchio Testamento sono raccomandate forme colorite e vivaci di attuare il culto, ma anche nel Nuovo, accanto all'*adorazione in spirito e verità* si parla del culto completo spirituale e corporale da dare a Dio in cui hanno posto letture, canti, gesti, movimenti, e molta altra simbologia. Questa ispirazione di fondo e la stessa dinamica di ogni modalità di convenire insieme del popolo spiega come sia nelle manifestazioni festive che in quelle penitenziali c'è sempre uno spazio al senso dell'ottimismo e della gioia dell'incontro con Dio.

---

[29] Questo fra l'altro richiama anche la presenza di un fondamento antropologico di tali manifestazioni.

## 2. Ipotesi esplicative degli aspetti negativi.

Per completare il nostro tentativo di spiegazione dobbiamo fare riferimento anche agli aspetti negativi e quindi alle disfunzioni che si presentano nelle manifestazioni della religiosità popolare. Le disfunzioni possono essersi verificate sia veramente per carenze oggettive, ma anche per non adeguata disponibilità dei soggetti. Esse inoltre vanno valutate in rapporto alla situazione attuale, anche se in altre circostanze si poteva avere una valutazione diversa. Anche a questo riguardo pertanto avanziamo alcune riflessioni che possono aiutare nella comprensione dei modi concreti di presentarsi della religiosità popolare.

a) *Le disfunzioni della socializzazione*. Tra le diverse ipotesi si possono sottolineare innanzitutto quella che può essere denominata la disfunzione nella socializzazione. Si sarebbe verificata specie negli ultimi tempi una più o meno evidente carenza nel processo di socializzazione religiosa. Essa può essere dipesa sia da una carenza nella impostazione sia dei contenuti che delle modalità, occasioni e circostanze di attuazione o dal disinteresse, che specialmente la famiglia ha mostrato, in rapporto alla socializzazione religiosa. Il risultato può essere stato, specie a livello di massa, un ritardo nella crescita personale dei fedeli, che mostrano grosse carenze nella formazione religiosa che effettivamente è rimasta inadeguata.

b) *Insufficienza dell'evangelizzazione*. Un'altra ipotesi fa riferimento ad una serie di disfunzioni e carenze personali del clero (rinnovamento interessato o comunque carenze comportamentali in genere), insufficienze strutturali dell'organizzazione religiosa (specie in questi ultimi tempi sono emersi problemi circa il numero adeguato dei sacerdoti per il servizio pastorale rispondente alle nuove esigenze). In questo senso inoltre s'è sviluppata una tendenza a svalutare gli aspetti pastorali e a frapporre sempre scuse ed ostacoli anche quando tali aspetti fossero stati attuati e/o imposti. Basta, pensare ad esempio, alla disattenzione con cui sono seguiti i corsi in preparazione ai diversi sacramenti. Non va escluso in questo contesto un certo influsso negativo dell'istituzionalizzazione della chiesa o della più o meno cattiva attuazione delle iniziative di risveglio suggerite dal Concilio.

c) *L'incidenza di certo zelo indiscreto.* Una terza ipotesi invece fa riferimento a certe forme di zelo indiscreto di certi sacerdoti che hanno sottolineato gli aspetti più tradizionali della fede e delle sue manifestazioni come il mezzo migliore di vivere il cristianesimo. Ne è potuto derivare una clima di devozionismo e di sentimentalismo, una modalità di rivolgersi a Dio, alla Vergine, ai Santi in qualunque modo, supponendo che sia sempre meglio realizzare, comunque, un dato atto di culto anziché no. In base a tale impostazione si sono mantenute le feste così come stavano invece di evangelizzarle e di purificarle. Rientra in questa ipotesi esplicativa anche la carenza nella predicazione circa la natura e funzione delle pie devozioni, che favoriva la dimensione sentimentale o strumentale (ricerca di grazie o miracoli) che l'occasione per una crescita nella fede.

d) *L'incidenza del consumismo*. Un'ultima ipotesi fa riferimento alle influenze consumistiche ed edonistiche. Le feste e le varie manifestazioni popolari sono impostate in modo spesso più pagano che cristiano, si rinverdiscono in un non ben inteso patrimonio culturale religioso, antiche tradizioni, di origine non cristiana e riproposte in occasioni di celebrazioni di feste patronali e/o di riti dei sacramenti: Battesimo, Cresima, prima Comunione, Matrimonio. Ne è risultata un'accentuazione maggiore degli aspetti ludici e consumistici e una forma di degradazione in senso folclorico delle manifestazione religiose popolari[30]. Esse talvolta sono organizzate da agenzie commerciali che favoriscono più l'uso turistico che non un'attuazione valida di un pellegrinaggio o di un'altra manifestazione.

Concludendo tutta questa esposizione ci sembra che vada sottolineata una riflessione finale secondo la quale sia necessario un grande processo di discernimento per giudicare in modo valido le singole manifestazioni. Occorre evitare di fare di ogni erba un fascio e nello stesso tempo di condannare o assolvere tutto in modo acritico e precomprensivo. Pertanto tramite il discernimento occorre

---

[30] Va distinta una possibile interpretazione del risveglio spontaneo in cui si realizza un vero e proprio protagonismo popolare, da quella che invece dipende dall'organizzazione da parte di agenzie interessate e che quindi costituiscono un'utilizzazione commerciale del fenomeno.

analizzare ogni singola manifestazione, coglierne le componenti, osservarne gli aspetti soggettivi ed oggettivi, vederne l'ortodossia e l'ortoprassi. La finalità ultima dovrebbe quindi essere quella di purificare gli aspetti negativi e di potenziarne gli aspetti positivi.

# CAP. X
# LA RELIGIONE E SOCIETÀ ATTUALE

Una riflessione sulla situazione e dinamica della religione nel mondo contemporaneo riprende, da una parte, la problematica generale dei rapporti tra tali due entità, cogliendone il fondamento principale della teoria sociologica a riguardo del fenomeno religioso e, dall'altra aggiunge l'analisi sui cambiamenti che riguardano singolarmente l'una e l'altra. Ma deve anche affrontare il tema delle variazioni attuali del rapporto reciproco che ne consegue. I problemi che si prospettano sono pertanto enormi e costituiscono la fonte di grandi studi e di grandi approfondimenti da parte della sociologia. Non è possibile quindi affrontare un tale argomento se non per accenni, si direbbe quasi, prospettando una sintesi delle principali questioni che devono essere trattati rimandando a testi specifici per un approfondimento più adeguato[1]. Ci sembra indispensabile comunque fare qualche accenno ai vari problemi generali e soffermarci più estesamente sulle trasformazioni attuali del fenomeno religioso.

In realtà non si tratta di un fatto nuovo, esso è sempre esistito anche se con caratteristiche diverse, tra cui si possono evidenziare i seguenti tratti: velocità, complessità, to-

---

[1] Cfr. MARTELLI S. *La religione nella società postmoderna*, Bologna, Dehoniane 1990; WILSON B., *La religione nel mondo contemporaneo*, Bologna, Il Mulino 1985; BECKFORD J., *Religion and advanced industrial society*, London, Unwin Hymam, 1989.

talità. Nel passato, infatti, il processo di cambiamento si svolgeva con un ritmo fin troppo lento, tanto da sfuggire all'esperienza di una generazione, mentre oggi si realizza in maniera veloce e talvolta travolgente. È una constatazione generale quella che viene chiamata l'accelerazione della storia, collegata con il ritmo più incisivo delle singole componenti e il relativo effetto cumulativo che ne deriva.

Pertanto accanto alla velocità va notata la complessità che sottolinea la compresenza d'istanze diversificate. Essa richiama la condizione strutturale attuale della società che si presenta come un'enorme quantità di alternative possibili che per la loro natura e per la loro molteplicità sono incontrollabili. Infine va rilevato il concetto di totalità: il cambiamento è profondo, radicale, onnicomprensivo nel senso che riguarda tutti gli aspetti individuali e collettivi della vita sociale[2]. Vi sono compresi gli elementi cognitivi e operativi, le dimensioni strutturali e funzionali, gli aspetti materiali e morali della "ricerca di senso".

## I. TRATTI DELLA NUOVA SITUAZIONE

Per questo una prima riflessione deve vertere sulla e dipende dalla nuova caratterizzazione della società. Registrando essa una forma di transizione globale che fa bruciare le tappe all'evoluzione attuale, la situazione si presenta come superamento continuo delle diverse configurazioni, per cui va tenuto conto anche del passaggio dalla

---

[2] LUHMANN N., *Funktion der Religion*, Frankfurt a. M., Suhrkamp 1977, 82 e ss.

situazione di modernità a quella di *post-modernità*. Per completare quindi il quadro generale di riferimento della situazione attuale, occorre fare alcune osservazioni su tali due tipiche modalità di interpretazione della vita sociale.

### A. Il passaggio alla postmodernità.

Una prima riflessione riguarda un fenomeno che anche cronologicamente si è presentato prima e, in altre parole, il passaggio al post-modernità. Essa rappresenta un clima filosofico, anche un ambiente variegato e complesso, derivante dalla rilevanza di orientamenti pratici, come gli aspetti ecologici, edonistici, e consumistici del nostro tempo.

La modernità, infatti, è basata sull'impostazione illuminista di concepire il corso del pensiero come uno sviluppo "derivante dall'universalità della ragione umana e l'ottimismo di un progresso evolutivo costante della storia umana, non privi, come dice Ardigò, di esasperazioni da parte dell'immanentismo ateo". Pertanto alcuni suoi tratti caratteristici possono essere così sintetizzati: autonomia dell'esistenza e creazione di un nuovo set di valori fondati sull'affermazione di tale autonomia. Tale atteggiamento elimina nella concezione della storia i riferimenti al sacro e al trascendente ed ogni riferimento ad una visione provvidenzialistica. Questa dissacrazione tuttavia viene sostituita da nuove forme di mitizzazione del progresso concepito come unilineare e costante fino alla scomparsa dei residui di misteri anche naturali. Si verifica inoltre una nuova costruzione di universi simbolici totalizzanti come dimostrazione della forza della razionalizzazione applicata a tutti i livelli della vita culturale e sociale con la sensazione di un'autosufficienza più o meno illimitata[3].

La *post-modernità* invece denota la prevalenza del "pensiero debole" che comporta caratteristiche discontinue rispetto alla stessa modernità, anche se si costatano situazioni in cui le due impostazioni facilmente ancora convivono. Nel nuovo contesto pertanto emergono alcuni fenomeni che comportano una nuova svolta epistemologica[4]. Ciò riguarda sia il sapere filosofico come deperimento della metafisica che evita o non sa o non vuole affrontare visioni del mondo o weltanschauungen totalizzanti, che il sapere scientifico come parzialità della tecnicità della scienza che evita o reputa inaccessibili o comunque inutili spiegazioni oggettive e si limita a spiegazioni concettuali entro i rapporti tra sistemi limitati e chiusi e che non presuppongano dati oggettivi e "naturali". Inoltre il pensiero debole preferisce la rottura, il dissenso, il pluralismo delle entità e degli accadimenti, si avvicina alla sensibilità dell'uomo della strada che elude la durezza del mondo, la forza che gli potrebbe derivare da forti convinzioni[5].

---

[3] Tuttavia la stessa modernità al culmine della sua espressione incomincia ad enunciare il limiti e le smagliature della sua struttura. Basta pensare al principio d'indeterminazione di Heisemberg, alla relatività di Einstein, al quantum di Planck, ecc.

[4] Cfr. ELIADE M., *Trattato di storia delle religioni*, Torino, 1981.

[5] Un'introduzione più ampia alla comprensione della *post-moder*nità va ricercata in autori come: G. Vattimo, J. F. Lyotard, G. Leptvoski, J. Braudillard, ecc.

Più in particolare la concezione della *post-moder*nità fa riferimento ad alcuni tratti che vanno rilevati perché essi condizionano e spiegano il rapporto tra società e la presenza della religione oggi[6]. Tra essi ci sembra importante sottolinearne alcuni.

Innanzi tutto va fatto riferimento al disincanto della ragione che non riesce a dire cosa è la realtà né dar fondamento a principi fermi e chiari e incontrovertibili, per cui la sua produzione è stata una somma di inganni. Va quindi evidenziata l'accettazione della perdita del fondamento nel senso che da Archimede ad oggi ancora l'uomo non ha trovato il suo punto di appoggio, in quanto tutto sembra caratterizzato dall'indeterminazione, dalla discontinuità, dal pluralismo. Inoltre si costata la "scomparsa del soggetto" che si rende conto che "tutto potrebbe essere diverso, ma quasi nulla io posso modificare". Da ciò dipende anche quella che viene definita l'impersonalità del potere nel senso dell'incapacità strutturale dell'uomo di controllare i processi sia fisici che sociali.

Ne consegue pertanto il rifiuto delle grandi sistemazioni totalizzanti che in realtà hanno prodotto uniformismo totalitario fino a nuove forme di barbarie. Pertanto la fine della storia è la conseguenza più spontanea ed immediata. Si nota la contingenza, il provvisorio, l'acca-

---

[6] ARDIGO' A. - GARELLI F., *Valori, scienza e trascendenza*, Torino, F. Agnelli, 1989, 221-232. La stessa *post-moder*nità tuttavia da alcuni è già messa in crisi o comunque considerata non più attuale, per arrivare, come afferma A. Ardigò, ad una nuova condizione ancora da definire ma che comunque è caratterizzata dalla "fuoriuscita" dallo stesso "postmoderno".

dimentale discontinuo, che genera una nuova sensibilità che preferisce il particolarismo, la specializzazione e la frammentazione. La vita quindi va vissuta secondo altri parametri rispetto a quelli proposti dalla modernità come il produttivismo, l'utilitarismo, il consumismo. Ne deriva la tendenza all'estetizzazione generale della vita che porta al gusto dell'abbandonarsi al momento, percependo il cullamento delle cose, il passaggio costante alla novità[7].

### B. Il fenomeno della globalizzazione.

Inoltre oggi va data debita attenzione al fenomeno della globalizzazione. In tale prospettiva occorre far riferimento ai diversi aspetti che tale problematica comporta. Essa viene concepita come un effetto della compressione del tempo e dello spazio che modifica alla radice le forme stesse della vita sociale[8]. Questo si nota in termini molto differenti, e che in ultima analisi possono ricondursi: alla presenza della straordinaria intensificazione e potenziamento dei flussi di comunicazione; alla trasmissione istantanea in tutto il mondo d'informazioni, immagini, conoscenze, idee, resa possibile dalla digitalizzazione e dalla telematica; all'accelerazione forte ed aumento continuo di consistenza dei flussi di capitali, e di persone fisiche;

---

[7] HERVIEU-LEGIER D. *Verso un nuovo cristianesimo?*, Brescia, Morcelliana, 1989, 298-305; Cfr. anche MARDONES J. M., *El desafío de la postmodernidad al cristianismo*, Santander, Sal Terrae, 1988.

[8] Cfr. CESAREO V., *La società della globalizzazione: Regole sociali e soggettività. Un'introduzione al tema*, in "Studi di sociologia" n. 3-4, 1997, 253.

all'ibridazione tra culture e mondi vitali di popoli anche molto distanti tra loro con commistione degli stili di vita.

Così intesa la globalizzazione ha ripercussioni sulla cultura di tutti i popoli, per effetto dell'aumentata consapevolezza dell'interdipendenza degli individui di vivere una dimensione planetaria. Con la globalizzazione si fa riferimento non solo ad una trasformazione quantitativa che comporta più flussi e più mobilità, ma anche e soprattutto qualitativa che include il cambiamento del rapporto spazio-tempo e le sue conseguenze per le forme nuove di vita collettiva. Perciò notiamo, nelle varie parti mondo, processi di disgregazione e di ristrutturazione della società contemporanea[9].

Robertson propone un modello flessibile della condizione globale dell'uomo d'oggi, caratterizzata da una conseguenza di grande rilievo e cioè la relativizzazione. Ci troviamo come in un mondo che costituisce un "campo globale", come un quadrilatero e quindi con quattro punti di riferimento, attraversato da due diagonali che congiungono i quattro angoli. In riferimento ai rapporti delle entità simboleggiati dagli angoli si costata che: 1) gli individui (o meglio i diversi io) vivono aggregati 2) nelle società nazionali con la relativa problematica; le società nazionali a loro volta si vedono relativizzate 3) dal sistema mondiale della società che peraltro realisticamente deve fare i conti con 4) il complesso del genere umano che a sua volta relativizza il tema dell'auto-identità degli individui (chiusura

---

[9] Ibidem.

del quadrilatero. Le due diagonali peraltro, da 1 verso 3 (e viceversa), evidenziano la relativizzazione del riferimento societario, mentre da 2 verso 4 (e viceversa) si verifica la relativizzazione della cittadinanza[10].

Occorre quindi fa riferimento a due grandi aree: una relativa al tema dell'interazione tra religione e società (non solo limitatamente ad aspetti demografici, ma estendendola ai temi economici e specialmente culturali), l'altra collegata con il tema dell'interazione delle diverse religioni tra loro in una società che diventa più multietnica e multireligiosa. In questo contesto il fenomeno religioso non può non trovarsi coinvolto e trascinato verso una nuova dinamica interna che, accanto alla constatazione di persistenza, offre anche quella di continua trasformazione.

Ciò peraltro riguarda sia la sua dinamica relazionale e cioè il suo rapporto con la società. Infatti, seppure da una parte non si può negare l'influsso che dalla vita sociale va verso la religione, questa di fatti non rimane passiva. Si notano, infatti, forme di ricerca d'influssi sia conoscitivi che energetici che si protendono verso la società. È bene quindi tentare una certa collocazione di tale serie di fenomeni in un modo che, sebbene sia succinto, apra tuttavia

---

[10] ROBERTSON R., *Globalizzazione*, Trieste, Asterios, 1999, 44. Espresso in altri termini questo richiama quanto suggerisce BECK U., secondo cui l'universalizzazione su scala mondiale di istituzioni, simboli, stili di comportamento (democrazia, diritti umani,) e la valorizzazione e al riscoperta del particolarismo e dell'identità locale (rinascita dei nazionalismi) nn costituiscono una contraddizione.

una finestra verso la comprensione o comunque le vie di approfondimento di tutta questa problematica[11].

Da un punto di vista più centrato su e interno al fenomeno religioso sono da notare in modo particolare le manifestazioni concrete di tale cambiamento che sono molto varie e in diverse direzioni. Esse riguardano tutte le componenti o dimensioni del fenomeno religioso dalle credenze alla pratica religiosa, dall'aspetto comunitario al comportamento etico. Ciò mostra che il cambiamento attinge tutti gli aspetti in modo molto vario, ma che il risultato comporta quasi una trasformazione del fenomeno religioso nel suo complesso[12]. In questo senso va notata anche la diversa collocazione sia delle manifestazioni che dello stile di esse. Infatti, si possono osservare fenomeni riguardanti sia gli aspetti ad intra che quelli ad extra, quelli autogeni che quelli esogeni, sia quelli centripeti che quelli centrifughi. Infine i cambiamenti nel passato (specie nel senso di percezione critica della religione) erano limitati a pochi individui; erano quindi attinenti a poche frange della popolazione e quindi piuttosto marginali e riguardavano l'élite[13].

Accanto a tale varietà di manifestazioni va anche rilevata la diversità di segno secondo cui i singoli cambiamenti si verificano: alcuni sono valutabili in senso positivo (renderebbero il fenomeno religioso o più autentico o più

---

[11] SCARVAGLIERI G., *Religione e società a confronto*, op. cit.1982, 34-48.
[12] AA.VV. *The contemporary...*, op. cit. 85-106.
[13] Cfr. MARDONES J. M., *El desafio de la postmodernidad...*, op. cit. 1985.

incisivo, o più coerente, ecc...) altri invece sarebbero di segno negativo, (cioè risultati opposti a quelli precedenti)[14]. Questa affermazione certo potrebbe indurre a formulare giudizi di valore in quanto esigerebbe che si distinguessero quelle che sono positive da quelle negative non solo da un punto di vista meramente descrittivo, ma anche teologico, cosa questa che porterebbe il sociologo ad esorbitare dal suo compito propriamente neutrale ed avalutativo. Sul piano fenomenico possiamo notare che le trasformazioni non riguardano tratti tali che fanno pensare ad una situazione transizionale o trasformazione istituzionale. In altre parole i cambiamenti che vi si verificano conferiscono al fenomeno religioso una nuova configurazione sul piano interno (struttura del fenomeno religioso) e su quello relazionale (rapporto col contesto socioculturale)[15].

Nel complesso risulta una situazione di non facile interpretazione. È necessario quindi un procedimento cauto, ma nello stesso tempo chiaro sul piano espositivo. Pertanto proponiamo delle riflessioni che ancora andrebbero sottoposte ad ulteriore confronto con la realtà e gli eventi legati al post-marxismo, visto che tale evento non sarà né indolore né limitato all'ambito solo socio-politico, ma si estenderà anche ad aspetti epistemologici in rapporto alle scienze dell'osservazione e più in generale ad aspetti filosofici e teologici[16]. Per questo dopo alcuni aspetti impor-

---

[14] SCARVAGLIERI G. *La Religione nella società attuale*, Lecce, Martone, 1998, 387-400.

[15] AA.VV, *Religion and social...*, op. cit. 87-110.

[16] HERVIEU-LEGIER D., *Verso un nuovo cristianesimo?*, op. cit., 196-198.

tanti della genesi e dello sviluppo della condizione della religione nel contesto moderno, proporremo distintamente una panoramica della fenomenologia attuale e le principali teorie esplicative avanzate.

## II. SVILUPPO DELLA NUOVA SITUAZIONE

Benché presentatasi in modo esplosivo da recente, la nuova situazione religiosa ha radici molto profonde e lontane nel tempo. Il suo sviluppo è stato più o meno ritmico, ma certamente risale a presupposti prima ancora dell'era moderna, ovviamente potenziati e accresciuti dalle nuove condizioni di vita in cui l'umanità è venuta a trovarsi. Ciò quindi può essere visto come una conferma della "problematicità" interna e relazionale perenne del fenomeno religioso, anche se esso soltanto in questi ultimi tempi ha registrato un'evoluzione e diffusione anche a livello popolare e di massa[17]. Tale evoluzione ha varie fasi e registra l'azione di vari fattori più o meno vicini (che per comodità possiamo distinguere tra fattori recenti e fattori attuali) e che caratterizzano l'evoluzione stessa. Prima di elencarli è bene sottolineare:

a) Da una parte la molteplicità dei fattori non può essere messa in dubbio. La monocausalità, infatti, oltre che non adeguata ad una spiegazione scientifica, porta ad affermazioni ideologiche che non garantiscono una spiega-

---

[17] GUIZZARDI G., *La religione della crisi*, Milano, Comunità, 1979, 171-175.

zione plausibile. Del resto è più plausibile il presupposto di doversi imbattere in una molteplicità di fattori.

b) L'azione dei singoli fattori non è costante né nella valenza né nell'influenza, ma si presenta alternata e variamente combinata. Ciò può dipendere da varie circostanze, tra cui ovviamente la vitalità, sia pure momentanea, da cui provengono gli stessi fattori. In altre parole si può dire che essi non operano sempre nello stesso tempo né formano sempre gli stessi clusters.

c) Benché sia intuitivo che si parli di cumulatività dei fattori e della loro azione col passare del tempo, tuttavia tale cumulazione non va intesa in senso statistico e meccanico e quindi non può essere indicata con un'espressione matematica. Occorre invece far riferimento al concetto di sintesi di componenti, di cui alcune fungono da elementi catalizzatori, per cui il prodotto non è uguale alla somma matematica dei singoli fattori che intervengono.

d) La distinzione fra fattori recenti e fattori attuali fa riferimento all'inizio della comparsa di certe manifestazioni specifiche. L'azione dei fattori denominati recenti si accompagna all'evolversi ed affermarsi della situazione di modernità, mentre quella dei fattori definiti attuali invece vanno inquadrati nel contesto della critica alla modernità e lo sviluppo della situazione di *post-modernità*.

A. Fattori recenti

Alcuni fattori recenti sono una rinnovata edizione di fattori che effettivamente si perdono nel tempo. Essi già possono essere visti nella "tentazione" costante del popolo ebraico ad allontanarsi dalla "alleanza", ma anche nelle opere dei sofisti, le critiche di Aristofane e il filone interpretativo sintetizzato del poeta latino Lucrezio, che qui vengono citati come posizioni tipiche del pensiero del mondo antico greco romano[18]. Ma una ripresa più incidente e con senso quasi di continuità fino ai nostri giorni si verifica nella fase di passaggio dal Medio Evo al Rinascimento con la critica alla religione, proposta da Marsilio Ficino. Da allora le correnti critiche si sono moltiplicate e si è costatata una lenta evoluzione fino ai nostri giorni[19].

Nel periodo più vicino a noi vi rientrano quelle che sono chiamate le grandi trasformazioni socioculturali del mondo occidentale. Il loro numero e la loro individuazione non ha alcuna pretesa di sistematicità né di esaustività. Peraltro sarebbe veramente un'impresa ciclopica volerne tentare sia pure un semplice elenco ed evidenziarne la specificità di influenza. Ci limitiamo pertanto ad alcune notazioni fondamentali, ma che ci sembrano sufficienti per offrire inquadramento della nostra problematica, anche se la cosa andrebbe approfondita ancora di più.

a) Un primo fattore va visto nell'industrializzazione ed urbanesimo come fattori di trasformazione economica e socioculturale e con influsso sull'assetto esplicativo del mondo, dell'uomo, della religione. Al periodo dell'indu-

---

[18] MESLIN M., *Le scienze della religione*, Assisi, Cittadella 1975, 19-30.

[19] SCARVAGLIERI G., *Libertà religiosa e laicità dello stato in L. Sturzo*, Roma, CSF., 1973, 9-16.

strializzazione sono connessi l'urbanizzazione improvvisa, caotica, non integrata e la mobilità sociale come: trasmigrazione geografica o dalla campagna alla città (sradicamento culturale), cambiamento di status e di ruoli (nuova stratificazione), e infine le varie forme di turismo e di contatti interculturali (influenza relativizzante). Tali aspetti peraltro vanno visti sia nella loro autonomia che nella loro combinazione, da una parte e dall'altra non solo come aspetti descrittivi di fenomeni "materialistici", ma come fattori influenti sulla percezione della realtà e quindi capaci di trasformare sia la dimensione socioculturale e le modalità di esperienza quotidiana[20].

b) Un altro fattore può essere visto nel processo di razionalizzazione e scientificizzazione delle conoscenze. Tale processo oltre che funzionale alla efficienza dell'azione dell'uomo, comporta anche una nuova percezione del mondo (disincanto)[21], dell'uomo, della storia, di Dio (teologici e sociologi della morte di Dio)[22]. Esso pertanto pare che porti, da una parte, alla desacralizzazione e, dall'altra, alla degradazione del sacro. Non può tuttavia escludersi che tale processo nel contesto del postmoderno riproponga una nuova riflessione, se non propriamente un recupero dei fattori extra-razionali. È riemersa, infatti, una forte critica alla stessa razionalità e alla scienza e l'esigenza di "spiegazioni" irrazionali e volontaristiche che hanno giu-

---

[20] SCARVAGLIERI G., *Sociologia della parrocchia*, op. cit. 1991, 147-149.
[21] WEBER M., *Sociologia della religione*, op. cit., 1976, 615-616.
[22] COX, H. *La città secolare*, Firenze, Vallecchi, 1968, passim.

stificato il pullulare di molteplici movimenti "carismatici" e spontaneisti religiosi sia intra-ecclesiali che extra-ecclesiali[23].

c) Un ulteriore fattore rilevante fa riferimento all'autonomia del "temporale" fino alla contrapposizione e perfino alla negazione dello spirituale e del soprannaturale. Tale processo è collegato anche alla nascita dello "spirito laico" e specificazione istituzionale della società rispetto alla religione e dello stato rispetto alla chiesa[24]. Questo fattore può essere visto nella sua doppia valenza: accentuazione della secolarità del mondo, ma anche sottolineatura di una visione secolarista e materialista che è stata proposta dalle ideologie razionaliste e materialiste. In realtà c'è stata una forte espansione del secolarismo (che però non si è liberato dalla carica mitica o para-religiosa che lo ha fatto diventare sostituto funzionale della religione)[25]. La valenza di tale fattore mostra la sua capacità critica non solo nei confronti della religione ma anche dello stesso temporale e dei sostituti funzionali della religione. L'autonomia della realtà temporale nei suoi vari aspetti potrebbe configurarsi come un falso problema e la plausibilità del secolarismo illusoria e non realmente liberante dall'esigenza di ricerca-

---

[23] Cfr. BECKFORD J. A., *Nuove forme del sacro: Movimenti religiosi e mutamento sociale*, Bologna, Il Mulino, 1990; BELLAH R.N. - GLOCK C. Y., *The new religious consciousness*, Berkeley, C. U. P. 1976.

[24] SCARVAGLIERI G., *Libertà religiosa e laicità*.. op. cit. 1973, 8-19.

[25] Cfr. GUIZZARDI G., *La religione della crisi*, op. cit. 1980.

re forme di trascendimento della dimensione biologica e della quotidianità[26].

d) Non si deve escludere l'incidenza del fattore storico che raccoglie diverse critiche che riguardano le contraddizioni storiche del religioso. Si riscontrano, qua e là nella storia, fatti più o meno recenti con conseguenze negative a riguardo della fiducia nella religione. In questo senso si può notare la contraddittorietà delle guerre di religione (o dentro una stessa religione specie nella fase di separazione delle sette). L'adesione alla religione tramite la conquista politica (ad es. islamizzazione del Medio oriente e Nord Africa da parte degli Arabi, cristianizzazione dei popoli germanici da parte di Carlo Magno, o dell'America Latina in un periodo più recente) Non meno incidente può essere considerato il fenomeno dell'inquisizione sia in rapporto alla evoluzione religiosa interna (dispute sui dommi, condanna degli eretici), che in rapporto alle proposte di natura filosofica (caso di Giordano Bruno) o di natura scientifica (caso Galilei)[27]. La critica alla religione in realtà è presente in tutti i periodi storici anche se nella valutazione di molti di questi episodi non sempre è presente l'esigenza di esprimere un giudizio storico con un'adeguata collocazione nel corretto atteggiamento del tempo.

---

[26] ARDIGO' A., *Complessità e secolarizzazione*, in MONTESPERELLI P., *I cattolici nel moderno*, Milano, Angeli, 1987, pp. 58-60.

[27] A riguardo di queste critiche si può dire che esse sono diventate dei luoghi comuni e talvolta ripetute in un modo più o meno acritico fino alla banalizzazione.

## B. Fattori attuali

Una puntualizzazione più specifica dei fattori che hanno influenza sulla trasformazione del fenomeno religioso e del suo rapporto con la società, anche se forse più discutibile, non può fare a meno di notare alcuni eventi più vicini a noi che in un modo o nell'altro hanno avuto incidenza per caratterizzare prima il periodo moderno e poi anche quello postmoderno. Pertanto è interessante cogliere alcuni spunti che compendiano una fenomenologia di per sé più ampia e complessa, e che rappresentano una buona puntualizzazione della situazione globale.

a) Importante è stata la tendenza verso l'esautorazione delle istituzioni tradizionali, in quanto percepite come espressione di rapporti verticali, ormai profondamente in crisi. Tra tali istituzioni è inclusa anche quella religiosa, concepita anche come quella che offriva legittimazione "autoritaria" alle altre. Ciò peraltro si attua in un primo momento come assenza di fondazione teologica e metafisica dell'autorità, mentre emerge la fondazione sociologica di essa (autorità come espressione del consenso). Tuttavia in un periodo più recente essa viene vissuta come appiattimento valoriale e preminenza della scelta contingente personale.

b) Anche la nuova concezione della persona (con effetto contraddittorio come valutazione e svalutazione del singolo) è considerata molto rilevante dalle diverse analisi. Essa va intesa in senso bilaterale e quindi come individualismo, da una parte, o come valorizzazione dell'apporto di tutti, dall'altra. Così nel breve volgere di alcune generazioni si è passati dalla prevalenza dell'ideologia liberale a quella collettivista. Nell'un caso e nell'altro l'intendimento era quello di proporre una nuova concezione funzionale al sistema generale e ai valori che ciascuna di tali ideologie rappresentavano. Il liberalismo vedeva come fonte di autenticità del soggetto la capacità che esso aveva nel superare i condizionamenti negativi derivanti dalla società, mentre il socialismo voleva essere la risposta alle esigenze di una guida e direzione autoritaria, visto che il soggetto da solo e gli interessi precostituiti avrebbero prodotto soltanto asservimento e alienazione dei singoli.

c) Un altro fattore importante è la globalizzazione con le sue implicazioni sul paino della comunicazione, dell'economia, della cultura, della emigrazione dei popoli, e quindi nella molteplicità dei contatti sul piano religioso. Nel nuovo contesto pur non potendo negare per alcuni aspetti, situazioni della trasmissioni uniculturale, questa diventa sempre più difficile. Ai vecchi agenti che potevano operare tramite l'influenza esemplare, e la comunicazione orale oggi subentrano le modalità impersonali dei mass-media di natura interculturale e interreligiosa. Ne consegue una sorta di caos socializzante, sia sul piano microsociale (socializzazione microculturale e domestica) sia sul piano macrosociale (socializzazione macroculturale e mediatica). Tali espressioni mostrano una conseguente molteplicità di messaggi che si neutralizzano reciprocamente e difficoltà nella impossibilità di far recepire contenuti impegnativi sul piano esistenziale, come sono le indicazioni della religione.

d) Il pluralismo teologico ed ideologico. Il primo va inteso come critica e revisione del problema religioso sul piano teologico e comunque come tentativo di una spiegazione positiva delle componenti anche trascendenti del fatto religioso. Da ciò era derivata una nuova concezione di quanto di storico è presente nella religione e come questo non possa pretendere di essere spiegato come frutto di interventi dall'esterno o dall'alto. Ciò ha portato al ridimensionamento del sacro e del sacrale, trascinando con sé anche il riferimento al Trascendente per cui si è arrivati alla teologia negativa o della morte di Dio e alle formule di religione senza fede e di fede senza religione[28]. Dal punto di vista filosofico viene sottolineata la plausibilità di concezioni che fanno a meno dell'*ipotesi Dio* per spiegare il mondo e l'esistenza umana. Tale approccio, nelle situazioni più estremizzate, arriva alla completa svalutazione del fenomeno religioso e tende alla creazione di nuove impostazioni frantumate e parziali che eliminano la spiegazione teleologica e "forte" proposta dalla religione.

### III. LA FENOMENOLOGIA CORRENTE

L'azione dei fattori su esposti spiega quella che abbiamo chiamato la nuova situazione della religione nella società attuale. Ma questa situazione va analizzata in modo più dettagliato, come piattaforma per comprendere e valutare i vari tentativi di spiegazione della dinamica pre-

---

[28] FERRAROTTI F., *Una fede senza dommi*, Bari, Laterza, 1990.172-173.

sente e degli eventuali sbocchi che si potrebbero intravedere. Per esporre meglio i principali trends attuali, pensiamo utile premettere alcune osservazioni generali che aiutano ad inquadrare meglio le singole manifestazioni.

a) Presenza di tendenze contrastanti. Una prima osservazione che possiamo prospettare è quella che dalla situazione attuale emergono delle tendenze contrastanti, se non, talvolta, contraddittorie. Ciò si può spiegare per il fatto che alla base delle trasformazioni si riscontra una persona innovativa con caratteristiche simili, quasi dei paradigmi i cui contenuti però sono diversi. D'altra parte occorre rilevare che seppure la personalità dei protagonisti abbia caratteristiche simili, i soggetti possono orientarsi in modo diverso. Si può realizzare quindi la diversità di livello quantitativo, di grado di incidenza. Attualmente, le tendenze sfavorevoli alla religione appaiono più intense, più diffuse, ma non mancano i trends in senso contrario[29].

b) Varietà di evoluzione interdimensionale. Le diverse dimensioni si trovano ad un diverso stadio di evoluzione, dato che i singoli temi registrano una diversa data di inizio. Tale diversità inoltre è data, probabilmente, da un diverso coefficiente di evoluzione dei singoli tratti. Così una credenza come l'esistenza di Dio, o una pratica come il Battesimo dei bambini, il matrimonio religioso, il perdono cristiano, ecc. data la loro importanza intrinseca hanno un coefficiente basso di cambiamento. A proposito delle cre-

---

[29] Queste possono considerarsi le conclusioni sintetiche di una molteplicità di ricerche svolte in questi ultimi anni da diversi autori, tra cui anche quelle condotte dal sottoscritto.

denze si può sottolineare la disposizione scalare di accettazione secondo la quale esse tendono a disporsi. Anche a riguardo dell'etica si può evidenziare il diverso stadio evolutivo di due blocchi: quello comprendente i principi e i valori di fondo dell'etica cristiana e quello relativo a comportamenti più concreti.

c) Interpenetrazione delle tendenze. Si può osservare anche una grande varietà di interpenetrazione delle tendenze. Pur avendo affermato che le singole dimensioni non sono perfettamente correlate tra loro, tuttavia non si può negare che esse siano aspetti di una realtà polivalente e quindi certamente intercomunicanti tra loro. Ciò è riscontrabile sia sul piano statico sia su quello dinamico. Ne consegue che anche le tendenze evolutive sono interconnesse tra loro. Ne derivano vari effetti tra cui principalmente: il potenziamento o l'indebolimento, o un bilanciamento dell'incidenza delle singole componenti. Inoltre l'effetto della cumulazione si fa sentire anche sul ritmo più o meno vivace delle singole dimensioni a seconda delle situazioni particolari che vengono a crearsi.

Ciò premesso possiamo accennare alle grandi tendenze attuali raccogliendole in tre grandi categorie: diminuzione o progressiva marginalità; persistenza nel tempo; nuova creatività e relativa risposta alle nuove esigenze religiose. Esse sono la sintesi di tante ricerche che il sottoscritto ha personalmente fatto, confrontate anche con quelli di altri autori recenti[30].

---

[30] Cfr. POULAT E., *Chiesa contro borghesia. Introduzione al divenire del cattolicesimo*, Casale Monferrato, Marietti, 1984, 18, dove parla di "resistenza, adat-

## A. Tendenza alla diminuzione

La tendenza alla diminuzione della presenza della religione si manifesta sul piano comportamentale come: soggettivizzazione e scalarità nell'adesione ai contenuti della fede, calo e scalarità dell'appartenenza, inclinazione da parte della gente a lasciare meno spazio e meno tempo alle attività e alle varie manifestazioni religiose. Questo peraltro si realizza in genere nell'ambito di tutte le dimensioni[31].

Così si costata un processo di progressiva perdita della centralità della religione con relativa marginalizzazione della sua posizione nella vita individuale e sociale con punte estreme fino a qualche forma di separazione. Più specificamente si constata un crescente abbandono di certe credenze, di allentamento del ritmo della pratica, di abbassamento del livello di partecipazione e coinvolgimento, di una crescente laicizzazione della morale. L'elemento religioso viene ad essere meno presente nella vita individuale della famiglia, del lavoro, della politica. Ne sono ulteriori manifestazioni la minore incidenza delle varie dimensioni nei confronti delle età centrali della vita[32]. Analogo orientamento si verifica nella diminuzione di tenden-

---

tamento e innovazione".

[31] Cfr. ACQUAVIVA S. S., *L'eclissi del sacro nella civiltà industriale*, Milano, Comunità, 1966.

[32] L'andamento a "U" della pratica, appare il caso più clamoroso, ma tale andamento si verifica anche per le altre dimensioni, e quindi la componente religiosa non riesce ad essere elemento di integrazione verticale dell'esistenza.

za all'emarginazione. Le strutture di credibilità hanno perduto il loro carattere in quanto non possono più contare sul sostegno che deriva alla religione dall'adesione in massa di tutta una popolazione. La religione perde il monopolio della funzione di offrire un "significato" ed una "legittimazione" all'esistenza. In sintesi si può dire che si verificano forme di desacralizzazione, degradazione del sacro, marginalizzazione del religioso anche di zone tradizionalmente in senso cristiano.

A ciò si aggiunge un'ulteriore carenza di capacità da parte della religione di suscitare le motivazioni adeguate per le scelte intellettuali e pratiche. In altre parole prevale la tendenza alla autogestione e autoselezione delle componenti e manifestazioni religiose. Così si realizza una trasformazione della situazione della religione all'interno della coscienza degli individui. Disarticolandosi i vari elementi del sistema religioso, i contenuti religiosi non potranno essere mantenuti nella coscienza che come "opinioni" o "sentimenti" o come "preferenza religiosa". In ciò si ripercuote la "concorrenza" delle ideologie. Il tradizionale universo simbolico (che era di natura religiosa) diventa irrilevante per l'esperienza quotidiana e perde la sua capacità di presa e registra una riduzione dello spazio della eteronomia religiosa (morale rivelata) ed accentua la libertà e la responsabilizzazione del soggetto. Ciò si constata nella problematica sessuale, ma anche nella perdita delle motivazioni per l'adesione ai gruppi religiosi, per l'identificazione con la chiesa, per la regolarità nella pratica. L'andare a Messa "quando se ne sente il bisogno" può apparire da una parte una conquista nel processo di superamento dell'azione tradizionale, ma è anche la dimostrazione che la componente religiosa, apparendo meno significante, non riesce a motivare adeguatamente a condotte costanti, specie in rapporto alla pratica e alla morale[33].

Tutto questo si ripercuote anche come base della diffusione da una parte dei sostituti funzionali della religione. Infatti, specie negli ultimi anni sono stati molti i contesti in cui tali impostazioni hanno avuto grande seguito sia nel mondo occidentale (liberalismo) che nel mondo orientale (marxismo). Rilevante è stata anche la diffusione tout court del secolarismo e quindi dell'ateismo sia pratico che teorico[34]. Esso è diventato in un certo senso un fenomeno di massa e non più solo d'élite sia come impostazione affermata ex-professo anche sotto forma di indifferenza religiosa. Infine va notata la pullulazione di altre forme religiose extra-ecclesiali e il proliferare delle nuove sette e nuove religioni. Essi si presentano in numero clamoroso e impressionante e con grande diversità di capacità di presa specie sui giovani delle classi medie nel mondo occidentale, e sui poveri, in generale, in America Latina[35].

---

[33] Si tratterebbe, più che di abbandono, di marginalizzazione pratica.

[34] Ciò peraltro rileva che in fondo anche quello che ecclesiasticamente è chiamato ateismo pratico per i secolaristi è ancora atteggiamento religioso. Essi di fatto mantengono sia pure a livello minimale atteggiamenti e comportamenti con qualche coloritura religiosa.

[35] Cfr. BELLAH R. N. - GLOCK C. Y., *The new religious* ... op. cit.; SCARVAGLIERI G., (in AA. VV. *Le sette...*, 1991), 103-122.

## B. INCLINAZIONE ALLA PERSISTENZA

Accanto alla tendenza alla emarginazione, è opportuno rilevare l'altra di segno contrario. In questo senso va sottolineata la persistenza del fenomeno religioso. Sembra importante notare innanzitutto che la stessa enfasi sulla libertà, oltre che essere una disfunzione, è anche una funzione in quanto fa scegliere liberamente all'individuo la propria collocazione e conformità religiosa. Benché la pratica, oltre che l'adesione alla fede, fosse nel passato a livelli alti e talvolta raggiungesse l'umanità, tuttavia sono da ricordare l'esistenza di obblighi sanzionati da pene più o meno gravi. In altre parole si realizzava un controllo statale (poliziesco) della pratica religiosa.

Inoltre era possibile che la partecipazione alle pratiche religiose non fosse solo dettata dalla motivazione religiosa, ma forse da motivazioni diverse: ascoltare una predica (che equivaleva ad un'attrattiva spettacolare), assistere a cerimonie e parate solenni e pompose, ecc.. (che era un modo di uscire da casa o comunque dalla monotonia della vita del villaggio). Tali ragioni possono considerarsi, oggi, piuttosto scomparse, e pertanto tale fatto evidenzia meglio la maggiore libertà nell'adesione e partecipazione[36].

In fondo la crisi c'è, è notevole, clamorosa, tuttavia è necessario evitare affermazioni di moda e lasciarsi trasci-

---

[36] Una conferma empirica di tale orientamento può riscontrarsi in vari nostri apporti teorici ed empirici pubblicati negli anni: 1976, 1980, 1982, 1987, 1998. Cfr, anche SCHASCHING J., *La chiesa e la società industriale*, Roma, Paoline, 1963, 163-183.

nare dalle "impressioni". In realtà i livelli di pratica registrati spesso si presentano molto alti: Battesimo, Prima Comunione, Matrimonio religioso, frequenza alla Messa, alla preghiera, ad altre devozioni: pellegrinaggi, feste patronali, ecc... Sebbene sia importante sottolineare le tendenze negative, la consistenza generale del fenomeno non va sottovalutata. Del resto specie in rapporto alla pratica spesso il punto di riferimento da cogliere non è quello intermedio spiegabile per altri aspetti (e forse da giudicare anche esagerato) ma quello più originario ed originale.

Un altro aspetto da evidenziare nel contesto della persistenza del fenomeno religioso è quello che riguarda gli atteggiamenti religiosi. Possiamo costatare che perdurano le esigenze di fondo e perenni che trovano un'adeguata gratificazione nelle risposte offerte dalla religione. Essa risponde alla percezione di impotenza dell'uomo, al suo bisogno di sicurezza, di dare un significato alla realtà che lo circonda. Ne derivano ispirazioni più o meno accentuate, nel comportamento del credente.

Tale persistenza di atteggiamenti si verifica anche nei confronti dell'esigenza di un'identità di gruppo. Nonostante il basso livello di partecipazione attiva e volontaria, tuttavia non va sottovalutata l'incidenza a forme affiliative caratterizzate dalla semplice percezione di essere membri di una grande organizzazione, di sentirsene protetti e rassicurati, di superare l'isolamento. L'affiliazione religiosa per molti è come un patrimonio conservato in cassaforte; non è usato, ma all'individuo dà la sicurezza e l'identità col proprio gruppo religioso e il senso della continuità nel tempo, del proprio gruppo. A ciò si aggiunge la formazione di nuovi sottogruppi locali che convogliano energie e che spingono a nuove forme d'impegno.

Persistono (e, talvolta, riemergono) principi, norme, valori che certamente hanno un'origine religiosa e che caratterizzano in senso religioso la vita della popolazione. Principi come la "peccabilità" dell'uomo, come l'esistenza di una giustizia finale, nonché valori e norme quali: l'amore del prossimo, il perdono delle offese, il rifiuto della violenza, rimangono ancora come le strutture portanti della società. Anche quando non vengono concretamente osservati da singoli individui o da frange della società tuttavia, tali comportamenti sono giudicati ugualmente negativi. Con ciò non si vuole affermare che in realtà molte norme concrete vanno registrando un'adesione sempre meno diffusa; tuttavia, la situazione attuale non ha ancora soppiantato e capovolto l'ethos proposto dalla chiesa.

Si costatano anche, ovviamente, forme di tensioni e di conflitto tra l'istituzione centrale e le manifestazioni particolari. Queste possono essere territoriali o locali, ad es. il derivante da modalità culturali di atteggiarsi verso la direzione centrale (nell'ambito cattolico ad es. la posizione dell'Olanda, negli anni 60 e 70, oppure della Germania, Svizzera, Stati Uniti, verso posizioni particolari del magistero, o di singoli teologi). Può trattarsi anche di atteggiamenti derivanti da gruppi che chiedono spazi di autonomia nella chiesa per una loro presenza più autentica, secondo alcune loro scelte teologiche, operative, formative, caritative, politiche, ecc. per le quali si pongono in conflitto con le altre componenti ecclesiali.

### C. Aspirazione al potenziamneto

Ma la fenomenologia attuale comprende anche un'altra area importante di tendenze. Queste riguardano una nuova creatività religiosa che a seconda dei vari autori può prendere diversi orientamenti. I fenomeni che vi si includono sono di varia natura ed entità che per ora è necessario registrare tutti, anche se alcuni non sono autentici. Nell'ambito della nuova creatività religiosa tuttavia vanno distinti e qualificati i diversi fenomeni ambivalenti, sia dal punto di vista strettamente religioso (confusione e pendolarità tra religione, da una parte, e magia e superstizione, dall'altra), che dal punto di vista ecclesiale (fenomeni di riproduzione della istanza religiosa contro o fuori della propria capacità di coordinamento e di comunione).

Un primo ambito di tali fenomeni fa riferimento alla nuova coscienza religiosa e al riemergere di nuovi leaders carismatici e di nuovi movimenti religiosi (o nuove religioni). Si tratta di nuove visioni religiose più o meno originali le cui matrici possono ricondursi alle diverse religioni esistenti. Essi inoltre possono provenire da una sola tradizione o da più tradizioni. Possiamo così avere quelli derivanti: dalle religioni orientali, dal cristianesimo, oppure che sintetizzano sincretisticamente diverse tradizioni[37].

---

[37] Cfr. INTROVIGNE M., *Le sette cristiane*, Milano, Mondadori 1989; cfr. anche nota n. 29.

Tali movimenti si trovano ancora nella fase carismatica, pertanto sono caratterizzati da entusiasmo, capacità di attenzione. Sono anche non del tutto strutturati, in quanto ancora sono possibili ulteriori elementi qualificanti le loro credenze e la loro organizzazione. Ciò è dovuto anche al fatto che sono spesso ancora viventi i fondatori. La loro capacità di presa è principalmente basata sulla insoddisfazione derivante dalla attuale società moderna, materiale, tecnologica che frustra le esigenze più autentiche della persona. Viene anche sottolineata la critica alle religioni tradizionali. La salvezza è intesa in senso ampio: è spirituale e materiale insieme (tendenza millenarista); personale e comunitaria (bisogno di comunità e insicurezza individuale); esigenza di un nuovo ordine sociale (esigenza di "riarmo morale")[38].

Un altro ambito si riferisce alla proliferazione dei movimenti intra-ecclesiali. Questi frequentemente derivano dagli stessi bisogni che portano alle nuove religioni, con la differenza che essi riscoprono e ripropongono le risposte ricuperando valori all'interno della loro tradizione (movimenti di "revival"). Possono accentuare la critica (gruppi del dissenso), il misticismo (gruppi carismatici), l'esigenza formativa (gruppi neo-catecumenali), l'impegno per la promozione (gruppi di impegno sociale), ecc.[39].

---

[38] FICHTER J. *Alternatives to American mainline Churches*, New York, The Rose of Sharon Press 1985, 27-42..

[39] Cfr. SECONDIN B., *Segni di profezia nella chiesa*, Milano, Regalità, 1987; FAVALE A., *I movimenti ecclesiali contemporanei*, Torino, LDC, 1980.

Un terzo ambito della tendenza alla nuova esigenza religiosa, anche se in senso ampio, si può riscontrare nel risveglio della religiosità popolare. Di essa abbiamo già parlato nel capitolo precedente, per cui non ci soffermiamo ulteriormente, solo è necessario evidenziarne la presenza e quindi l'esigenza che essa prospetta di essere spiegata nell'ambito della complessa situazione della religione nel contesto attuale. Essa peraltro sia pure nella sua frammentarietà e nella sua funzione "estetica" o concezione non utilitaristica della vita, è più attuale nel periodo postmoderno che in quello moderno. Ciò peraltro può essere inteso come un tentativo di spiegazione più generale del revival del fenomeno[40].

Un ultimo ambito che viene aggiunto da altri autori funzionalisti, fa riferimento alla modalità di vivere certe esperienze forti e capaci di favorire un senso di trascendimento del proprio limite biologico e storico. Vi rientrerebbero fenomeni e conseguenti esperienze legate alla droga, a valori come la famiglia, la missione del proletariato, la funzione della scienza, oggi, ed altri fenomeni ancora come il successo, la finzione letteraria, artistica, filmica, ecc...[41]. Accanto a questa serie di fenomeni si possono porre quelli riguardanti i fenomeni paranormali (in tutte le sue varie forme) e quelli riferentisi alla esigenza di "divinazione" (consultazioni di maghi, oroscopi). Le due serie

---

[40] SCARVAGLIERI G., *Pellegrinaggio ed esperienza ...*, op. cit. 1987, 137-160.
[41] LUCKMANN T., *La religione invisibile*, Bologna, Il Mulino 1963, 149-159.

sono cumulabili perché più sono definibili fenomeni pseudo-religiosi o sostituti funzionali della religione[42].

## IV. I TENTATIVI DI SPIEGAZIONE

La complessità della situazione esposta rende difficile una spiegazione non solo monocausale, ma anche monodirezionale. È ovvio pertanto che si costatino diversi orientamenti interpretativi. Essi oltre che sulla base delle tendenze esposte tuttavia sono anche dipendenti da scelte e/o condizionamenti di varia natura: condizioni scientifiche o scelte ideologiche. Esponiamo brevemente tali principali orientamenti, evidenziandone anche le possibilità esplicative, ma anche i limiti ermeneutici che li caratterizzano.

### A. Teoria della scomparsa

Secondo questa impostazione la religione, dipendendo da un certo assetto dei mezzi di produzione di una data società, scomparirà allorquando tale società imposterà una diversa concezione e trasformerà tale assetto. Sono parecchi gli autori riconducibili a questo orientamento. Normalmente si tratta di sociologi impegnati direttamente in altri campi, che estendono le loro riflessioni al campo della sociologia della religione. Si tratta piuttosto di approcci che possono essere chiamati o socio-filosofici (estensione della filosofia sociale al fatto religioso) o socio-

---

[42] Cfr. ELIADE M., *Il mito dell'eterno ritorno*, Torino, Borla, 1976.

politici (applicazione o conseguenze dei principi di politica alla religione). Tali orientamenti sono caratterizzati da tentativi di sintesi sul piano teorico, mentre manca loro la verifica sul campo.

## 1. Elementi teorici.

La base per la componente politica è costituita dalla critica alla religione intesa come sovrastruttura. La religione è concepita come un prodotto di una determinata struttura, cioè di un particolare assetto delle forze produttive in una società. Pertanto la religione è fonte di alienazione, strumento di sfruttamento nei confronti delle classi subalterne, anche se talvolta può anche presentarsi come grido di protesta, e quindi avvio ad una liberazione[43]. Per la componente laicista invece fa riferimento alla fiducia nella ragione e nello sviluppo scientifico che viene considerata come l'unica spiegazione del mondo e della storia. Anche i presunti elementi misteriosi delle religioni andrebbero considerati come provvisori, in quanto un ulteriore sviluppo comporterebbe un superamento dei presupposti attuali, sui cui si basano.

Tali assiomi permetterebbero di ampliare le considerazioni e le analisi i cui punti fondamentali oltre a quelli già enunciati possono essere ricondotti ad alcuni ambiti particolari. Tra questi vanno notati: a) critica sul piano storico, come lettura prevalentemente negativa e sfavorevole

---

[43] Cfr. MARX C. - ENGELS F., *Scritti sulla religione*, Roma, Savelli, 1973.

alla religione, degli avvenimenti passati. Vengono accentuati gli errori veri (o ritenuti tali) pervenendo ad una lettura ideologica e quindi distorta della storia e della presenza e funzione della religione nella società. b) critica sul piano filosofico nella prospettiva di un nuovo illuminismo pensa di spiegare il mondo e la storia e che non implicitamente ma anche esplicitamente etichetta la religione come oscurantismo e frutto, o comunque, connessa con l'ignoranza. c) critica sociale in base alla quale si attribuisce alla religione una funzione conservatrice e l'alleanza contro i protagonisti della lotta di classe e quindi le si addebita di essere fonte dei ritardi nello sviluppo sociale con esclusione di un ruolo pubblico della religione, la quale deve essere rimandata al piano del privato.

Come si vede, si verificano situazioni molto diversificate ed anche preferenze per un settore o l'altro. È possibile quindi cogliere tre impostazioni tipiche presso i vari autori. 1. Gli ortodossi: coloro che riproducono le idee di Marx e non si separano dai principi fondamentali del marxismo. Secondo essi la religione è oppio del popolo, sovrastruttura, alienazione dell'uomo sull'ignoranza. Per questo essa dovrà sparire anzi occorre accelerare i tempi a tale fine. Occorre una strategia diversificata, non esclusa la violenza[44]. 2. I critici: vedono i limiti della teoria marxista ortodossa e la sua poca applicabilità in una società postindustriale. Sottolineano comunque la correttezza del mate-

---

[44] Cfr. LANTERNARI V., *Folklore e dinamica culturale*, Napoli, Liguori, 1976. IDEM, *Movimenti religiosi di libertà e di salvezza dei popoli oppressi*, Milano, Feltrinelli, 1964; GUIZZARDI G., *La religione della crisi*, op. bit.,

rialismo e la forza metodologica dell'utopia ed espongono il nuovo umanesimo che ne deriva. Secondo questi autori tuttavia la società comunista perfetta è un'illusione ed anche l'ateismo è una sovrastruttura[45]. 3. I conciliatoristi: sottolineano la religione come grido di protesta causato dall'oppressione e dalle ingiustizie. Diventa prioritario il primato della politica e non quello della metafisica. Anzi sarebbe possibile tenere la propria metafisica, ma nello stesso tempo convergere sulla prassi. Si nota la forza rivoluzionaria della religione (teologia della liberazione, della rivoluzione) e la necessità di un dialogo anzi di un'azione comune tra cristiani e marxisti[46].

## 2. Osservazioni critiche.

In riferimento alla teoria della scomparsa va rilevato che essa è aprioristica e quindi ideologica. I suoi presupposti partono da un'impostazione di natura filosofica, sono quindi dei postulati che non possono dare adito ad una soluzione sul tema della "verità" o meno delle religioni. Si trovano, in altre parole, nell'impossibilità di affermazioni concrete su questo argomento. L'impostazione laicista e scientista viene a trovarsi su un terreno che analogo a

---

[45] Cfr. BLOCK E., *Ateismo nel cristianesimo*, Milano, Comunità, 1971; FROMM E., *Essere o avere?*, Milano, Mondadori, 1971; GARAUDY R., *Dall'anatema al dialogo*, Brescia, Queriniana, 1969.

[46] Cfr. GIRARDI G., *La tunica lacerata*, Roma, Borla, 1973; AA. VV., *Religiosità popolare e cammino di liberazione*, Bologna, EDB, 1975, in cui sono citati vari autori specie dell'America Latina.

quella del credente: non affermare e non può negare. Lo "storicismo" materialista e dialettico che è anche assoluto, comporta l'esclusione stessa della possibilità che le realtà considerate come componenti del fatto religioso possano essere esistenti. La scienza non si presenta come mediazione, ma come fatto totale ed escludente anche la possibilità di realtà meta-storiche.

Questa impostazione inoltre dà per scontata (quindi dogmatica) l'impostazione laicista e scientista, non solo circa l'origine della religione, ma anche come metodo di analisi e di interpretazione dei dati. Così essa risulta impigliata in una circolarità interpretativa che non permette, a meno che non si sia illogici o incoerenti, di uscire dal cerchio. È ideologica inoltre, perché parte già dall'assioma della falsità (sul piano del contenuto) e della nocività (sul piano dell'azione) della religione. È ancora a-priori perché in realtà non ci sono state ricerche empiriche degne di tale nome che ne hanno tentato la verifica empirica. In realtà invece si verifica piuttosto un processo deduttivo in cui, affermata la proposizione generale con una selezione di fatti piuttosto arbitraria si afferma che i "fatti" spiegherebbero la teoria.

Inoltre in rapporto alla teoria marxista va avanzata un'altra osservazione critica va rivolta all'esigenza di militanza propria di tali autori. Tale esigenza trasforma il ricercatore in attivista. La sua ricerca è occasione di verificare ancora una volta la falsità della religione e di offrire degli elementi per una lotta contro di essa. Tale atteggiamento oltre che diminuire il rigore logico nel momento della analisi distorce il giudizio al momento della interpretazione. Tutti gli studi di questo tipo, alla fine ribadiscono la necessità di liberare l'uomo da questa fonte di alienazione con tutti i mezzi.

Si può anche avanzare una critica a riguardo del "globalismo" dell'impostazione soprastrutturale. Esso consiste in una gerarchizzazione delle scienze a favore di una visione dell'uomo e della storia in senso talmente unitario e operazionistico da escludere approcci non direttamente finalizzati alla politica. Ciò porta inoltre alla riduzione di tutti i fenomeni sociali e culturali a funzioni economiche o comunque a dipendere da esse come unico fattore (monocausalità economica).

Un'ultima critica parte dalla constatazione degli ultimi eventi nel contesto degli stati del cosiddetto socialismo reale. Nel tempo stesso della sua capacità di influenza socio-politica e della plausibilità logica lo stesso Cimic prospettava che né la via didattica (proibizione dell'insegnamento della religione, obbligatorietà dell'insegnamento dell'ateismo) né quella amministrativa (forme di repressione e soppressione delle manifestazioni religiose o di persecuzione) erano state sufficienti, per cui bisognava aspettare la trasformazione della società socialista[47].

---

[47] Difatti a conclusione dell'esperienza socialista, sembra che chi aveva appeso le proprie teorie al muro di Berlino è stato costretto a raccoglierne i frantumi assieme alla sue macerie.

## B. Teoria della secolarizzazione

Il tema della secolarizzazione è stato un argomento che inizialmente ha suscitato l'interesse in campo filosofico e più altamente culturale e negli anni '60-'70 è esploso a livello teologico e sociologico. In seguito è stato accaparrato dalla grande saggistica di divulgazione, dai mass media, fino ai rotocalchi. La sua impostazione si colloca proprio nell'area della cultura sociale, interessando in modo particolare la società nata dalla rivoluzione industriale e quindi la nostra società e la nostra cultura. Si deve dire che dopo aver tanto scritto e parlato a proposito di secolarizzazione, si rende quanto mai opportuna e necessaria una seria ridefinizione o addirittura una ripresa critica dei significati dei termini e, soprattutto, dei contenuti del cosiddetto processo di secolarizzazione[48].

### 1. Elementi teorici.

Oggi questa tematica poggia su alcune constatazioni la cui "evidenza" è considerata ovvia e talmente certa da far ritenere il supporto empirico del fenomeno come definito una volta per tutte e dalle caratteristiche ormai scontate. In realtà occorre tener sempre presente che la parola secolarizzazione porta in sé grosse ambiguità. Essa, come afferma chiaramente Lubbe, nel corso del tempo ha assunta un'estrema pluralità di significati, sia in campo scienti-

---

[48] Cfr. COX H., *La città secolare*, Firenze, Vallecchi, 1968; MARTELLI S., *La religione nella società post-moderna*, Bologna, EDB, 1990.

fico, che culturale, caricandosi pesantemente di giudizi così chiaramente di valore, venendo trasportata quasi di peso da un campo di indagine all'altro senza le necessarie precauzioni e adattamenti metodologici, da essere ormai quasi inapplicabile in campo scientifico[49].

La secolarizzazione è quindi un termine dagli usi molteplici e diversi secondo il variare degli autori e da parte degli stessi autori in contesti diversi. Tuttavia denunciare sin dall'inizio l'ambiguità lessicale, semantica, metodologica e l'ideologicità di fondo, non deve significare il volere assolutamente abolire il problema. La denominazione di secolarizzazione costituisce una tematica che, pur in maniera critica, va comunque studiata e affrontata; essa infatti "è importante", non fosse altro per il fatto che è stata ritenuta tale da autori, movimenti di opinione di oggi come del recente passato.

È vero però che oggi siamo entrati in una fase di "post secolarizzazione", o di de-secolarizzazione nel senso che il concetto tanto di moda alcuni anni addietro, è stato sottoposto ad una forte bordata di revisioni ed analisi critiche, rendendo possibile un approccio più disincantato, che ha permesso di evidenziare alcuni vizi fondamentali soggiacenti le costruzioni intellettuali degli autori della secolarizzazione[50]. Una sia pur breve enunciazione delle manife-

---

[49] Cfr. LUBBE H., *La secolarizzazione*, Bologna, Il Mulino, 1970
[50] MARTELLI S. op. cit. 1990, 240-299, 364-368

stazioni di secolarizzazione sono raccolte in un articolo, ormai famoso, di L. Shiner che si può così compendiare[51].

a) Il primo tipo concerne il declino della religione, dovuto alla perdita di significato dei simboli, delle ideologie e delle istituzioni, che può culminare in una società senza religione. Dal punto di vista sociologico occorrerebbe innanzitutto stabilire il momento iniziale di questo tramonto della religione e poi reperire nuovi strumenti di indagine che non siano le solite rilevazioni sulla pratica.

b) Il secondo tipo di concetto è collegato con l'adeguamento al mondo, perseguito dai gruppi religiosi più solleciti verso gli impegni terreni che non verso il soprannaturale. Sul piano etico si assiste ad un mutamento motivazionale, si passa cioè da una morale tesa verso la vita futura ad una morale maggiormente preoccupata delle esigenze del presente.

c) Un terzo aspetto della secolarizzazione è l'emancipazione della società dalla religione. La struttura sociale diviene autonoma e confina la religione nella sfera del privato e rende il fatto religioso interiorizzato e non appariscente e tale da non esercitare più alcun controllo sull'attività pubblica. Nel contempo si attua una separazione dei campi di azione sociale dall'influenza religiosa[52].

d) Trasferimento in ambito antropologico e culturale di credenze e istituzioni religiose. Mentre nel passato la conoscenza, il comportamento e le strutture erano recepite

---

[51] SHINER L., (in ACQUAVIVA..., *Religione*... 1971), 53-64.

[52] In realtà si tratta piuttosto di secolarismo che non un fenomeno di secolarizzazione (Parsons e Bellah preferiscono parlare di una differenziazione).

con la loro natura fondata sul divino, l'uomo secolare invece interpreta tutto come frutto della sua azione. Vi è perciò una graduale antropologizzazione della religione in una società che attribuisce a se stessa le funzioni già appartenenti alle istituzioni religiose.

e) La quinta categoria interpretativa guarda alla società desacralizzata, cioè al mondo che si libera dal carattere sacrale; storia e natura vengono spiegate in chiave razionale e causale, con un più ampio spazio per l'azione dell'uomo. Una Weltanschauung assolutamente razionalizzata elimina ogni mistero ultraterreno attraverso un'opera di disincanto (Entzauberung).

f) L'ultimo significato corrisponde al passaggio da una società sacra ad una società secolare, secondo uno schema di Social Change, con diversi stadi. Il massimo di secolarizzazione si ha quando si arriverà alla società nuova caratterizzata da considerazioni prettamente razionali e utilitaristiche senza alcun collegamento con realtà meta-storiche e meta-empiriche.

## 2. Osservazioni critiche.

L'approccio basato sulla teoria della secolarizzazione si è dimostrato incompleto da una parte e contingente dall'altra. Incompleto in quanto è rimasto anch'esso sul piano deduttivo, senza la verifica empirica delle proprie affermazioni sia per difficoltà metodologiche, sia per superficialità dovuta alla moda del momento. In questo senso esso è stato anche contingente cioè legato a momentanee tendenze del pensiero e alla esasperazione di esse. Infatti il presupposto di fondo lo si può riscontrare nella teoria evoluzionistica generale che prevedeva la scomparsa della religione in base allo schema, proposto a suo tempo da A. Comte.

La secolarizzazione inoltre è apparsa un fatto contingente perché smentita dalla constatazione di un riemergere del "Sacro" di un esplodere della religiosità popolare, della necessità di sicurezze "trascendenti", dalla ristrutturazione dell'apparato dottrinale, e dalla impostazione organizzativa. Questo non significa che in tutte queste posizioni contrarie si individuano aspetti positivi, ma esse costituiscono una smentita delle pretese dei teorici della secolarizzazione.

Essa è anche criticabile per ideologismo. Sembra strano, ma tale accusa le viene rivolta da due parti. Da parte delle religioni istituzionalizzate veniva osservato che non era provata la "contingenza" del fatto religioso. La teoria era considerata una minaccia per la posizione della religione, perché metteva a repentaglio le ragioni profonde del fatto religioso prospettandone vanificazione e, pur non combattendola apertamente, contribuiva alla eliminazione indolore della religione stessa. Da parte dell'impostazione marxista le si rimprovera di essere "funzionale" alla persistenza del religioso. La secolarizzazione viene assimilata al funzionalismo e ad ambedue si rimproverano utilizzazioni apologetiche e impostazioni che introdurrebbero nell'analisi sociologica assunti meta-teorici.

In genere però il termine secolarizzazione, tanto controverso, ambiguo, polivalente, è sottoposto a mutamenti troppo frequenti, per cui sarebbe consigliabile, come afferma D. Martin, sostituirlo con altri meno ideologizzati, più descrittivi e neutrali come quello di "differenziazione" adoperato da altri. Anche nel contesto dell'aggancio della teoria della secolarizzazione con alcuni tratti del contesto postmoderno appare piuttosto problematica, così che parecchi autori hanno sconfessato tale impostazione, sia pure con diverse motivazioni e impostazioni[53]. Tuttavia la penetrazione del termine è tale, che qualcuno pensa che almeno a breve termine non sarà facile sostituirlo.

### C. Teoria della risacralizzazione

Basandosi sui fenomeni orientati in senso positivo già descritti e esposti nei paragrafi precedenti, diversi autori parlano di una rinascita del religioso o almeno del sacro. I punti fondamentali di tale orientamento interpretativo sono: l'impostazione funzionale in senso molto allargato, come proposto ad es. da T. Luckmann con il conseguente l'allargamento del concetto del religioso che rischia uno svuotamento di significato.

### 1. Elementi teorici.

In base all'impostazione funzionalista vengono ripresi i concetti fondamentali cui già abbiamo fatto cenno precedentemente. Sono sottolineati sia la capacità di risposte ai quattro contesti: dell'incertezza, dell'impotenza, della pe-

---

[53] Cfr. CIPRIANI R., *La religione diffusa*, Roma, Borla, 1988, 24-35; MARTELLI S., *La religione nella società*, op. cit. 1990, 384-416.

nuria e della banalità, sia l'esigenza del trascendimento della propria condizione bio-psichica. Tali elementi sono visti entro le condizioni di vita che si verificano nel nostro tempo, caratterizzato da fenomeni stressanti ed alienanti (urbanizzazione, industrializzazione) o di strapotere dei mass-media che rendono difficile l'autonomia personale e quindi provocano la solitudine e la mancanza di significato. Va comunque evidenziata la presenza di modalità diverse: nel contesto moderno prevale l'impostazione a trovare nuove risposte globali (reali o come sostituti funzionali), nel contesto postmoderno invece abbiamo la preponderanza della ricerca di risposte più spicciole (anche queste come reali o come sostituti).

In questo senso le soluzioni a tali problemi sono di vari tipi. Da una parte abbiamo una nuova tendenza a creare o, almeno, ad usare) le ideologie (visioni totali dell'uomo) come sostituti funzionali della religione[54]. Dall'altra emergono impostazioni più frammentate che, pur offrendo risposte parziali, sono ugualmente "esaltanti" per il soggetto o per i gruppi particolari, fino a permettere loro forme varie di esperienze di "trascendimento" del proprio limite biologico o socioculturale. Inoltre alcuni autori notano la tendenza verso la creazione di una religione individuale e solo interiore o privata. Ognuno si costruirebbe un proprio credo e un proprio ordine di valori che stanno alla base delle proprie scelte sia relazionali (rapporto con Dio) che

---

[54] Cfr. quanto già detto nel cap. I

comportamentali (coerenza etica soggettiva)[55]. Tali esperienze sono peraltro connesse con impressioni di: autonomia, autorealizzazione, distinzione rispetto agli standard degli altri, ecc., ma anche come forma di esperienza di Dio in modo "secolare" in quanto contrapposta a "sacrale", di esperienza di un rapporto diretto con Dio (fede) che fa a meno della religione (come forma istituzionalizzata della fede)[56].

Sia pure con una diversa valutazione vanno anche citati tra altri ordini dei fenomeni. Da una parte rientrano in questo contesto le manifestazioni della religiosità popolare con le sue molteplici configurazioni: recupero delle feste religiose, ripresa dei pellegrinaggi, ricerca del miracolismo e di apparizioni o, comunque, fenomeni straordinari (visioni, sanguinazioni, altri prodigi mistici, ecc.)[57]. Non va trascurato il revival dei gruppi tradizionali, ma specialmente la nascita di nuovi gruppi e movimenti intraecclesiali come: focolarini, neocatecumeni, pentecostali e carismatici, ecc.[58]. Infine non va sottaciuto il rilevante fenomeno della esplosione di nuovi movimenti religiosi extra-ecclesiali, sette che in questi ultimi anni hanno impressionato enormemente ance l'opinione pubblica specie per il grande spazio occupato nei mezzi ci comunicazione

---

[55] Cfr. AA.VV., *Studi sulla produzione...*, 1978.

[56] Cfr. MILANESI G. C., *Oggi credono così*, Torino, LDC, 1981.

[57] SCARVAGLIERI G., *Il pellegrinaggio alle soglie del terzo millennio*, Milano, Paoline, 1999, passim; cfr. anche il capitolo riguardante la religiosità popolare.

[58] Cfr. FAVALE A., op. cit. 1980, FALLICO A., *Quando un gruppo diventa chiesa*, Catania, 1976.

di massa, la forza del proselitismo che hanno mostrato e alcuni eventi straordinari che hanno provocato[59].

In questo contesto non si deve sottacere, l'insorgenza di forme di fondamentalismo e integralismo, specie in alcuni contesti, che ha portato a nuove forme di teocrazismo in alcuni stati, specialmente islamici. In tali stati si verificano anche manifestazioni di intolleranza verso le altre religioni fino ad arrivare a persecuzioni manifeste o latenti, a livello micro-sociale o anche macro-sociale o politico. Vengono negati i diritti della libertà religiosa per le minoranze di altre religioni, anche se la si pretende per il proprio gruppo quando si trovano in situazione di minoranza, ecc.

Un ulteriore serie di fenomeni entro questa interpretazione del processo di risacralizzazione. La componente di questo ambito di fenomeni che fa riferimento al ricorso "paranormale" e alla divinazione, invece sottolinea più l'esigenza di sicurezza di penuria e di impotenza. L'uomo vorrebbe garantirsi di più, procurarsi più esperienze, dominare il tempo e lo spazio. Attua tale impostazione escludendo un rapporto trascendente, ma non quello con forze, vagamente concepite, ma comunque capaci di offrire tali risposte e servizi. In fondo sia nel primo caso che nel secondo si realizza una specie di rifondazione politeistica: divinizzazione delle singole "forze" o "esperienze

---

[59] Cfr. SCARVAGLIERI G., *Analisi di un movimento: ricerca socioreligiosa su Rinascita Cristiana*, Roma, R. C. 1989.

esaltanti", e aggancio ad esse come a "nuovi dei" o ricorso a persone superdotate (maghi, divinatori, astrologi, ecc.)[60].

Un'ulteriore notazione va fatta a riguardo della nascita in tempi recenti di tante nuove religioni. Anche dal punto di vista laico tale fenomeno appare eclatante per la sua varietà, per la consistenza, per la capacità di presa che ha mostrato, specie tra giovani, e per la sua continuità. La stessa nova confluenza nel New Age comporta forme di rafforzamento del fenomeno in quanto venendo salvaguardato un certo clima quasi religioso, lo rende meno negativo e più capace che insinuarsi anche nello spirito di persone tendenzialmente disponibili ad aperture verso il meta-storico e meta-empirico[61]. Essa rappresenterebbe anche una sorta di trasformazione sul campo religioso del fenomeno della globalizzazione.

## 2. Osservazioni critiche.

Una prima osservazione da fare consiste nel fatto che la teoria della risacralizzazione facilmente si presenta come una risposta apologetica alle due impostazioni precedenti. Essa infatti sembra condividere la preoccupazione derivante dalla eventualità della "scomparsa" della socializzazione o di un suo accentuato "mimetismo" nel contesto secolarizzato, che equivarrebbe ad una sua scomparsa effettiva nell'orizzonte della vita delle singole persone, oltre che in quello della vita sociale.

---

[60] Cfr. ELIADE M., *Miti sogni e misteri*, Milano, Rusconi, 1976.
[61] Certo si notano anche forti tendenze alla relativizzazione di tutte le religioni.

Inoltre su tale teoria si ripercuotono le altre critiche avanzate a suo tempo nei confronti del funzionalismo. Tra di esse più rilevanti sono quelle dell'inclusività e cioè la qualificazione indiscriminata di atti, situazioni, attese, atteggiamenti non propriamente religiosi, quelli cioè che abbiamo definito sostituti funzionali della religione e i fenomeni magici. La forza di questi argomenti dovrebbe farsi consistere solo nella "pars destruens" cioè nella critica alla secolarizzazione, mentre la "pars construens" non appare valida.

Ciò inoltre è collegato con una genericità tale del concetto di "sacro" che la parola stessa diventa soltanto un "flatus vocis" e porta quindi ad un nominalismo esagerato. In tal caso può essere fatto rientrare più che un rapporto con realtà, solo con meccanismi della propria vita psichica o con intenzioni personali specie per quelli che sono definiti "forti". Inoltre, in tali casi si tratta di modalità di concepire la vita religiosa tenuto conto di certi sviluppi teologici (visione non sacrale delle istanze teologiche ad esempio come modalità più autentica di vivere il cristianesimo), che vuole escludere da un'accettazione dogmatica le impostazioni istituzionalizzate e datate..

Infine la teoria della risacralizzazione non sottolinea abbastanza che, a prescindere da un giudizio filosofico sulla realtà oggettiva del "sacro", i fedeli distinguono tra atti e atti, attribuendo la qualifica di religioso solo ad alcuni e non ad altri sulla base di una prospettiva di mettersi in "rapporto con...". Del resto anche quando fanno ricorso a certe pratiche sentono di rispondere ad un bisogno strumentale più che pensare di fare un atto devoto. Non sono esclusi però alcuni usi strumentali della religione (di reliquie, o di devozioni) per ottenere miracoli o forme di assicurazione della salvezza.

### D. Teoria della trasformazione

La teoria della trasformazione istituzionale della religione va considerata sia a livello macrosociale che a quello microsociale. Essa riprende a livello macrosociologico (rapporti tra religione e società) l'impostazione della variabile autonoma. Sottolinea tuttavia che la reciprocità dei rapporti può essere ulteriormente specificata quanto ad intensità, ritmo, prospettiva di ruolo attivo e passivo, applicando, ad es. il modello cibernetico. È bene quindi riprendere gli aspetti più rilevanti di tale impostazione anche se già l'abbiamo esposta[62]. Sul piano microsociologico (o interno) sono sottolineate alcune tendenze di segno contrapposto, e l'azione dei principali meccanismi soggettivi. È bene pertanto soffermarci sui punti fondamentali di natura teorica, in un primo tempo e, successivamente, accennare ai principali meccanismi secondo cui le tendenze si manifestano.

### 1. Elementi teorici.

La teoria della trasformazione osserva gli attuali cambiamenti del fenomeno religioso evidenziando che non si

---

[62] In questo contesto va tenuto presente quanto abbiamo detto nel capitolo VIII.

tratta di semplice descrizione, ma di una vera interpretazione e spiegazione del fenomeno stesso. La sua consistenza si basa sul fatto che la nuova forma del fenomeno religioso denota un nuovo assetto piuttosto stabile. Inoltre esso si presenta come multidimensionale cioè riguarda il fenomeno religioso nella sua concretezza e completezza e varietà di componenti. Esponiamo quindi brevemente alcuni tratti più rilevanti secondo il solito schema multidimensionale ed evidenziando le diverse direzioni che i fenomeni effettivamente presentano, sia in senso positivo che in senso negativo.

a) In riferimento alle credenze si nota la tendenza alla comprensione superficiale di esse, e quindi la loro non completezza, come anche un certo disinteresse nei loro confronti per cui esse appaiono non esclusive, cioè sono pensate come conciliabili con le altre ideologie, ma anche come non capaci di suscitare un impegno serio e duraturo. Si verifica inoltre una tendenza al dubbio, alla perdita di prestigio e/o di centralità delle credenze nell'ambito del sistema socioculturale, per cui facilmente si determinano forme varie di abbandono: teorico (come ateismo) e pratico (come indifferenza).

Per contrario si verifica anche una purificazione ed essenzializzazione delle credenze. Nonostante indicazioni contrarie, oggi si ha in genere una maggiore "cultura" religiosa, basata su un accostamento diretto alla Bibbia, ma anche su letture religiose. Si constata inoltre un rilevante processo di superamento delle incrostazioni storiche e delle credenze rimaste allo stato embrionale, mitico, o comunque legate a superstizioni. Ne sono dimostrazioni affermazioni come quelle sulla necessità della religione nonostante lo sviluppo scientifico, anzi la conciliabilità tra religione e scienza.

b) Per quanto riguarda la pratica religiosa possiamo constatare da una parte una forma di degradazione socioculturale e tradizionale delle singole pratiche religiose. Esse sono attuate senza una sufficiente partecipazione interiore, o sono del tutto abbandonate (specie i riti ripetitivi) o relegate ai grandi momenti della vita o comunque seguite non per la loro specificità religiosa, ma piuttosto per la loro presenza e funzione socioculturale.

Per l'aspetto positivo, tuttavia, va notato che normalmente sia chi frequenta più o meno regolarmente, sia i "marginali o nominali" prospettano una migliore comprensione del significato delle pratiche, ne colgono facilmente la componente teologica. Non sono esclusi nuovi riti o nuove occasioni o comunque la persistenza di occasioni di celebrazioni religiose. A questo riguardo vanno sottolineate le manifestazioni popolari, i pellegrinaggi, l'affluenza alle visite del Papa, ecc... Basta ricordare il fascino suscitato da Giovanni Paolo I e II e dei viaggi di quest'ultimo, della ostensione della Sindone a Torino, del recupero della religiosità popolare.

c) In riferimento all'aspetto comunitario si è delineata una crisi della religione-di-chiesa consistente principalmente nella percezione che si può essere religiosi anche senza appartenere ad una chiesa, o comunque senza la necessità di manifestare tale appartenenza in modo esplicito ed esteriore. Si profilano forme di distacco dalla gerarchia e dalla modalità tradizionale di rapportarsi con essa (contrasti con la gerarchia e il suo magistero) e con critica alla chiesa come istituzione.

D'altra parte si nota la richiesta di spazi attivi da parte di laici e di un maggiore coinvolgimento, almeno da parte dei vicini, con forme di superamento delle deleghe massicciamente demandate o assunte dal clero. In particolare si notano richieste, anche se da frange minoritarie, di trasformazioni istituzionali ed organizzative che hanno dato luogo alla nascita di nuovi gruppi e movimenti altamente coinvolgenti sul piano della partecipazione e della presa in proprio dei vari aspetti religiosi (comunità di base, carismatici, gruppi d'impegno politico e/o assistenziale, ecc.).

d) In riferimento all'aspetto etico, le tendenze più rilevanti mostrano una crescente laicizzazione della morale nel senso che vengono abbandonati modelli di comportamento di origine religiosa, specie in rapporto alla sessualità (matrimonio, aborto, rapporti sessuali) che si riscoprono fonti di moralità laica e sociale, con esclusione e/o delimitazione del monopolio della funzione etica della chiesa, con sottolineature sociali da una parte (rapporti di lavoro) e soggettive dall'altra (visione personale della morale e conseguente permissivismo). In posizione ambivalente si colloca il rapporto con la politica (se si presume che la religione tenga un atteggiamento in contrasto con le proprie scelte) e dall'altra si invoca un senso politico e conseguente impegno della religione (però in accordo col proprio orientamento).

Per gli aspetti positivi si può sottolineare la rilevanza della moralità come trasformazione interiore e da ciò come miglioramento della vita sociale. Ne deriva una morale più storicizzata legata alle esigenze reali dell'evolversi dei rapporti umani, della presa di coscienza della complessità dell'atto morale e della molteplicità dei condizionamenti psicologici e socioculturali e quindi il superamento di una morale legalista e ritualista, basata sulle apparenze, ma inconsistente e incoerente con le motivazioni. Non è comunque esclusa la funzione spirituale e di guida della religione in rapporto alla salvaguardia di valori che l'uomo moderno rischia di perdere.

## 2. Osservazioni critiche

Quanto ai meccanismi si possono notare due modalità particolari di scelta conoscitiva e di conduzione operativa: il meccanismo della auto-selezione, e quello della auto-gestione. Questi due meccanismi operano sia indipendentemente che in modo collegato. Il loro significato fondamentale si può sintetizzare nei seguenti accenni.

a) *Meccanismo della selezione*. Un'indicazione costantemente emersa è la forma scalare che presentano i tratti delle singole dimensioni. In altre parole, individui e gruppi attuano una cernita del patrimonio tradizionale e scelgono quei punti che più o meno sono a loro congeniali, o che comunque sono giudicati più o meno importanti. Questa tendenza alla selezione è caratterizzata da una pluralità di ragioni che specialmente possono essere concentrate in tre grandi settori.

a) Ci sono ragioni psicologiche che sono legate alle peculiarità individuali (caratteriali e psico-sociali) dei soggetti. Esse mostrano che la relativa percezione di esse è collegata con la nuova presa di coscienza della persona e con l'assenza di forme di cogenza esterna o sociologica e di imposizioni meta-empiriche (autonomia personale).

b) Vi influiscono ragioni vincolate ai condizionamenti e agli stimoli da parte dell'ambiente (socioculturali). In tal caso il contesto culturale presenta i contenuti religiosi come merce esposta in un supermarket dove è possibile scegliere sulla base di condizionamenti pubblicitari ed ambientali.

c) Infine si possono cogliere ragioni derivanti dall'importanza che una determinata credenza o principio etico, presentano (plausibilità soggettiva della dottrina). Tale impostazione esclude l'esigenza della "globalità del "sistema" e tende a privilegiare la tendenza ad una dottrina o ad un singolo spezzone concettuale o pratico.

In maniera sintetica il complesso di tali osservazioni mostra la tendenza alla selezione riguarda tutte le dimensioni: dalle credenze, alla pratica, dalle conseguenze etiche alla partecipazione e coinvolgimento sul piano associativo. Essa però non va intesa solo in senso negativo. La selezione infatti non comporta solamente l'oblio e l'abbandono di questo o quel punto, ma anche il lasciar cadere credenze, pratiche, norme tradizionali che potrebbero essere considerate incrostazioni storiche disfunzionali alla religione.

Inoltre tale tendenza alla selezione, da una parte, comporta una decrescente adesione ad alcune credenze e, dall'altra, spinge verso un sostanziale miglioramento di altre conoscenze religiose. Sul piano dei simboli si nota un certo abbandono di forme e manifestazioni anche importanti ed originarie e una tendenza ad una più adeguata connessione tra simboli e realtà.

b) *Meccanismo dell'autogestione.* Accanto alla tendenza alla selezione va considerata la tendenza alla autogestione. Essa va approfondita per la sua intrinseca importanza e per le implicazioni che comporta. I soggetti infatti anche in campo religioso mostrano un prevalente atteggiamento attivo e non passivo. Ne consegue un nuovo ruolo secondo cui gli individui "gestiscono" il fatto religioso quanto ai contenuti da accettare, alle norme da osservare ai gruppi da formare, alle pratiche da seguire. Ognuno sceglie un proprio ritmo (quanto alla pratica religiosa), una propria organizzazione (quanto all'aspetto associativo), un proprio credo (in riferimento alle credenze). In particolare si possono notare tre manifestazioni specifiche di tale tendenza: l'atteggiamento "manipolante", l'esigenza "razionalizzante", la propensione "autonomistica"[63].

a) Per atteggiamento manipolante intendiamo la disposizione degli individui ad organizzarsi un proprio sistema di credenze, politiche, norme etiche, gruppi... che facilmente richiama alla mente il concetto di una religione più o meno semplificata che ha perduto la peculiarità che la caratterizzano e che può essere accettata molto facil-

---

[63] Questi vari aspetti non vanno considerati solo come psicologici, ma sono sociologici in quanto diffusi e operanti in una cultura e trasmessi nella socializzazione.

mente anche da membri di altre confessioni o religioni. Nell'atteggiamento manipolante prevale la volontà dell'individuo che non si sottomette ad accettare un patrimonio "oggettivo", "esterno" (nel nostro caso "rivelato"). Pur non creando tutto da sé, tuttavia tende ad attuare una sintesi personale.

b) Per esigenza razionalizzante indichiamo quella disposizione propria del mondo occidentale per cui si attua una maggiore standardizzazione, coerenza, coordinazione all'interno dei sistemi, in genere, e quindi anche dei sistemi di significato. Ne deriva uno sforzo di comprensione dei contenuti e di adeguamento tra questi e le loro formulazioni. Ne deriva, ancora, a un livello più profondo, il coordinamento tra bisogni e modi di soddisfare tali bisogni, e quindi come rapporto tra realtà meta-empiriche e la loro prospettiva di rispondere ad istanze conoscitive, emotive ed anche pratiche dell'uomo d'oggi, e pertanto secondo la nuova sensibilità che non propende verso sistemi globali ed impositivi.

c) Per la propensione "autonomistica" denotiamo l'esclusione delle mediazioni gerarchiche che si esprime, in altri termini, come crisi dell'autorità ed esclusione delle mediazioni gerarchiche. Essa pertanto rientra nell'ambito dell'esautorazione delle autorità tradizionali e si esplica in relazione alle diverse dimensioni. Quanto alle credenze e all'etica, si mette in crisi l'autorità di magistero, anche quello solenne ed ufficiale, quanto al culto si esclude la funzione ministeriale degli addetti al culto e ai Sacramenti, quanto all'aspetto organizzativo, non si accetta l'autorità della chiesa e comunque le diverse forme di strutturazione verticale (gerarchia) all'interno della chiesa.

Anche a riguardo della tendenza all'autogestione occorre aggiungere che non tutto va ritenuto negativo. Essa infatti comporta anche la presa in proprio di responsabilità che per particolari condizioni storiche erano state assorbite dal clero, o demandate ad esso dalla stessa popolazione. L'autogestione comporta la ripresa della funzione propria della parola di Dio, da una parte e dall'altra l'esplicitazione operativa del "sacerdozio legale" proprio di tutti i battezzati ecc. Se da una parte potrebbe riscontrarvisi una manifestazione di privatizzazione della religione, dall'altra vi si potrebbe anche scorgere una personalizzazione del rapporto con Dio e il superamento dell'anonimato nel settore religioso.

Concludendo possiamo evidenziare la maggiore plausibilità della teoria della trasformazione. Essa, tra le diverse teorie esposte, appare quella più plausibile sia dal punto di vista contenutistico (sottolinea la multidimensionalità del fenomeno religioso) che da quello metodologico (evidenzia infatti anche il rigore procedurale nella attuazione delle ricerche). Pertanto è interessante evidenziare meglio tali prestazioni in quanto esse sono gli ambiti fondamentali dell'approccio sociologico.

Dal punto di vista del contenuto spiega più ampiamente e completamente la fenomenologia attuale con le tendenze alla persistenza, alla diminuzione, anche quella verso la nuova creatività e la nuova coscienza religiosa. In particolare essa spiega la nascita di una coscienza nuova con riferimenti ad una realtà "sacra" che non si confonde con un meccanismo psicologico, anche se essa in concreto è variamente concepita, percepita esistenzialmente. Inoltre essa fa capire anche il risveglio della religiosità popolare, non solo ingenua e/o folclorica, ma anche quella autentica delle manifestazioni devote. Infine tale impostazione illustra anche il fenomeno della nascita e della dinamica dei nuovi movimenti religiosi sia extra-ecclesiali che intra-ecclesiali e le loro caratteristiche motivazionali, organizzative, morale, operative interne (vita del gruppo) ed esterne (impegno verso gli altri.

Dal punto di vista metodologico peraltro appare più collegata con un'adeguata teoria della società e quindi è suscettibile di un'adeguata impostazione di spiegazione sociologica. Si inserisce infatti più coerentemente nell'ambito della teoria della variabile autonoma, per cui supera i limiti delle altre due teorie della variabile dipendente e indipendente. Essa peraltro utilizza un tipo di approccio basato sul modello cibernetico che oggi appare più valido teoricamente e praticamente uno strumento più adatto per una reale e più approfondita interpretazione del fenomeno religioso[64].

Pertanto è ancora prematuro il dare un giudizio definitivo su quale tra le teorie citate sia quella che avrà più seguito e manterrà una sua capacità esplicativa ed applicativa per un reale sviluppo ulteriore della sociologia della

---

[64] Cfr. SCARVAGLIERI G., 1982, 34-48; 1983, 70-80, 1990, 105-120, 1997, 350-361.

religione. Tuttavia ci sembra che al momento attuale si possa indicare la teoria della trasformazione come quella che è più fondata dal punto di vista teorico e più confermata dal punto di vista dell'osservazione empirica del fenomeno religioso in questi ultimi anni[65].

---

[65] Cfr. l'abbondante bibliografia su questo argomento che riportiamo nelle pagine seguenti

# BIBLIOGRAFIA GENERALE

La bibliografia sull'argomento è molto ampia, per questo, per un elenco esauriente, rimandiamo ai repertori specializzati. Trattandosi di un manuale evitiamo di riportare opere di altro ambito sociologico anche se qua e là ad esse viene fatto riferimento, rimandando ai rispettivi repertori bibliografici di sociologia. Per comodità dei lettori riportiamo solo i titoli delle opere di sociologia della religione più importanti ed utilizzate nel nostro lavoro.

AA. VV., *L'appartenance religieuse*, Bruxelles, C.I.S.R., 1965.

AA. VV., *Clergy in Church and society*, Roma, C.I.S.R., 1967.

AA. VV., *La secolarizzazione*, Bologna, Il Mulino, 1973.

AA. VV., *The contemporary metamorphosis of Religion*, Den Haag, C.I.S.R., 1973.

AA. VV., *La vida cristiana ante el desafio de los tiempos nuevos*, Pamplona, 1973.

AA. VV., *L'esperienza di Dio, oggi*, Assisi, Cittadella, 1975.

AA. VV., *Religion and social change*, Lille, C.I.S.R., 1975.

AA. VV., *Forme e pratiche della festa*, Montecatini, 1980.

AA. VV., *Religiosità popolare*, Roma, Teresianum, 1978.

AA. VV., *Studi sulla produzione del sacro. Forme del sacro in un'epoca di crisi*, Napoli, Liguori, 1978.

AA. VV., *Ricerche sulla religiosità popolare*, Bologna, Dehoniane, 1979.

AA. VV., *Sociology and theology*, New York, St. Martin's 1980.

AA. VV., *Converts dropouts returnees: a study of religious change among catholics*, New York, The Pilgrim Press, 1981.

AA. VV., *I nuovi movimenti religiosi. Sette cristiane e nuovi culti*, Torino, LDC, 1990.

AA. VV. *Church and religion in Rural England*, Edimburgh, T & T Clark, 1991.

AA. VV., *Le sette religiose: una sfida pastorale*, Bologna, Studio Domenicano, 1991.

AA. VV., *La religione degli Europei* Torino, Fondazione Agnelli, 1992.

AA. VV., *Immagini della religiosità in Italia*, Milano, Angeli, 1993

AA. VV., *La religiosità in Italia*, Milano, Mondadori, 1995.

AA. VV. *Il fenomeno religioso oggi*, Roma Urbaniana Univerty Press, 2002.

ABBRUZZESE S. *Sociologie delle religioni*, Milano Jaca Book, 1992.

ABRECHT P., *The churches and rapid social change*, Garden City, Doubleday, 1961.

ACQUAVIVA S. S., *L'eclissi del sacro nella civiltà industriale*, Milano, Comunità, 1966.

ACQUAVIVA S. S. - PACE E., *Sociologie delle religioni, Problemi e prospettive*, Roma, la Nuova Italia scientifica, 1992.

ALDRIDGE, A., *Religion in the contemporary world*, Cambridge UK 2000.

ALESSI, A., *Sui sentieri dell'assoluto*, LAS, Roma, 1997.

ALETTI, Mario, *Religione o psicoterapia?*, LAS, Roma, 1994.

ALLPORT G. W., *L'individuo e la sua religione*, Brescia, La Scuola, 1972.

AMBROSIO G. - ANGELINI G., *Laico e cristiano*, C. Monferrato, Marietti, 1986.

ARDIGÒ A., *Complessità e secolarizzazione*, in MONTESPERELLI P., *I cattolici nel moderno*, Milano, Angeli, 1987, pp. 58 e ss.

ARDIGÒ A. - GARELLI F., *Valori, scienza e trascendenza*, Torino, F. Agnelli, 1989.

BAILEY, G., *The dynamics of religious conversion*, Religious Education Press, Birmingham, 1991.

BARALDI C. - CASINI M., *Il valore del gruppo. Indagine sui rapporti tra adolescenti e parrocchie*, Milano, Giuffrè, 1991.

BARBANO F., *Diavolo, diavoli. Torino ed altrove*, Milano, Bompiani, 1988.

BARKER D. F. (ed.), *New religious movements. A perspective of understanding society*, New York, Edwin Mella Press, 1982.

BARTZ W., *Le sette oggi, dottrina, diffusione, organizzazione*, Brescia, Morcelliana, 1976.

BATSON C.D. - VENTIS W. L., *The religious experience: A sociopsychological perspective*, Oxford, Oxford University Press, 1982.

BAUM G., *The social imperative*, New York, Paulist Press, 1979.

BAUSOLA, A., *L'esperienza religiosa*, Ed. Vita e Pensiero, Milano, 1986.

BAUSOLA, A., *Cultura e fede nell'Italia del Nord*, Vita e Pensiero, Milano, 1992.

BECKFORD I. A., *Nuove forme del sacro: Movimenti religiosi e mutamento sociale*, Bologna, Il Mulino, 1990

BECKFORD J., *Religion and advanced industrial society*, London, Unwin Hymam, 1989.

BELLAH R. N., *Al di là delle fedi*, Brescia, Morcelliana, 1975.

BELLAH R. N., *Habits of the Heart*, Berkley, University of California Press, 1985.

BENATTI G. - GESUALDI A, *Dio o Dioniso. Valori e atteggiamenti nella Vicenza degli anni Novanta*, Vicenza, Egida, 1991.

BENSON P. H, *Religion in contemporary culture*, New York, Harper – Brothers, 1985.

BERGER P. L., *The Sacred Canopy: Elements of a Sociological Theory of Religion*, New York, 1967.

BERGER. P. L., *Il brusio degli angeli*, Bologna, Il Mulino, 1970.

BERGER P. L. *The Social Reality of Religion*, London, 1969.

BERGER, P., *Una gloria remota*, Il Mulino, Bologna, 1992.

BERGER. P. L., *The heretical imperative*, Garden City, Doubleday, 1979.

BERGONZI M., *Inchiesta sul nuovo misticismo*, Bari, Laterza, 1980.

BERZANO l., *Differenziazione e religione negli anni Ottanta*, Torino Giappichelli 1990.

BERZANO, L., INTROVIGNE M., *La sfida infinita*, Sciascia, Roma, 1994.

BLOCH, M., *La violence du religieux*, Odile Jacob, Paris, 1997

BLUMHOFER & BALMER (ed.), *Modern Christian Revivals*, University of Illinois Press, 1993.

BO V., *Feste riti magia e azione pastorale*, Bologna, Dehoniane, 1984.

BO V., *La religione sommersa*, Milano, Rizzoli, 1988.

BO V., *La religiosità popolare*, Assisi, Cittadella, 1979.

BODZENTA E. (ed.), *Regionalplannung in der Kirche*, Mainz, 1965.

BONANATE U., *Antropologia e religione*, Torino, Loerscher, 1975.

BOULARD F. - REMY J., *Pratique religieuse urbaine et regions culturelles*, Paris, 1968.

BOULARD F., *Primi risultati della sociologia religiosa*, Milano, Vita e pensiero, 1955.

BROMLEY D. G - HAMMOND P.E. (ed.), *The future of new religious movements*, Macon, Mercer University Press, 1987

BROMLEY D. G, *Falling from religion*, London, S.A.G.E. 1988.

BRUCE S., *Religion and modernization*, Clarendon Press, Oxford, 1998.

BURATTO F. O., *Week-end e pratica religiosa*, Roma, Pastorali, 1969.

BURGALASSI S., *Le cristianità nascoste*, Bologna, Dehoniane, 1970.

CALIMAN, G., *Giovani lavoratori: povertà e rischio di devianza*, Roma, 1995.

CAMBELL C., *The Sociology of religion*, London, 1971.

CAMPANINI, G., *Cristianità e modernità*, Roma, 1992.

CAMPICHE, R.J., *Cultures jeunes et religion en Europe*, Du Cerf, Paris, 1997.

CAPORALE R. - GRUMELLI A. (ed.), *Religione e ateismo nelle società secolarizzate*, Bologna, Il Mulino, 1973.

CAPORALE R. (ed.), *Vecchi e nuovi dei*, Torino, Valentino, 1976.

CAPPELLI P., *Comunicazione: crisi della chiesa? Saggio di analisi sociologica sui problemi della comunicazione nella chiesa*, Genova, Marietti, 1990.

CAPRARO G., *L'etica sociale dei cattolici italiani*, Milano, Angeli, 1984

CAPRARO, G., *Valori degli europei e italiani negli anni 90*, Trento, 1995.

CARRIER H. - PIN E., *Saggi di sociologia religiosa*, Roma, AVE, 1967.

CARRIER H., *Psicosociologia dell'appartenenza religiosa*, Torino, LDC, 1988.

CASTIGLIONE M., *I professionisti dei sogni. Visioni e devozioni popolari nella cultura contadina meridionale*, Napoli, Liguori, 1981.

CAZENEUVE I., *Sociologia del rito*, Milano, Il Saggiatore, 1968.

CENSIS, *Ripensare il sociale agli inizi degli anni '90. Società italiana e comunità ecclesiale in dialogo*, Roma, AVE, 1991.

CERETI G., *I nuovi movimenti religiosi, le sette e i nuovi culti*, Roma, Centro pro unione, 1983.

CESAREO V. (ed), *La religiosità in Italia*, Mondadori, Milano, 1995.

CHADWICK, O., *The secularisation of European Mind in the 19th century*, Cambridge University Press, Cambridge, 1992.

CIPOLLA C., - MARTELLI S., *Marxismo e religione nella cultura operaia*, Bologna, Dehoniane, 1983.

CIPOLLA C., *Religione e cultura operaia*, Brescia Morcelliana, 1981.

CIPRIANI R. - BIANCHINI CAIVANO G. *La religione quotidiana. Documenti dell'espressione popolare a Picerno*, Roma, La Goliardica 1988

CIPRIANI R. - MANSI M., *Sud e religione.Dal magico al politico*, Roma, Borla 1990.

CIPRIANI R., *La religione dei valori. Indagine nella Sicilia centrale*, Caltanissetta, Sciascia, 1992.

CIPRIANI R., *La religione diffusa*, Roma, Borla, 1988.

CIPRIANI, R., *Manuale di sociologia della religione*, Borla Ed., Roma, 1997.

CLEVENOT, M. (ed), *Rapporto sulle religioni - analisi dei fenomeni religiosi nel mondo di oggi*, vol. I e II, Sansoni Editore, Firenze, 1989.

COLOMBO D., *Nuove religioni in Italia*, Torino, LDC, 1984.

CONN W., *Conversion: perspectives on personal and social transformation*, Alba House, 1978.

COX H., *La svolta ad oriente*, Brescia, Queriniana, 1978.

COX H., *La città secolare*, Firenze, Vallecchi, 1968.

CRESPI P., *La coscienza mitica*, Milano, Giuffrè, 1970.

CRESPI P., *Prete operaio Testimonianze di una scelta di vita*, Roma, Lavoro, 1985.

CRESPI, F., *L'esperienza religiosa nell'età post-moderna*, Donzelli, Roma, 1997.

CULTRERA F., *Verso una religiosità dell'esperienza*, Bologna Dehoniane, 1986.

CUMINETTI M., *Il dissenso cattolico in Italia*, Milano, Rizzoli, 1988.

DAL FERRO G., - DONI P. (a cura di ), *Comunità cristiana e futuro delle Venezie*, Padova, Messaggero, 1991.

DAL FERRO G., *Religione e cambiamento sociale. Contributi di Max Weber*, Roma, AVE, 1981.

DAL FERRO G., *Religione e religiosità nel Veneto ieri e oggi*, Vicenza, Rezzara, 1988.

DANI L., *Domanda e offerta religiosa. Analisi di una parrocchia italiana*, Padova, Messaggero, 1986.

D'ASCENZI G., *Coltivatori e religione*, Bologna, Edagricole, 1973.

DE CARLO N. - SCAPIN P., *Religione oggi*, Brescia, Morcelliana, 1982.

DE MARCHI F. - ELLENA A., *Industria e religione*, Brescia, Morcelliana, 1969.

DE MEDEIROS O., *Fenomeno religioso e modello cibernetico*, Porto, 1985.

DE ROSA G., *La religione popolare*, Roma, Paoline, 1981.

DE SANDRE P., *Sociologia della religiosità*, Roma, AVE, 1967.

DEL RE M. C, *Nuovi idoli, nuovi dei: Culti e sette emergenti di tutto il mondo*, Roma, Gremese, 1988.

DIAMANTI I. - PACE E. (ed), *Tra religione e organizzazione. Il caso delle Acli*, Padova, Liviana, 1987.

DUOCASTELLA R., *Come studiare una parrocchia*, Roma, AVE, 1967.

DUOCASTELLA R., *Sociologia y pastoral de una diocesis*, Madrid, SPA, 1965.

DURKHEIM E., *Le forme elementari della vita religiosa*, Milano, Comunità, 1969.

ELIADE M., *Storia delle credenze e delle idee religiose*, Firenze, Sansoni, 1978.

ELIADE M., *Trattato di storia delle religioni*, Torino, 1981.

EMMA M., *Giovani e nuove frontiere morali*, Napoli, Dehoniane, 1986.

EURISKO, *Indagine sociale internazionale sulla religiosità*, Milano, ISSP, 1991.

FALLICO A., *Gruppi ecclesiali e impegno politico*, Torino, Marietti, 1976.

FAVALE A. (ed), *Movimenti ecclesiali contemporanei*, Roma, LAS, 1980.

FERRAROTTI F., *Il paradosso del Sacro*, Bari, Laterza, 1983.

FERRAROTTI F., *Una fede senza dommi*, Bari, Laterza, 1990.

FICHTER J., *Social relations in the urban parish*, Chigago, The University of Chigago Press, 1954.

FICTHER J., (ed.) *Alternatives to American mainline Churches*, New York, The Rose of Sharon Press, 1983.

FILORAMO, G. (ed.), *Atlante delle Religioni*, UTET, Torino, 1996.

FIZZOTTI, E. (ed.), *Religione o terapia?*, LAS, Roma, 1994.

FRAZER J. G., *Il ramo d'oro*, Torino, Boringhieri, 1950.

FREUD S. *L'avvenire di una illusione*, Torino, Boringhieri, 1971.

FREUD S. *L'uomo Mosè e la religione monoteista*, Torino, Boringhieri, 1977.

FREUD S. *Totem e Tabù*, Torino, Boringhieri, 1980.

FRIESE J., *Die saecularisierte Welt*, Frankfurt, 1967.

GARELLI F., *Il volto di Dio. L'esperienza del sacro nella società contemporanea*, Bari, Di Donato, 1983.

GARELLI F., *La religione dello scenario*, Bologna, Il Mulino, 1986.

GARELLI F., *Religione e chiesa in Italia*, Bologna, Il Mulino, 1991.

GARELLI, F., *Fedi di fine secolo*, Angeli, Milano, 1996.

GARELLI, F., *Forza della religione e debolezza della fede*, Il Mulino, 1996.

GEERTZ C., *Islam*, Brescia, Morcelliana, 1973

GEERTZ, C. *Interpretazione di culture*, Il Mulino, Bologna, 1987.

GILLESPIE V. B., *Religion conversion and personal identity*, Birmingham, Religious education Press, 1979.

GIURIATI P., *Devozione a s. Antonio. Ricognizione socioculturale*, Padova, Messaggero, Padova, 1983.

GLOCK C. Y. - BELLAH R. N., *The new religious consciousness*, Berkeley, Univ. of California Press, 1976.

GLOCK C. Y., *Religion and society in tension*, Chigago, 1965.

GODIN, A., *La vie des groupes dans l'église*, Le Centurion, Paris, 1969.

GOMEZ CAFFARENA J., *Raices culturales de la increencia*, Santander, Sal terrae, 1988.

GOODE W. J. *Religion among the primitives*, New York, 1964.

GRASSO, P, , *La religione nella costruzione sociale*, Quattro Venti, Urbino, 1989.

GREELEY A., *L'avvenire della chiesa*, Brescia, Morcelliana, 1973.

GREELEY A., *Religion in the Year 2000*, New. York. Sheed Ward, 1969.

GREELEY A., *Unsecular man*, New York, Scholen Books, 1972.

GROLLA V. (ed.), *Il giorno del Signore nel Triveneto*, Messaggero, Padova, 1990.

GRUMELLI A., *Evangelizzazione, promozione umana e culture emergenti*, Roma, Urbaniana. 1988.

GRUMELLI A., *Sociologia del cattolicismo*, Roma, AVE, 1965.

GUBERT R., *Persistenze e mutamenti dei valori degli italiani nel contesto europeo*, Trento, Reverdito, 1991.

GUIZZARDI G., *La religione della crisi*, Milano, Comunità, 1980.

HADDEN J. K., *Religion in radical transition*, Chicago, Aldine, 1971.

HADDEN J. K. - SHUPE A. (eds.), *Prophetic religions and politics*, New York, Random House, 1986.

HALL A., *Culti sette e profeti - Il mondo dell'occulto*, Milano, Rizzoli, 1976.

HAMMOND P.E., *The sacred in secular age. Toward revision in the scientific study of religion*, Berkeley, University of California Press, 1985.

HERBERG W., *Protestant, catholic and Jew*, New York, Doubleday, 1955.

HERVIEU-LEGIER D. *Verso un nuovo cristianesimo?*, Brescia, Morcelliana, 1986.

HITCHOCK J., *Catholicism and modernity*, New York, The Seabury Press, 1979.

HOECKMANN, R., *Le sette religiose: una sfida pastorale*, Ed. Studio Domenicano, Bologna, 1991.

HOOVER S. M., *Mass-media and religion*, London, S. A. G. E. 1988.

HORKHEIMER M., *La nostalgia del totalmente Altro*, Brescia, Queriniana, 1972.

HOUTART F. - REMY J., *Chiesa e società in mutamento*, Bologna, Dehoniane, 1974.

INGLEHART, R., *Modernization and Postmodernization. Cultural, Economic and Political Change in 43 Societies*, Princeton University Press, 1997.

INTROVIGNE M., *Le nuove rivelazioni*, Torino, LDC, 1991.

INTROVIGNE M., *Le sette cristiane*, Milano, Mondadori, 1990.

INTROVIGNE, M., *Il sacro postmoderno*, Gribaudi, Milano, 1996.

ISAMBERT F. A., *Christianisme et classe ouvriere*, Paris, Casterman, 1961.

ISAMBERT F. A., *Le sens du sacré. Féte et religion populaire*, Paris, Minuit, 1982.

JOHNSTONE R., *Religion and society in interaction*, New York, Prentice Hall, 1975.

JUNG G., *Psicologia e religione*, Milano, Comunità. 1979.

KARLSAUNE E. (ed.), *Religion as social fenomenon*, Trondheim, Tapir Publishers, 1989.

KAUFMANN F. X., *Sociologia e teologia*, Brescia, Morcelliana, 1974.

KELLEY D. M., *Why conservative churches are growing*, N.Y., Harper- Harper, 1972.

KLEINER R. J., *Gruppi di base nella chiesa italiana*, Assisi, Cittadella, 1978.

LANTERNARI V., *Folklore e dinamica culturale*, Napoli, Liguori, 1976.

LANTERNARI V., *Movimenti religiosi di libertà e di salvezza dei popoli oppressi*, Milano, Feltrinelli, 1964.

LAPOINTE R., *Socio-antropologie du religieux. La religion populaire au periode de la modernité*, Paris, Droz, 1988.

LE BRAS G., *Studi di sociologia religiosa*, Milano, Feltrinelli, 1969.

LECOMPTE, D., *De l'atheisme au retour du religieux*, Plon, Paris, 1996.

LENSKY G., *The religious factor*, New York, Garden City, 1963.

LUCKMANN T., *La religione invisibile*, Bologna, Il Mulino, 1968.

LUEBBE H., *La secolarizzazione*, Bologna, Il Mulino, 1970.

LUHMANN N., *Funktion der Religion*, Frankfurt a. M., Suhrkamp, 1977.

LUZBETAK L. Y., *The Church and cultures*, Techny, D.W.P., 1970.

LYON D., *Christians and sociology: towards a Christian perspective*, London, University Press, 1975.

MACIOTI M. I., (ed.), *Maghi, e magie nell'Italia di oggi*, Firenze, Pontecorboli 1991.

MACIOTI M. I., *Fede, mistero, magia. Lettere ad un sensitivo*, Bari, Dedalo 1991.

MALDONADO L., *Religiosidad popular, nostalgia de lo magico*, Madrid, Cristianidad, 1975.

MALEFIJT A. - DE WAHL R., *Religion and culture*, New York, Mc Millan, 1968.

MANOUKIAN A. F., *La chiesa dei giornali*, Bologna, Il Mulino, 1968.

MARDONES J. M., *El desafio de la postmodernidad al cristianismo*, Santander, Sal Terrae, 1988.

MARDONES J. M., *Raices sociales del ateismo moderno*, Madrid, F. S. Maria, 1985.

MARRAMAO G., *Potere e secolarizzazione. Le categorie del tempo*, Roma, Riuniti, 1983.

MARTELLA L., *Pellegrini a s. Gerardo. Ricerca socio-antropologica*, Napoli, Valsele, 1984.

MARTELLI S., *La religione nella società postmoderna*, Bologna, Dehoniane, 1990

MARTELLI, S., *L'arcobaleno e i suoi colori*, Milano, Angeli, 1994.

MARTIN D., *A general theory of secularization*, New York, Harper & Row, 1978.

MARTIN D., *The dilemmas of contemporary religion*, London, Routledge, 1978.

MARTY M. E., *Variety of unbelief*, Garden city, Doubleday-Anchor, 1966.

MARX C. - ENGELS F., *Scritti sulla religione*, Roma, Savelli, 1973.

MASLOW A., *Personality and Religion*, New York, Harper, 1970.

MAYER J. F., *Le nuove sette*, Genova, Marietti, 1987.

MCGUIRE M. B., *Religion: the social context*, Belmont, Wodsworth, 1987.

MEISSNER W. W., *Life and faith: psychological perspective on religious experience*, Washington, Georgetown Univ. Press, 1987.

MELTON J. G., *The cult experience: responding to the new religious pluralism*, New York, Pilgrim, 1982

MENGES R. J. - DITTES J. E., *Psychological studies of clergymen*, New York, Nelson, 1965.

MENSCHING G., *Sociologie religieuse*, Paris, Payot, 1951.

MILANESI G. C. (ed), *Oggi credono così*, Torino, L. D. C., 1981.

MILANESI G. C.-BAJESEK J., *Sociologia religiosa*, Torino, LDC, 1990.

MION R., *Fine di un'eclissi? Sondaggio sulla religiosità dei giovani*, Torino, LDC, 1980.

MOBERG D. O., *The Church as a social institution*, E. Cliffs, Prentice-Hall, 1962.

MOL H. J., *Identity and religion*, Beverly Hills, Sage Publications, 1978.

MONGARDINI C. (ed.) *Il magico e il moderno*, Milano, Angeli, 1983.

MONTESPERELLI P., *I cattolici nel moderno. Verso un nuovo integrismo?* Milano, Angeli, 1987.

MORETTO G., *Sulla traccia del religioso*, Napoli, Guida, 1987.

MOULIN L., *Vita e governo degli ordini religiosi*, Torino, Ferro, 1960.

NEEDLEMAN J. L. - BARCKER G. (ed.), *Understanding new religions*, New York, Seabury, 1978.

NEEDLEMAN J. L., *Lost Christianity*, New York, Doubleday, 1980.

NESTI A., *Il religioso implicito*, Roma, Editrice Janua, 1985.

NESTI A., *Il silenzio come altrove. Paradigmi di un fenomeno religioso*, Roma, Borla, 1989.

NESTI A., *La moderna nostalgia. Culture locali e società di massa*. Firenze, Pontecorboli, 1992.

NESTI A., *Le fontane e il borgo*, Roma, Editrice Janua, 1982.

NIEBUHR H. R., *The social sources of denominationalism*, New York, 1929.

O' DEA T., *Sociologia della religione*, Bologna, Il Mulino, 1968.

O' DEA T., *The catholic crisis*, Boston, Beacon Press, 1967.

ORLANDO V., *Feste, devozione, religiosità*, Galatina, Congedo, 1981.

ORLANDO V., *I lineamenti di una chiesa in transizione*, Bari, Ecumenica, 1987.

ORLANDO V., *La religione del popolo*, Bari, Ed. Ecumenica, 1980.

OTTO R., *Il sacro*, Milano, Feltrinelli, 1973.

PACE E., *Asceti e mistici in una società secolarizzata*, Padova, Marsilio, 1983.

PACE E., *Il regime della verità. Il fondamentalismo religioso contemporaneo*, Bologna Il Mulino, 1990.

PIN E. - CARRIER H., *Sociologie du christianisme*, Roma, PUG, 2 voll., 1964-1968.

PIN E., *La religiosità dei romani*, Bologna Dehoniane, 1975.

PIZZUTI D. (ed), *Sociologia della religione*, Torino, Borla, 1986.

POLLO, M., *L'esperienza religiosa dei giovani*, LDC, Torino, 1996.

PRANDI C., *La religione popolare fra potere e tradizione. Per una sociologia della tradizione religiosa*, Milano, Angeli, 1983.

PRANDI C., *Le società nei simboli religiosi*, Milano, Angeli, 1984.

PROFETA G., *Un culto pastorale sull'Appennino contro i morsi di lupi, serpenti, e cani rabbiosi*, Pescara, Libreria dell'Università, 1988.

PROUDFOOT W., *Religious experience*, Berkeley, Univ. of California. Press, 1985.

QUARANTA G. C., *L'associazione invisibile*, Firenze, Sansoni, 1982.

REPSTAD P., *Religion and Modernity*, S. University Press, Oslo, 1996.

RIES J., *Il sacro nella storia religiosa dell'umanità*, Milano, Jaca Book, 1982.

ROBBINS T., *Cults converts and charisma*, London, S. A. G. E. 1988.

ROBERTSON R., *Meaning and change. Exploration in the cultural sociology of modern societies*, Oxford, Blackwell, 1978.

ROBERTSON R., *Sociological interpretation of religion*, Oxford, Blackwell, 1970.

ROGGERO E., *La secolarizzazione controversa*, Milano, Angeli, 1979.

ROSANNA E., *Secolarizzazione o transfuzionalizzazione della religione?*, Zurich, PAS-Verlag, 1973.

SAMUELSON K., *Economia e religione*, Roma, Armando, 1973.

SCALICKI C., *Alle prese con il sacro*, Herder - Università Lateranense, 1982

SCARF B. R., *The sociological study of religion*, London, Hutchinson, 1970.

SCARVAGLIERI G., *Libertà religiosa e laicità dello stato in L. Sturzo*, Roma, CSF., 1973.

SCARVAGLIERI G., *L'istituto religioso come fatto sociale*, Padova, Laurenziane, 1973.

SCARVAGLIERI G., *La religione in una società in trasformazione*, Lucca, Pacini-Fazzi, 1977.

SCARVAGLIERI G., *La vita religiosa degli Assisani*, Padova, Messaggero, 1980.

SCARVAGLIERI G., *La Religiosa e la condizione femminile*, Roma, Rogate, 1982.

SCARVAGLIERI G., *Religione e società a confronto*, Reggio Emilia, Bizzocchi, 1982.

SCARVAGLIERI G., *Pellegrinaggio ed esperienza religiosa*, San Giovanni Rotondo, ed. P. Pio da Pietrelcina, 1987.

SCARVAGLIERI G., *Analisi di un movimento: ricerca socioreligiosa su Rinascita Cristiana*, Roma, R. C. 1989.

SCARVAGLIERI G., *Sociologia della parrocchia*, Roma, PUG, 1991.

SCARVAGLIERI G., *La Religione nella società attuale*, Lecce, Martone, 1998

SCARVAGLIERI G., *Vita consacrata e inculturazione*, Bologna Dehoniane, 1999

SCARVAGLIERI G., *Il pellegrinaggio alle soglie del terzo millennio*, Milano, Paoline, 1999.

SCARVAGLIERI G., *Prospettive ed istanze per una missione carismatica*, Roma, Rogate, 2 voll, 2004.

SCHASCHING J., *La chiesa e la società industriale*, Roma, Paoline, 1963.

SCHMIDTCHEN G., *Zwischen Kirke und Gesellschaft*, Freiburg, Herder, 1972.

SCHNEIDER L., *Sociological approach to religion*, New York, Wiley & Sons, 1970.

SCIUBBA R. - SCIUBBA R., *Le comunità di base in Italia*, Roma, Coines, 1976.

SECONDIN B., *Segni di profezia nella chiesa*, Milano, Regalità, 1987.

SEGAL R. A., *Religion and social sciences*, Atlanta, Scholars Press, 1989.

SIX, J. F., *Le temps des médiateurs*, Ed. du Seuil, Paris, 1990.

SKALICKI C., *Alle prese con il sacro*, Roma, Herder-Lateranense, 1982.

STARK R. - BRAINBRIDGE W. S., *The future of religion*, Berckeley, Un. of California Press, 1985.

STURZO L., *La vera vita: sociologia del soprannaturale*, Bologna Zanichelli, 1943.

SWANSON, E. G., *The birth of the gods*, Ann Arbor, 1964,

SWARTOS W. J. (ED.), *Religious sociology. Interfaces and Boundaries*, New York, Greenwood Press, 1987.

TAWNEY R. H. *Religion and the rise of capitalism*, London, Murray, 1926.

TERRIN A. N., *Nuove religioni*, Brescia, Morcelliana, 1985.

TERRIN A. N., *Spiegare o comprendere la religione?*, Padova, Messaggero, 1984,

THOMAS D. L., *The religion and family connection. Social science perspectives*, Provo, Brigham Young University, 1988.

TIPTON S., *Getting saved from the Sixties*, Berkeley, Univ. of California Press, 1982.

TOMASI L., *La condizione giovanile in Europa tra società e religione*, Milano, Angeli, 1986.

TOMASI, L., *La cultura dei giovani europei alle soglie del 2000*, Milano, Angeli, 1998.

TONNA B., *La sociologia nella pastorale*, Roma, COP, 1965.

TONNA B., *Sociologia nella pastorale della parrocchia e della diocesi*, Roma, COP, 1970.

TROELTSCH E., *Le dottrine sociali delle chiese e dei gruppi cristiani*, Firenze, La Nuova Italia, 1960.

TURNER V. W., *Il processo rituale*, Brescia, Morcelliana, 1972.

VALLET, O., *Gesù e Buddha*, Ed. Dedalo, Bari, 2000

VAN DER LEEUW G., *La fenomenologia della religione*, Torino, Boringhieri, 1970.

VASSALLO, G., *I giovani nella società del benessere*, Gangemi, Roma, 1997.

VERNON *The sociology of religion*, New York, Mc Graw Hill, 1962.

VIOLI P.R., *Religiosità e identità collettive*, Studium, Roma, 1996.

WACH J., *Sociologie de la religion*, Paris, Payot, 1955.

WARD C., *Priests and people*, Liverpool, University Press, 1968.

WEBER M., *L'etica protestante e lo spirito del capitalismo*, Firenze, Sansoni, 1965.

WEBER M., *Sociologia della religione*, Torino, U. T. E. T., 1976.

WILSON B., (ed.) *The social impact of the new religious movements*, New York, The Rose of Sharon Press, 1981.

WILSON B., *La religione nel mondo contemporaneo*, Bologna, Il Mulino, 1985

WILSON B., *Sects and Society*, Berkeley, 1961.

WUTHNOW, R., *Christianity in the 21th century: reflections on the challenges ahead*, Oxford University Press, 1995.

YINGER J. M., *Sociologia della religione*, Torino, Boringhieri, 1965.

ZADRA D., *Il tempo simbolico: la liturgia della vita*, Brescia, Morcelliana, 1985.

# INDICE

PRESENTAZIONE 5

CAP. I - L'APPROCCIO SOCIOLOGICO 9
  I. PUNTUALIZZAZIONI PRELIMINARI 11
    A. Precisazioni contenutistiche 12
    B. Chiarimenti metodologici 16
  II. VERSO UN CONCETTO SOCIOLOGICO 20
    A. Impianti discutibili 22
    B. Un itinerario concreto 26
  III. L'OGGETTO DI STUDIO 35
    A. La configurazione costitutiva 36
    B. La dinamica relazionale 43
    C. I tratti fondamentali 48
  IV. ULTERIORI PRECISAZIONI 54
    A. I sostituti funzionali 54
    B. I fenomeni magici e superstiziosi 58
    C. Distinzione dalle scienze affini 61

CAP II - LO SVILUPPO STORICO 69
  I. L'APPOCCIO TEORICO 75
    A. La religione come variabile dipendente 78
    B. La religione come variabile indipendente 90
  II. L'INDIRIZZO EMPIRICO 103
    A. Il funzionalismo 104
    B. L'Impianto sociografico 113

III. L'IMPOSTAZIONE INTEGRATA 119
   A. La puntualizzazione del contenuto 120
   B. Il potenziamento del metodo 127

CAP. III - LE DIMENSIONI DELLA RELIGIONE 135
I. ESIGENZE PROCEDURALI 137
   A. Enucleazione dei criteri 138
   B. I contributi principali 141

II. LE DIMENSIONI FONDAMENTALI 144
   A. L'area delle credenze 146
   B. La componente cultuale 154
   C. Il comportamento morale 162
   D. L'aspetto organizzativo 170

CAP. IV - LO SVILUPPO DELLE RELIGIONI 181
I. LA NASCITA DELLA RELIGIONE 182
   A. La genesi della religione in genere 183
   B. La nascita delle singole religioni 188

II. IL PROCESSO DI ISTITUZIONALIZZAZIONE 209
   A. Individuazione dei fattori 213
   B. Gli stadi fondamentali 219

III. APPLICAZIONE ALLE VARIE DIMENSIONI 225
   A. Razionalizzazione delle credenze 225
   B. Formalizzazione del culto 226
   C. Professionalizzazione del governo 228
   D. Normativizzazione dei valori 229

IV. VALUTAZIONE CRITICA 231
   A. Le principali funzioni 231
   B. Le disfunzioni più rilevanti 233

CAP. V - I SISTEMI DI SIGNIFICATO 239
   I. IL SIGNIFICATO DI CULTURA 241
      A. La comprensione sociologica 245
      B. La dinamica culturale 252
   II. GLI ELEMENTI CULTURALI 261
      A. I contenuti culturali 263
      B. Le forme di integrazione 269
   III. I NUCLEI MOTIVAZIONALI 274
      A. Motivazione bio-cosmologica 278
      B. Motivazione socioculturale. 280
      C. Motivazione socio-politica. 283
      D. Motivazione metafisica 284
      E. Motivazione della trasformazione interiore 288

CAP. VI - LE COLLETTIVITÀ RELIGIOSE 291
   I. L'IMPOSTAZIONE TIPOLOGICA 293
      A. Giustificazione logica 296
      B. Enunciazione dei criteri 299
   II. DESCRIZIONE DEI TIPI CONCRETI 304
      A. Nel versante Chiesa 305
      B. Nel versante Setta 313
   III. VALUTAZIONE CRITICA 319
      A. La tipologia in sé stessa 320
      B. Le prospettive di applicazione 322
      C. Il pullulare delle nuove religioni 324
      D. Le interazioni tra le religioni 330

CAP. VII - L'APPARTENENZA RELIGIOSA 335
   I. STRUTTURA DELL'ATTEGGIAMENTO 340
      A. Le componenti psicologiche 341

    B. Le componenti sociologiche     347
  II. SVILUPPO E FORMAZIONE     353
    A. La socializzazione religiosa     353
    B. La conversione religiosa     362
  III. DINAMICA DELL'APPARTENENZA     372
    A. Fattori ambivalenti     374
    B. Fattori positivi     377
    C. Fattori negativi     380
  IV. TIPOLOGIA DELL'APPARTENENZA     383
    A. Le proposte in base a singole dimensioni     386
    B. Un'impostazione multidimensionale     389

CAP. VIII - RELIGIONE E CONTESTO CULTURALE     395
  I. L'IMPOSTAZIONE GLOBALE     397
    A. I requisiti costitutivi     399
    B. I requisiti interpretativi     403
  II. LA DINAMICA CONCRETA     407
    A. L'ambito delle interazioni     407
    B. La complessità delle interazioni     409
    C. Il processo evolutivo     411
    D. L'avvicendamento del ruolo egemone     415
  III. PROBLEMI PARTICOLARI     421
    A. Religione e politica     422
    B. Religione ed economia     426
    C. Religione e famiglia     429
    D. Religione ed istituzioni espressive     431

CAP. IX - LA RELIGIOSITÀ POPOLARE     435
  I. SIGNIFICATO E PORTATA DEL PROBLEMA     436
    A. Lo stato della problematica     438

    B. Puntualizzazioni concettuali     441
II. VARIETÀ DI MANIFESTAZIONI.     452
    A. Censimento multidimensionale.     453
    B. Altre manifestazioni religioso-culturali     465
III. POTENZIALITÀ E LIMITI INTERPRETATIVI     470
    A. Tipologia delle manifestazioni popolari     471
    B. Valutazione critica     481

CAP. X - LA RELIGIONE E SOCIETÀ ATTUALE     489
I. TRATTI DELLA NUOVA SITUAZIONE     490
    A. Il passaggio alla postmodernità.     491
    B. Il fenomeno della globalizzazione.     494
II. SVILUPPO DELLA NUOVA SITUAZIONE     499
    A. Fattori recenti     500
    B. Fattori attuali     505
III. LA FENOMENOLOGIA CORRENTE     507
    A. Tendenza alla diminuzione     510
    B. Inclinazione alla persistenza     513
    C. Aspirazione al potenziamneto     516
IV. I TENTATIVI DI SPIEGAZIONE     519
    A. Teoria della scomparsa     519
    B. Teoria della secolarizzazione     525
    C. Teoria della risacralizzazione     530
    D. Teoria della trasformazione     536

BIBLIOGRAFIA GENERALE     547

INDICE     567

STAMPA: Novembre 2005

presso la tipografia
"Giovanni Olivieri" di E. Montefoschi
ROMA • tip.olivieri@libero.it